新装版 経済数学教室 5
微分積分の基礎 上

新装版 経済数学教室 5

微分積分の基礎 上

小山昭雄

岩波書店

本書は 1995 年 1 月，岩波書店
から刊行された．

はしがき

前巻までで線型代数は終り，この巻から微分積分に関する話が始まる．経済学に微分積分が登場したのはかなり古く，19世紀の前半の1838年にAugustin Cournotの有名な書物“Recherches sur les principes mathématiques de la théorie des richesses”(『富の理論の数学的原理に関する研究』)が出版されている．この本は，中山伊知郎教授によって昭和の初期に日本語に翻訳されている．以後，経済学の理論の分野では，微分積分学は重要な分析要具としての地位を占めて今日に至っている．

20世紀の中頃，統計データに基礎をおく経済の実証分析の手法としての計量経済学が登場した．この分野では統計学的手法が重要な役割を果たす．ここでも，微分積分学は不可欠である．コンピュータの性能の高度化に伴ってデータの分析手法も高度化しているなかで，微分積分学の基礎知識は，経済学を学ぶ上での常識として要求されるようになってきている．

この巻の第1章では1変数関数の微分法に関する話題を包括的に解説する．ここで述べる内容は，その後のすべての話の基礎となる．

第2章では微分法の逆演算としての積分法を1変数関数の場合について解説する．ここで述べたことは，後に主として多重積分，微分方程式のところで必要になる．

第3章では多変数関数の微分，すなわち偏微分に関する話を解説する．経済学で使われる微分積分学に関する理論の中で，もっとも頻繁に使われるのは偏微分にかかわる理論であろう．そのことを念頭において，この章の解説はかなり詳細にしたつもりである．

経済学への適用例は第6巻の巻末にまとめてあるので，ここではよく知られた少数の話題に限定した．

以上が本書の概要である．

1994年12月

著　　者

目　次

第1章　微 分 法

経済学において微分法の果たす役割は大きい．限界収入，限界費用，限界効用，限界生産力など，限界という語を冠した経済用語は経済分析の中で随所に現われる．これらはいずれも，数学的視点から見れば微分係数に他ならない．今日では，経済の理論，実証のいずれにおいても，微分法の知識は不可欠である．

§1　微分係数，導関数

1.1　微分係数とは何か

関数 $f(x)$ の定義区間内に点 a と $a+h$ をとり，$f(a)$ と $f(a+h)$ の差

$$f(a+h)-f(a)$$

を考える．これは，変数 x のとる値が a から $a+h$ まで変化する間の関数 $f(x)$ のとる値の変化分である．これを x の変化分 h で割った

$$\frac{f(a+h)-f(a)}{h}$$

は，x が a から $a+h$ まで変化する間の，$f(x)$ のとる値の**平均変化率**である．図 1.1 でいえば，$BC=f(a+h)-f(a)$，$AC=h$ であるから，この平均変化率は線分 BC と AC の長さの比 $\dfrac{BC}{AC}$ であって，点 A と B を結ぶ直線の傾き (勾配) を与えている．この傾きは a と h に依存するが，ここで a を固定して

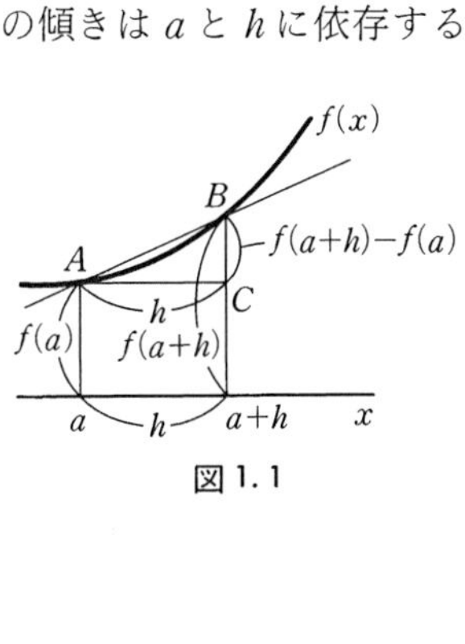

図 1.1

おいて h を 0 に近づけたとき，平均変化率の極限

$$\lim_{h\to 0}\frac{f(a+h)-f(a)}{h}$$

が存在するならば，この極限を

$$f'(a)$$

という記号であらわす．$f'(a)$ を，関数 $f(x)$ の $x=a$ における**微分係数**という．$f'(a)$ が存在するとき $f(x)$ は $x=a$ で**微分可能**であるという．

$$\lim_{h\to 0}\frac{f(a+h)-f(a)}{h}=f'(a)$$

という定義式は，$x=a+h$ とおけば $h=x-a$ となり，$h\to 0$ は $x\to a$ と同じことだから

$$\lim_{x\to a}\frac{f(x)-f(a)}{x-a}=f'(a)$$

とかいてもよい．

$f(x)$ が，ある区間に属する各点において微分可能であるとき，$f(x)$ はその区間で微分可能である，という．

[例 1]　$f(x)=x^2$ のとき

$$f'(a)=\lim_{x\to a}\frac{x^2-a^2}{x-a}=\lim_{x\to a}(x+a)=2a$$

[例 2]　$f(x)=\dfrac{1}{x}$ のとき

$a\neq 0$ として

$$f'(a)=\lim_{h\to 0}\frac{\left(\dfrac{1}{a+h}-\dfrac{1}{a}\right)}{h}=\lim_{h\to 0}\frac{\dfrac{-h}{a(a+h)}}{h}=-\frac{1}{a^2}$$

導関数　$f'(a)$ の値は a によって変わる．だから $f'(a)$ は a の関数である．a を変数 x でおきかえたときの $f'(x)$ を $f(x)$ の**導関数**という．定義により

$$f'(x)=\lim_{h\to 0}\frac{f(x+h)-f(x)}{h}$$

である．$f(x)$ から $f'(x)$ を求めることを，$f(x)$ を**微分する**という．

(コメント 1)　x の変化分を h とかき，対応する $f(x)$ の変化分を $f(x+h)-f(x)$ とかいてきたが，数学では，変数あるいは関数の変化分をあらわすの

に$\varDelta$という記号を用いて，xの変化分を$\varDelta x$とかき，$f(x)$の変化分を$\varDelta f(x)$とかくことが多い($\varDelta$はδの大文字であり，デルタとよむ)．この記号を使えば

$$\varDelta x = h, \qquad \varDelta f(x) = f(x+h)-f(x)$$

であり

$$\frac{f(x+h)-f(x)}{h} = \frac{f(x+\varDelta x)-f(x)}{\varDelta x} = \frac{\varDelta f(x)}{\varDelta x}$$

であって，$\varDelta x \to 0$のときの極限が$f'(x)$である．Newtonと並んで微分法の創始者といわれているLeibnizは，$\dfrac{\varDelta f(x)}{\varDelta x}$の$\varDelta x \to 0$のときの極限をあらわすのに

$$\frac{df(x)}{dx}$$

という記号を用いた．この記法は使いやすく便利であるため，今でも用いられている．すなわち

$$\frac{df(x)}{dx} = \lim_{\varDelta x \to 0} \frac{\varDelta f(x)}{\varDelta x} = f'(x)$$

である．$\varDelta x \to 0$としたときの極限において，$\varDelta$がdでおきかえられるのである．

$y=f(x)$とおいたときは，$f(x)$の変化分はyの変化分に他ならないから$\varDelta y = \varDelta f(x)$であって，このとき

$$\frac{\varDelta y}{\varDelta x} = \frac{\varDelta f(x)}{\varDelta x}$$

とかいて，$\varDelta x \to 0$としたときの極限を

$$\frac{dy}{dx} = \frac{df(x)}{dx}$$

であらわすことも多い．$y=f(x)$のとき，$\dfrac{dy}{dx}$, $\dfrac{df(x)}{dx}$, $f'(x)$はみな同じものなのである．

(コメント2)　$f'(a)$は導関数$f'(x)$の$x=a$における値である．$f(x)$から$f'(a)$を求める際には，$f(x)$を“微分する”という演算と，“xをaでおきかえる”という演算を続けておこなうことになるが，微分する演算が先であることに注意してほしい．

1.2 微分係数の幾何学的意味と接線の方程式

点 a における $f(x)$ の微分係数

$$f'(a) = \lim_{\Delta x \to 0} \frac{\Delta f}{\Delta x}, \qquad \Delta f = f(a+\Delta x)-f(a)$$

の幾何学的意味を考えてみる．図1.2において

$$\frac{\Delta f}{\Delta x} = \frac{BC}{AC}$$

であるが，この比は，2点 A と B を通る直線の傾きを示す数値である．ここで $\Delta x \to 0$ とすると，点 B は曲線 $y=f(x)$ に沿って点 A に近づいてゆくから，A と B を結ぶ直線の傾きは点 A における接線の傾きに近づいてゆく．したがって

$$f'(a) = \lim_{\Delta x \to 0} \frac{\Delta f}{\Delta x} = \lim_{B \to A} \frac{BC}{AC} = \text{点}\ A\ \text{における接線の傾き}$$

となる．

点 A の座標は $(a, f(a))$ であり，この点における $y=f(x)$ の接線は，点 $(a, f(a))$ を通り傾きが $f'(a)$ である直線になるから，**接線の方程式**は

$$y = f'(a)(x-a)+f(a)$$

で与えられる．

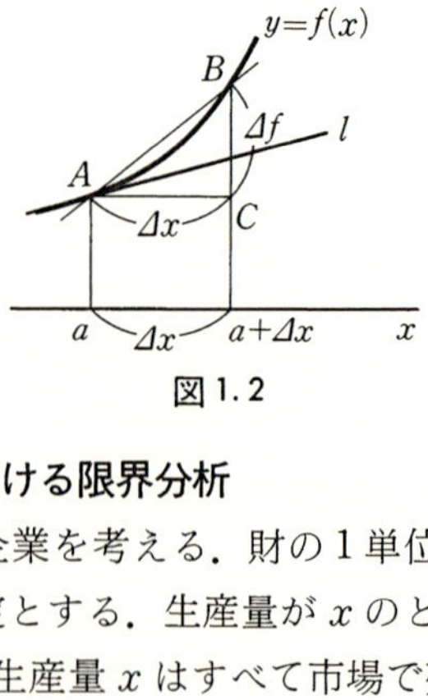

図1.2

(コメント) 経済学における限界分析

1種類の財を生産する企業を考える．財の1単位(たとえば1kg)当りの市場価格を p とし，p は一定とする．生産量が x のときの生産費を $c(x)$ とし，$c(x)$ は微分可能とする．生産量 x はすべて市場で売れるものとすれば，x だけ生産したときの利潤は，収入 px と費用 $c(x)$ の差として

$$\pi(x) = px-c(x)$$

で与えられる．生産量を x から $x+h$ に増やせば，それによる生産費の増加分は $c(x+h)-c(x)$ であり

$$c'(x) = \lim_{h\to 0}\frac{c(x+h)-c(x)}{h}$$

は，生産量を変化させた場合の生産費の変化の方向を示す．$c'(x)$ を**限界費用**という．同様に，利潤関数 $\pi(x)$ についても，$\pi'(x)$ を**限界利潤**という．ここでは収入をあらわす関数は px であり，これの導関数は p であるから，**限界収入**は p である．

$$\pi'(x) = p-c'(x)$$

であるから，$p>c'(x)$ ならば $\pi'(x)>0$ であり，後に示すように，このとき $\pi(x)$ は増加の状態にある．したがって，$\pi'(x)>0$ である間は，生産量を増やすことによって利潤を増やすことができる．

このように，経済量をあらわす関数の導関数の符号や大きさを調べることによって経済の動きを調べる分析手法を，**限界分析**とよんでいる．

1.3　微分係数の性質

$f(x)$ が $x=a$ で微分可能とする．$\varDelta x\to 0$ のとき

$$\frac{f(a+\varDelta x)-f(a)}{\varDelta x} \longrightarrow f'(a)$$

であるから，ここで

$$\frac{f(a+\varDelta x)-f(a)}{\varDelta x} = f'(a)+\varepsilon \tag{1}$$

とおけば

$$\varDelta x \longrightarrow 0 \quad \text{のとき} \quad \varepsilon \longrightarrow 0$$

が成立する．(1) 式の分母を払えば

$$f(a+\varDelta x)-f(a) = f'(a)\varDelta x+\varepsilon\varDelta x \tag{2}$$

となる．右辺は $\varDelta x\to 0$ のとき 0 に収束するから左辺も 0 に収束する．したがって

$$\lim_{\varDelta x\to 0} f(a+\varDelta x) = f(a)$$

が成り立つ．この式は $f(x)$ が $x=a$ で連続であることを示している．よって

次の定理がえられる．

> **定理 1.1** 関数 $f(x)$ が $x=a$ で微分可能ならば，$f(x)$ は $x=a$ で連続である．

この定理の逆は一般には成立しない．$f(x)$ が $x=a$ で連続であっても，そこで微分可能とは限らない．図1.3の点 P のように，$y=f(x)$ のグラフが $x=a$ で角(かど)をもっているときは，そこで $f(x)$ は連続であるけれども，$\Delta x\to 0$ のときの

$$\frac{f(a+\Delta x)-f(a)}{\Delta x}=\frac{\Delta f}{\Delta x} \tag{3}$$

の極限は，$\Delta x<0$ で $\Delta x\to 0$ のときは点 P の左側の部分の曲線に P で接する接線 l_1 の傾きになり，$\Delta x>0$ で $\Delta x\to 0$ のときは P の右側の部分の曲線の接線 l_2 の傾きになり，l_1 と l_2 の傾きは異なるから，$\dfrac{\Delta f}{\Delta x}$ の極限は存在しない．したがって $f(x)$ は $x=a$ で微分可能ではない．

片側微分係数 $f(x)$ が $x=a$ で微分可能ではないときでも，そこで片側の微分係数を考える場合がある．(3)式において，$\Delta x<0$ であって $\Delta x\to 0$ のときに $\dfrac{\Delta f}{\Delta x}$ の極限が存在すれば，その極限を $f(x)$ の $x=a$ における**左側微分係数**とよび，この左側微分係数を $f'(a-0)$ であらわす．すなわち

$$f'(a-0)=\lim_{\Delta x\to 0-0}\frac{f(a+\Delta x)-f(a)}{\Delta x}$$

である．同様に，$\Delta x>0$ で $\Delta x\to 0$ のときの $\dfrac{\Delta f}{\Delta x}$ の極限があれば，それを $x=a$ における $f(x)$ の**右側微分係数**とよび，この右側微分係数を $f'(a+0)$ であらわす．すなわち

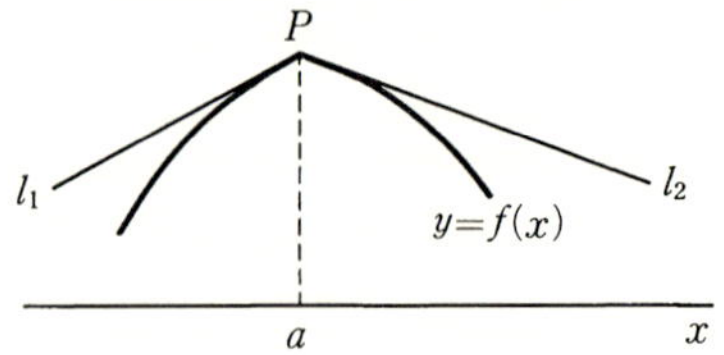

図 1.3

$$f'(a+0) = \lim_{\Delta x \to 0+0} \frac{f(a+\Delta x)-f(a)}{\Delta x}$$

である．図1.3では接線 l_1 の傾きが $f'(a-0)$ であり，接線 l_2 の傾きが $f'(a+0)$ である．

$f'(a-0)=f'(a+0)$ のとき，この値が $f'(a)$ なのである．

微分　$f(x)$ が $x=a$ で微分可能なとき，(2) で示したように

$$f(a+\Delta x)-f(a) = f'(a)\Delta x+\varepsilon\Delta x$$

が成り立つ．ここで $\Delta x \to 0$ のとき $\varepsilon \to 0$ である．

さて，右辺の最初の項 $f'(a)\Delta x$ は定数 $f'(a)$ と微小量 Δx の積であるのに対して，第2項 $\varepsilon\Delta x$ は2つの微小量 ε と Δx の積であるから $\Delta x \to 0$ のとき，Δx よりも $\varepsilon\Delta x$ の方が0に近づく近づき方が，はるかに早い．したがって，Δx が小さいときには $f(a+\Delta x)-f(a)$ は $f'(a)\Delta x$ によって十分良く近似できる．近似的に等しいことを記号 ≒ であらわすことにすれば，Δx が十分小さいとき

$$f(a+\Delta x)-f(a) \fallingdotseq f'(a)\Delta x$$

である．このことから，$f'(a)\Delta x$ を $f(a+\Delta x)-f(a)$ の**主要部分**とよんでいる．この主要部分はまた，$f(x)$ の $x=a$ における**微分**ともよばれ，記号 $df(a)$ あるいは，たんに，df であらわされる．すなわち

$$df = f'(a)\Delta x$$

である．x 自身も x の関数であり，関数 x の a における微分は Δx であるから

$$dx = \Delta x$$

である ($x=g(x)$ とおけば $g'(a)=1$ だから $dx=dg=g'(a)\Delta x=\Delta x$ である)．よって

$$df = f'(a)dx$$

となる．両辺を dx で割って

$$\frac{df}{dx} = f'(a)$$

となる．このように，$f(x)$ の $x=a$ における微分 df と x 自身の微分 dx を別々に定義すれば，それらの商 $\dfrac{df}{dx}$ として $f'(a)$ があらわされる．$f'(a)$ を**微分商**とよぶことがあるのは，この理由による．

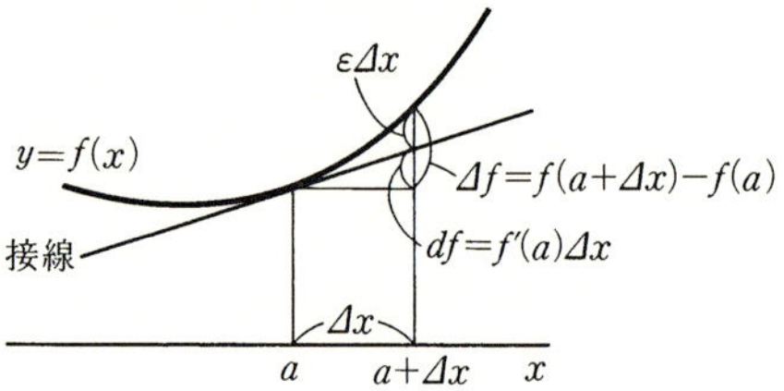

図 1.4

微分 df を図で示したのが図 1.4 である．$\Delta f=f(a+\Delta x)-f(a)$ は $df=f'(a)\Delta x$ と $\varepsilon\Delta x$ の和として

$$\Delta f = df+\varepsilon\Delta x$$

とかかれるが，Δx が微小量のとき ε も微小量で $\varepsilon\Delta x$ は Δx に比べて相対的に無視できるから，Δf は df にほぼ等しいと考えてよい．この考え方は経済分析においてもしばしば登場し，有効に使われている．

無限小の位数　上記の微分の説明の中で Δx と $\varepsilon\Delta x$ の微小の程度の比較をした．ここでは微小量の間の小ささの程度の比較について述べる．

一般に，$x\to 0$ となる数を**無限小**とよぶ．絶対値がいくらでも小さくなる数と言ってもよい．$x\to 0$ のとき $x^2, x^3, \sin x$ などはいずれも $\to 0$ となる．だから，これらはどれも無限小であるが，その小さくなり方の程度はさまざまである．x^2, x^3 は x よりもはるかに早く小さくなる．それらの早さの比較は，2 つの無限小の比の極限を調べることによってなされる．たとえば，x と x^2 を比較するときは，両者の比 $\dfrac{x^2}{x}$ の $x\to 0$ のときの極限をとれば

$$\lim_{x\to 0}\frac{x^2}{x} = \lim_{x\to 0} x = 0$$

となるから，このとき x^2 の方が x より小さい無限小であると考える．一般に $x\to 0$ のとき $g(x)\to 0$ となる $g(x)$ に対して

$$\lim_{x\to 0}\frac{g(x)}{x} = 0 \tag{4}$$

が成り立つならば，$g(x)$ の方が x よりも格段に早く 0 に近づく．このとき $g(x)$ は x よりも**高位の無限小**であるという．x よりも高位の無限小を，一括して

$$o(x)$$

という記号であらわす．この記号によれば x^2, x^3，あるいは x^2+x^3 は，いずれも x より高位の無限小であるから，すべて $o(x)$ と記してさしつかえない．また，x^3 は x^2 よりも高位の無限小であるから $\left(\lim_{h\to 0}\frac{x^3}{x^2}=0\text{ だから}\right)$，$x^3=o(x^2)$ とかくことができる．一般に

$$\lim_{x\to 0}\frac{g(x)}{x^m}=0$$

が成り立つとき $g(x)$ は x^m よりも高位の無限小であって，このことを

$$g(x)=o(x^m)$$

という記号であらわすのである．ここの o は通常の O よりも小さくかく．

それに対して，$\sin x$ については，すでに見たように

$$\lim_{x\to 0}\frac{\sin x}{x}=1$$

であった (角度の単位はラジアンである)．このように，一般に

$$\lim_{x\to 0}\frac{g(x)}{x}=A\ (A\neq 0, A\text{ は定数})$$

となるとき，$g(x)$ は x と**同位 (あるいは同程度) の無限小** であるといい，そのことを記号

$$g(x)=O(x)$$

によってあらわす．ここの $O(x)$ の O は普通の大きさの文字を使う．$o(x)$ も $O(x)$ も Landau (ランダウ) の記号とよばれている．o, O は order (位数) の頭文字である．

この記号によれば上記の (2) の関係式は $\varepsilon\Delta x=o(\Delta x)$ であるから

$$f(a+\Delta x)-f(a)=f'(a)\Delta x+o(\Delta x)$$

とかくことができる．

§2 導 関 数

2.1 いろいろな関数の導関数

基本となる関数の導関数を定義式

$$f'(x)=\lim_{\Delta x\to 0}\frac{f(x+\Delta x)-f(x)}{\Delta x}$$

によって求めておく．

（i） $C'=0$：C は定数

(証明) 定数 C は，すべての x に対して一定値 C をとる関数，“$f(x)\equiv C$” である．よって

$$C'=\lim_{\Delta x\to 0}\frac{f(x+\Delta x)-f(x)}{\Delta x}=\lim_{\Delta x\to 0}\frac{C-C}{\Delta x}=\lim_{\Delta x\to 0}0=0$$

（ii） $(x^n)'=nx^{n-1}$，n は自然数

(証明)

$$(x^n)'=\lim_{\Delta x\to 0}\frac{(x+\Delta x)^n-x^n}{\Delta x}$$

$$=\lim_{\Delta x\to 0}\frac{x^n+\binom{n}{1}x^{n-1}\Delta x+\binom{n}{2}x^{n-2}(\Delta x)^2+\cdots+(\Delta x)^n-x^n}{\Delta x}$$

$$=\lim_{\Delta x\to 0}\frac{1}{\Delta x}\left(nx^{n-1}\Delta x+\frac{n(n-1)}{2!}x^{n-2}(\Delta x)^2+\cdots+(\Delta x)^n\right)$$

$$=\lim_{\Delta x\to 0}\left(nx^{n-1}+\frac{n(n-1)}{2}x^{n-2}\Delta x+\cdots+(\Delta x)^{n-1}\right)=nx^{n-1}$$

(iii) $\left(\frac{1}{x}\right)'=-\frac{1}{x^2}$

(証明)

$$\left(\frac{1}{x}\right)'=\lim_{\Delta x\to 0}\frac{1}{\Delta x}\left(\frac{1}{x+\Delta x}-\frac{1}{x}\right)=\lim_{\Delta x\to 0}\frac{1}{\Delta x}\left(\frac{x-(x+\Delta x)}{x(x+\Delta x)}\right)$$

$$=\lim_{\Delta x\to 0}\left(-\frac{1}{x^2+x\Delta x}\right)=-\frac{1}{x^2}$$

(iv) $(e^x)'=e^x$

(証明)

$$(e^x)'=\lim_{\Delta x\to 0}\frac{e^{x+\Delta x}-e^x}{\Delta x}=\lim_{\Delta x\to 0}\frac{e^x(e^{\Delta x}-1)}{\Delta x}$$

$$=e^x\lim_{\Delta x\to 0}\frac{e^{\Delta x}-1}{\Delta x}=e^x$$

$\left(\lim_{\Delta x\to 0}\frac{e^{\Delta x}-1}{\Delta x}=1\right.$ であった．(第3巻第1章§5)$\left.\right)$．

(コメント) e^x は微分しても変わらないただ1つの関数である．この性質のゆえに，無理数 e を指数関数の底としてえらぶと，いろいろな面で具合がよいのである．

(v) $(\log x)'=\dfrac{1}{x}$

(証明)

$$(\log x)' = \lim_{\Delta x\to 0}\frac{\log(x+\Delta x)-\log x}{\Delta x} = \lim_{\Delta x\to 0}\frac{1}{\Delta x}\log\frac{x+\Delta x}{x}$$

$$= \lim_{\Delta x\to 0}\frac{1}{\Delta x}\log\left(1+\frac{\Delta x}{x}\right) = \lim_{\Delta x\to 0}\frac{1}{x}\frac{\log\left(1+\dfrac{\Delta x}{x}\right)}{\dfrac{\Delta x}{x}}$$

$$= \frac{1}{x}\lim_{\Delta x\to 0}\frac{\log\left(1+\dfrac{\Delta x}{x}\right)}{\dfrac{\Delta x}{x}} = \frac{1}{x}$$

(ここで $h=\dfrac{\Delta x}{x}$ とおくと $\Delta x\to 0$ と $h\to 0$ は同じことであって

$$\lim_{\Delta x\to 0}\frac{\log\left(1+\dfrac{\Delta x}{x}\right)}{\dfrac{\Delta x}{x}} = \lim_{h\to 0}\frac{\log(1+h)}{h} = 1$$

であった．第3巻第1章§5)

(コメント) ここでも $\log x$ の底が e であることが重要なのである．一般の $\log_a x$，$a\neq e$ の導関数は後に示すが，$\dfrac{1}{x}$ のようなすっきりした形にはならない．

(vi) $(\sin x)'=\cos x$，$(\cos x)'=-\sin x$

(証明)

$$(\sin x)' = \lim_{\Delta x\to 0}\frac{\sin(x+\Delta x)-\sin x}{\Delta x}$$

$$= \lim_{\Delta x\to 0}\frac{2\cos\left(x+\dfrac{\Delta x}{2}\right)\sin\dfrac{\Delta x}{2}}{\Delta x} = \lim_{\Delta x\to 0}\cos\left(x+\frac{\Delta x}{2}\right)\frac{\sin\dfrac{\Delta x}{2}}{\dfrac{\Delta x}{2}}$$

$$= \lim_{\Delta x\to 0}\cos\left(x+\frac{\Delta x}{2}\right)\lim_{\Delta x\to 0}\frac{\sin\dfrac{\Delta x}{2}}{\dfrac{\Delta x}{2}} = \cos x$$

$\left(\lim_{\Delta x\to 0}\cos\left(x+\dfrac{\Delta x}{2}\right)=\cos x,\ \lim_{\Delta x\to 0}\dfrac{\sin\dfrac{\Delta x}{2}}{\dfrac{\Delta x}{2}}=1\right.$ による．(第3巻第1章§3)$\left.\right)$

同様に

$$(\cos x)' = \lim_{\Delta x \to 0} \frac{\cos(x+\Delta x) - \cos x}{\Delta x}$$

$$= \lim_{\Delta x \to 0} \frac{-2\sin\left(x+\frac{\Delta x}{2}\right)\sin\frac{\Delta x}{2}}{\Delta x}$$

$$= -\lim_{\Delta x \to 0} \sin\left(x+\frac{\Delta x}{2}\right) \lim_{\Delta x \to 0} \frac{\sin\frac{\Delta x}{2}}{\frac{\Delta x}{2}} = -\sin x$$

(コメント) ここで

$$\lim_{\Delta x \to 0} \frac{\sin\frac{\Delta x}{2}}{\frac{\Delta x}{2}} = 1$$

であることを使っているが，これが成り立つのは角度の単位がラジアンであることによるのであった．角度の単位が度であれば，(vi) のような美しい結果は得られない．

> **定理 1.2** $f(x), g(x)$ が共に微分可能であるとき次の公式が成立する．
>
> (i) $(f(x)+g(x))' = f'(x)+g'(x)$
>
> (ii) $(\alpha f(x))' = \alpha f'(x)$
>
> (iii) $(f(x)g(x))' = f'(x)g(x)+f(x)g'(x)$
>
> (iv) $g(x) \neq 0$ のとき
>
> $$\left(\frac{f(x)}{g(x)}\right)' = \frac{f'(x)g(x)-f(x)g'(x)}{(g(x))^2}$$

(証明) (i), (ii) は容易であろう．各自で証明を試みよ．

(iii) $(f(x)g(x))' = \lim_{\Delta x \to 0} \dfrac{f(x+\Delta x)g(x+\Delta x)-f(x)g(x)}{\Delta x}$

$$= \lim_{\Delta x \to 0} \frac{f(x+\Delta x)g(x+\Delta x)\overbrace{-f(x)g(x+\Delta x)+f(x)g(x+\Delta x)}^{\text{消し合う}}-f(x)g(x)}{\Delta x}$$

$$= \lim_{\Delta x \to 0} \left\{\left(\frac{f(x+\Delta x)-f(x)}{\Delta x}\right)g(x+\Delta x)+f(x)\left(\frac{g(x+\Delta x)-g(x)}{\Delta x}\right)\right\}$$

$$= \lim_{\Delta x \to 0} \frac{f(x+\Delta x)-f(x)}{\Delta x} \lim_{\Delta x \to 0} g(x+\Delta x)+f(x) \lim_{\Delta x \to 0} \frac{g(x+\Delta x)-g(x)}{\Delta x}$$

$$= f'(x)g(x)+f(x)g'(x)$$

(iv) $$\left(\frac{f(x)}{g(x)}\right)' = \lim_{\Delta x \to 0} \frac{1}{\Delta x}\left(\frac{f(x+\Delta x)}{g(x+\Delta x)} - \frac{f(x)}{g(x)}\right)$$

$$= \lim_{\Delta x \to 0} \frac{1}{\Delta x} \frac{f(x+\Delta x)g(x) - f(x)g(x+\Delta x)}{g(x+\Delta x)g(x)}$$

$$= \lim_{\Delta x \to 0} \frac{1}{\Delta x} \frac{f(x+\Delta x)g(x) \overbrace{- f(x)g(x) + f(x)g(x)}^{\text{消し合う}} - f(x)g(x+\Delta x)}{g(x+\Delta x)g(x)}$$

$$= \lim_{\Delta x \to 0} \frac{1}{g(x+\Delta x)g(x)} \cdot \frac{(f(x+\Delta x)-f(x))g(x) - f(x)(g(x+\Delta x)-g(x))}{\Delta x}$$

$$= \lim_{\Delta x \to 0} \frac{1}{g(x+\Delta x)g(x)} \lim_{\Delta x \to 0} \left\{\left(\frac{f(x+\Delta x)-f(x)}{\Delta x}\right)g(x) - f(x)\left(\frac{g(x+\Delta x)-g(x)}{\Delta x}\right)\right\}$$

$$= \frac{f'(x)g(x)-f(x)g'(x)}{(g(x))^2} \quad (\text{終})$$

(問 1) $f_1(x), f_2(x), \cdots, f_n(x)$ が微分可能な関数のとき

$$(f_1 f_2 \cdots f_n)' = f_1' f_2 \cdots f_n + f_1 f_2' \cdots f_n + \cdots + f_1 f_2 \cdots f_n'$$

が成り立つことを示せ．

[例 1] $(ax^2+bx+c)' = a(x^2)'+bx'+c' = 2ax+b$

[例 2] $(e^x \sin x)' = (e^x)' \sin x + e^x(\sin x)'$

$$= e^x \sin x + e^x \cos x = e^x(\sin x + \cos x)$$

[例 3] $(\tan x)' = \left(\dfrac{\sin x}{\cos x}\right)' = \dfrac{(\sin x)' \cos x - \sin x(\cos x)'}{\cos^2 x}$

$$= \frac{\cos^2 x + \sin^2 x}{\cos^2 x} = \frac{1}{\cos^2 x} = \sec^2 x$$

[例 4] 微分可能な関数 $f_{ij}(x)$ を成分とする行列式の微分を考える．3次の行列式で説明する．$f_{ij}(x)$ は x を省略して f_{ij} とかく．行列式の定義により，(p_1, p_2, p_3) を $(1, 2, 3)$ の順列として

$$\begin{vmatrix} f_{11} & f_{12} & f_{13} \\ f_{21} & f_{22} & f_{23} \\ f_{31} & f_{32} & f_{33} \end{vmatrix} = \sum_{(p_1, p_2, p_3)} \varepsilon(p_1, p_2, p_3) f_{1p_1} f_{2p_2} f_{3p_3}$$

であるから，両辺を x で微分すると

$$\frac{d}{dx}\begin{vmatrix} f_{11} & f_{12} & f_{13} \\ f_{21} & f_{22} & f_{23} \\ f_{31} & f_{32} & f_{33} \end{vmatrix} = \sum_{(p_1,p_2,p_3)} \varepsilon(p_1, p_2, p_3)(f_{1p_1}f_{2p_2}f_{3p_3})'$$

$$= \sum_{(p_1,p_2,p_3)} \varepsilon(p_1, p_2, p_3)(f'_{1p_1}f_{2p_2}f_{3p_3}+f_{1p_1}f'_{2p_2}f_{3p_3}+f_{1p_1}f_{2p_2}f'_{3p_3})$$

$$= \sum_{(p_1,p_2,p_3)} \varepsilon(p_1, p_2, p_3)f'_{1p_1}f_{2p_2}f_{3p_3}+\sum_{(p_1,p_2,p_3)} \varepsilon(p_1, p_2, p_3)f_{1p_1}f'_{2p_2}f_{3p_3}$$

$$+\sum_{(p_1,p_2,p_3)} \varepsilon(p_1, p_2, p_3)f_{1p_1}f_{2p_2}f'_{3p_3}$$

$$= \begin{vmatrix} f'_{11} & f'_{12} & f'_{13} \\ f_{21} & f_{22} & f_{23} \\ f_{31} & f_{32} & f_{33} \end{vmatrix} + \begin{vmatrix} f_{11} & f_{12} & f_{13} \\ f'_{21} & f'_{22} & f'_{23} \\ f_{31} & f_{32} & f_{33} \end{vmatrix} + \begin{vmatrix} f_{11} & f_{12} & f_{13} \\ f_{21} & f_{22} & f_{23} \\ f'_{31} & f'_{32} & f'_{33} \end{vmatrix}$$

この結果は n 次の行列式にそのまま一般化できる．すなわち

$$\frac{d}{dx}\begin{vmatrix} f_{11} & f_{12} & \cdots & f_{1n} \\ f_{21} & f_{22} & \cdots & f_{2n} \\ \cdots & & \cdots & \\ f_{n1} & f_{n2} & \cdots & f_{nn} \end{vmatrix} = \begin{vmatrix} f'_{11} & f'_{12} & \cdots & f'_{1n} \\ f_{21} & f_{22} & \cdots & f_{2n} \\ \cdots & & \cdots & \\ f_{n1} & f_{n2} & \cdots & f_{nn} \end{vmatrix} + \begin{vmatrix} f_{11} & f_{12} & \cdots & f_{1n} \\ f'_{21} & f'_{22} & \cdots & f'_{2n} \\ \cdots & & \cdots & \\ f_{n1} & f_{n2} & \cdots & f_{nn} \end{vmatrix} + \cdots$$

$$+ \begin{vmatrix} f_{11} & f_{12} & \cdots & f_{1n} \\ \cdots & & \cdots & \\ f'_{i1} & f'_{i2} & \cdots & f'_{in} \\ \cdots & & \cdots & \\ f_{n1} & f_{n2} & \cdots & f_{nn} \end{vmatrix} + \cdots + \begin{vmatrix} f_{11} & f_{12} & \cdots & f_{1n} \\ f_{21} & f_{22} & \cdots & f_{2n} \\ \cdots & & \cdots & \\ f'_{n1} & f'_{n2} & \cdots & f'_{nn} \end{vmatrix}$$

$$= \sum_{i=1}^{n} \begin{vmatrix} f_{11} & f_{12} & \cdots & f_{1n} \\ \cdots & & \cdots & \\ f'_{i1} & f'_{i2} & \cdots & f'_{in} \\ \cdots & & \cdots & \\ f_{n1} & f_{n2} & \cdots & f_{nn} \end{vmatrix}$$

が成立する．また，行と列を入れかえて考えれば

$$\frac{d}{dx}\begin{vmatrix} f_{11} & f_{12} & \cdots & f_{1n} \\ f_{21} & f_{22} & \cdots & f_{2n} \\ \cdots & & \cdots & \\ f_{n1} & f_{n2} & \cdots & f_{nn} \end{vmatrix} = \sum_{j=1}^{n} \begin{vmatrix} f_{11} & \cdots & f'_{1j} & \cdots & f_{1n} \\ f_{21} & \cdots & f'_{2j} & \cdots & f_{2n} \\ & \cdots & & \cdots & \\ f_{n1} & \cdots & f'_{nj} & \cdots & f_{nn} \end{vmatrix}$$

もまた成立する．

定理 1.2 から，微分に関して次の系が成立する．

定理 1.2 系　$f(x), g(x)$ が微分可能なとき，微分

$$df(x) = f'(x)dx,\quad dg(x) = g'(x)dx$$

に対して次の関係式が成立する．

(i)　$d(f(x)+g(x))=df(x)+dg(x)$

(ii)　$d(\alpha f(x))=\alpha df(x)$，$\alpha$ は定数

(iii)　$d(f(x)g(x))=g(x)df(x)+f(x)dg(x)$

(iv)　$d\left(\dfrac{f(x)}{g(x)}\right)=\dfrac{g(x)df(x)-f(x)dg(x)}{(g(x))^2}$

(証明)　微分の定義と定理 1.2 から明らかであろう．(終)

(問 2)　次の各関数を微分せよ．

(1) $(1+x)^3(2-x)^2$　(2) x^3e^x　(3) $\sin x\cos x$　(4) $x\log x$

(5) $\dfrac{\sin x}{x}$　(6) $e^x\log x$　(7) $\cot x$　(8) $\sec x$　(9) $\operatorname{cosec} x$

2.2　合成関数の導関数

$z=f(y)$ と $y=g(x)$ を合成してえられる合成関数

$$z = f(g(x))$$

の導関数を求めてみる．これについて次の定理が成立する．

定理 1.3　$g(x)$ が区間 (a, b) で微分可能であり，さらに $f(y)$ が $g(x)$ の値域を含む区間において微分可能であれば，合成関数 $z=f(g(x))$ は区間 (a, b) で微分可能であって

$$(f(g(x)))' = f'(g(x))g'(x) \tag{1}$$

が成立する．この関係は

$$\frac{dz}{dx} = \frac{dz}{dy}\frac{dy}{dx} \tag{2}$$

とかくこともできる．

(証明)　変数 x が $x+\Delta x$ に変化したとき $y=g(x)$ の変化分 Δy は

$$\Delta y = g(x+\Delta x)-g(x)$$

であり，y が Δy だけ変化したときの $z=f(y)$ の変化分 Δz は

$$\Delta z = f(y+\Delta y)-f(y)$$

である．この Δz が，x の変化分 Δx によって引き起こされる合成関数 $z=f(g(x))$ の変化分であるから，$\dfrac{\Delta z}{\Delta x}$ の $\Delta x\to 0$ のときの極限を求めれば，その極限が (1) あるいは (2) の左辺になる．

さて，$g(x)$ は微分可能であるから

$$\Delta y = g(x+\Delta x)-g(x) = (g'(x)+\varepsilon_1)\Delta x \tag{3}$$

とかくことができ，$f(y)$ が微分可能であるから

$$\Delta z = f(y+\Delta y)-f(y) = (f'(y)+\varepsilon_2)\Delta y \tag{4}$$

とかくことができる．ここで $\Delta x\to 0$ のとき $\varepsilon_1\to 0$ であり $\Delta y\to 0$ のとき $\varepsilon_2\to 0$ である．(3) を (4) の右辺に代入すると

$$\Delta z = (f'(y)+\varepsilon_2)(g'(x)+\varepsilon_1)\Delta x$$

となるから，両辺を Δx で割って

$$\frac{\Delta z}{\Delta x} = (f'(y)+\varepsilon_2)(g'(x)+\varepsilon_1)$$

となる．ここで $\Delta x\to 0$ とすれば $\Delta y\to 0$ となり，このとき $\varepsilon_1\to 0$，$\varepsilon_2\to 0$ であるから

$$\frac{\Delta z}{\Delta x} \longrightarrow f'(y)g'(x) = f'(g(x))g'(x)$$

となる．よって

$$(f(g(x)))' = f'(g(x))g'(x)$$

が成立する．

$$(f(g(x)))' = \frac{dz}{dx}, \qquad f'(y) = \frac{dz}{dy}, \qquad g'(x) = \frac{dy}{dx}$$

であるから，この結果を

$$\frac{dz}{dx} = \frac{dz}{dy}\frac{dy}{dx}$$

とかいてもよい．(終)

(コメント 1)　$\dfrac{\Delta z}{\Delta x}=\dfrac{\Delta z}{\Delta y}\dfrac{\Delta y}{\Delta x}$ とおいて，$\Delta x\to 0$ のとき

$$\frac{\Delta z}{\Delta x} \longrightarrow \frac{dz}{dx}, \qquad \frac{\Delta z}{\Delta y} \longrightarrow \frac{dz}{dy}, \qquad \frac{\Delta y}{\Delta x} \longrightarrow \frac{dy}{dx}$$

であるから

$$\frac{dz}{dx}=\frac{dz}{dy}\frac{dy}{dx}$$

という証明をしている本があるが，この証明は少々気になる．$\varDelta x$ が 0 に近づく過程で $\varDelta y=0$ となるかもしれず，そのとき $\dfrac{\varDelta z}{\varDelta y}$ は定義できないからである．

(コメント 2) (1) の左辺の $(f(g(x)))'$ は $f(y)$ に $y=g(x)$ を代入してえられる x の関数 $f(g(x))$ を x で微分したものであり，(1) の右辺の $f'(g(x))$ は $f(y)$ を y で微分してえられる $f'(y)$ に $y=g(x)$ を代入したものである．この $(f(g(x)))'$ と $f'(g(x))$ の区別は誤りのないようにしてほしい．どこに $'$ をつけるかで意味はまったく違うのである．

(コメント 3) この定理の (1), (2) の関係式は合成関数の微分に関する**連鎖公式** (chain rule) とよばれている．連鎖がもっと長い場合でも同様の公式が成り立つことは言うまでもないだろう．たとえば

$$z=f(y),\qquad y=g(x),\qquad x=h(t)$$

であれば，合成関数

$$z=f(g(h(t)))$$

について

$$(f(g(h(t))))'=f'(g(h(t)))g'(h(t))h'(t)$$

が成立する．この関係は

$$\frac{dz}{dt}=\frac{dz}{dy}\frac{dy}{dx}\frac{dx}{dt}$$

とかいてもよい．

最初の変数の変化が次々に他の変数に波及してゆくとき，最初の変数の変化が最後の変数に及ぼす限界効果は，波及の過程の各段階における限界効果の積になるのである．

[例 1] $(x^2+x+1)^5$ を微分せよ．

(解) 括弧を外して計算してから微分してもよいが，それは利口なやり方ではない．合成関数の微分の考え方を使う方がスマートである．

$$z=f(y)=y^5,\qquad y=g(x)=x^2+x+1$$

を合成して

$$z=f(g(x))=(x^2+x+1)^5$$

をつくったと考えて(1)あるいは(2)の公式を使うのである．

(1)を使えば

$$((x^2+x+1)^5)' = (f(g(x)))' = f'(g(x))g'(x) = 5(x^2+x+1)^4(2x+1)$$

(2)を使えば

$$\frac{dz}{dx} = ((x^2+x+1)^5)', \qquad \frac{dz}{dy} = (y^5)' = 5y^4 = 5(x^2+x+1)^4,$$

$$\frac{dy}{dx} = (x^2+x+1)' = 2x+1$$

であるから

$$((x^2+x+1)^5)' = \frac{dz}{dx} = \frac{dz}{dy}\frac{dy}{dx} = 5(x^2+x+1)^4(2x+1)$$

[例 2] $\sin^5 x$ を微分せよ

(解) $z=y^5$, $y=\sin x$ とおくと $z=(\sin x)^5=\sin^5 x$ であり

$$\frac{dz}{dy} = 5y^4 = 5(\sin x)^4 = 5\sin^4 x, \qquad \frac{dy}{dx} = \cos x$$

であるから

$$(\sin^5 x)' = \frac{dz}{dx} = \frac{dz}{dy}\frac{dy}{dx} = 5\sin^4 x\cos x$$

[例 3] $e^{\sin x}$ を微分せよ

(解) $z=e^y$, $y=\sin x$ とおくと $z=e^{\sin x}$ であり

$$\frac{dz}{dy} = (e^y)' = e^y = e^{\sin x}, \qquad \frac{dy}{dx} = \cos x$$

であるから

$$(e^{\sin x})' = e^{\sin x}\cos x$$

対数微分法 関数 $f(x)$ の導関数 $f'(x)$ を求める際に，$f(x)$ の対数をとって微分すると求めやすくなる場合がある．それには次の定理(公式)を利用するのである．

> **定理 1.4** $f(x)$ が微分可能のとき $f(x)\neq 0$ である点 x で次の関係式が成立する．

$$(\log|f(x)|)' = \frac{f'(x)}{f(x)} \tag{5}$$

ここで $|f(x)|$ は $f(x)$ の絶対値である．

(証明) $f(x)>0$ の場合を考える．

$$z = \log y, \quad y = f(x)$$

の合成関数 $z=\log f(x)$ に定理 1.3 を適用すれば

$$(\log f(x))' = (\log y)' f'(x) = \frac{f'(x)}{y} = \frac{f'(x)}{f(x)}$$

$f(x)<0$ のときは $-f(x)>0$ であるから，今の結果から

$$(\log(-f(x)))' = \frac{-f'(x)}{-f(x)} = \frac{f'(x)}{f(x)}$$

そして

$$|f(x)| = \begin{cases} f(x), & f(x)>0 \text{ のとき} \\ -f(x), & f(x)<0 \text{ のとき} \end{cases}$$

であるから (5) が成立する．(終)

定理 1.4 系

$$(\log|x|)' = \frac{1}{x}$$

(証明) $f(x)=x$ に対して定理 1.4 を適用すればよい．(終)

定理 1.4 を用いて $f'(x)$ を求める方法を**対数微分法**とよんでいる．$f(x)$ の形によってはたいへん有力な方法である．

[例 4] α を任意の実数としたとき

$$(x^\alpha)' = \alpha x^{\alpha-1} \quad (x>0)$$

(証明) $\log x^\alpha = \alpha \log x$ であるから，この式の両辺を x で微分する．左辺の微分には (5) を使うと

$$\frac{(x^\alpha)'}{x^\alpha} = \alpha(\log x)' = \frac{\alpha}{x}$$

両辺に x^α をかけて

$$(x^\alpha)' = \frac{\alpha}{x}x^\alpha = \alpha x^{\alpha-1} \quad (終)$$

たとえば $\sqrt{x}$ の導関数は

$$(\sqrt{x})' = (x^{\frac{1}{2}})' = \frac{1}{2}x^{\frac{1}{2}-1} = \frac{1}{2}x^{-\frac{1}{2}} = \frac{1}{2\sqrt{x}}$$

[例 5]　$a>0$, $a \neq 1$ のとき

$$(a^x)' = a^x \log a$$

(証明)　$\log a^x = x \log a$ の両辺を微分して左辺に (5) を使うと

$$\frac{(a^x)'}{a^x} = (x \log a)' = \log a \qquad \therefore \quad (a^x)' = a^x \log a$$

[例 6]　$x^x\ (x>0)$ を微分せよ．

(解)　$\log x^x = x \log x$ の両辺を微分すると

$$\frac{(x^x)'}{x^x} = (x \log x)' = x(\log x)' + x' \log x = 1 + \log x$$

$$\therefore \quad (x^x)' = x^x(1+\log x)$$

[例 7]　$\log|x+\sqrt{a+x^2}|$ を微分せよ．

(解)　定理 1.4 により

$$(\log|x+\sqrt{a+x^2}|)' = \frac{(x+\sqrt{a+x^2})'}{x+\sqrt{a+x^2}} = \frac{1+\dfrac{x}{\sqrt{a+x^2}}}{x+\sqrt{a+x^2}}$$

$$= \frac{1}{x+\sqrt{a+x^2}} \frac{x+\sqrt{a+x^2}}{\sqrt{a+x^2}} = \frac{1}{\sqrt{a+x^2}}$$

[例 8]　$\log\left|\dfrac{x-1}{x+1}\right|$ を微分せよ．

(解)

$$\left(\log\left|\frac{x-1}{x+1}\right|\right)' = \frac{\left(\dfrac{x-1}{x+1}\right)'}{\left(\dfrac{x-1}{x+1}\right)} = \frac{2}{(x+1)^2}\frac{(x+1)}{(x-1)} = \frac{2}{x^2-1}$$

(問 3)　$(f(\alpha x))' = \alpha f'(\alpha x)$, α は定数，が成り立つことを示せ．

(問 4)　次の関数を微分せよ．

(1) $x^2\sqrt{1-x^2}$　(2) $e^{ax}(\cos bx + \sin bx)$　(3) $\dfrac{\sqrt[4]{1+x^4}}{x}$

(4) $\sqrt[3]{1-x^2+x^3}$　(5) $e^{\sqrt{x}}$　(6) $x^{\frac{1}{x}}$　(7) x^{x^x}　(8) $\log_a x\ (a>0,\ a\neq 1)$

2.3 逆関数の導関数

$f(x)$ を微分可能な単調関数とし，$y=f(x)$ を x について解いた関数を $x=g(y)$ とすれば

$$g(f(x))=x$$

という関係が恒等的に成立する．これは，f の逆関数 g の定義でもある．この関係が x について恒等的に成り立つのだから，左辺の導関数と右辺の導関数は同じである．そして，左辺の導関数は定理 1.3 により

$$(g(f(x)))'=g'(f(x))f'(x)=g'(y)f'(x)$$

であり，右辺の導関数は 1 であるから

$$g'(y)f'(x)=1$$

が成立する．よって，$f'(x)\neq 0$ であるところでは

$$g'(y)=\frac{1}{f'(x)}$$

が成立する．ところで

$$g'(y)=\frac{dg(y)}{dy}=\frac{dx}{dy},\qquad f'(x)=\frac{df(x)}{dx}=\frac{dy}{dx}$$

であるから，この関係は

$$\frac{dx}{dy}=\frac{1}{\dfrac{dy}{dx}}$$

とかいてもよい．よって次の定理がえられる．

定理 1.5 $f(x)$ を微分可能な単調関数とし，$y=f(x)$ を x について解いて得られる逆関数を $x=g(y)$ とすれば

$$g'(y)=\frac{1}{f'(x)}\quad (f'(x)\neq 0 \text{ とする})$$

あるいは

$$\frac{dx}{dy}=\frac{1}{\dfrac{dy}{dx}}\quad \left(\frac{dy}{dx}\neq 0 \text{ とする}\right)$$

が成立する．

[例 9]　逆関数の微分の考え方を用いて

$$(\log x)' = \frac{1}{x}$$

を改めて証明してみる．

$y=\log x$ を x について解けば $x=e^y$ となる．よって

$$(\log x)' = \frac{dy}{dx} = \frac{1}{\frac{dx}{dy}} = \frac{1}{\frac{de^y}{dy}} = \frac{1}{e^y} = \frac{1}{x}$$

[例 10]　$(\sin^{-1} x)' = \dfrac{1}{\sqrt{1-x^2}}$　ただし $\sin^{-1} x$ は主値をとる．

(証明)　$y=\sin^{-1} x$ を x について解けば $x=\sin y$ であり，主値を考えているから $-\dfrac{\pi}{2} \leqq y \leqq \dfrac{\pi}{2}$ である．この範囲の y に対して $\cos y \geqq 0$ であることを考慮すると

$$(\sin^{-1} x)' = \frac{dy}{dx} = \frac{1}{\frac{dx}{dy}} = \frac{1}{(\sin y)'} = \frac{1}{\cos y}$$

$$= \frac{1}{\sqrt{1-\sin^2 y}} = \frac{1}{\sqrt{1-x^2}}$$

[例 11]　$(\tan^{-1} x)' = \dfrac{1}{1+x^2}$

(証明)　$y=\tan^{-1} x$ とおくと $x=\tan y$ であるから

$$(\tan^{-1} x)' = \frac{dy}{dx} = \frac{1}{\frac{dx}{dy}} = \frac{1}{(\tan y)'} = \frac{1}{\sec^2 y} = \frac{1}{1+\tan^2 y} = \frac{1}{1+x^2}$$

(問 5)　次の関数を微分せよ．

(1) $\cos^{-1} x$　(2) $\cot^{-1} x$　(3) $\dfrac{1}{2}\left(x\sqrt{a^2-x^2} + a^2 \sin^{-1} \dfrac{x}{a}\right)$

(4) $\tan^{-1} x + \tan^{-1} \dfrac{1}{x}$　(5) $\tan^{-1}\left(\dfrac{\sin x + \cos x}{\cos x - \sin x}\right)$

2.4　パラメータ表示の関数の導関数

x と y の関係がパラメータ t を媒介として

$$x = \varphi(t), \qquad y = \psi(t)$$

で与えられているとする．これらの関係から t を消去すれば x と y の間の直接の関係がえられるから，その関係から $\dfrac{dy}{dx}$ を求めることもできる場合はあるけれども，$\varphi(t), \psi(t)$ の形によっては，t を消去することは容易ではない．そ

のような場合でも，$\dfrac{dy}{dx}$ を t の関数として求めることはできる．そのことを示すのが次の定理である．

定理 1.6 $x=\varphi(t),\ y=\psi(t)$ で $\varphi(t),\ \psi(t)$ が微分可能とすれば，$\varphi'(t)\neq 0$ である点 t において

$$\frac{dy}{dx}=\frac{\dfrac{dy}{dt}}{\dfrac{dx}{dt}}=\frac{\psi'(t)}{\varphi'(t)}$$

が成立する．

(証明) t の微小変化 Δt に対して

$$\Delta x = \varphi'(t)\Delta t+o(\Delta t)$$
$$\Delta y = \psi'(t)\Delta t+o(\Delta t)$$

であるから

$$\frac{\Delta y}{\Delta x}=\frac{\psi'(t)\Delta t+o(\Delta t)}{\varphi'(t)\Delta t+o(\Delta t)}=\frac{\psi'(t)+\dfrac{o(\Delta t)}{\Delta t}}{\varphi'(t)+\dfrac{o(\Delta t)}{\Delta t}}$$

ここで $\Delta t\to 0$ とすれば $\dfrac{o(\Delta t)}{\Delta t}\to 0$ であるから

$$\frac{dy}{dx}=\frac{\psi'(t)}{\varphi'(t)}=\frac{\dfrac{dy}{dt}}{\dfrac{dx}{dt}}$$

が成立する．(終)

[例 12] $x=a(t-\sin t)$，$y=a(1-\cos t)$ のとき $\dfrac{dy}{dx}$ を求めると次のようになる．

$$\frac{dy}{dx}=\frac{\dfrac{dy}{dt}}{\dfrac{dx}{dt}}=\frac{a\sin t}{a(1-\cos t)}=\frac{\sin t}{1-\cos t}=\frac{\cos\dfrac{t}{2}}{\sin\dfrac{t}{2}}$$

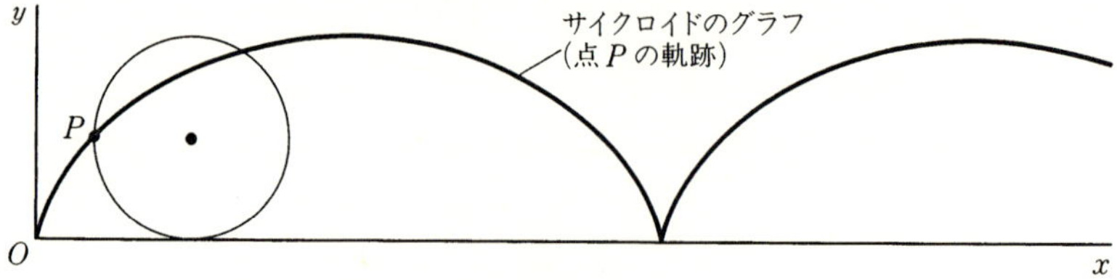

図 2.1

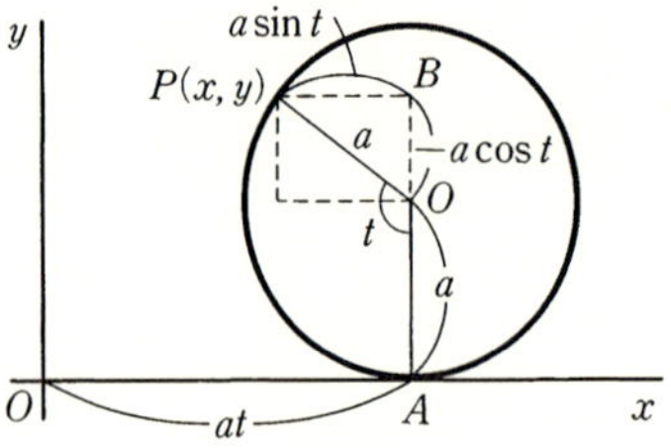

図 2.2

この x, y の描く図形はサイクロイド (cycloid) とよばれ，円輪を直線上に転がしたときの円周上の一点の描く軌跡になっている (図 2.1)．図 2.2 は半径 a の円の円周上の一点 P が原点 $(0, 0)$ の位置にある状態からスタートして右の方に転がって，座標が (x, y) の位置にきたときの状態を示している．円輪が x 軸に接する点を A とし，$\angle AOP = t$ とすれば，原点から A までの長さは円弧 $\widehat{AP}$ の長さ at に等しい．このとき x, y を t であらわせば

$$x = a(t - \sin t), \qquad y = a(1 - \cos t)$$

となる．

[例 13]　弾力性 (elasticity)　経済学でよく使われる弾力性という概念がこの話と関連がある．

ある財の単位価格 p と需要量 D の間の関係が関数 $D(p)$ によって与えられているとする．価格が p から $p + \varDelta p$ に変わったときに需要量 $D(p)$ が $D(p + \varDelta p) = D(p) + \varDelta D$ に変わったとすれば $\varDelta D = D(p + \varDelta p) - D(p)$ であって

$$\lim_{\varDelta p \to 0} \frac{\varDelta D}{\varDelta p} = \frac{dD}{dp} = D'(p)$$

が限界需要量である．ここで，$\varDelta p, \varDelta D$ の代わりに，価格の変化率 $\dfrac{\varDelta p}{p}$ に対応する需要量の変化率 $\dfrac{\varDelta D}{D}$ の比

$$\frac{\dfrac{\Delta D}{D}}{\dfrac{\Delta p}{p}} = \frac{p}{D}\frac{\Delta D}{\Delta p}$$

を考える．これは，価格が何 % 上昇すれば需要量は何 % 減るか，といったことを示す比率である．ここで $\Delta p \to 0$ としたときの極限

$$\frac{p}{D}\frac{dD}{dp} = \frac{pD'}{D}$$

を価格に対する需要の**弾力性**という．この式は，しばしば

$$\frac{d \log D}{d \log p}$$

という形で表現されるので，これら 2 つの表現式が同じであることを示しておく．まず

$$\frac{p}{D}\frac{dD}{dp} = \frac{pD'}{D} = \frac{\dfrac{D'}{D}}{\dfrac{1}{p}}$$

と変形する．ここで

$$\frac{D'}{D} = (\log D)' = \frac{d \log D}{dp}$$

であり

$$\frac{1}{p} = (\log p)' = \frac{d \log p}{dp}$$

であるから

$$\frac{\dfrac{D'}{D}}{\dfrac{1}{p}} = \frac{\dfrac{d \log D}{dp}}{\dfrac{d \log p}{dp}}$$

とかくことができるが，この右辺は定理 1.6 により

$$\frac{d \log D}{d \log p}$$

とかくことができる．$\log D$ を $\log p$ の関数と考えて $\log p$ で微分した値が弾力性なのである．

相互に関数関係にあるさまざまな2つの経済量の間にも，同様にして弾力性を定義することができる．

$\dfrac{\Delta D}{\Delta p}$ は，価格単位のえらび方（たとえば円かドルか）や需要量の測定単位のえらび方（たとえば kg かトンか）によって数値が異なるが，弾力性は変化分を比率 $\dfrac{\Delta p}{p}, \dfrac{\Delta D}{D}$ で捉えているために測定単位のえらび方には無関係であるという利点がある．

§3 平均値の定理とその周辺

ここでは平均値の定理を中心としてその周辺にあるいくつかの定理を述べる．これらはいずれもきわめて重要な定理であって，随所で使用される．

定理 1.7 (Rolle の定理) 関数 $f(x)$ が開区間 (a, b) で微分可能，閉区間 $[a, b]$ で連続であって，しかも

$$f(a) = f(b)$$

であるとすれば，a と b の間に

$$f'(c) = 0, \qquad a < c < b$$

となる点 c が存在する．

（証明） 図で見ればほとんど当り前と思える定理である．図 3.1 において，$f(a)=f(b)=k$ とおけば，x が a から b まで動くとき $f(x)$ は $f(a)=k$ という値から変化しながら，点 b で同じ k という値に戻るのだから，その間に $f(x)$

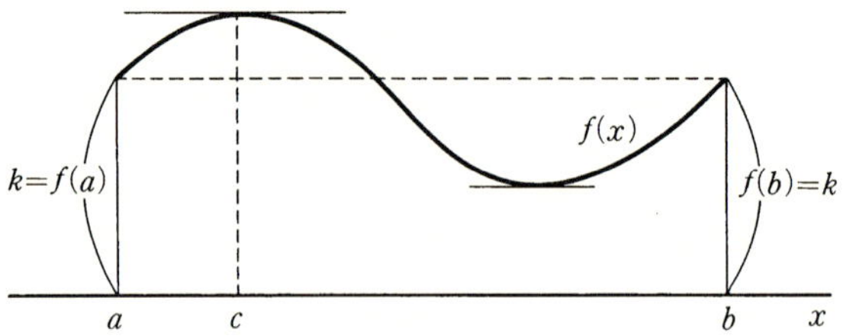

図 3.1

の値は上ったり下ったりするが，そのうちで一番高い点，あるいは一番低い点では接線は x 軸に平行になっているはずである．だから，その点を c とすれば，そこでは接線の傾き $f'(c)$ は 0 になっている．このことを論理的にきちんと証明すればよい．証明は次のようにする．

$f(a)=f(b)=k$ とおく．区間 $[a, b]$ で恒等的に $f(x)=k$ である場合には，どんな c，$a<c<b$，をとっても $f'(c)=0$ だから，定理はたしかに成立する．そこで，(a, b) 内に $f(x)>k$ となる点 x がある場合を考える．仮定により $f(x)$ は $[a, b]$ で連続だから，第3巻第1章の定理 1.27 (最大値，最小値の定理) により，$f(x)$ は区間 $[a, b]$ に属する点のどこかで最大値をとる．その点を c とすれば

$$f(c) > k = f(a) = f(b)$$

であるから $a<c<b$ である．$\Delta x \neq 0$ を $c+\Delta x \in [a, b]$ となるようにとれば，$f(c)$ が最大値であるから

$$f(c) \geqq f(c+\Delta x) \tag{1}$$

が成立する．そこで

$$\frac{f(c+\Delta x)-f(c)}{\Delta x}$$

をつくれば，(1)により $f(c+\Delta x)-f(c) \leqq 0$ であるから

$$\frac{f(c+\Delta x)-f(c)}{\Delta x} \begin{cases} \leqq 0, & \Delta x > 0 \text{ のとき} \\ \geqq 0, & \Delta x < 0 \text{ のとき} \end{cases} \tag{2}$$

となる．ここで $\Delta x \to 0$ のときの右側極限，左側極限をとれば，(2) により

$$\begin{aligned} &\Delta x > 0,\ \Delta x \longrightarrow 0 \quad \text{のとき} \quad f'(c+0) \leqq 0 \\ &\Delta x < 0,\ \Delta x \longrightarrow 0 \quad \text{のとき} \quad f'(c-0) \geqq 0 \end{aligned} \tag{3}$$

となるが，$f(x)$ は点 c で微分可能だから $f'(c)$ は存在し

$$f'(c) = f'(c+0) = f'(c-0)$$

である．よって，(3) により，$f'(c)=0$ である．

$f(x)>k$ となる x が (a, b) 内に存在しない場合は $f(x)<k$ となる $x \in (a, b)$ があるから，このときは $f(x)$ が $[a, b]$ で最小値をとる点は必ずあり，その点を c とすれば，$a<c<b$ であって，ここで $f'(c)=0$ となることが，同様にして証明できる．(終)

(コメント)　ここで，$f(x)$ が (a, b) で微分可能であるという仮定は重要で

ある．a と b の間に微分不可能な点があれば，定理は必ずしも成立しない．図3.2のような場合には点 c で $f(x)$ は最大値をとるが，そこでは $f'(c)$ は存在しないから，$f'(c)=0$ となる点はない．

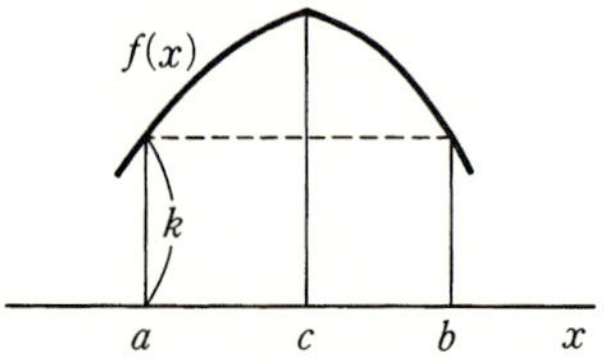

図3.2

このRolleの定理はきわめてわかりやすい簡単な定理であるが，以下において見るように，さまざまな定理を証明する際の強力な武器となる．

Rolleの定理を少し一般化すると次の平均値の定理になる．

定理1.8（平均値の定理） $f(x)$ が (a, b) で微分可能，$[a, b]$ で連続とすれば，a と b の間に

$$\frac{f(b)-f(a)}{b-a} = f'(c), \qquad a < c < b \tag{4}$$

となる点 c が存在する．

（証明） 証明の前にこの定理の幾何学的意味を考えてみる．図3.3において，$y=f(x)$ のグラフ上に座標が $(a, f(a))$ である点 A と，座標が $(b, f(b))$ である点 B をとり，A と B を通る直線を引く．この直線の傾きは(4)の左辺の $\dfrac{f(b)-f(a)}{b-a}$ であり，一方，$f'(c)$ は点 C における $y=f(x)$ の接線の傾きである．したがって(4)が成り立つということは，点 C における接線が直線 AB と平行であることを意味している．そのような点 C の x 座標 c が a と b の中間にあるというのが定理の主張である．図3.3を見れば，この主張は直観的には明らかであろう．しかも，この定理がRolleの定理とよく似た形をしていることも，すぐ気づくだろう．事実，$y=f(x)$ のグラフから直線 AB の高さの分を引いた関数を $F(x)$ とすれば，$y=F(x)$ のグラフは図3.3の点線で示したグラフになり，$F(a)=F(b)=0$ は明らかだから，$F(x)$ に対してRolleの定理を適用すれば(4)がえられるのである．証明も，この方針に従っておこなう．

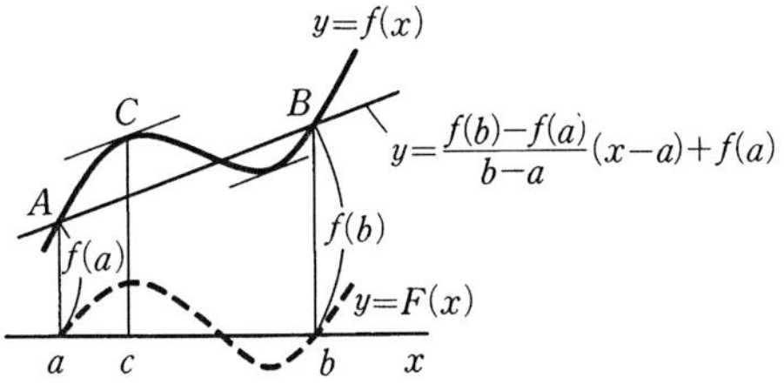

図 3.3

直線 AB は点 $(a, f(a))$ と $(b, f(b))$ を通るから，直線 AB の方程式は

$$y = \frac{f(b)-f(a)}{b-a}(x-a)+f(a)$$

で与えられる．この右辺を $f(x)$ から引いた関数を $F(x)$ とおく．

$$F(x) = f(x)-\left(\frac{f(b)-f(a)}{b-a}(x-a)+f(a)\right)$$

$F(x)$ は (a, b) で微分可能，$[a, b]$ で連続であって，明らかに $F(a)=F(b)=0$ であるから，$F(x)$ に Rolle の定理が適用できて，a と b の中間に $F'(c)=0$, $a<c<b$，となる点 c が存在する．ところで $F(x)$ の定義式を微分すれば

$$F'(x) = f'(x)-\frac{f(b)-f(a)}{b-a}$$

がえられるから，$F'(c)=0$ となる点 c においては

$$f'(c)-\frac{f(b)-f(a)}{b-a} = 0$$

が成立する．よって (4) が成立する．(終)

(4) の関係式は，いろいろな形に変形されて使われる．まず，$a<c<b$ である c は，a と b の加重平均としてあらわされることに注意しよう．すなわち，$a<c<b$ であるから

$$0 < c-a < b-a$$

であり，したがって

$$0 < \frac{c-a}{b-a} < 1$$

となる．ここで

$$\theta = \frac{c-a}{b-a}$$

とおいて，分母を払ってまとめると

$$c = a+\theta(b-a), \qquad 0 < \theta < 1$$

とかくことができる．この式は c が a と b の加重平均（凸結合）であることを示している．c のこの形を使えば，(4) は，分母を払った形で

$$f(b)-f(a) = (b-a)f'(a+\theta(b-a)), \qquad 0 < \theta < 1 \tag{5}$$

とかくことができる．さらにここで

$$b-a = h \quad \text{すなわち} \quad b = a+h$$

とおけば (5) は

$$f(a+h)-f(a) = hf'(a+\theta h), \qquad 0 < \theta < 1 \tag{6}$$

あるいは

$$f(a+h) = f(a)+hf'(a+\theta h), \qquad 0 < \theta < 1$$

となり，ここで $a=0$，$h=x$ とおけば

$$f(x) = f(0)+xf'(\theta x) \tag{7}$$

がえられる．

平均値の定理から，関数 $f(x)$ の増減に関する次の定理が直ちに導かれる．

定理 1.9 $f(x)$ が微分可能である区間内に 2 点 $a, b, (a<b)$ をとったとき，区間 (a, b) に属するすべての x に対して

（i） $f'(x)>0$ ならば，この区間で $f(x)$ は増加関数である．

（ii） $f'(x)<0$ ならば，この区間で $f(x)$ は減少関数である．

（iii） $f'(x)=0$ ならば，この区間で $f(x)$ は定数である．

（証明） (i) を証明する．区間 (a, b) 内に $x_1<x_2$ である 2 点 x_1, x_2 を任意にとる．このとき平均値の定理により

$$f(x_2)-f(x_1) = (x_2-x_1)f'(\xi), \qquad x_1 < \xi < x_2 \tag{8}$$

となる ξ がある．むろん $\xi\in(a, b)$ であるから仮定により $f'(\xi)>0$ であり，また $x_2-x_1>0$ であるから $(x_2-x_1)f'(\xi)>0$ となる．したがって $f(x_2)-f(x_1)>0$ となる．こうして

$$x_1 < x_2 \quad \text{ならば} \quad f(x_1) < f(x_2)$$

が成立するから，$f(x)$ は区間 (a, b) で増加関数である．

(ii) は (i) と同様にして証明できる．

(iii) の条件があれば (8) の右辺で $f'(\xi)=0$ となるから $f(x_1)=f(x_2)$ となるが，x_1, x_2 は (a, b) 内の任意の点でよいから $f(x)$ は区間 (a, b) で定数である．(終)

定理 1.9 系　$f(x)$ は開区間 (a, b) で微分可能で，かつ $f'(x)$ は連続とする．このとき

(i)　$f(x)$ が (a, b) において非減少$\Longleftrightarrow f'(x)\geqq 0$ for all $x\in(a, b)$

(ii)　$f(x)$ が (a, b) において非増加$\Longleftrightarrow f'(x)\leqq 0$ for all $x\in(a, b)$

が成立する．

(証明)　(i) を証明する．$f(x)$ は (a, b) において非減少とする．このとき $f'(\tilde{x})<0$ となる $\tilde{x}\in(a, b)$ があったとしよう．仮定により $f'(x)$ は区間 (a, b) で連続だから，$\tilde{x}$ の十分近くの x に対して $f'(x)$ は $f'(\tilde{x})$ と同じ符号である．すなわち $\varepsilon>0$ を十分小さくとって，$(\tilde{x}-\varepsilon, \tilde{x}+\varepsilon)\subset(a, b)$，かつ $x\in(\tilde{x}-\varepsilon, \tilde{x}+\varepsilon)$ ならば $f'(x)<0$ となるようにすることができる．このとき区間 $(\tilde{x}-\varepsilon, \tilde{x}+\varepsilon)$ 上で $f'(x)<0$ となるから定理 1.9 (ii) により $f(x)$ はこの区間で減少関数となる．これは $f(x)$ が (a, b) で非減少であるという仮定と矛盾する．よって $f'(\tilde{x})<0$ となる $\tilde{x}$ は存在しないから区間 (a, b) で $f'(x)\geqq 0$ となる．

こんどは逆に $f'(x)\geqq 0$ for all $x\in(a, b)$ と仮定する．任意に $x_1<x_2$ をとる．平均値の定理により

$$f(x_2)-f(x_1)=(x_2-x_1)f'(\xi), \qquad x_1<\xi<x_2$$

となる $\xi\in(a, b)$ があり，仮定により $f'(\xi)\geqq 0$ であるから $(x_2-x_1)f'(\xi)\geqq 0$，したがって $f(x_2)\geqq f(x_1)$ が成立する．任意の $x_1<x_2$ に対して $f(x_1)\leqq f(x_2)$ が成り立つから，$f(x)$ は (a, b) 上で非減少である．

(ii) の証明もまったく同様にしてできる．(終)

平均値の定理の一般化として次の定理が成立する．

定理 1.10 (Cauchy の定理)　$f(x), g(x)$ が共に区間 (a, b) で微分可能，$[a, b]$ で連続であって，さらに区間 (a, b) で $g'(x)\neq 0$ とする．このと

き，a と b の間に

$$\frac{f(b)-f(a)}{g(b)-g(a)} = \frac{f'(c)}{g'(c)}, \qquad a < c < b$$

をみたす点 c が存在する．

（証明） 区間 (a, b) で $g'(x) \neq 0$ であるから $g(a) \neq g(b)$ である．なぜなら，$g(a)=g(b)$ であったとすると，Rolle の定理により，a と b の中間に $g'(c)=0$，$a<c<b$ となる点があることになって，$g'(x) \neq 0$ と矛盾するからである．さて

$$F(x) = (f(b)-f(a))g(x)-(g(b)-g(a))f(x)$$

とおけば，$F(x)$ は区間 (a, b) で微分可能，$[a, b]$ で連続であって

$$F(a) = F(b) = f(b)g(a)-f(a)g(b)$$

となる．よって Rolle の定理により，$F'(c)=0$，$a<c<b$，となる点 c がある．ところで

$$F'(x) = (f(b)-f(a))g'(x)-(g(b)-g(a))f'(x)$$

であるから，$F'(c)=0$ となる点 c では

$$(f(b)-f(a))g'(c)-(g(b)-g(a))f'(c) = 0$$

が成立する．そして $g(b)-g(a) \neq 0$，$g'(c) \neq 0$ であるから，この関係式から

$$\frac{f(b)-f(a)}{g(b)-g(a)} = \frac{f'(c)}{g'(c)}, \qquad a < c < b$$

が導かれる．（終）

（コメント） この定理で $g(x)=x$ とおけば平均値の定理になる．

［例 1］ $f(x), g(x), h(x)$ はいずれも (a, b) で微分可能，$[a, b]$ で連続とすれば

$$\begin{vmatrix} f(a) & f(b) & f'(c) \\ g(a) & g(b) & g'(c) \\ h(a) & h(b) & h'(c) \end{vmatrix} = 0, \qquad a < c < b$$

となる c が存在する．

（証明） 関数 $F(x)$ を次の行列式によって定義する．

$$F(x)=\begin{vmatrix} f(a) & f(b) & f(x) \\ g(a) & g(b) & g(x) \\ h(a) & h(b) & h(x) \end{vmatrix}$$

このとき $F(x)$ は微分可能であって $F(a)=F(b)=0$ であるから Rolle の定理の仮定がみたされる．よって $F'(c)=0$，$a<c<b$ となる c がある．行列式の微分の公式(§2 [例4])を使って $F'(x)$ を計算すると，行列式の第1列と第2列は定数だからそれらの微分は0となって

$$F'(x)=\begin{vmatrix} f(a) & f(b) & f'(x) \\ g(a) & g(b) & g'(x) \\ h(a) & h(b) & h'(x) \end{vmatrix}$$

が成立する．よって $F'(c)=0$ となる c に対して

$$\begin{vmatrix} f(a) & f(b) & f'(c) \\ g(a) & g(b) & g'(c) \\ h(a) & h(b) & h'(c) \end{vmatrix}=0$$

が成立する．

[例2] 平均値の定理を使って次の不等式を証明せよ．

(1) $1+x<e^x \quad x\neq 0$

(2) $0<\dfrac{1}{x}\log\dfrac{e^x-1}{x}<1$，$x\neq 0$

(解) (1) 平均値の定理(ここでは(7)式)により

$$e^x=1+xe^{\theta x}$$

$e^{\theta x}$ に対してふたたび平均値の定理を使うと

$$e^{\theta x}=1+\theta xe^{\theta\bar{\theta}x} \quad 0<\bar{\theta}<1$$

この $e^{\theta x}$ を上式の右辺に代入して

$$e^x=1+x(1+\theta xe^{\theta\bar{\theta}x})=1+x+\theta x^2e^{\theta\bar{\theta}x}$$

ここで $0<\theta<1$ だから $\theta x^2e^{\theta\bar{\theta}x}>0$ よって $1+x<e^x$ が成立する．

(2) $e^x=1+xe^{\theta x}$，$0<\theta<1$，から

$$\frac{e^x-1}{x}=e^{\theta x}>0$$

両辺の対数をとって

$$\log\frac{e^x-1}{x}=\theta x, \quad 0<\theta<1$$

$x \neq 0$ だから両辺を x で割って

$$\theta = \frac{1}{x}\log\frac{e^x-1}{x}$$

$0<\theta<1$ だから

$$0 < \frac{1}{x}\log\frac{e^x-1}{x} < 1$$

(問) $f(x)$ が2次関数のときは

$$\frac{f(b)-f(a)}{b-a} = f'(c) \quad をみたす\, c\, は \quad c = \frac{a+b}{2}$$

であることを示せ．

§4 高階導関数

関数 $f(x)$ の導関数 $f'(x)$ がさらに微分可能であれば，$f'(x)$ の導関数を求めることができる．$f'(x)$ の導関数を

$$f''(x), \qquad \frac{d^2f(x)}{dx^2}, \qquad \frac{d}{dx}\left(\frac{df(x)}{dx}\right)$$

などの記号であらわす．その定義は

$$f''(x) = \lim_{\Delta x\to 0}\frac{f'(x+\Delta x)-f'(x)}{\Delta x}$$

である．$f''(x)$ を $f(x)$ の **2階導関数**あるいは **2次導関数**という．$f''(x)$ の $x=a$ における値を $f''(a)$ とかく．$f''(a)$ を $f(x)$ の $x=a$ における **2階微分係数**あるいは **2次微分係数**という．

$f''(x)$ がさらに微分可能であれば，同様にして3階もしくはそれ以上の階数の導関数を定義することができる．それらをあらわす記号は，3階の導関数は $f'''(x)$ を使うが，それ以上の導関数は

$$f^{(4)}(x),\ f^{(5)}(x),\ \cdots,\ f^{(n)}(x),\ \cdots$$

のように，f の右肩に微分の回数を示す数字を書き添えた形を使う．$f^{(n)}(x)$ はまた

$$\frac{d^nf(x)}{dx^n} \quad あるいは \quad \left(\frac{d}{dx}\right)^n f(x)$$

ともかかれる．これらの記号の中で，$f(x)$ の x を $x=a$ とおけば，$x=a$ における n 階 (n 次) 微分係数がえられる．

高階導関数について次の定理が成立する．

> **定理 1.11**　$f(x)$，$g(x)$ が n 回微分可能であれば次式が成立する．
>
> (i)　$(f(x)+g(x))^{(n)}=f^{(n)}(x)+g^{(n)}(x)$
>
> (ii)　$(\alpha f(x))^{(n)}=\alpha f^{(n)}(x)$

(証明)　明らかであろう．各自で確認せよ．

> **定理 1.12** (Leibniz の公式)　$f(x), g(x)$ が n 回微分可能であれば，次の関係式が成立する．
>
> $$(f(x)g(x))^{(n)}=\sum_{r=0}^{n}\binom{n}{r}f^{(n-r)}(x)g^{(r)}(x)$$
>
> ただし，$f^{(0)}(x)=f(x)$，$g^{(0)}(x)=g(x)$ とする．

(証明)　式を見やすくするために，$f(x), g(x)$ は x を省略して f, g であらわすことにする．

直接に微分計算を繰り返せば

$$(fg)'=f'g+fg'$$

$$(fg)''=(f'g+fg')'=f''g+2f'g'+fg''$$

$$(fg)'''=f'''g+3f''g'+3f'g''+fg'''$$

は容易に確かめられる．

これらの形から右辺の各項の係数は 2 項定理の展開式の係数と同じになっていることが予想される．そこで，数学的帰納法を使う．

$n=1$ のときは定理はたしかに成立する．

$n=k-1$ のとき

$$(fg)^{(k-1)}=\sum_{r=0}^{k-1}\binom{k-1}{r}f^{(k-1-r)}g^{(r)}$$

が成り立つものと仮定する (帰納法の仮定)．この式の両辺を微分すると

$$(fg)^{(k)}=\sum_{r=0}^{k-1}\binom{k-1}{r}(f^{(k-r)}g^{(r)}+f^{(k-1-r)}g^{(r+1)})$$

$$= \sum_{r=0}^{k-1}\binom{k-1}{r}f^{(k-r)}g^{(r)} + \sum_{r=0}^{k-1}\binom{k-1}{r}f^{(k-1-r)}g^{(r+1)}$$

となるが，この後半の部分は，$r+1$ を改めて r とかけば

$$\sum_{r=0}^{k-1}\binom{k-1}{r}f^{(k-1-r)}g^{(r+1)} = \sum_{r=1}^{k}\binom{k-1}{r-1}f^{(k-r)}g^{(r)}$$

とかけるから

$$\begin{aligned}
(fg)^{(k)} &= \sum_{r=0}^{k-1}\binom{k-1}{r}f^{(k-r)}g^{(r)} + \sum_{r=1}^{k}\binom{k-1}{r-1}f^{(k-r)}g^{(r)} \\
&= \binom{k-1}{0}f^{(k)}g + \sum_{r=1}^{k-1}\left\{\binom{k-1}{r}+\binom{k-1}{r-1}\right\}f^{(k-r)}g^{(r)} + \binom{k-1}{k-1}fg^{(k)} \\
&= f^{(k)}g + \sum_{r=1}^{k-1}\binom{k}{r}f^{(k-r)}g^{(r)} + fg^{(k)} \quad \left(\because \quad \binom{k-1}{r}+\binom{k-1}{r-1}=\binom{k}{r}\right) \\
&= \sum_{r=0}^{k}\binom{k}{r}f^{(k-r)}g^{(r)}
\end{aligned}$$

がえられる．これで帰納法は完結し，定理の主張はすべての自然数 n に対して成立する．(終)

[例 1]

$$\left(\frac{1}{1+x}\right)^{(n)} = (-1)^n n!(1+x)^{-n-1} = \frac{(-1)^n n!}{(1+x)^{n+1}}$$

(証明)

$$\left(\frac{1}{1+x}\right)' = ((1+x)^{-1})' = -(1+x)^{-2}$$

$$\left(\frac{1}{1+x}\right)'' = (-(1+x)^{-2})' = (-1)^2 2!(1+x)^{-3}$$

あとは数学的帰納法で確認できる (各自で試みよ)．

[例 2] x^3e^x の n 階導関数を求めよ．

(解) $f(x)=e^x$，$g(x)=x^3$ として Leibniz の公式を適用すると

$$\begin{aligned}
(x^3e^x)^{(n)} &= \binom{n}{0}x^3e^x + \binom{n}{1}(x^3)'e^x + \binom{n}{2}(x^3)''e^x + \binom{n}{3}(x^3)'''e^x \\
&= e^x\left(x^3 + n\cdot 3x^2 + \frac{n(n-1)}{2}\cdot 6x + \frac{n(n-1)(n-2)}{3!}\cdot 6\right) \\
&= e^x(x^3+3nx^2+3n(n-1)x+n(n-1)(n-2))
\end{aligned}$$

[例 3]

$$(\sin x)^{(n)} = \begin{cases} (-1)^m \sin x, & n=2m \text{ のとき} \\ (-1)^m \cos x, & n=2m+1 \text{ のとき} \end{cases}$$

$$(\cos x)^{(n)} = \begin{cases} (-1)^m \sin x, & n=2m-1 \text{ のとき} \\ (-1)^m \cos x, & n=2m \text{ のとき} \end{cases}$$

(問 1)　次の関数の n 階導関数を求めよ．

(1) e^x　(2) $\log x$　(3) $\log(1+x)$　(4) $\cos^2 x$　(5) $\sin^2 x$

(6) $\dfrac{x+2}{x+1}$　(7) $\dfrac{1}{x^2+3x+2}$

(問 2)　Leibniz の公式により次の関数の 4 階の導関数を求めよ．

(1) $x^2 \sin x$　(2) $x^2 \log x$

§5　Taylor の定理

関数 $f(x)$ が何回も微分可能なとき，高階微分係数を使う形で平均値の定理を一般化することができる．それが次の定理である．

> **定理 1.13** (Taylor(テーラー)の定理)　$f(x)$ は 2 点 $a, b, (a \neq b)$ を含む区間で n 回微分可能とする．このとき a と b の中間に次の関係式をみたす c が存在する．
>
> $$f(b) = f(a)+(b-a)f'(a)+\frac{(b-a)^2}{2!}f''(a)+\cdots+\frac{(b-a)^r}{r!}f^{(r)}(a)$$
> $$+\cdots+\frac{(b-a)^{n-1}}{(n-1)!}f^{(n-1)}(a)+\frac{(b-a)^n}{n!}f^{(n)}(c)$$
>
> ここで $c=a+\theta(b-a)$, $0<\theta<1$

(証明)　この関係式を

$$f(b) = \sum_{r=0}^{n-1}\frac{(b-a)^r}{r!}f^{(r)}(a)+\frac{(b-a)^n}{n!}f^{(n)}(c) \tag{1}$$

ここで $f^{(0)}(a)=f(a)$

とかいて，この (1) 式をみたす c があることを示す．そのために関数 $F(x)$ を次式で定義する．

$$F(x) = f(b) - \left(\sum_{r=0}^{n-1} \frac{(b-x)^r}{r!} f^{(r)}(x) + \frac{(b-x)^n}{n!} K\right) \tag{2}$$

右辺の K は定数である．この $F(x)$ は (1) 式の右辺の a を x でおきかえ，$f^{(n)}(c)$ を K でおきかえた式を左辺から引いたものになっている．

$f(x)$ は n 回微分可能であり，(2) 式の右辺に含まれている $f(x)$ の導関数は $f^{(n-1)}(x)$ までだから，(2) の右辺は，あと1回は微分可能である．したがって $F(x)$ は微分可能である．(2) の右辺は $x=b$ とおけば0になるから $F(b)=0$ である．また，(2) の両辺で $x=a$ とおけば，右辺は K の1次式になるから，$F(a)=0$ とおいた式は K に関する1次方程式になり，K の係数 $\dfrac{(b-a)^n}{n!}$ は0ではないから，$F(a)=0$ をみたす K の値はただ1つ確定する．そこで K を，$F(a)=0$ をみたすようにえらんでおく．そうすれば

$$F(a) = F(b) = 0$$

が成り立つから $F(x)$ は Rolle の定理の仮定をすべてみたす．したがって Rolle の定理により，a と b の中間に

$$F'(c) = 0$$

となる c がある．$F'(c)$ を計算するためにまず $F'(x)$を計算する．(2) の右辺のそれぞれの項を微分すると，$r \geqq 1$ のときは

$$\left(\frac{(b-x)^r}{r!} f^{(r)}(x)\right)' = -\frac{(b-x)^{r-1}}{(r-1)!} f^{(r)}(x) + \frac{(b-x)^r}{r!} f^{(r+1)}(x)$$

であるから，これらの $r=1$ から $n-1$ までの和をつくり，それに最初と最後の項の導関数を加えれば

$$\begin{aligned} F'(x) = & -f'(x) + (f'(x) - (b-x)f''(x)) + \left((b-x)f''(x) - \frac{(b-x)^2}{2!} f'''(x)\right) \\ & + \cdots + \left(\frac{(b-x)^{n-2}}{(n-2)!} f^{(n-1)}(x) - \frac{(b-x)^{n-1}}{(n-1)!} f^{(n)}(x)\right) + \frac{(b-x)^{n-1}}{(n-1)!} K \end{aligned}$$

となる．この右辺は一見してわかるように，隣接する2つの項が次々に消し合って残るのは最後の2つの項だけになる．よって

$$F'(x) = (K - f^{(n)}(x)) \frac{(b-x)^{n-1}}{(n-1)!}$$

となるから，$F'(c)=0$ となる点 c では

$$(K-f^{(n)}(c))\frac{(b-c)^{n-1}}{(n-1)!}=0$$

が成立する．ここで $c \neq b$ であるから

$$K=f^{(n)}(c)$$

となる．すなわち，$F(a)=0$ となるようにえらんだ K は $f^{(n)}(c)$ とかけるのである．そこで (2) の右辺で $x=a$ とおき $K=f^{(n)}(c)$ とおけば

$$F(a)=f(b)-\left(\sum_{r=0}^{n-1}\frac{(b-a)^r}{r!}f^{(r)}(a)+\frac{(b-a)^n}{n!}f^{(n)}(c)\right)=0$$

は当然成り立つが，この関係式は証明するべき (1) 式と同じものである．(終)

さて，(1) 式において a を固定し b を変数と考えて b を x でおきかえれば，(1) から

$$f(x)=\sum_{r=0}^{n-1}\frac{f^{(r)}(a)}{r!}(x-a)^r+\frac{f^{(n)}(\xi)}{n!}(x-a)^n \tag{3}$$

という展開式がえられる．右辺の ξ は x と a の中間の点である．(3) の右辺の最後の項

$$\frac{f^{(n)}(\xi)}{n!}(x-a)^n$$

は **Lagrange の剰余**とよばれている．ξ は x と a の中間にあるから

$$\xi=a+\theta(x-a),\qquad 0<\theta<1$$

とかくことができる．ξ は x によって変わるけれども

$$x\longrightarrow a \quad \text{のとき} \quad \xi\longrightarrow a$$

である．ここで $f^{(n)}(x)$ が a を含む区間で連続であると仮定する．

$$\frac{f^{(n)}(\xi)}{n!}(x-a)^n=\frac{f^{(n)}(a)}{n!}(x-a)^n+R$$

とおくと

$$\frac{R}{(x-a)^n}=\frac{1}{n!}(f^{(n)}(\xi)-f^{(n)}(a))$$

とかけるが，仮定により $f^{(n)}(x)$ は a で連続だから，$x\to a$ のとき $\xi\to a$ となり，このとき $f^{(n)}(\xi)\to f^{(n)}(a)$ となる．よって

$$\lim_{x\to a}\frac{R}{(x-a)^n}=\frac{1}{n!}\lim_{\xi\to a}(f^{(n)}(\xi)-f^{(n)}(a))=0$$

となるから，$x \to a$ のとき R は $(x-a)^n$ よりも高位の無限小になる．したがって，Landau の記号を使えば

$$R = o((x-a)^n)$$

となる．この記号を使って Lagrange の剰余を

$$\frac{f^{(n)}(\xi)}{n!}(x-a)^n = \frac{f^{(n)}(a)}{n!}(x-a)^n + o((x-a)^n)$$

とかけば，次の系がえられる．

定理 1.13 系 $f(x)$ が a を内部に含む区間で n 回微分可能であり，さらに $f^{(n)}(x)$ がこの区間で連続であれば，この区間内の任意の x に対して

$$f(x) = \sum_{r=0}^{n} \frac{f^{(r)}(a)}{r!}(x-a)^r + o((x-a)^n) \tag{4}$$

が成立する．

(4) の右辺の和は (1) の場合と違って，r が 0 から n までにわたっていることに注意してほしい．

(3) の右辺を，$f(x)$ の $x=a$ における **Taylor 展開**という．

(3) あるいは (4) において $a=0$ のときは次の定理になる．

定理 1.14 (Maclaurin (マクローリン) の定理) $f(x)$ が $x=0$ を内部に含む区間で n 回微分可能であって，$f^{(n)}(x)$ がこの区間で連続であれば，この区間内の任意の x に対して

$$\begin{aligned} f(x) &= \sum_{r=0}^{n-1} \frac{f^{(r)}(0)}{r!}x^r + \frac{f^{(n)}(\theta x)}{n!}x^n \qquad (5) \\ &= f(0) + f'(0)x + \frac{f''(0)}{2!}x^2 + \cdots + \frac{f^{(n-1)}(0)}{(n-1)!}x^{n-1} + \frac{f^{(n)}(\theta x)}{n!}x^n, \end{aligned}$$

ここで $0 < \theta < 1$

が成立する．ここで Lagrange の剰余について

$$\frac{f^{(n)}(\theta x)}{n!}x^n = \frac{f^{(n)}(0)}{n!}x^n + o(x^n) \tag{6}$$

が成立する．(5)を $f(x)$ の **Maclaurin 展開**という．

(コメント) (5)と(6)から

$$f(x) = f(0)+f'(0)x+\frac{f''(0)}{2!}x^2+\cdots+\frac{f^{(n)}(0)}{n!}x^n+o(x^n) \tag{7}$$

となるが，この右辺の $o(x^n)$ を除いた部分

$$f(0)+f'(0)x+\frac{f''(0)}{2!}x^2+\cdots+\frac{f^{(n)}(0)}{n!}x^n \tag{8}$$

は x の n 次多項式である．したがって(7)の右辺は **$f(x)$ を $x=0$ の近傍で(8)の多項式で近似したとき，近似の誤差が $o(x^n)$ であることを示す式**と考えることができる．近似の誤差が $o(x^n)$ であるということは，$x=0$ の近傍では(8)の多項式によって，$f(x)$ の x^n までのオーダーの無限小の部分が近似し尽されていることを意味している．したがって，原点 $x=0$ の近傍における $f(x)$ の n 次の近似多項式としては，(8)式が最善の近似式になっている．事実，$x=0$ の近傍で

$$f(x) = a_0+a_1x+a_2x^2+\cdots+a_nx^n+o(x^n)$$

と展開できるときは，両辺を r 回微分してから $x=0$ とおくことによって

$$a_r = \frac{f^{(r)}(0)}{r!}, \qquad r = 0, 1, 2, \cdots, n$$

となることが示される．

同様に考えれば，(4)式は，$x=a$ の近傍における $f(x)$ の n 次の近似多項式としては

$$f(a)+f'(a)(x-a)+\frac{f''(a)}{2!}(x-a)^2+\cdots+\frac{f^{(n)}(a)}{n!}(x-a)^n$$

が最善の近似式になっていることを示している．

さて，いままでは $f(x)$ は n 回微分可能であると仮定してきたが，ここで，$f(x)$ が何回でも微分可能である場合を考えてみよう．このときは(1),(3),(5)の式の右辺の n はいくらでも大きくすることができる．そこで $n\to\infty$ とすると，これらの式の右辺は無限数列の和になるが，この場合にはこの無限数列の和が存在するかどうか，という新たな問題が生じてくる．無限数列の和については改めて後の章(第4章)で詳しく述べるが，ここではその定義だけを与え

ておく．

無限数列 $\{a_n\}$ の各項の和

$$a_1+a_2+\cdots+a_n+\cdots \tag{9}$$

を**無限級数**という．ここで，n 項までの部分和を

$$s_n = a_1+a_2+\cdots+a_n$$

としたとき，数列

$$s_1, s_2, \cdots, s_n, \cdots$$

が収束するならば，その極限

$$s = \lim_{n\to\infty} s_n$$

を (9) の無限級数の**和**と定義する．

この定義により，無限数列の和を求めるためには，部分和 s_n の極限を求めればよいことになる．

この定義にしたがって (1), (3), (5) 式の右辺で $n\to\infty$ としたときの無限和が存在するための条件を求めてみよう．

まず (1) 式について考えてみる．(1) の右辺で $n\to\infty$ とすると，(1) の右辺は形式的には

$$\sum_{r=0}^{\infty}\frac{(b-a)^r}{r\,!}f^{(r)}(a) \tag{10}$$

となる．ところでこの無限級数の n 項までの部分和 s_n は

$$s_n = \sum_{r=0}^{n-1}\frac{(b-a)^r}{r\,!}f^{(r)}(a)$$

であり，これは (1) の右辺の最初の部分であるから，(1) は

$$f(b) = s_n+\frac{(b-a)^n}{n!}f^{(n)}(c), \qquad a < c < b$$

となる．よって

$$|s_n-f(b)| = \left|\frac{(b-a)^n}{n!}f^{(n)}(c)\right|$$

となるから，$\lim\limits_{n\to\infty} s_n=f(b)$ が成り立つための必要十分条件は

$$\lim_{n\to\infty}\left|\frac{(b-a)^n}{n!}f^{(n)}(c)\right| = 0 \tag{11}$$

となることである．(11) が成り立つとき，かつ，そのときに限って無限和

(10) が存在して

$$f(b) = \sum_{r=0}^{\infty} \frac{(b-a)^r}{r!} f^{(r)}(a)$$

が成立するのである．

この事情は (3), (5) の展開式の場合も同じであって，(3) については

$$\lim_{n\to\infty} \left| \frac{f^{(n)}(\xi)}{n!}(x-a)^n \right| = 0$$

となる x に対してのみ，$f(x)$ の無限級数展開

$$f(x) = \sum_{r=0}^{\infty} \frac{f^{(r)}(a)}{r!}(x-a)^r \tag{12}$$

が可能になる．(12) の右辺を $f(x)$ の $x=a$ における **Taylor 級数**という．(5) についても

$$\lim_{n\to\infty} \left| \frac{f^{(n)}(\theta x)}{n!} x^n \right| = 0$$

である x に対してのみ，$f(x)$ の無限級数展開

$$f(x) = \sum_{r=0}^{\infty} \frac{f^{(r)}(0)}{r!} x^r \tag{13}$$

が可能なのである．(13) の右辺を $f(x)$ の **Maclaurin 級数**という．

[例 1] 関数 e^x は，すべての実数 x に対して

$$e^x = \sum_{r=0}^{\infty} \frac{x^r}{r!} = 1 + x + \frac{x^2}{2!} + \cdots + \frac{x^n}{n!} + \cdots \tag{14}$$

と無限級数展開できる．

(証明) $f(x) = e^x$ に対しては

$$f^{(r)}(x) = e^x, \qquad f^{(r)}(0) = 1, \qquad r = 0, 1, 2, \cdots, n, \cdots$$

であるから (5) により

$$e^x = \sum_{r=0}^{n-1} \frac{x^r}{r!} + \frac{e^{\theta x}}{n!} x^n, \qquad 0 < \theta < 1$$

となる．ここで，すべての x に対して

$$\lim_{n\to\infty} \left| \frac{e^{\theta x}}{n!} x^n \right| = 0 \tag{15}$$

が成り立つことを示す．

まず，$0<\theta<1$ であるから，すべての x に対して

$$e^{\theta x} \leqq e^{|x|}$$

が成立する．x を任意にえらんで固定する．この x に対して

$$|x| < N$$

となる自然数 N をえらび，この N に対して $N<n$ をみたす n をとれば

$$\frac{|x|^n}{n!} = \frac{|x|^N}{N!}\frac{|x|}{N+1}\frac{|x|}{N+2}\cdots\frac{|x|}{n} < \frac{|x|^N}{N!}\left(\frac{|x|}{N}\right)^{n-N}$$

が成立する．ここで $\dfrac{|x|^N}{N!}$ の部分は定数であり，$\dfrac{|x|}{N}<1$ であるから，$n\to\infty$ のとき $\left(\dfrac{|x|}{N}\right)^{n-N}\to 0$ となって

$$\lim_{n\to\infty}\frac{|x|^n}{n!} = 0 \tag{16}$$

が成立する．よって，$n\to\infty$ のとき

$$\left|\frac{e^{\theta x}}{n!}x^n\right| \leqq e^{|x|}\frac{|x|^n}{n!} \longrightarrow 0$$

が成立する（x は任意であるが固定してあるから $e^{|x|}$ は定数である）．これで (15) が成り立つことが示されたから，任意の実数 x に対して (14) が成立する．

(14) で $x=1$ とおけば，e の無限級数展開

$$e = 1+1+\frac{1}{2!}+\frac{1}{3!}+\cdots+\frac{1}{n!}+\cdots$$

がえられる．右辺の無限級数はかなり早く極限に収束するから，e の近似値を求める式として便利である．

この展開式を使えば，e が無理数であることが簡単に証明できる．

e が無理数であることの証明

e が有理数であると仮定して矛盾を導く．e を有理数と仮定すれば，m, n を互いに素な自然数として $e=\dfrac{m}{n}$ とかくことができる．e は自然数ではないから，$n\neq 1$，したがって

$$n \geqq 2$$

である．このとき e の展開式から

$$\frac{m}{n} = 1+1+\frac{1}{2!}+\cdots+\frac{1}{n!}+\frac{1}{(n+1)!}+\cdots$$

が成立する．両辺に $n!$ をかけると

$$m(n-1)! = n!\left(1+1+\frac{1}{2!}+\cdots+\frac{1}{n!}\right)+n!\left(\frac{1}{(n+1)!}+\cdots\right)$$

となる．この式の左辺は整数であり，右辺の前半の部分も整数であるから，右辺の後半の部分

$$n!\left(\frac{1}{(n+1)!}+\frac{1}{(n+2)!}+\cdots\right)$$

も整数でなくてはならないが，この部分については

$$n!\left(\frac{1}{(n+1)!}+\frac{1}{(n+2)!}+\cdots\right)=\frac{1}{n+1}+\frac{1}{(n+1)(n+2)}+\cdots$$

$$\leqq \frac{1}{n+1}+\frac{1}{(n+1)^2}+\cdots=\frac{1}{n+1}\frac{1}{1-\dfrac{1}{n+1}}=\frac{1}{n}\leqq\frac{1}{2}$$

が成立する．これは矛盾である．よって e は有理数ではありえない．

［例 2］　$\sin x, \cos x$ は，すべての x に対して

$$\sin x = \sum_{r=0}^{\infty}(-1)^r\frac{x^{2r+1}}{(2r+1)!} = x-\frac{x^3}{3!}+\frac{x^5}{5!}-\frac{x^7}{7!}+\cdots \tag{17}$$

$$\cos x = \sum_{r=0}^{\infty}(-1)^r\frac{x^{2r}}{(2r)!} = 1-\frac{x^2}{2!}+\frac{x^4}{4!}-\frac{x^6}{6!}+\cdots \tag{18}$$

と無限級数展開できる．

（証明）　$f(x)=\sin x$ に対しては

$$f^{(2r)}(x)=(-1)^r\sin x,\qquad f^{(2r+1)}(x)=(-1)^r\cos x,\qquad r=0,1,2,\cdots$$

であるから

$$f^{(2r)}(0)=0,\qquad f^{(2r+1)}(0)=(-1)^r,\qquad r=0,1,2,\cdots$$

となる．よって (5) により

$$\sin x = \sum_{r=0}^{n-1}(-1)^r\frac{x^{2r+1}}{(2r+1)!}+(-1)^n\frac{\cos\theta x}{(2n+1)!}x^{2n+1},\qquad 0<\theta<1$$

となるが，ここで，任意の x に対して $|(-1)^n\cos\theta x|\leqq 1$ であるから，$n\to\infty$ のとき

$$\left|(-1)^n\frac{\cos\theta x}{(2n+1)!}x^{2n+1}\right|\leqq\frac{|x|^{2n+1}}{(2n+1)!}\longrightarrow 0$$

となることが［例 1］の (16) と同様にして証明できる．よってすべての x に対

して (17) の無限級数展開が可能である．

$f(x) = \cos x$ の場合も同様であって，(5) により

$$\cos x = \sum_{r=0}^{n-1}(-1)^r \frac{x^{2r}}{(2r)!} + (-1)^n \frac{\cos\theta x}{(2n)!} x^{2n}, \qquad 0 < \theta < 1$$

がえられるが，ここで $n \to \infty$ のとき

$$\left|(-1)^n \frac{\cos\theta x}{(2n)!} x^{2n}\right| \leqq \frac{|x|^{2n}}{(2n)!} \longrightarrow 0$$

が任意の x について成り立つから (18) の無限級数展開ができる．

(コメント 1) ここで **Euler の公式**とよばれている関係式

$$e^{ix} = \cos x + i \sin x \quad \text{ここで} \quad i^2 = -1$$

について説明する．

e^x の展開式 (14) において，形式的に x を ix でおきかえると次のようになる．

$$e^{ix} = 1 + ix + \frac{(ix)^2}{2!} + \frac{(ix)^3}{3!} + \cdots + \frac{(ix)^n}{n!} + \cdots \tag{19}$$

この右辺で $i^2 = -1, i^3 = -i, i^4 = 1, i^5 = i, i^6 = -1, \cdots$ というおきかえをし，右辺の和の順序を入れかえて実数の部分と純虚数の部分に分けてまとめると

$$e^{ix} = \left(1 - \frac{x^2}{2!} + \frac{x^4}{4!} - \frac{x^6}{6!} + \cdots\right) + i\left(x - \frac{x^3}{3!} + \frac{x^5}{5!} - \frac{x^7}{7!} + \cdots\right) \tag{20}$$

となる．右辺の実数部分は (18) により $\cos x$ であり，虚数部分は (17) により $\sin x$ であるから (20) は

$$e^{ix} = \cos x + i \sin x \tag{21}$$

となる．この関係式を **Euler の公式**という．

e の虚数乗が何を意味するかは，われわれはまだ定義していない．したがって e^{ix} の意味はまだ定義されていない．しかし，e^x の展開式の中の x を形式的に ix でおきかえた無限級数をつくれば，その和が $\cos x + i \sin x$ になる．$\cos x + i \sin x$ は確定した複素数である．そこで (21) によって e^{ix} を**定義する**のである．

e^{ix} が定義できれば，任意の $z = x + iy$ について e^z を定義することはすぐできる．$e^z, z = x + iy$，は

$$e^z = e^{x+iy} = e^x(\cos y + i \sin y)$$

によって定義するのである．このように定義すれば，$\cos y+i\sin y=e^{iy}$ であるから

$$e^{x+iy}=e^xe^{iy}$$

となって，複素数を指数としてもつ指数関数についても指数法則が成り立つことになる．また e^{ix} の導関数は

$$\begin{aligned}(e^{ix})' &= (\cos x+i\sin x)' = -\sin x+i\cos x\\ &= i(\cos x+i\sin x) = ie^{ix}\end{aligned}$$

すなわち

$$(e^{ix})'=ie^{ix}$$

となる．この関係式は α が実数のときに成り立つ関係式 $(e^{\alpha x})'=\alpha e^{\alpha x}$ が $\alpha=i$ の場合にも成り立つことを示している．

Eulerの公式から

$$e^{ix}=\cos x+i\sin x,\qquad e^{-ix}=\cos x-i\sin x$$

がえられるが，これらを加えて2で割り，また引いて $2i$ で割ると

$$\cos x=\frac{e^{ix}+e^{-ix}}{2},\qquad \sin x=\frac{e^{ix}-e^{-ix}}{2i}$$

がえられる．これもよく使われる関係式である．

この右辺で i を取り去った形の関数

$$\cosh x=\frac{e^x+e^{-x}}{2},\qquad \sinh x=\frac{e^x-e^{-x}}{2}$$

は**双曲線関数**とよばれている．

(コメント2)　Rocheの剰余形とCauchyの剰余形

(1), (3), (5) の展開式の最後の項

$$\frac{(b-a)^n}{n!}f^{(n)}(c),\qquad \frac{f^{(n)}(\xi)}{n!}(x-a)^n,\qquad \frac{f^{(n)}(\theta x)}{n!}x^n \tag{22}$$

はいずれもそれぞれの展開式における剰余であり，この形の剰余をLagrangeの剰余とよんだ．Taylorの定理の (1) 式でいえばLagrangeの剰余 R_n は

$$R_n=\frac{(b-a)^n}{n!}f^{(n)}(c),\qquad a<c<b$$

である．この剰余形を，より一般的な形であらわすことができる．そのために定理1.13と同じ仮定のもとで (2) 式の右辺を次のようにかきかえる．

$$F(x) = f(b) - \left(\sum_{r=0}^{n-1} \frac{(b-x)^r}{r!} f^{(r)}(x) + \frac{K(b-x)^p}{n!}\right), \qquad 1 \leqq p \leqq n$$

この式が(2)式と異なるのは(2)の右辺の括弧内の最後の項がここでは $\dfrac{K(b-x)^p}{n!}$ となっている点だけだから，ここの $F(x)$ に対しても定理1.13の証明と同じ推論ができる．

$F(x)$ は微分可能であり，$F(b)=0$ は明らかである．そこで定数 K を $F(a)=0$ となるように定める．このような K は一意的に定まる．この K に対して $F(x)$ は Rolle の定理の仮定をみたすから，$F'(c)=0$，$c=a+\theta(b-a)$，をみたす c がある．$F'(x)$ を計算すると

$$F'(x) = -\frac{(b-x)^{n-1}}{(n-1)!} f^{(n)}(x) + \frac{Kp(b-x)^{p-1}}{n!}$$

となるから $x=c$ とおくと

$$F'(c) = -\frac{(b-c)^{n-1}}{(n-1)!} f^{(n)}(c) + \frac{Kp(b-c)^{p-1}}{n!} = 0$$

よって

$$K = \frac{n(b-c)^{n-p}}{p} f^{(n)}(c), \qquad a < c < b$$

となる．ここで $c=a+\theta(b-a)$，$0<\theta<1$，であるから

$$b-c = (1-\theta)(b-a)$$

となり，この関係を上式に代入すると

$$K = \frac{n(1-\theta)^{n-p}(b-a)^{n-p}}{p} f^{(n)}(a+\theta(b-a)), \qquad 0 < \theta < 1$$

となる．この K に対して $F(a)=0$ であるから，上記の $F(x)$ の定義式から

$$f(b) = \sum_{r=0}^{n-1} \frac{(b-a)^r}{r!} f^{(r)}(a) + \frac{(1-\theta)^{n-p}(b-a)^n}{p(n-1)!} f^{(n)}(a+\theta(b-a)), \qquad 0 < \theta < 1$$

がえられる．この式と(2)式を比較すると，剰余項 R_n が

$$R_n = \frac{(1-\theta)^{n-p}(b-a)^n}{p(n-1)!} f^{(n)}(a+\theta(b-a)), \qquad 0 < \theta < 1 \qquad (23)$$

となっていることがわかる．この形の剰余形を **Roche(ロシュ)の剰余形**という．ここで $p=n$ とおけば Lagrange の剰余形になる．$p=1$ のときは

$$R_n = \frac{(1-\theta)^{n-1}(b-a)^n}{(n-1)!} f^{(n)}(a+\theta(b-a)), \qquad 0 < \theta < 1 \tag{24}$$

となる．この形の剰余を **Cauchy の剰余形**という．

(23), (24) で $a=0$, $b=x$ とおけば Maclaurin の定理における剰余の形が得られるが，その場合の Roche の剰余形は

$$R_n = \frac{f^{(n)}(\theta x)}{(n-1)!} \frac{(1-\theta)^{n-p}}{p} x^n, \qquad 0 < \theta < 1$$

となり，Cauchy の剰余形は

$$R_n = \frac{f^{(n)}(\theta x)}{(n-1)!}(1-\theta)^{n-1} x^n, \qquad 0 < \theta < 1$$

となる．Cauchy の剰余形は次の [例 3], [例 4] で使われる．

[例 3] 任意の実数 α と，$|x|<1$ である x に対して次の無限級数展開が成立する．

$$(1+x)^\alpha = 1 + \alpha x + \frac{\alpha(\alpha-1)}{2!}x^2 + \cdots + \frac{\alpha(\alpha-1)\cdots(\alpha-n+1)}{n!}x^n + \cdots \tag{25}$$

(証明) $f(x)=(1+x)^\alpha$ とおけば

$$f^{(r)}(x) = \alpha(\alpha-1)(\alpha-2)\cdots(\alpha-r+1)(1+x)^{\alpha-r}, \qquad r = 1, 2, \cdots$$

であるから

$$f^{(r)}(0) = \alpha(\alpha-1)(\alpha-2)\cdots(\alpha-r+1)$$

となる．よって (5) から(ただし，剰余項を R_n とかいておく)

$$(1+x)^\alpha = 1 + \alpha x + \frac{\alpha(\alpha-1)}{2!}x^2 + \cdots + \frac{\alpha(\alpha-1)\cdots(\alpha-n+2)}{(n-1)!}x^{n-1} + R_n \tag{26}$$

となる．ここで R_n を Cauchy の剰余形 (24) であらわすと

$$R_n = \frac{\alpha(\alpha-1)\cdots(\alpha-n+1)(1+\theta x)^{\alpha-n}}{(n-1)!}(1-\theta)^{n-1}x^n, \qquad 0 < \theta < 1 \tag{27}$$

となる．この形の R_n を使って，$|x|<1$ のとき $\lim R_n=0$ となることを証明する*.

α が 0 または自然数のときは $(1+x)^\alpha$ は 2 項定理の展開式になってしまうか

---

* $0<x<1$ の場合であれば，Lagrange の剰余形を使っても，証明は容易であるが，$-1<x<0$ の場合には証明が簡単にはできない．微妙なところに意外な難しさがかくされているのである．

ら (22) は $\alpha=n$ のところで終る．そこで，α が 0 でもなく自然数でもない場合を考える．このとき，$-1<x$ であれば $0<1+x$ であるから $(1+x)^{\alpha}$ は何回でも微分可能であって，形の上では (26), (27) の展開はすべての自然数 n についてできる．

$|x|<1$ となる x を任意にえらんで固定する．(27) の R_n に対して $\lim_{n\to\infty} R_n=0$ となることを示すために，まず

$$S_n = \left|\frac{\alpha(\alpha-1)\cdots(\alpha-n+1)}{(n-1)!}x^n\right|$$

とおいて，

$$\lim_{n\to\infty} S_n = 0 \tag{28}$$

となることを示す．上記の S_n の形から

$$\lim_{n\to\infty}\frac{S_{n+1}}{S_n} = \lim_{n\to\infty}\left|\frac{(\alpha-n)x}{n}\right| = |x| < 1 \tag{29}$$

であることに注意する．次に

$$|x| < \mu < 1$$

である μ をえらび，$\varepsilon=\mu-|x|$ とおけば，$\varepsilon>0$ であって，(29) が成り立つから，この $\varepsilon>0$ に対して番号 N を適当にえらべば，$n\geqq N$ であるすべての n に対して

$$\frac{S_{n+1}}{S_n}-|x| < \varepsilon = \mu-|x|$$

したがって

$$\frac{S_{n+1}}{S_n} < \mu$$

が成立する．この N と任意の $n>N$ に対して成り立つ一連の不等式

$$\frac{S_{N+1}}{S_N} < \mu,\ \frac{S_{N+2}}{S_{N+1}} < \mu, \cdots, \frac{S_n}{S_{n-1}} < \mu$$

を辺々掛け合わせると

$$\frac{S_n}{S_N} < \mu^{n-N}$$

となる．ここで $n\to\infty$ とすると $0<\mu<1$ から $\mu^{n-N}\to 0$ となる．よって $S_n\to 0$

がえられるから(28)が成立する．

次に

$$T_n = (1+\theta x)^{\alpha-n}(1-\theta)^{n-1} = (1+\theta x)^{\alpha-1}\left(\frac{1-\theta}{1+\theta x}\right)^{n-1}$$

とおけば，$|x|<1$のとき$0\leqq|\theta x|<\theta<1$であるから

$$0 < \frac{1-\theta}{1+\theta x} < 1$$

が成立し，したがって

$$T_n \leqq (1+\theta x)^{\alpha-1} \tag{30}$$

がえられる．ここでさらに，$-|x|<\theta x<|x|$に注意すれば

$$\alpha>1 \text{のときは}\quad (1+\theta x)^{\alpha-1} < (1+|x|)^{\alpha-1}$$
$$\alpha<1 \text{のときは}\quad (1+\theta x)^{\alpha-1} < (1-|x|)^{\alpha-1}$$

となるから

$$K = \begin{cases}(1+|x|)^{\alpha-1} & \alpha>1 \text{のとき}\\ (1-|x|)^{\alpha-1} & \alpha<1 \text{のとき}\end{cases}$$

とおけば，すべてのnに対して

$$T_n < K \tag{31}$$

が成立する．ここでKは，xには依存するがnには依存しない定数である*．(27)のR_nとS_n, T_nの定義式から

$$|R_n| = S_n T_n < KS_n$$

であるから，(28)により

$$\lim_{n\to\infty}|R_n| = K\lim_{n\to\infty}S_n = 0$$

がえられる．これで，ようやく，(25)の展開式が$|x|<1$において成り立つことが示された．(終)

(コメント) 任意の実数αと自然数rに対して$\binom{\alpha}{r}$を

$$\binom{\alpha}{r} = \frac{\alpha(\alpha-1)\cdots(\alpha-r+1)}{r!}$$

---

* (30)式の右辺の$(1+\theta x)^{\alpha-1}$は，θがnによって変わるから，nと無関係ではない．(31)式のKはθを含まないから，nと無関係である．微妙なことなのだが，ここが重要なポイントである．

によって定義する．この$\binom{\alpha}{r}$を**一般化された2項係数**とよび，(25)の展開式を**一般化された2項定理**という．

[例4] $|x|<1$であるxに対して，展開式

$$\log(1+x)=x-\frac{x^2}{2}+\frac{x^3}{3}-\cdots+(-1)^{n-1}\frac{x^n}{n}+\cdots \tag{32}$$

が成立する．

(証明) $f(x)=\log(1+x)$とおけば

$$f^{(r)}(x)=(-1)^{r-1}\frac{(r-1)!}{(1+x)^r},\qquad r=1,2,\cdots,n,\cdots$$

となるから

$$f^{(r)}(0)=(-1)^{r-1}(r-1)!$$

となる．よって(5)から，剰余をR_nとかけば

$$\log(1+x)=x-\frac{x^2}{2}+\frac{x^3}{3}-\cdots+(-1)^{n-2}\frac{x^{n-1}}{n-1}+R_n$$

となる．ここで$|x|<1$のとき$\lim_{n\to\infty}R_n=0$を示す．

R_nをCauchyの剰余形でかくと

$$R_n=(-1)^{n-1}\frac{1}{(1+\theta x)^n}(1-\theta)^{n-1}x^n,\qquad 0<\theta<1$$

となる．これを

$$R_n=(-1)^{n-1}\frac{1}{(1+\theta x)}\left(\frac{1-\theta}{1+\theta x}\right)^{n-1}x^n$$

とかけば，$|x|<1$のとき

$$0<\frac{1-\theta}{1+\theta x}<1$$

であり，また$0<|\theta x|<|x|<1$により

$$\frac{1}{1+\theta x}<\frac{1}{1-|x|}$$

であるから

$$|R_n|<\frac{1}{1-|x|}|x|^n$$

が成立する．そして$|x|<1$から$n\to\infty$のとき$|x|^n\to 0$となる．よって$\lim_{n\to\infty}|R_n|$

$=0$ が成立して (32) の展開式がえられる．(終)

(問)　Maclaurin 展開を用いて次の不等式を証明せよ．

(1)　$x-\frac{x^2}{2}<\log(1+x)<x$,　$(x>0)$

(2)　$1-x<e^{-x}<1-x+\frac{x^2}{2}$,　$(x>0)$

(3)　$x-\frac{x^3}{3!}<\sin x<x$,　$\left(\frac{\pi}{2}\geqq x>0\right)$

§6　関数の極値

関数 $f(x)$ の極大極小について解説をする．

$\varepsilon>0$ に対して点 $a\in\boldsymbol{R}$ の ε-近傍を

$$U(a,\varepsilon)=\{x\,|\,|x-a|<\varepsilon\}$$

によって定義する．

定義　$f(x)$ の定義区間の内点 a をとる．このとき

$$x\in U(a,\varepsilon)\quad かつ\quad x\neq a\quad ならば\quad f(x)<f(a)$$

が成り立つように $U(a,\varepsilon)$ をえらぶことができるとき，$f(x)$ は $x=a$ において**極大**になるといい，このとき $f(a)$ を**極大値**という．同様に

$$x\in U(a,\varepsilon)\quad かつ\quad x\neq a\quad ならば\quad f(x)>f(a)$$

が成り立つように $U(a,\varepsilon)$ をえらぶことができるとき，$f(x)$ は $x=a$ において**極小**になるといい，このとき $f(a)$ を**極小値**という．

上記の結論の中の不等号が等号を含んだ $\leqq$(または $\geqq$) でおきかえられるとき，$f(a)$ は**弱い意味の極大値 (または極小値)** であるという．

極大値，極小値を (弱い意味の場合を含めて) 一括して $f(x)$ の**極値**という．

図 6.1 からわかるように，極値は近傍の中での最大値あるいは最小値を意味する局所的な概念であり，$f(x)$ の定義区間内にいくつもの極値があることは可能である．関数 $f(x)$ が $x=a$ で極値をとるための条件を与える定理をいくつか示す．

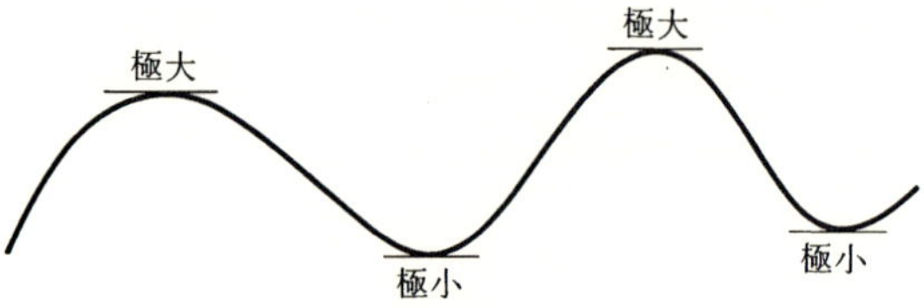

図 6.1

定理 1.15　$f(x)$ が $x=a$ で極値をとり，そこで $f(x)$ が微分可能であれば

$$f'(a)=0$$

が成立する．

（証明）　$f(a)$ は極大値であるとする．このとき，$|\varDelta x|$ が十分小さなすべての $\varDelta x \neq 0$ に対して $f(a+\varDelta x)-f(a) \leqq 0$ であるから

$$\frac{f(a+\varDelta x)-f(a)}{\varDelta x}$$

は $\varDelta x>0$ ならば非正であり，$\varDelta x<0$ ならば非負である．したがって $\varDelta x \to 0$ とすれば

$$f'(a+0) \leqq 0, \qquad f'(a-0) \geqq 0$$

である．一方 $f(x)$ は $x=a$ で微分可能であるから

$$f'(a)=f'(a+0)=f'(a-0)$$

が成り立つ．よって，$f'(a)=0$ である．

$f(a)$ が極小値の場合も同様にして証明できる．（終）

この定理はきわめて簡単な定理であるが，$f(x)$ の極値を求める際には強力な手段を与える．微分可能な区間内で $f(x)$ の極値を与える x は，方程式

$$f'(x)=0$$

の解の中に含まれているからである．

この定理は $f(a)$ が極値であるための必要条件を与えるが，十分条件を与える定理として次の定理がある．

定理 1.16　$f(x)$ が a を内部に含む区間で微分可能であり，かつ

$$f'(a) = 0$$

であるとする．x が a より小さい値から増加しつつ a を通過するとき，$f'(x)$ の符号が

$$x < a \text{ では } f'(x) > 0, \quad a < x \text{ では } f'(x) < 0 \tag{1}$$

と変化すれば $f(a)$ は極大値であり，逆に

$$x < a \text{ では } f'(x) < 0, \quad a < x \text{ では } f'(x) > 0 \tag{2}$$

と変化すれば $f(a)$ は極小値である．

(証明) 定理 1.9 により，$f'(x)>0$ である区間では $f(x)$ は増加関数であり，$f'(x)<0$ である区間では減少関数である．よって，(1) の場合は $f(x)$ は $x<a$ である x から増加しつつ $f(a)$ に向かい，a を過ぎると減少するのだから，$f(a)$ は極大値である．(2) の場合は $f(x)$ が減少しつつ $f(a)$ に向かい，a をすぎると増加に転ずるのだから $f(a)$ は極小値である．(図 6.2 を見ればよくわかる．)(終)

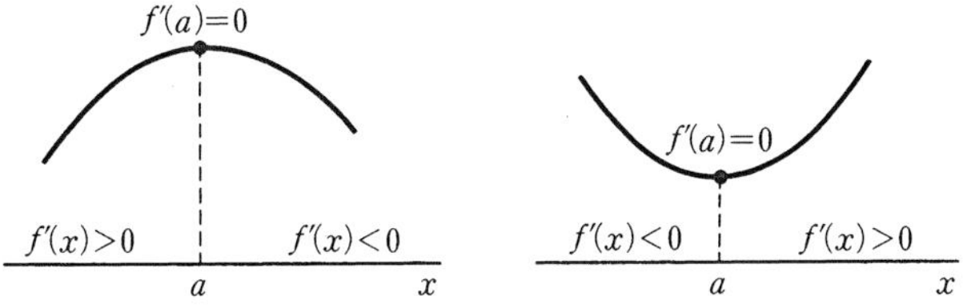

図 6.2

次のような表の形でかいておくと覚えやすい．

x	$x<a$	a	$a<x$
$f'(x)$	正	0	負
$f(x)$	↗	極大	↘

x	$x<a$	a	$a<x$
$f'(x)$	負	0	正
$f(x)$	↘	極小	↗

2 階の導関数の符号によって極値の判定をすることもできる．

定理 1.17 $f(x)$ は a を内部に含む区間で 2 回微分可能であってこの区間で $f''(x)$ は連続とする．このとき

$f'(a) = 0$ であって $f''(a) > 0$ ならば $f(a)$ は極小値

$f'(a) = 0$ であって $f''(a) < 0$ ならば $f(a)$ は極大値

である．

（証明） $f(x)$ は a の近傍で 2 回微分可能だから，Taylor の定理により

$$f(x) = f(a)+f'(a)(x-a)+\frac{f''(\xi)}{2!}(x-a)^2,$$
$$\xi = a+\theta(x-a), \quad 0<\theta<1$$

が成立する．仮定により $f'(a)=0$ であるから，この関係式は

$$f(x)-f(a) = \frac{f''(\xi)}{2}(x-a)^2 \tag{3}$$

となるが，$f''(x)$ の連続性から，$f''(a)>0$ であれば a の十分近くの x に対して $f''(x)>0$ であり，ξ は a と x の間にある点だから，そこでも $f''(\xi)>0$ となる．したがって (3) の右辺は a の近傍で正になるから $f(x)>f(a)$ となって，$f(a)$ は極小値である．同様にして，$f''(a)<0$ であれば $f(a)$ は極大値になることも示される．（終）

この定理は $f(a)$ が極値であるための十分条件を与えるが，必要条件ではない．たとえば，$f(x)=x^4$ とすれば，この関数は $x=0$ で極小値 0 をとるが，ここで $f''(0)=0$ であって，定理 1.17 の条件は成立しない．

［例 1］ $x^4+4x^3+4x^2+1$ の極値を求めよ．

（解） $f(x)=x^4+4x^3+4x^2+1$ とおく．

$f'(x)=4x^3+12x^2+8x=4x(x+1)(x+2)=0$ を解いて $x=0,\ -1,\ -2$ が極値を与える点の候補になる．そこで，これらの点における $f''(x)$ の符号を調べてみる．

$f''(x)=4(3x^2+6x+2)$ であるから

$f''(0)=8>0 \qquad \therefore \quad f(0)=1$ は極小値

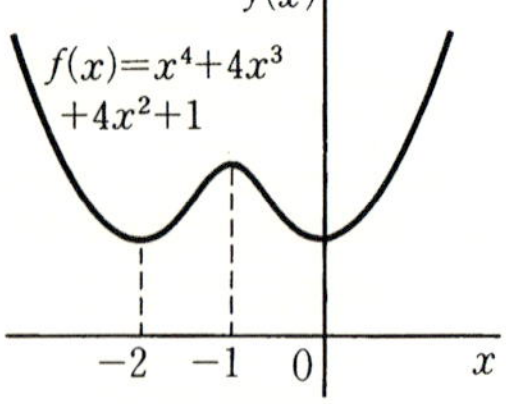

図 6.3

$f''(-1) = -4 < 0 \quad \therefore \quad f(-1)=2$ は極大値

$f''(-2) = 8 > 0 \quad \therefore \quad f(-2)=1$ は極小値

である．グラフは図 6.3 のようになる．

[例 2] $(x-a)^3(b-x)^4$, $a<b$, の極値を求めよ．

(解) $f(x)=(x-a)^3(b-x)^4$ とおく．

$f'(x)=(x-a)^2(b-x)^3(4a+3b-7x)=0$ を解いて，極値を与える点の候補として $x=a, b, \dfrac{4a+3b}{7}$ がえられるが，$a<b$ だから

$$a < \frac{4a+3b}{7} < b$$

となる．そこで，これらの点における $f'(x)$ の符号の変化を調べると次のようになる：$\dfrac{4a+3b}{7}=c$ とおいた．

x	$x<a$	a	$a<x<c$	c	$c<x<b$	b	$b<x$
$f'(x)$	$+$	0	$+$	0	$-$	0	$+$
$f(x)$	↗		↗	極大	↘	極小	↗

この表から

$$f(c) = 3^3 4^4 7^{-7}(b-a)^7 \text{ が極大値}, \qquad f(b) = 0 \text{ が極小値}$$

であることがわかる．グラフの概形は図 6.4 のようになる．

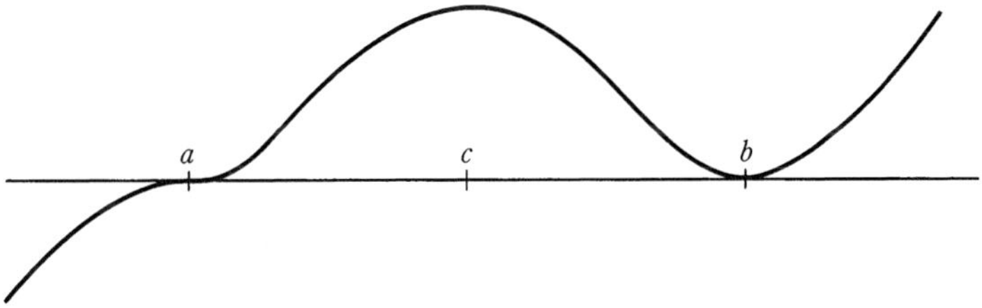

図 6.4

定理 1.17 は次のように一般化される．

定理 1.18 a を内部に含む区間で $f(x)$ は n 回微分可能とし，かつ，$f^{(n)}(x)$ は連続とする．さらに，点 a において

$$f'(a) = f''(a) = \cdots = f^{(n-1)}(a) = 0, \qquad f^{(n)}(a) \neq 0 \qquad (4)$$

とする．このとき次の (i), (ii) が成立する．

（i） n が偶数のときは $f(a)$ は極値であって

（イ） $f^{(n)}(a)>0$ ならば $f(a)$ は極小値である．

（ロ） $f^{(n)}(a)<0$ ならば $f(a)$ は極大値である．

（ii） n が奇数のときは $f(a)$ は極値ではない．

（証明） $f(x)$ は n 回微分可能だから，Taylor の定理により，$x \neq a$ に対して

$$f(x)=\sum_{r=0}^{n-1}\frac{f^{(r)}(a)}{r!}(x-a)^r+\frac{f^{(n)}(\xi)}{n!}(x-a)^n$$

となる ξ がある．ここで ξ は x と a の間の点である．(4) により $f^{(r)}(a)=0$, $r=1,2,\cdots,n-1$，であるから，上記の Taylor 展開式は

$$f(x)=f(a)+\frac{f^{(n)}(\xi)}{n!}(x-a)^n \tag{5}$$

となる．仮定により $f^{(n)}(x)$ は連続だから，a に十分近い x をとれば $f^{(n)}(a)$ と $f^{(n)}(x)$ は同符号になり，このとき x と a の間の ξ に対する $f^{(n)}(\xi)$ も $f^{(n)}(a)$ と同じ符号になる．x はこのようにとっておく．

(i) の場合を考える．n が偶数だから $(x-a)^n>0$ である．そして (イ) の $f^{(n)}(a)>0$ のときは $f^{(n)}(\xi)>0$ であるから，(5) から

$$f(x)-f(a)=\frac{f^{(n)}(\xi)}{n!}(x-a)^n>0 \tag{6}$$

すなわち $f(x)>f(a)$ が a に近いすべての x に対して成立する．よって $f(a)$ は極小値である．(ロ) の $f^{(n)}(a)<0$ のときは (6) の不等号の向きが逆になるから $f(a)$ は極大値になる．

（ii） n が奇数であれば，a の前後で $(x-a)^n$ の符号は逆になる．一方，x が a に近いとき $f^{(n)}(\xi)$ は $f^{(n)}(a)$ と符号が同じである．したがって $f(x)-f(a)=\dfrac{f^{(n)}(\xi)(x-a)^n}{n!}$ の符号が a の前後で逆になるから $f(a)$ は極値ではない．(終)

[例 3] $f(x)=x^4$ の極小値が $f(0)=0$ であること (自明だが) を，定理 1.18 を使って確認してみる．

$$f'(x)=4x^3,\quad f''(x)=12x^2,\qquad f'''(x)=24x,\qquad f^{(4)}(x)=24$$

だから，$x=0$ のところで

$$f'(0) = f''(0) = f'''(0) = 0, \qquad f^{(4)}(0) = 24 \neq 0$$

となる．$n=4$ は偶数だから $f(0)=0$ は極値であり，$f^{(4)}(0)=24>0$ だから極小値である．

極大，極小と最大，最小　関数 $f(x)$ が閉区間 $[a, b]$ で定義されているとき，この区間内で $f(x)$ のとる最大値あるいは最小値を求める問題は応用面でしばしば現われる．このようなときは，この区間における極大値をすべて求め，それらに端点における値 $f(a), f(b)$ をつけ加えて，その中から最大の値を求めれば，$[a, b]$ における $f(x)$ の最大値がえられる．最小値の場合も同様である．

(問)　次の各関数の極値を求めよ．

(1) x^5-5x^4+3　(2) $(x-1)^2(x-2)^2$　(3) $\dfrac{x+1}{x^2+1}$

(4) $x\sqrt{x-x^2}$　(5) xe^{-x}　(6) $x\log x$

§7　凸関数，凹関数，曲線の凹凸

凸関数，凹関数は経済学を含めて広い範囲の分野でよく使われる関数である．グラフが凸である，あるいは凹である，という性質は，関数の最大値，最小値を求める際に，まことに具合が良いのである．

定義　$f(x)$ は区間 I で定義されているとし，区間 I の任意の 2 点，$x_1, x_2, (x_1<x_2)$ と，$0\leqq\alpha\leqq1$ をみたす任意の α に対して

$$f(\alpha x_2+(1-\alpha)x_1) \leqq \alpha f(x_2)+(1-\alpha)f(x_1) \qquad (1)$$

が成り立つとき，この区間で $f(x)$ は**凸関数**であるという．あるいは，**凸である**ともいう．

少し条件を強くして，$0<\alpha<1$ のとき

$$f(\alpha x_2+(1-\alpha)x_1) < \alpha f(x_2)+(1-\alpha)f(x_1) \qquad (2)$$

が成り立つならば，$f(x)$ は区間 I で**狭義の凸関数**であるという．

(1) の不等号の向きが逆であるとき，$f(x)$ は**凹関数**である，あるいは，**凹である**という．

(2) の不等号が逆向きならば**狭義の凹関数**であるという．

$f(x)$ が凸関数であれば $-f(x)$ は凹関数になり，その逆もいえるから，ここ

では凸関数について，その性質を調べることにする．

$f(x)$ は区間 I で凸とする．区間 I 内に

$$x_1 < x_2 < x_3$$

となる3点 x_1, x_2, x_3 を任意にとる．このとき

$$\alpha = \frac{x_2-x_1}{x_3-x_1}$$

とおけば，$0<\alpha<1$ は明らかであり，また

$$1-\alpha = \frac{x_3-x_2}{x_3-x_1}$$

であって

$$x_2 = \alpha x_3+(1-\alpha)x_1$$

とかけるから，(1) により

$$\begin{aligned} f(x_2) &= f(\alpha x_3+(1-\alpha)x_1) \leqq \alpha f(x_3)+(1-\alpha)f(x_1) \\ &= \frac{(x_2-x_1)f(x_3)+(x_3-x_2)f(x_1)}{x_3-x_1} \end{aligned}$$

すなわち

$$f(x_2) \leqq \frac{(x_2-x_1)f(x_3)+(x_3-x_2)f(x_1)}{x_3-x_1} \tag{3}$$

が成立する．この不等式が任意の $x_1<x_2<x_3$ に対して成り立つことを凸関数の定義としてもよい．

(1) が成り立つときの $f(x)$ のグラフの形を調べてみる．図7.1で，x 軸上に $x_1<x_2$ である2点をとれば，$0<\alpha<1$ のとき

$$x_1 < \alpha x_2+(1-\alpha)x_1 < x_2$$

である．座標 $(x_1, f(x_1))$, $(x_2, f(x_2))$, $(\alpha x_2+(1-\alpha)x_1, f(\alpha x_2+(1-\alpha)x_1))$ をもつ

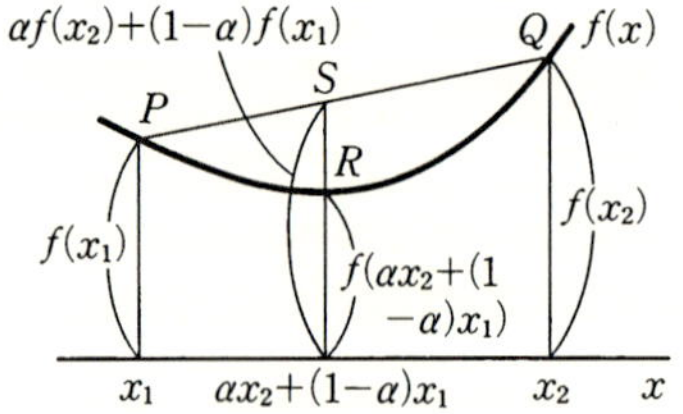

図7.1

3点をそれぞれ点 P, Q, R とする．x 軸から点 S までの高さが $\alpha f(x_2)+(1-\alpha)f(x_1)$ である．このとき，(1) が成り立つということは，点 R が点 S の真下にあることを意味する．すなわち，$y=f(x)$ のグラフ上に任意に2点 P, Q をとったとき，この2点の間では，グラフは，つねに，線分 PQ の下方に位置するのである．このことは，グラフが下に向かってふくらんでいることを意味するから，昔はグラフは“下に凸”であるといわれていたが，その後“下に”が省略されて，いまはたんに“凸”といわれるようになった．

関数 $f(x)$ が区間 I で凸であることを特徴づけるもう1つの性質として次の定理がある．

定理 1.19　$f(x)$ が区間 I で凸であるための必要十分条件は，区間 I に属する任意の3点 $x_1<x_2<x_3$ に対して

$$\frac{f(x_2)-f(x_1)}{x_2-x_1} \leqq \frac{f(x_3)-f(x_1)}{x_3-x_1} \leqq \frac{f(x_3)-f(x_2)}{x_3-x_2} \tag{4}$$

が成り立つことである．

(証明)　証明に先立って (4) 式の幾何学的な意味を示しておく．図 7.2 で点 P, Q, R はそれぞれ座標 $(x_1, f(x_1)), (x_2, f(x_2)), (x_3, f(x_3))$ をもつ曲線 $y=f(x)$ 上の点である．このとき (4) の不等式の各項は，左から順に，線分 PQ, PR, QR の傾きを示している．したがって (4) は

$$PQ \text{ の傾き} \leqq PR \text{ の傾き} \leqq QR \text{ の傾き}$$

となっていることを示している．図 7.2 を見れば，この性質が任意の $x_1<x_2<x_3$ について成り立つことが，グラフが“下に凸”になることを特徴づける性質であることは読みとれるであろう．証明は次のようにする．

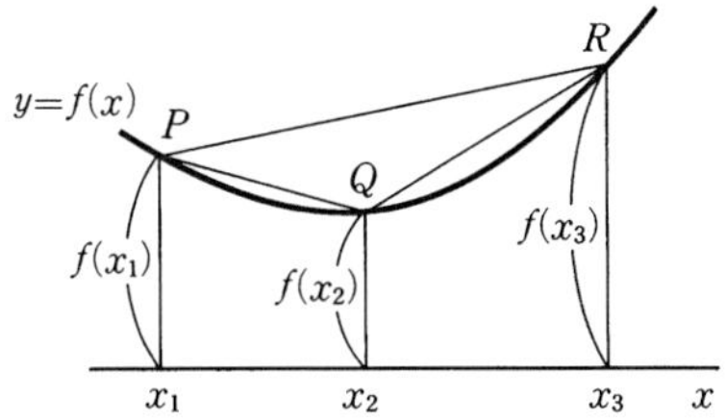

図 7.2

必要性：$f(x)$ は区間 I で凸とする．$\alpha=\dfrac{x_2-x_1}{x_3-x_1}$ とおくと $0<\alpha<1$ であって

$$x_2 = \alpha x_3+(1-\alpha)x_1 \tag{5}$$

であり，凸関数の定義から

$$f(x_2) \leqq \alpha f(x_3)+(1-\alpha)f(x_1) \tag{6}$$

である．そして，(5) から

$$x_2-x_1 = \alpha(x_3-x_1) \tag{7}$$

がえられ，(6) の両辺から $f(x_1)$ を引いて

$$f(x_2)-f(x_1) \leqq \alpha(f(x_3)-f(x_1)) \tag{8}$$

がえられるから，(8) を (7) で辺々割ると

$$\frac{f(x_2)-f(x_1)}{x_2-x_1} \leqq \frac{f(x_3)-f(x_1)}{x_3-x_1}$$

がえられる．これが (4) の前半である．

次に (5) の両辺を x_3 から引くと

$$x_3-x_2 = (1-\alpha)(x_3-x_1) \tag{9}$$

となり，(6) の両辺を $f(x_3)$ から引くと

$$f(x_3)-f(x_2) \geqq (1-\alpha)(f(x_3)-f(x_1)) \tag{10}$$

となるが，ここで (10) を (9) で辺々割ると

$$\frac{f(x_3)-f(x_2)}{x_3-x_2} \geqq \frac{f(x_3)-f(x_1)}{x_3-x_1}$$

がえられる．これが (4) の後半である．よって (4) が成立する．

十分性：$0<\alpha<1$ となる α を任意にとる．区間 I 内に $x_1<x_3$ となる 2 点 x_1, x_3 を任意にとり

$$x_2 = \alpha x_3+(1-\alpha)x_1 \tag{11}$$

とおけば，$x_1<x_2<x_3$ となる．仮定により，この 3 点 x_1, x_2, x_3 に対して (4) が成立する．$x_2-x_1=\alpha(x_3-x_1)$ であることを使うと，(4) の前半の不等式から

$$\frac{f(x_2)-f(x_1)}{x_2-x_1} \leqq \frac{f(x_3)-f(x_1)}{x_3-x_1} = \frac{f(x_3)-f(x_1)}{\dfrac{x_2-x_1}{\alpha}} = \frac{\alpha(f(x_3)-f(x_1))}{x_2-x_1}$$

がえられるから，両辺に x_2-x_1 をかけると（$x_2-x_1>0$ である）

$$f(x_2)-f(x_1) \leqq \alpha(f(x_3)-f(x_1))$$

すなわち

$$f(x_2) \leqq \alpha f(x_3)+(1-\alpha)f(x_1)$$

がえられるが，(11) により $x_2=\alpha x_3+(1-\alpha)x_1$ であるから

$$f(\alpha x_3+(1-\alpha)x_1) \leqq \alpha f(x_3)+(1-\alpha)f(x_1) \tag{12}$$

が成立する．ここで $x_1<x_3$ は任意であり，$0<\alpha<1$ となる α も任意であったから，$f(x)$ は凸関数である．($\alpha=0$ または $\alpha=1$ の場合は (12) の両辺が同じになるから明らかに (12) は成立する．よって $0\leqq\alpha\leqq1$ であるすべての α に対して (12) が成立する．)(終)

定理 1. 19 系 1　$f(x)$ が区間 I で凹であるための必要十分条件は，区間内の任意の $x_1<x_2<x_3$ に対して (4) と逆向きの不等式

$$\frac{f(x_2)-f(x_1)}{x_2-x_1} \geqq \frac{f(x_3)-f(x_1)}{x_3-x_1} \geqq \frac{f(x_3)-f(x_2)}{x_3-x_2}$$

が成り立つことである．

(証明)　$f(x)$ が凹であることは $-f(x)$ が凸であることと同じことだから，$-f(x)$ に対して定理 1. 19 を適用すればよい．(終)

定理 1. 19 から直ちに次の系 2 がえられる．

定理 1. 19 系 2　$f(x)$ が区間 I で凸とし，a を区間 I の内点とする．このとき，$x\in I$ に対して，比率

$$\frac{f(x)-f(a)}{x-a}$$

は

(i)　$x<a$ で $x\to a$ のとき単調非減少である．

(ii)　$x>a$ で $x\to a$ のとき単調非増加である．

(証明)　定理 1. 19 により，区間 I 内の任意の $x_1<x_2<x_3$ に対して不等式 (4) が成立する．(4) の後半の不等式で $x_3=a$ とすれば，$x_1<x_2<a$ をみたす任意の x_1, x_2 に対して

$$\frac{f(a)-f(x_1)}{a-x_1} \leqq \frac{f(a)-f(x_2)}{a-x_2}$$

すなわち

$$\frac{f(x_1)-f(a)}{x_1-a} \leqq \frac{f(x_2)-f(a)}{x_2-a}$$

が成立する．これは(i)の主張に他ならない．また，(4)の前半の不等式で $x_1=a$ とおけば，$a<x_2<x_3$ をみたす任意の x_2, x_3 に対して

$$\frac{f(x_2)-f(a)}{x_2-a} \leqq \frac{f(x_3)-f(a)}{x_3-a}$$

が成り立つが，これは(ii)の主張に他ならない．(終)

$f(x)$ が区間 I で凸あるいは凹であるとき，$f(x)$ の I の内点における連続性は凸あるいは凹の定義から導かれる．

定理 1.20 $f(x)$ が区間 I で凸あるいは凹とする．このとき a を I の任意の内点(端点以外の点)とすれば，$f(x)$ は a において連続である．

(証明) 凸の場合を証明する．$x_1<a<x_2$ となる $x_1, x_2 \in I$ をとる．x を $x_1<x<a<x_2$ となるようにとれば，上記の定理 1.19 の不等式(4)と定理 1.19 系 2 により

$$\frac{f(a)-f(x_1)}{a-x_1} \leqq \frac{f(a)-f(x)}{a-x} \leqq \frac{f(x_2)-f(a)}{x_2-a}$$

が成立する．$a-x>0$ であるから全体に $a-x$ をかけて

$$\frac{f(a)-f(x_1)}{a-x_1}(a-x) \leqq f(a)-f(x) \leqq \frac{f(x_2)-f(a)}{x_2-a}(a-x)$$

がえられるが，ここで $x \to a$ とすると，この不等式の両端の式は，いずれも 0 に近づくから $f(x) \to f(a)$ となる．同様にして，$x_1<a<x<x_2$ となる x をとっても，$x \to a$ のとき $f(x) \to f(a)$ が示されるから，$f(x)$ は $x=a$ で連続である．

$f(x)$ が凹のときは $-f(x)$ が凸であり，$-f(x)$ が連続であるから $f(x)$ も連続である．(終)

(コメント) 区間 $[a, b]$ で $f(x)$ が凸関数であるとき，端点 a, b における連続性は必ずしも保証されない．たとえば図 7.3 のように，端点 a で $f(a)$ が右側極限 $f(a+0)$ より大きく，端点 b で $f(b)$ が左側極限 $f(b-0)$ より大きいと

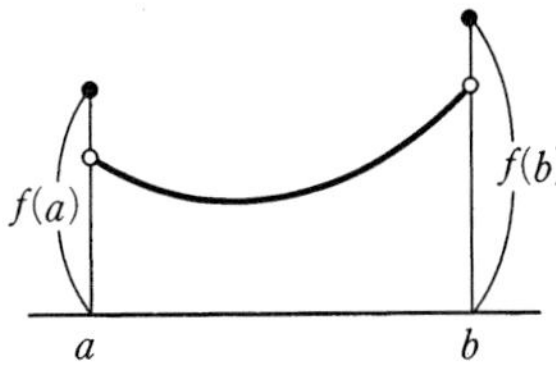

図7.3

きには，$[a, b]$ で $f(x)$ は凸であるが，a, b では不連続である．

$f(x)$ が区間 I で 2 回微分可能ならば $f''(x)$ の符号によってその区間内での $f(x)$の凹凸を判定できる．

> **定理 1.21**　開区間 I で微分可能な関数 $f(x)$ が I で凸であるための必要十分条件は，この区間内で
>
> $$f'(x) \text{ は非減少}$$
>
> となっていることである．

（証明）　必要性：$f(x)$ が区間 I で凸とする．区間内に任意に $x_1<x_2$ をとり，x_1 と x_2 の間に

$$x_1 < s < t < x_2$$

となる s, t をとる．このとき不等式 (4) から，$x_1<s<t$ に対して

$$\frac{f(s)-f(x_1)}{s-x_1} \leqq \frac{f(t)-f(s)}{t-s}$$

$s<t<x_2$ に対して

$$\frac{f(t)-f(s)}{t-s} \leqq \frac{f(x_2)-f(t)}{x_2-t}$$

が成り立つから，これらから

$$\frac{f(s)-f(x_1)}{s-x_1} \leqq \frac{f(x_2)-f(t)}{x_2-t}$$

がえられる．ここで，まず $t\to x_2$ とすれば右辺は $f'(x_2)$ となり，次いで $s\to x_1$ とすれば左辺は $f'(x_1)$ となるから

$$f'(x_1) \leqq f'(x_2)$$

がえられる．よって $f'(x)$ は非減少である．

十分性：$f'(x)$ は区間 I で非減少とする．区間 I の中に任意に $x_1<x_2<x_3$ をとる．平均値の定理により

$$f(x_2)-f(x_1)=(x_2-x_1)f'(\xi_1), \qquad x_1<\xi_1<x_2$$

となる ξ_1 があり

$$f(x_3)-f(x_2)=(x_3-x_2)f'(\xi_2), \qquad x_2<\xi_2<x_3$$

となる ξ_2 がある．当然 $\xi_1<\xi_2$ であり，$f'(x)$ は非減少だから $f'(\xi_1)\leqq f'(\xi_2)$ が成立する．よって

$$\frac{f(x_2)-f(x_1)}{x_2-x_1}\leqq\frac{f(x_3)-f(x_2)}{x_3-x_2}$$

が成立する．そこで

$$\frac{x_2-x_1}{x_3-x_1}=\alpha, \qquad 0<\alpha<1$$

とおくと

$$\frac{x_3-x_2}{x_3-x_1}=1-\alpha$$

であり，上記の不等式の両辺の，この α による加重平均をつくると

$$\alpha\left(\frac{f(x_2)-f(x_1)}{x_2-x_1}\right)+(1-\alpha)\left(\frac{f(x_3)-f(x_2)}{x_3-x_2}\right)=\frac{f(x_3)-f(x_1)}{x_3-x_1}$$

となる．2つの値の加重平均は2つの値の間に挟まれるから

$$\frac{f(x_2)-f(x_1)}{x_2-x_1}\leqq\frac{f(x_3)-f(x_1)}{x_3-x_1}\leqq\frac{f(x_3)-f(x_2)}{x_3-x_2}$$

が成立する．よって定理1.19により $f(x)$ は I で凸になる．(終)

定理1.21系 開区間 I で微分可能な関数 $f(x)$ が I で凹であるための必要十分条件は，この区間内で

$f'(x)$ は非増加

となっていることである．

(証明) $-f(x)$ に定理1.21を適用すればよい．(終)

この定理から直ちに次の定理がえられる．

> **定理 1.22**　開区間 I で $f(x)$ は 2 階微分可能とする．このとき，$f(x)$ が I で凸であるための必要十分条件は
> $$f''(x) \geqq 0$$
> がすべての $x \in I$ に対して成り立つことである．

（証明）　前定理により

$$f(x) \text{ が凸} \Longleftrightarrow f'(x) \text{ が非減少}$$

であり，定理 1.9 系により

$$f'(x) \text{ が非減少} \Longleftrightarrow f''(x) \geqq 0$$

が成立する．（終）

> **定理 1.22 系**　開区間 I で 2 階微分可能な $f(x)$ が，I で凹であるための必要十分条件は
> $$f''(x) \leqq 0$$
> がすべての $x \in I$ に対して成り立つことである．

（コメント）　$f''(x) \geqq 0$ ということは $f'(x)$ が非減少関数であることを意味する．だから図 7.4 でわかるように，$x_1 < x_2 < x_3 < x_4$ であれば $f'(x_1) \leqq f'(x_2) \leqq f'(x_3) \leqq f'(x_4)$ である．$f'(x_i)$ は x_i における $y=f(x)$ の接線の傾きである．接線の傾きが x が大きくなれば大きくなる，ということはグラフが“下に凸”になっていることを意味する．これは直観的には明らかなことであろう．これが定理 1.21 の幾何学的意味である．

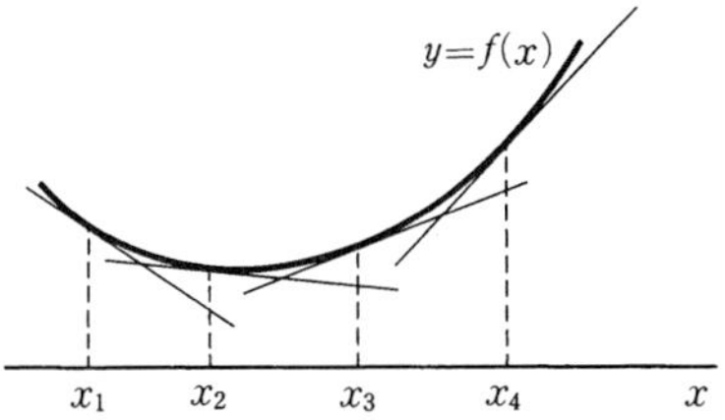

図 7.4

変曲点 $f(x)$ が，その定義区間内のある部分で凸であり，他の部分で凹である，という状況はごく普通に見られる．このとき，グラフの形状が凸から凹に，あるいは凹から凸に切り換わる点を，$f(x)$ の**変曲点**とよんでいる．$f''(x)$ が存在するとき，$f''(x)$ の符号が $x=a$ の前後で正から負へ，あるいは負から正へと変わるならば，$(a, f(a))$ は変曲点である．このとき，$f''(a)=0$ であることは当然であろう (図 7.5).

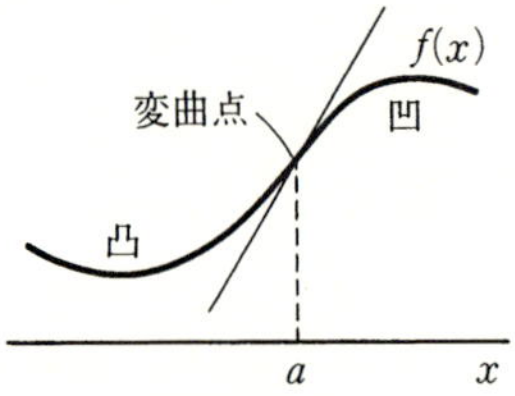

図 7.5

[例 1] 曲線 $y=x^3-3x^2-9x+27$ の凹凸を調べ，グラフの概形を描け．

(解) $f(x)=x^3-3x^2-9x+27$ とおく．まず $f(x)$ の極値を求める．$f'(x)=3x^2-6x-9=0$ の解 $x=-1, 3$ が極値を与える点の候補である．$f''(x)=6x-6$ から $f''(-1)=-12<0$, $f''(3)=12>0$ であるから $f(x)$ は $x=-1$ で極大値 $f(-1)=32$ をとり，$x=3$ で極小値 $f(3)=0$ をとる．$x<1$ では $f''(x)<0$ だから，ここで $f(x)$ は凹であり，$x>1$ では $f''(x)>0$ であるから $f(x)$ は凸である．$f''(1)=0$ で $f(1)=16$ であるから点 $(1, f(1))=(1, 16)$ が変曲点である．$f(x)=0$ の解は $x=-3, 3$ であり，$x=3$ は 2 重解だから，ここで $y=f(x)$ は x 軸に接する．グラフの概形は図 7.6 のようになる．ただし，この図は縦軸の長さの尺度を横軸の $\frac{1}{5}$ に縮めてある．

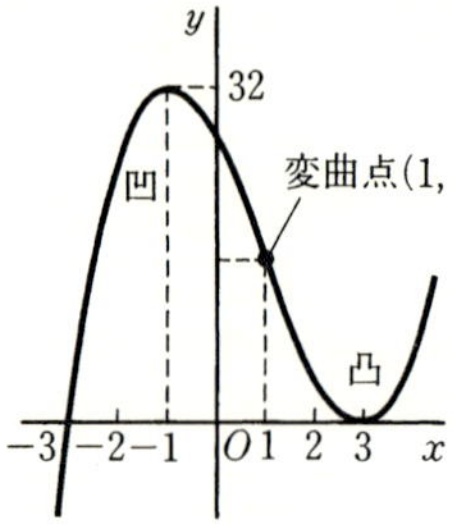

図 7.6

経済分析への応用例　微分法の経済分析への応用例はいくらでもある．それらの中からいくつかを拾って説明する．

[例 2]　**効用関数とその性質***　消費者需要の理論では，ある財の x 単位 ($x \geqq 0$) の消費によって消費者が獲得する満足感の程度を**効用** (utility) とよんでいる．効用は消費する財の量 x の関数と考えて $u(x)$ とかき，$u(x)$ を**効用関数**という．$u(x)$ に課せられる条件は，通常次の 2 つである．

(i)　$u(x)$ は x の増加関数である．

(ii)　x の増加に伴う $u(x)$ の増加の程度は x が増すにつれて減少する．

$u(x)$ が微分可能な関数のとき，$u'(x)$ は**限界効用**とよばれている．(i), (ii) の条件を $u'(x)$ を用いてあらわせば

(i)　$u'(x)>0$

(ii)　$u'(x)$ は x の減少関数である．

この (ii) を**限界効用逓減の法則**とよんでいる．空腹時に 1 片のパンから得られる満足感の大きさは，食べたパンの量が増すにつれて減少する．この種の経験的事実を一般的に述べたのがこの法則である．$u(x)$ の概形は図 7.7 のような，原点から出る凹型の増加関数である．

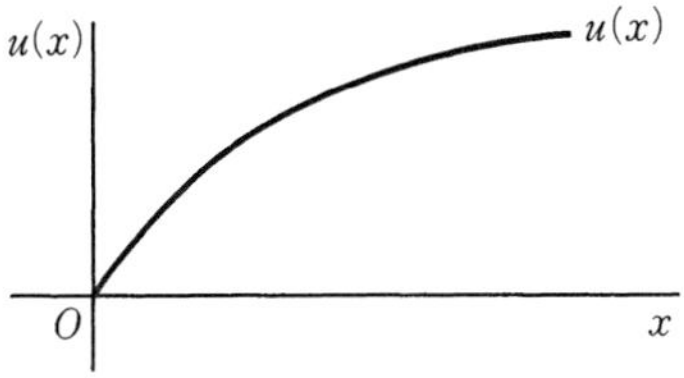

図 7.7　効用関数

[例 3]　**限界費用と平均費用**　生産量が連続的に変化する財を考え，生産量が $x(x>0)$ のときの総生産費を $g(x)$ とする．$g(x)$ は**費用関数**であり，$g'(x)$ は**限界費用関数**である．$\dfrac{g(x)}{x}$ は生産量 1 単位当りの**平均費用**である．$g(x)$ の形状は一般的には凸型の増加関数と仮定される．このとき限界費用関数 $g'(x)$ は増加関数であるが，$g(x)$ は生産量 x に無関係な固定費を含むこともあって，平均費用関数 $\dfrac{g(x)}{x}$ は，ある $\tilde{x}$ までは減少し，それを過ぎると増加に転ずる凸型と考えられる．こう仮定すれば限界費用曲線と平均費用曲線は，平均費用が最小である点 $\tilde{x}$ において交差する．すなわち，$\tilde{x}$ において

*　第 1 巻でも効用関数については簡単に触れている．

$$g'(\tilde{x}) = \frac{g(\tilde{x})}{\tilde{x}}$$

が成立する．

(証明) $f(x)=\dfrac{g(x)}{x}$ とおくと，$f(x)$ の極小点 $\tilde{x}$ では

$$f'(\tilde{x}) = \frac{g'(\tilde{x})\tilde{x}-g(\tilde{x})}{\tilde{x}^2} = 0$$

が成り立つから，$g'(\tilde{x})\tilde{x}-g(\tilde{x})=0$ すなわち $g'(\tilde{x})=\dfrac{g(\tilde{x})}{\tilde{x}}$ が成り立つのである．(終)

このとき，$y=g'(x)$ のグラフは，$x<\tilde{x}$ では $y=\dfrac{g(x)}{x}$ のグラフの下にあり，$\tilde{x}<x$ では $y=\dfrac{g(x)}{x}$ のグラフの上にある(図 7. 8)．なぜなら $\tilde{x}$ は $\dfrac{g(x)}{x}$ の極小点だが $\dfrac{g(x)}{x}$ が凸型であると仮定しているから，定義区間内での $\dfrac{g(x)}{x}$ の最小点になっている．だから

$x<\tilde{x}$ では

$$f'(x) = \frac{1}{x^2}(g'(x)x-g(x)) < 0 \qquad \therefore \quad g'(x) < \frac{g(x)}{x}$$

$x>\tilde{x}$ では

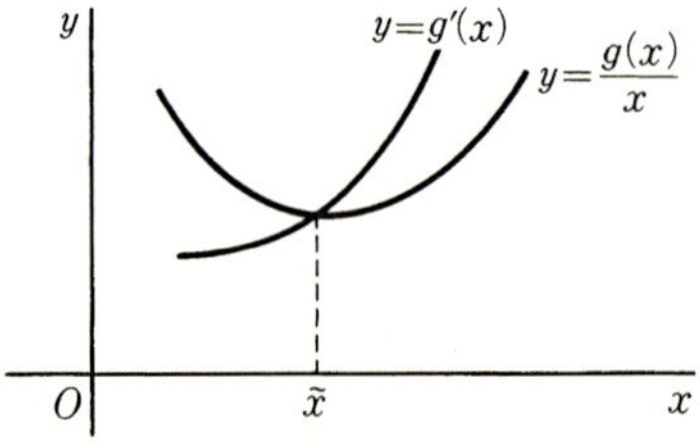

図 7. 8

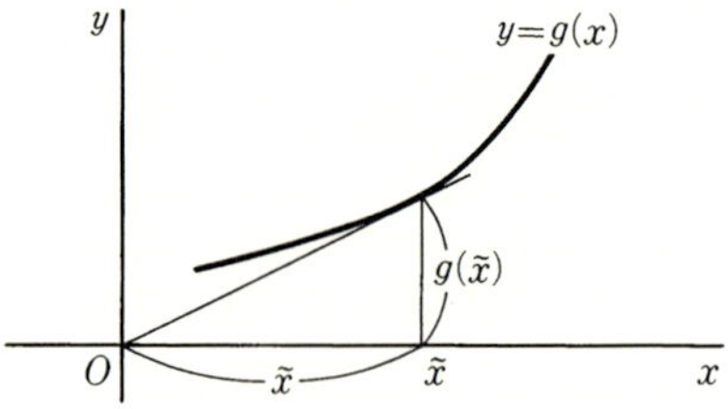

図 7. 9

$$f'(x) = \frac{1}{x^2}(g'(x)x - g(x)) > 0 \qquad \therefore \quad g'(x) > \frac{g(x)}{x}$$

となるからである．なお，総費用曲線 $y = g(x)$ のグラフの $\tilde{x}$ における接線は座標の原点を通る(図 7.9)．なぜなら $g'(\tilde{x})$ は $\tilde{x}$ における接線の傾きであり，$\dfrac{g(\tilde{x})}{\tilde{x}}$ は点 $(0, 0)$ と $(\tilde{x}, g(\tilde{x}))$ を結ぶ直線の傾きであって，それらが $\tilde{x}$ において一致するからである．

[例 4]　利潤の最大化　1 種類の商品を生産している企業を考える．生産量が x のときの費用関数を $g(x)$ とし，商品の販売単価を p とする．p は市場で定まっているものとする．したがって p は所与の定数である．またつくられた商品はすべて市場価格で売り尽すことができるものとする．この場合，x だけの生産量に対する売上収入は px になるから，収入から費用を引いた利潤を $f(x)$ とすれば

$$f(x) = px - g(x)$$

となる．$g(x)$ は $x \geqq 0$ の範囲で増加関数であり，$g(0) > 0$，$g'(0) < p$ とする*．さらに $g(x)$ は 2 回微分可能であるとする．仮定により $f(0) = -g(0) < 0$ であるが，その後ある x の範囲で $f(x) > 0$ となり，その範囲を越えたところから後では $f(x) < 0$ となるものと仮定する．生産がおこなわれるのは $f(x) > 0$ である x の範囲であり，この範囲で利潤が極大になる x がみたすべき必要条件は

$$f'(x) = p - g'(x) = 0$$

すなわち

$$p = g'(x)$$

である．この条件をみたす点を x^* とし，x^* においてさらに

$$f''(x^*) = -g''(x^*) < 0$$

すなわち

$$g''(x^*) > 0$$

が成立していれば，x^* はたしかに利潤極大の生産量を与える．$g'(x)$ は限界費用関数だから，利潤極大のための必要条件として $p = g'(x^*)$，すなわち

価格 ＝ 限界費用

という命題がえられ，さらに十分条件として $g''(x^*) > 0$ すなわち x^* において

*　$g(0) > 0$ は固定生産費である．

$g'(x)$ が増加の状態にあること，経済用語でいえば

限界費用が増加

の状態にあることがあげられる．$g(x)$ が狭義の凸関数であれば常に $g''(x)>0$ であるから，このときは価格が限界費用に一致する生産量が利潤を最大にする生産量になる．

(問 1)　$a>0$，$a\neq 1$ のとき，指数関数 a^x は区間 $(-\infty,\infty)$ で凸関数である．対数関数 $\log_a x$ は，$0>1$ のとき区間 $(0,\infty)$ で凹関数である．このことを証明せよ．

(問 2)　$f(x)$ は区間 I で凸関数とする．このとき，

$$\lambda_1+\lambda_2+\cdots+\lambda_n=1,\qquad \lambda_i\geqq 0,\qquad i=1,2,\cdots,n$$

をみたす任意の $\lambda_1,\lambda_2,\cdots,\lambda_n$ と，任意の $x_1,x_2,\cdots,x_n\in I$ に対して

$$f(\lambda_1x_1+\lambda_2x_2+\cdots+\lambda_nx_n)\leqq\lambda_1f(x_1)+\lambda_2f(x_2)+\cdots+\lambda_nf(x_n)$$

が成り立つことを証明せよ．

$f(x)$ が区間 I で凹関数であれば，逆向きの不等式が成立する．

(問 3)　$a_i>0$，$i=1,2,\cdots,n$

$$\lambda_1+\lambda_2+\cdots+\lambda_n=1,\qquad \lambda_i>0,\qquad i=1,2,\cdots,n$$

のとき

$$a_1^{\lambda_1}a_2^{\lambda_2}\cdots a_n^{\lambda_n}\leqq\lambda_1a_1+\lambda_2a_2+\cdots+\lambda_na_n$$

が成り立つことを示せ．

$\lambda_1=\lambda_2=\cdots=\lambda_n=\dfrac{1}{n}$ のときは，よく知られた

幾何平均 ≦ 算術平均

の一般の場合になる．

(ヒント)　$\log x$ が凹関数であるから，(問 2) の逆向きの不等式が $\log x$ に対して成立する．このことと $\log x$ の単調性を使えば証明は簡単である．

(問 4)　**Hölder (ヘルダー) の不等式**　p,q は

$$p>1,\qquad q>1,\qquad \frac{1}{p}+\frac{1}{q}=1$$

をみたすとする．このとき，$a_i\geqq 0$，$b_i\geqq 0$，$i=1,2,\cdots,n$，に対して

$$\sum_{i=1}^n a_ib_i\leqq\left(\sum_{i=1}^n a_i{}^p\right)^{\frac{1}{p}}\left(\sum_{i=1}^n b_i{}^q\right)^{\frac{1}{q}}$$

が成り立つことを証明せよ．

（ヒント）（問3）から，$x_1 \geqq 0$，$x_2 \geqq 0$，$0<\lambda<1$ に対して

$$x_1^{\lambda} x_2^{1-\lambda} \leqq \lambda x_1 + (1-\lambda) x_2$$

が成立する．ここで

$$\lambda = \frac{1}{p}, \quad 1-\lambda = \frac{1}{q},$$

$$x_1 = \frac{a_i^p}{\sum_{i=1}^n a_i^p}, \quad x_2 = \frac{b_i^q}{\sum_{i=1}^n b_i^q}$$

とおいた不等式を，i について加えてみよ．

（これらの証明の詳細は，第6巻の巻末の付録の不等式のところにある．）

§8　不定形の極限値

$f(x), g(x)$ は a を含む区間 I で微分可能とする．$f(a)=g(a)=0$ とすれば，$\dfrac{f(x)}{g(x)}$ は $x=a$ において $\dfrac{0}{0}$ となってしまう．$\dfrac{0}{0}$ は分数としては意味をもたない．このような場合でも，$\lim_{x \to a} \dfrac{f(x)}{g(x)}$ が存在する場合はある．たとえば $\dfrac{\sin x}{x}$ は $x=0$ では $\dfrac{0}{0}$ 型になるけれども，$\lim_{x \to 0} \dfrac{\sin x}{x} = 1$ であった．

同様なことは，$x \to a$ のとき $f(x) \to \infty$，$g(x) \to \infty$ となる場合にもおこる．このとき $\dfrac{f(x)}{g(x)}$ において，分子，分母を別々に $x \to a$ とすれば $\dfrac{\infty}{\infty}$ 型になってしまい，これも無意味である．このように，別々に極限をとれば $\dfrac{0}{0}$ 型，$\dfrac{\infty}{\infty}$ 型，あるいは，$0 \times \infty$ 型，0^0 型，0^∞ 型，∞^0 型，$\infty - \infty$ 型になるような関数の極限を**不定形の極限**とよぶ．

不定形の極限を求める際に有力な手段を提供する一連の定理をここで証明する．その際§3で述べたCauchyの定理（定理1.10）が使われる．$\dfrac{0}{0}$ 型の不定形を最初に考察する．

定理 1.23　$f(x)$，$g(x)$ は a を内部に含む区間 I で微分可能で，かつ

$$f(a) = g(a) = 0$$

とし，さらに，この区間で $g'(x) \neq 0$ とする．このとき，$\lim_{x \to a} \dfrac{f'(x)}{g'(x)}$ が存在すれば $\lim_{x \to a} \dfrac{f(x)}{g(x)}$ も存在して

$$\lim_{x \to a} \frac{f(x)}{g(x)} = \lim_{x \to a} \frac{f'(x)}{g'(x)}$$

が成立する．

(証明) 仮定により $f(a)=g(a)=0$ であるから Cauchy の定理により $x\in I$, $x\neq a$ に対して

$$\frac{f(x)}{g(x)}=\frac{f(x)-f(a)}{g(x)-g(a)}=\frac{f'(\xi)}{g'(\xi)} \tag{1}$$

となる ξ がある．ここで $\xi=a+\theta(x-a)$, $0<\theta<1$, であるから $x\to a$ のとき $\xi\to a$ となる．仮定により $\xi\to a$ のとき (1) の右辺の極限値は存在するから，(1) の左辺の極限値も存在し，これらの極限値は一致する．(終)

a が区間の端点であって，x が区間の内部から a に近づいたときの $f(x)$, $g(x)$ の片側極限が共に 0 になる場合にも同様な結論がえられる．

定理 1.24 $f(x), g(x)$ は開区間 (a, b) で微分可能であって

$$\lim_{x\to a+0} f(x)=\lim_{x\to a+0} g(x)=0$$

とする．さらに (a, b) で $g'(x)\neq 0$ とする．このとき $\displaystyle\lim_{x\to a+0}\frac{f'(x)}{g'(x)}$ が存在すれば $\displaystyle\lim_{x\to a+0}\frac{f(x)}{g(x)}$ も存在して

$$\lim_{x\to a+0}\frac{f(x)}{g(x)}=\lim_{x\to a+0}\frac{f'(x)}{g'(x)}$$

が成立する．

$$\lim_{x\to b-0} f(x)=\lim_{x\to b-0} g(x)=0$$

の場合も同様である．

(証明) $f(a+0)=\displaystyle\lim_{x\to a+0} f(x)$ を $f(a)$ とおき $g(a+0)$ を $g(a)$ とおけば，$f(x), g(x)$ は a で連続 (右側連続) になり，このとき $f(x), g(x)$ に対して Cauchy の定理が適用できるから，定理 1.23 の証明はそのまま成立する．$f(b-0)=g(b-0)=0$ の場合も同様である．(終)

次に $\dfrac{\infty}{\infty}$ 型の不定形について考える．この場合は少し証明は面倒になるが，まったく同様の結論がえられる．

定理 1.25 $f(x)$, $g(x)$ は開区間 (a, b) で微分可能であって

$$\lim_{x\to a+0} f(x) = \infty, \qquad \lim_{x\to a+0} g(x) = \infty$$

であるとし，さらにこの区間で $g'(x) \neq 0$ とする．このとき $\displaystyle\lim_{x\to a+0} \frac{f'(x)}{g'(x)}$ が存在すれば $\displaystyle\lim_{x\to a+0} \frac{f(x)}{g(x)}$ も存在して

$$\lim_{x\to a+0} \frac{f(x)}{g(x)} = \lim_{x\to a+0} \frac{f'(x)}{g'(x)}$$

が成立する．

(証明)　仮定により $\displaystyle\lim_{x\to a+0} \frac{f'(x)}{g'(x)} = \alpha$ となる α がある．このことは，ε-δ 方式で述べれば，任意の $\varepsilon > 0$ に対して

$$0 < x - a < \delta \text{ であれば } \left|\frac{f'(x)}{g'(x)} - \alpha\right| < \varepsilon \tag{2}$$

となる δ があることを意味する．そこで，このような ε と δ の組を 1 つえらんで固定し，さらに x^0 を

$$0 < x^0 - a < \delta$$

をみたすようにえらび，この x^0 も固定する．

$a < x < x^0$ となる x をとれば，Cauchy の定理から

$$\frac{f(x^0) - f(x)}{g(x^0) - g(x)} = \frac{f'(\xi)}{g'(\xi)} \qquad x < \xi < x^0$$

となる ξ がある．この式を

$$\frac{f(x)}{g(x)} = \frac{f'(\xi)}{g'(\xi)} \left(\frac{\dfrac{g(x^0)}{g(x)} - 1}{\dfrac{f(x^0)}{f(x)} - 1} \right) \tag{3}$$

と変形する*．$a < x < \xi < x^0$ で $0 < x^0 - a < \delta$ だから当然 $0 < \xi - a < \delta$ である．よって (2) から $\left|\dfrac{f'(\xi)}{g'(\xi)} - \alpha\right| < \varepsilon$，すなわち

$$\alpha - \varepsilon < \frac{f'(\xi)}{g'(\xi)} < \alpha + \varepsilon \tag{4}$$

が成立している．ところで，仮定により $x \to a+0$ のとき $f(x) \to \infty$，$g(x) \to \infty$ であるから $\dfrac{f(x^0)}{f(x)} \to 0$，$\dfrac{g(x^0)}{g(x)} \to 0$ となる．よって (3) の右辺の括弧の中は 1

* $x \to a+0$ のとき $f(x) \to \infty$，$g(x) \to \infty$ であるから，$a < x < x^0$ のとき $f(x) > 0$，$g(x) > 0$ となるように x^0 がえらばれていると考えてよい．

に収束するから，a に近いすべての x に対して(3)の右辺の括弧の中は正である．そこで(4)の全体に(3)の括弧内の式をかけて(3)の関係を使うと

$$(\alpha-\varepsilon)\left(\frac{\dfrac{g(x^0)}{g(x)}-1}{\dfrac{f(x^0)}{f(x)}-1}\right)<\frac{f(x)}{g(x)}<(\alpha+\varepsilon)\left(\frac{\dfrac{g(x^0)}{g(x)}-1}{\dfrac{f(x^0)}{f(x)}-1}\right)$$

がえられる．ここで $x\to a+0$ とすれば

$$\frac{\dfrac{g(x^0)}{g(x)}-1}{\dfrac{f(x^0)}{f(x)}-1}\longrightarrow 1$$

であるから

$$\alpha-\varepsilon\leqq\lim_{x\to a+0}\frac{f(x)}{g(x)}\leqq\alpha+\varepsilon$$

が成立し，$\varepsilon>0$ は任意であるから

$$\lim_{x\to a+0}\frac{f(x)}{g(x)}=\alpha$$

が成立する．(終)

$\lim_{x\to b-0}f(x)=\pm\infty$，$\lim_{x\to b-0}g(x)=\pm\infty$ の場合も同様である．

いままでの定理はすべて x が有限の値 a に近づく場合であったが，$x\to\pm\infty$ の場合であっても，これらの定理は成立する．

定理 1.26 $f(x), g(x)$ は区間 (a,∞) で微分可能で

$$\lim_{x\to\infty}f(x)=\lim_{x\to\infty}g(x)=0$$

とし，さらにこの区間で $g'(x)\neq 0$ とする．このとき $\lim_{x\to\infty}\dfrac{f'(x)}{g'(x)}$ が存在すれば $\lim_{x\to\infty}\dfrac{f(x)}{g(x)}$ も存在して，

$$\lim_{x\to\infty}\frac{f(x)}{g(x)}=\lim_{x\to\infty}\frac{f'(x)}{g'(x)}$$

が成立する．同様なことは

$$\lim_{x\to\infty}f(x)=\pm\infty,\qquad \lim_{x\to\infty}g(x)=\pm\infty$$

の場合も成立する．

$x\to-\infty$ の場合も事情は同じである．

(証明)　$x=\dfrac{1}{t}$ と変数変換し $\varphi(t)=f\left(\dfrac{1}{t}\right)$，$\psi(t)=g\left(\dfrac{1}{t}\right)$ とおく．このとき

$$\lim_{t\to 0+0}\varphi(t)=\lim_{x\to\infty}f(x)=0,\qquad \lim_{t\to 0+0}\psi(t)=\lim_{x\to\infty}g(x)=0$$

であって，$\varphi'(t)=-\dfrac{f'(x)}{t^2}$，$\psi'(t)=-\dfrac{g'(x)}{t^2}$ であるから

$$\lim_{t\to 0+0}\frac{\varphi'(t)}{\psi'(t)}=\lim_{x\to\infty}\frac{f'(x)}{g'(x)}$$

は存在する．よって定理 1.24 により

$$\lim_{x\to\infty}\frac{f(x)}{g(x)}=\lim_{t\to 0+0}\frac{\varphi(t)}{\psi(t)}=\lim_{t\to 0+0}\frac{\varphi'(t)}{\psi'(t)}=\lim_{x\to\infty}\frac{f'(x)}{g'(x)}$$

が成立する．他の場合も同様である．(終)

これら一連の定理を **l'Hospital の定理** (ロピタルの定理) という．

(コメント)　l'Hospital の定理は $x\to a$ のとき $\dfrac{f'(x)}{g'(x)}$ が再び不定形になる場合にも使うことができる．この場合，$\dfrac{f''(x)}{g''(x)}$ が $x\to a$ のとき極限をもてば，この極限は $\dfrac{f'(x)}{g'(x)}$ の極限と一致し，これはまた，$\dfrac{f(x)}{g(x)}$ の極限と一致するのである．

[例 1]　$\displaystyle\lim_{x\to 0}\frac{1-\cos x}{x^2}$ を求めよ．

(解)　これは $\dfrac{0}{0}$ 型の不定形である．l'Hospital の定理により

$$\lim_{x\to 0}\frac{1-\cos x}{x^2}=\lim_{x\to 0}\frac{\sin x}{2x}=\frac{1}{2}\lim_{x\to 0}\frac{\sin x}{x}=\frac{1}{2}$$

(コメント)　$\displaystyle\lim_{x\to 0}\frac{\sin x}{x}$ を求めるのに l'Hospital の定理を使うのはまずい．$(\sin x)'=\cos x$ を証明するのに $\displaystyle\lim_{x\to 0}\frac{\sin x}{x}=1$ を用いているからである．

[例 2]　$\displaystyle\lim_{x\to 0+0}x\log x=0$ を証明せよ．

(解)　$x\to 0$ のとき $\log x\to-\infty$ だから，これは $0\times\infty$ 型の不定形である．そこで $\dfrac{\infty}{\infty}$ 型にして l'Hospital の定理を使う．

$$\lim_{x\to 0+0}x\log x=\lim_{x\to 0+0}\frac{\log x}{\dfrac{1}{x}}=\lim_{x\to 0+0}\frac{\dfrac{1}{x}}{-\dfrac{1}{x^2}}=-\lim_{x\to 0+0}x=0$$

[例 3]　$\lim_{x\to0+0} x^x=1$ を証明せよ．

(解)　これは 0^0 型の不定形であるが対数をとれば [例 2] になる．$\log x^x = x\log x$ であり，[例 2] により

$$\lim_{x\to0+0}\log x^x = \lim_{x\to0+0} x\log x = 0$$

であったから，$\lim_{x\to0+0} x^x=1$ である．

(コメント)　$\lim_{x\to a} f(x)=\infty$，$\lim_{x\to a} g(x)=\infty$ で $f(x)-g(x)$ の極限を求める $\infty-\infty$ 型のときは

$$f(x)-g(x) = \frac{\dfrac{1}{g(x)}-\dfrac{1}{f(x)}}{\dfrac{1}{f(x)g(x)}}$$

とおけば，右辺は $\dfrac{0}{0}$ 型になる．

[例 4]　$\lim_{x\to0}\left(\dfrac{1}{x^2}-\cot^2 x\right)$ を求めよ．

(解)　これは $\infty-\infty$ 型である．そこで

$$\frac{1}{x^2}-\cot^2 x = \frac{\tan^2 x - x^2}{x^2\tan^2 x}$$

とおけば右辺は $\dfrac{0}{0}$ 型になる．右辺の分母，分子に $\cos^2 x$ をかけ

$$\sin^2 x = \frac{1-\cos 2x}{2},\qquad \cos^2 x = \frac{1+\cos 2x}{2}$$

と，$x=0$ の近傍で

$$\cos 2x = 1-\frac{(2x)^2}{2!}+\frac{(2x)^4}{4!}+o(x^4) = 1-2x^2+\frac{2}{3}x^4+o(x^4)$$

であることを使うと

$$\frac{\tan^2 x - x^2}{x^2\tan^2 x} = \frac{\sin^2 x - x^2\cos^2 x}{x^2\sin^2 x} = \frac{1-\cos 2x - x^2(1+\cos 2x)}{x^2(1-\cos 2x)}$$

$$= \frac{2x^2-\dfrac{2}{3}x^4+o(x^4)-x^2\left(2-2x^2+\dfrac{2}{3}x^4+o(x^4)\right)}{x^2\left(2x^2-\dfrac{2}{3}x^4+o(x^4)\right)}$$

$$= \frac{\dfrac{4}{3}x^4-\dfrac{2}{3}x^6+o(x^4)}{2x^4-\dfrac{2}{3}x^6+o(x^4)}$$

$$= \frac{\frac{2}{3}-\frac{1}{3}x^2+\frac{o(x^4)}{x^4}}{1-\frac{1}{3}x^2+\frac{o(x^4)}{x^4}}$$

この最後の式で $x\to 0$ とすれば，極限は $\frac{2}{3}$ になる．よって

$$\lim_{x\to 0}\left(\frac{1}{x^2}-\cot^2 x\right)=\frac{2}{3}$$

となる．

(コメント)　この例のように Maclaurin の展開式あるいは Taylor の展開式を使うのも有力な方法である．

(問)　次の不定形の極限を求めよ．

(1) $\lim_{x\to 0}\frac{x-\sin x}{x^3}$　(2) $\lim_{x\to\infty}\frac{x^a}{e^x}$，$a>0$　(3) $\lim_{x\to 0}\left(\cot x-\frac{1}{x}\right)$

(4) $\lim_{x\to 0}\frac{x-\log(1+x)}{x^2}$　(5) $\lim_{x\to 0}\left(\frac{1}{\sin^2 x}-\frac{1}{x^2}\right)$

§9　方程式の解の近似計算——Newton の方法

方程式 $f(x)=0$ の解を正確に求めることは必ずしも容易ではない．その場合は近似解を求めることになるが，ここでは逐次近似の方法として古くから知られている Newton の方法を説明する．

閉区間 $[a, b]$ で $f(x)$ は 2 回微分可能とし，区間 $[a, b]$ で

$$f'(x)<0 \text{ かつ } f''(x)>0$$

とし，さらに $f(a)>0, f(b)<0$ と仮定する．このときは $f(x)$ は区間 $[a, b]$ で単調減少で凸であり，中間値の定理により

$$f(c)=0, \qquad a<c<b$$

となる点 c がただ 1 つある (図 9.1)．この c の値を逐次近似法で近似するのである．近似計算は点 c の左側の点からスタートする．まず c の 0 次近似として $a=x_0$ とおき，点 $(a, f(a))=(x_0, f(x_0))$ において曲線 $y=f(x)$ に接線を引く．接線の方程式は

$$y=f'(x_0)(x-x_0)+f(x_0) \tag{1}$$

である．この接線が x 軸と交わる点の x 座標を x_1 とすれば簡単な計算で

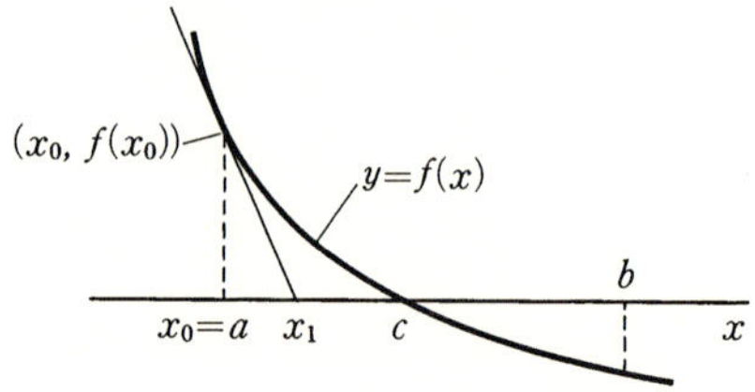

図9.1

$$x_1 = x_0 - \frac{f(x_0)}{f'(x_0)} \tag{2}$$

となることがわかる．このとき

$$x_0 < x_1 < c \tag{3}$$

が成立する．その証明：$f(x_0)=f(a)>0$, $f'(x_0)<0$ であるから $x_0<x_1$ は自明であろう．また，$f(x)$ は $[a, b]$ で凸であるから，区間 $[a, b]$ における $y=f(x)$ のグラフは接線 (1) の上方にある．したがって，点 x_1 において

$$f(x_1) > f'(x_0)(x_1-x_0)+f(x_0)$$

が成り立つが，この右辺は (2) により 0 であるから

$$f(x_1) > 0$$

が成立する．$f(x)>0$ である x は $[a, c)$ に属するから，$x_1<c$ でなくてはならない．これで (3) が示された．

(3) が成り立つから，x_1 は x_0 よりも c に近い値である．そこで次に，点 $(x_1, f(x_1))$ において $y=f(x)$ に接線を引き，この接線が x 軸と交わる点の x 座標を x_2 とする．次いで点 $(x_2, f(x_2))$ において $y=f(x)$ に接線を引き，この接線と x 軸との交点を x_3 とする．以下同様の手続きを繰り返して x_n までできたとする．点 $(x_n, f(x_n))$ で $y=f(x)$ に引いた接線の方程式は

$$y = f'(x_n)(x-x_n)+f(x_n) \tag{4}$$

であり，これが x 軸 $y=0$ と交わる点の x 座標を x_{n+1} とすれば

$$x_{n+1} = x_n - \frac{f(x_n)}{f'(x_n)} \tag{5}$$

であって，このとき帰納法により

$$x_n < x_{n+1} < c$$

が成り立つことが示される．まず $x_0<x_1<c$ はすでに示した．そこで $x_{n-1}<$

$<x_n<c$ が成り立つものと仮定する．このとき $x_n \in [a, c)$ だから $f(x_n)>0$, $f'(x_n)<0$ が成立する．よって(5)から $x_n<x_{n+1}$ がえられる．区間 $[a, b]$ で $f(x)$ は凸だから，この区間で $y=f(x)$ のグラフは接線(4)の上方にある．よって(4)により

$$f(x_{n+1}) > f'(x_n)(x_{n+1}-x_n)+f(x_n)$$

が成り立つが，この不等式の右辺は(5)により 0 になるから $f(x_{n+1})>0$ である．このことから $x_{n+1} \in [a, c)$ が導かれて $x_{n+1}<c$ であることがわかる．

この手続きにより単調増加数列

$$a = x_0 < x_1 < \cdots < x_n < x_{n+1} < \cdots < c$$

がえられる．数列 $\{x_n\}$ は単調有界だから収束する．その極限を p とする．

$$\lim_{n\to\infty} x_n = p$$

$p \in [a, b]$ だから仮定により $f'(p)<0$，したがって $f'(p)\neq 0$ である．そこで(5)の両辺で $n\to\infty$ とすれば，両辺の極限は存在し，極限において

$$p = p-\frac{f(p)}{f'(p)}$$

となる．これから $f(p)=0$，したがって $p=c$ がえられる．こうして，$f(x)=0$ の解 c の近似値は数列 $\{x_n\}$ によって求められる．

ここでは区間 $[a, b]$ で $f''(x)>0$, $f'(x)<0$, $f(a)>0>f(b)$ の場合を述べたのだが，その他の場合は図 9.2，図 9.3，図 9.4 で示してある．

図 9.2 は $f''(x)<0$, $f'(x)<0$, $f(a)>0>f(b)$ の場合であり，このときは $x_0=b$ からスタートする．

図 9.3 は $f''(x)>0$, $f'(x)>0$, $f(a)<0<f(b)$ の場合であり，このときも $x_0=b$ からスタートする．

図 9.4 は $f''(x)<0$, $f'(x)>0$, $f(a)<0<f(b)$ の場合であり，このときは x_0

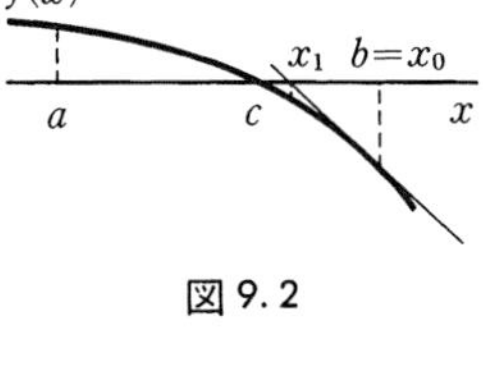

図 9.2

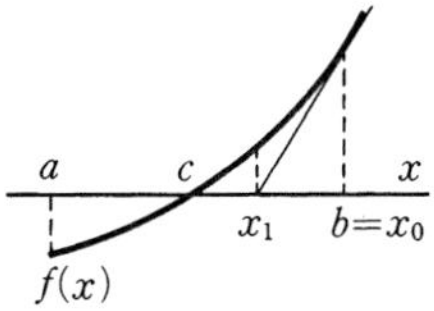

図 9.3

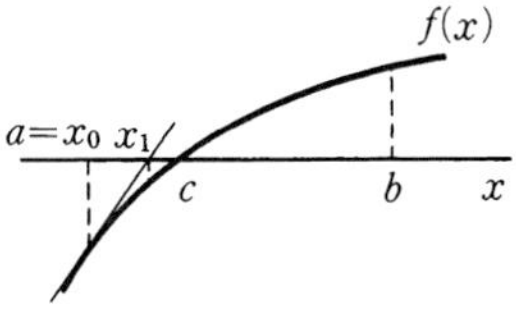

図 9.4

$=a$ からスタートする．

この逐次近似法を **Newton の方法**というのである．

[例] $0<a<1$ のとき $\sqrt{a}$ を求めるための逐次近似式を求めてみる．そのために

$$f(x)=x^2-a=0$$

とおけば，区間 $[0,1]$ において $f''(x)=2>0$，$f'(x)=2x>0$ であり，$f(0)=-a<0$，$f(1)=1-a>0$ であるから，図 9.3 で示したケースになる．そこで区間 $[a,1]$ で $x_0=1$ を 0 次近似としてスタートする．このとき (5) 式は

$$x_{n+1}=x_n-\frac{f(x_n)}{f'(x_n)}=x_n-\frac{{x_n}^2-a}{2x_n}=\frac{1}{2}\left(x_n+\frac{a}{x_n}\right)$$

となる．$x_0=1$ からスタートしてこの漸化式によって $x_1, x_2, \cdots, x_n, \cdots$ を逐次計算すれば $\lim_{n\to\infty} x_n=\sqrt{a}$ であるから $\sqrt{a}$ の近似値が求められる．この式によって $\sqrt{a}$ の近似値を求める計算は，今でもコンピュータの計算で使われている．

第2章　積 分 法

微分法が発見されたのは17世紀であるが，積分法の考え方ははるかに古く，図形の面積を求める問題に関連して，紀元前にすでにその萌芽が見られるという．

微分法の発見によって，積分法がその逆演算であることが明確になり，以後，微分積分学という名で，両者は不可分の理論体系となっている．

経済学では積分法は微分法と比べて使用される頻度は少ないが，しかし重要であることには変わりはない．微分方程式の理論は積分の知識が基礎になる．

§1　不定積分(原始関数)

関数 $f(x)$ が与えられたとき，$f(x)$ を導関数としてもつ関数，すなわち

$$F'(x) = f(x) \tag{1}$$

をみたす関数 $F(x)$ を，$f(x)$ の**不定積分**あるいは**原始関数**という*.

(1) が成り立つならば，C を任意の定数として

$$(F(x)+C)' = f(x)$$

も成り立つから，$f(x)$ の不定積分はいくつもある．しかし，異なる不定積分の間には定数の差があるだけである．すなわち，次の定理が成立する．

定理 2.1　区間 I で定義された関数 $f(x)$ に対して，この区間で $F(x)$, $G(x)$ が共に $f(x)$ の不定積分になっていれば，区間 I において

$$G(x) = F(x)+C, \qquad C \text{ は定数}$$

が成立する．

(証明)　$F'(x)=G'(x)=f(x)$ であるから $(G(x)-F(x))'=0$ である．ところ

*　不定積分と原始関数はもともとは異なった概念として定義されているが，ここでは同じものと考えて差し支えない．

で，区間 I で導関数が 0 である関数はその区間で定数である(第1章定理 1.9 (iii))．よって区間 I において $G(x)-F(x)=C$(定数) すなわち $G(x)=F(x)+C$ が成立する．(終)

この定理により，$f(x)$ の不定積分は定数の部分を除いて一意的に決まるから定数部分が 0 である不定積分の 1 つを $F(x)$ としたとき，すべての不定積分は $F(x)+C$ の形にかかれる．そこで，$f(x)$ の不定積分を

$$\int f(x)dx = F(x)+C \quad (C \text{ は任意の定数})$$

という記号であらわす．右辺の C を**積分定数**という．また，$f(x)$ を**被積分関数**といい，変数 x を**積分変数**という．$f(x)$ の不定積分を求める演算を $f(x)$ を**積分する**という．具体的に積分計算をする際にはいちいち積分定数をかくことはしないで，C を含まない形(あるいは $C=0$ である形)だけを示すのが普通である．

不定積分の計算は微分法の逆演算だから

$$\int f(x)dx = F(x)$$

であることを証明するためには $F'(x)=f(x)$ が成り立つことを確認すればよい．

基本的な関数の不定積分を求めておく．積分定数は省略する．

$$(x^{\alpha+1})' = (\alpha+1)x^{\alpha} \quad \text{であるから} \quad \int x^{\alpha}dx = \frac{x^{\alpha+1}}{\alpha+1} \quad (\text{ただし } \alpha \neq -1)$$

$$(e^x)' = e^x \quad \text{であるから} \quad \int e^x dx = e^x$$

$$(\log|x|)' = \frac{1}{x} \quad \text{であるから} \quad \int \frac{1}{x}dx = \log|x|$$

$$(\sin x)' = \cos x \quad \text{であるから} \quad \int \cos x\, dx = \sin x$$

$$(\cos x)' = -\sin x \quad \text{であるから} \quad \int \sin x\, dx = -\cos x$$

§2 不定積分の基本公式

与えられた関数の不定積分を求めることは，一般には容易ではない．比較的

簡単な形をした関数でも，その不定積分が複雑な形になることは珍しくはないし，さらに，不定積分がわれわれの知っている範囲の関数では表現できない場合もある(むしろ，そういう場合の方が多い)．後に示すように積分の計算のためには，関数によって，それぞれ特殊の工夫がなされることになるが，はじめに，積分の計算に関して成り立つ一般的な関係式を示しておく．

定理 2.2 不定積分について次の関係式が成立する．

(i) $\int(f(x)+g(x))dx=\int f(x)dx+\int g(x)dx$

(ii) $\int \alpha f(x)dx=\alpha\int f(x)dx$，$\alpha$ は定数

積分定数は，両辺で同じものをとっておく．

(証明) (i) の両辺は微分すれば，両辺とも導関数は $f(x)+g(x)$ になるし，(ii) の場合は，両辺とも導関数は $\alpha f(x)$ である．(終)

[例 1]

$$\int(x^3+2x^2+x-1)dx = \int x^3dx+2\int x^2dx+\int xdx-\int dx$$
$$= \frac{x^4}{4}+\frac{2x^3}{3}+\frac{x^2}{2}-x$$

部分積分法 関数の積の導関数について成立する公式

$$(f(x)g(x))' = f'(x)g(x)+f(x)g'(x)$$

を移項すると

$$f(x)g'(x) = (f(x)g(x))'-f'(x)g(x)$$

となる．この式の両辺を積分することによって次の公式がえられる．

定理 2.3

$$\int f(x)g'(x)dx = f(x)g(x)-\int f'(x)g(x)dx \qquad (1)$$

定理 2.3 系 (1) 式で $g(x)=x$ とすれば $g'(x)=1$ だから，次式がえられる．

$$\int f(x)dx = xf(x) - \int xf'(x)dx \qquad (2)$$

これらの関係式によって不定積分を求める方法を**部分積分法**とよんでいる．たいへん有力な方法である．

[例 2] $\int xe^x dx$ を求めよ．

(解) $(e^x)' = e^x$ であるから

$$\int xe^x dx = \int x(e^x)' dx = xe^x - \int x' e^x dx = xe^x - \int e^x dx$$
$$= xe^x - e^x = (x-1)e^x$$

[例 3] $\int \log x dx$ を求めよ．

(解) (2) の公式を使う．$x'=1$ だから $\log x = x' \log x$ と考えて

$$\int \log x dx = x \log x - \int x(\log x)' dx = x \log x - \int x \cdot \frac{1}{x} dx$$
$$= x \log x - \int dx = x \log x - x = x(\log x - 1)$$

[例 4]

$$\int e^{ax} \sin bx\, dx = \frac{e^{ax}}{a^2+b^2}(a \sin bx - b \cos bx)$$
$$\int e^{ax} \cos bx\, dx = \frac{e^{ax}}{a^2+b^2}(b \sin bx + a \cos bx)$$

(証明)

$$\int e^{ax} \sin bx\, dx = \int \left(\frac{1}{a} e^{ax}\right)' \sin bx\, dx$$
$$= \frac{1}{a} e^{ax} \sin bx - \int \frac{1}{a} e^{ax} (\sin bx)' dx$$
$$= \frac{1}{a} e^{ax} \sin bx - \frac{b}{a} \int e^{ax} \cos bx\, dx$$

よって，両辺を a 倍して移項すると

$$a \int e^{ax} \sin bx\, dx + b \int e^{ax} \cos bx\, dx = e^{ax} \sin bx \qquad (3)$$

また

$$\int e^{ax} \cos bx\, dx = \int \left(\frac{1}{a} e^{ax}\right)' \cos bx\, dx$$

$$= \frac{1}{a}e^{ax}\cos bx - \int \frac{1}{a}e^{ax}(\cos bx)'dx$$

$$= \frac{1}{a}e^{ax}\cos bx + \frac{b}{a}\int e^{ax}\sin bx\,dx$$

であるから，両辺を a 倍して移項すると

$$-b\int e^{ax}\sin bx\,dx + a\int e^{ax}\cos x\,dx = e^{ax}\cos bx \tag{4}$$

(3) と (4) から

$$\int e^{ax}\sin bx\,dx = \frac{e^{ax}}{a^2+b^2}(a\sin bx - b\cos bx)$$

$$\int e^{ax}\cos bx\,dx = \frac{e^{ax}}{a^2+b^2}(b\sin bx + a\cos bx)$$

がえられる．(終)

置換積分法　積分変数を別の変数の関数でおきかえることによって積分が容易になる場合がある．

$$F(x) = \int f(x)dx \quad \text{とおくと} \quad F'(x) = f(x)$$

であるが，ここで，$\varphi(t)$ を微分可能な関数として

$$x = \varphi(t)$$

とおいてみる．このとき合成関数の微分の公式により

$$\frac{d}{dt}F(\varphi(t)) = \frac{dF}{dx}\frac{dx}{dt} = F'(\varphi(t))\varphi'(t) = f(\varphi(t))\varphi'(t)$$

が成り立つから，左端と右端の関数を t について積分すると

$$F(\varphi(t)) = \int f(\varphi(t))\varphi'(t)dt$$

がえられる．この左辺は，x に戻せば

$$F(\varphi(t)) = F(x) = \int f(x)dx$$

であるから，次の定理がえられる．

定理 2.4　$\varphi(t)$ を連続な導関数をもつ関数として

$$x = \varphi(t)$$

とおけば

$$\int f(x)dx = \int f(\varphi(t))\varphi'(t)dt \tag{5}$$

が成立する．ここで $\varphi(t)$ の値域は $f(x)$ の定義域に含まれているものとする．

この公式(5)によって積分を計算する方法を**置換積分法**という．

(5)の右辺は，$x=\varphi(t)$ の微分をつくって $dx=\varphi'(t)dt$ とし(あるいは $\dfrac{dx}{dt}=\varphi'(t)$ から形式的に $dx=\varphi'(t)dt$ とし)左辺の x を $\varphi(t)$ でおきかえ，dx を $\varphi'(t)dt$ でおきかえたと考えれば，記憶しやすい．

(コメント) (5)を適用する場合には，左辺の積分を計算するために適当な関数 $\varphi(t)$ を見つけて $x=\varphi(t)$ とおいて右辺の積分に変換する場合と，逆に，(5)の右辺の形の積分が先に与えられていて，それを左辺の形に変えて積分する場合とがある．後者の場合は，t と x の役割を逆にして

$$\varphi(x) = t$$

とおくことによって

$$\int f(\varphi(x))\varphi'(x)dx = \int f(t)dt \tag{6}$$

とするのである．原理は同じことである．

[例5] $\int\sqrt{a^2-x^2}\,dx$，$a>0$ を求めよ．

(解) 関数 $\sqrt{a^2-x^2}$ の定義域は $|x|\leqq a$ だから

$$x = a\sin t \quad \text{とおくと} \quad dx = a\cos t\,dt$$

であって(5)により

$$\int\sqrt{a^2-x^2}\,dx = \int\sqrt{a^2-a^2\sin^2 t}\,a\cos t\,dt = a^2\int\cos^2 t\,dt$$

$$= a^2\int\frac{1+\cos 2t}{2}dt = \frac{a^2}{2}\left(\int dt+\int\cos 2t\,dt\right)$$

ここで $\cos 2t=\dfrac{1}{2}(\sin 2t)'$ であるから

$$= \frac{a^2}{2}\left(t+\frac{\sin 2t}{2}\right) = \frac{a^2}{2}(t+\sin t\cos t)$$

$$= \frac{a^2}{2}(t+\sin t\sqrt{1-\sin^2 t})$$

t を x に戻すために $a\sin t=x$ から $t=\sin^{-1}\dfrac{x}{a}$ とすると

$$=\frac{1}{2}\left(a^2\sin^{-1}\frac{x}{a}+x\sqrt{a^2-x^2}\right)$$

よって

$$\int\sqrt{a^2-x^2}\,dx=\frac{1}{2}\left(a^2\sin^{-1}\frac{x}{a}+x\sqrt{a^2-x^2}\right)$$

がえられる．

右辺の関数を微分すれば $\sqrt{a^2-x^2}$ になることを確かめてほしい．この積分は重要である．

(6) のタイプの置換の例をいくつかあげておく．まず，(6) の 1 つの特殊な場合として，次の公式は応用面が広い．

定理 2.4 系　$f(x)\neq 0$ であれば

$$\int\frac{f'(x)}{f(x)}dx=\log|f(x)| \tag{7}$$

(証明)　$f(x)=t$ とおけば $f'(x)dx=dt$ だから

$$\int\frac{f'(x)}{f(x)}dx=\int\frac{1}{f(x)}f'(x)dx=\int\frac{1}{t}dt=\log|t|=\log|f(x)|$$

(終)

[例 6]　$\displaystyle\int\frac{x}{1+x^2}dx$ を求めよ．

(解)　$1+x^2=t$ とおくと $2xdx=dt$ すなわち $xdx=\dfrac{1}{2}dt$ であるから

$$\int\frac{x}{1+x^2}dx=\int\frac{1}{1+x^2}xdx=\int\frac{1}{t}\frac{1}{2}dt=\frac{1}{2}\log|t|=\frac{1}{2}\log(1+x^2)$$

[例 7]　$\displaystyle\int\sin^3x\,dx$ を求めよ．

(解)　$\displaystyle\int\sin^3x\,dx=\int(1-\cos^2x)\sin x\,dx$ であるから，ここで $\cos x=t$ とおくと $\dfrac{dt}{dx}=(\cos x)'=-\sin x$，したがって $\sin x\,dx=-dt$ となる．よって

$$\int(1-\cos^2x)\sin x\,dx=\int(1-t^2)(-dt)=\int t^2dt-\int dt$$

$$=\frac{t^3}{3}-t=\frac{\cos^3x}{3}-\cos x$$

$$\therefore\quad \int \sin^3 x\,dx = \frac{\cos^3 x}{3} - \cos x$$

(問1)　次の関数の不定積分を求めよ．

(1) $(x+1)^3$　(2) $\left(x+\dfrac{1}{x}\right)^2$　(3) $\sin^2 x$　(4) $(e^x+e^{-x})^2$

(5) $(\sin x+\cos x)^2$　(6) $\left(\sqrt{x}+\dfrac{1}{\sqrt{x}}\right)^3$

(問2)　部分積分法を用いて次の関数の不定積分を求めよ．

(1) x^2e^x　(2) $x\sin x$　(3) $\tan^{-1}x$　(4) $x\tan^{-1}x$

(5) $(\log x)^2$　(6) $\sqrt{x^2+a}$

(問3)　置換積分法を用いて次の不定積分を求めよ．

(1) $\sqrt{2x+3}$　(2) $\dfrac{1}{x^2-2x+1}$　(3) xe^{-x^2}　(4) $\dfrac{\log x}{x}$　(5) $\dfrac{1}{x\log x}$

(6) $(\sin x+\cos x)^3$

§3　有理関数の積分

ここでは有理関数，すなわち多項式を多項式で割った形の関数，の積分を考える．そのために，まず有理関数の**部分分数**展開について説明する．

有理関数

$$\frac{x^4+1}{x^3-2x^2+x-2}$$

を考えてみる．まず分子を分母で割ると，商が $x+2$ で余りが $3x^2+5$ になるから

$$\frac{x^4+1}{x^3-2x^2+x-2} = x+2+\frac{3x^2+5}{x^3-2x^2+x-2}$$

と分解される．次に右辺の有理関数の部分を変形する．分子は2次式であって分母より次数が低い．分母を因数分解すると $(x-2)(x^2+1)$ となるから，分母をこの形にして

$$\frac{3x^2+5}{(x-2)(x^2+1)}$$

をさらに変形する．分母の因数が $x-2$ と x^2+1 であることに目をつけて

$$\frac{3x^2+5}{(x-2)(x^2+1)} = \frac{a}{x-2}+\frac{bx+c}{x^2+1}$$

とおき，この関係をみたすように定数 a, b, c を定める．そのために両辺に $(x-2)(x^2+1)$ をかけて

$$3x^2+5 = a(x^2+1)+(bx+c)(x-2) = (a+b)x^2+(-2b+c)x+(a-2c)$$

とし，両辺の x^2, x の係数，定数項をそれぞれ等しいとおくと

$$a+b = 3, \qquad -2b+c = 0, \qquad a-2c = 5$$

となる．これを解いて

$$a = \frac{17}{5}, \qquad b = -\frac{2}{5}, \qquad c = -\frac{4}{5}$$

よって

$$\frac{3x^2+5}{(x-2)(x^2+1)} = \frac{17}{5}\frac{1}{x-2}-\frac{1}{5}\frac{2x}{x^2+1}-\frac{4}{5}\frac{1}{x^2+1}$$

となる．こうして，与えられた有理関数は

$$\frac{x^4+1}{x^3-2x^2+x-2} = x+2+\frac{17}{5}\frac{1}{x-2}-\frac{1}{5}\frac{2x}{x^2+1}-\frac{4}{5}\frac{1}{x^2+1}$$

とかくことができる．この右辺を左辺の有理関数の**部分分数展開**という．左辺の積分を求めるには，それを右辺のように部分分数に展開しておいて，右辺の各項を積分すればよい．右辺に現われた異なった関数形は次の 4 種類である．

$$x+2, \qquad \frac{1}{x-2}, \qquad \frac{2x}{x^2+1}, \qquad \frac{1}{x^2+1}$$

これらはどれも，すぐ積分できる．

$\displaystyle\int(x+2)\,dx=\frac{x^2}{2}+2x$ は明らかである．$\displaystyle\int\frac{1}{x-2}dx$ は $x-2=t$ とおけば $dx=dt$ だから

$$\int\frac{1}{x-2}dx = \int\frac{1}{t}dt = \log|t| = \log|x-2|$$

$\displaystyle\int\frac{2x}{x^2+1}dx$ は $x^2+1=t$ とおけば $2xdx=dt$ だから

$$\int\frac{2x}{x^2+1}dx = \int\frac{1}{t}dt = \log|t| = \log(x^2+1)$$

$\displaystyle\int\frac{1}{x^2+1}dx$ は $(\tan^{-1}x)'=\dfrac{1}{1+x^2}$ であったから，これの逆演算として

$$\int\frac{1}{x^2+1}dx = \tan^{-1}x$$

となる．こうして

$$\int \frac{x^4+1}{x^2-2x^3+x-2}dx$$
$$= \frac{x^2}{2}+2x+\frac{17}{5}\log|x-2|-\frac{1}{5}\log(x^2+1)-\frac{4}{5}\tan^{-1}x$$

となるのである．

有理関数を部分分数に展開する際の一般的なルールを示しておく．

$f(x)$, $g(x)$ を多項式として，有理関数

$$\frac{g(x)}{f(x)}$$

を考えるのだが，ここで

$$g(x) \text{ の次数} \geqq f(x) \text{ の次数}$$

であれば，$g(x)$ を $f(x)$ で割って，商を $h(x)$，余りを $r(x)$ とする．$g(x)=h(x)f(x)+r(x)$ であるから

$$\frac{g(x)}{f(x)} = h(x)+\frac{r(x)}{f(x)}$$

ここで $h(x)$ は多項式であり，$r(x)$ の次数は $f(x)$ の次数よりも小さい．そして，この $\dfrac{r(x)}{f(x)}$ の部分を，$f(x)$ を因数分解しておいてから，さらに部分分数に展開するのである．

さて，第1巻第1章の§6で述べたように，実数係数の多項式 $f(x)$ は，1次式の因数と，$(x-\alpha)^2+\beta^2$ の形の2次式の因数の積に因数分解される．すなわち

$$f(x) = a_0(x-\gamma_1)^{m_1}\cdots(x-\gamma_k)^{m_k}[(x-\alpha_1)^2+\beta_1{}^2]^{n_1}\cdots[(x-\alpha_l)^2+\beta_l{}^2]^{n_l}$$

の形をもつ．このとき $\dfrac{r(x)}{f(x)}$ を部分分数に分解するためには，$(x-\gamma)^m$ の形の1次因数に対応する部分は

$$\frac{c_1}{x-\gamma}+\frac{c_2}{(x-\gamma)^2}+\cdots+\frac{c_m}{(x-\gamma)^m}$$

とおき，$[(x-\alpha)^2+\beta^2]^n$ の形の2次因数に対応する部分は

$$\frac{a_1x+b_1}{(x-\alpha)^2+\beta^2}+\frac{a_2x+b_2}{[(x-\alpha)^2+\beta^2]^2}+\cdots+\frac{a_nx+b_n}{[(x-\alpha)^2+\beta^2]^n}$$

という形におく．一般的にかくと式が長くなるので

$$f(x) = a_0(x-\gamma_1)(x-\gamma_2)^2[(x-\alpha_1)^2+\beta_1{}^2][(x-\alpha_2)^2+\beta_2{}^2]^2$$

の場合を考える．この場合は

$$\frac{r(x)}{f(x)}=\frac{1}{a_0}\left\{\frac{c_1}{x-\gamma_1}+\frac{c_2}{x-\gamma_2}+\frac{c_3}{(x-\gamma_2)^2}+\frac{a_1x+b_1}{(x-\alpha_1)^2+{\beta_1}^2}\right.$$
$$\left.+\frac{a_2x+b_2}{(x-\alpha_2)^2+{\beta_2}^2}+\frac{a_3x+b_3}{[(x-\alpha_2)^2+{\beta_2}^2]^2}\right\}$$

とおいてこの式の両辺に $f(x)$ をかける．そうすれば，左辺は $r(x)$ になり，右辺は｛　｝の中を通分した式の分子になる．こうしてえられた式の両辺の各 x^ν の係数，定数項を等しいとおけば，定数 c_i, a_j, b_k はすべて一意的に決まる．このようにして c_i, a_j, b_k の値を決める方法を**未定係数法**という．c_i, a_j, b_k が決まれば $\dfrac{r(x)}{f(x)}$ の部分分数展開がえられる．このように展開しておいて右辺の各項の積分を求めれば左辺の $\dfrac{r(x)}{f(x)}$ の積分がえられる．部分分数展開式の各項の形からわかるように，結局は

$$\text{(i)}\quad \int\frac{1}{(x-\gamma)^m}dx,\qquad \text{(ii)}\quad \int\frac{ax+b}{[(x-\alpha)^2+\beta^2]^n}dx$$

の形の積分が求められればよいことになる．

(i) の積分は簡単で，$x-\gamma=t$ とおけば $dx=dt$ だから

$$\int\frac{1}{(x-\gamma)^m}dx=\int\frac{1}{t^m}dt=\begin{cases}\dfrac{1}{-m+1}t^{-m+1}=\dfrac{1}{(-m+1)(x-\gamma)^{m-1}}, \\ \hfill m\neq 1 \text{ のとき} \\ \log|t|=\log|x-\gamma|,\quad m=1 \text{ のとき}\end{cases}$$

となる．

(ii) の積分は分子を

$$ax+b=\frac{a}{2}\cdot 2(x-\alpha)+a\alpha+b$$

とかいて

$$\int\frac{ax+b}{[(x-\alpha)^2+\beta^2]^n}dx$$
$$=\frac{a}{2}\int\frac{2(x-\alpha)}{[(x-\alpha)^2+\beta^2]^n}dx+(a\alpha+b)\int\frac{1}{[(x-\alpha)^2+\beta^2]^n}dx$$

と変形しておく．右辺の最初の積分は，$(x-\alpha)^2+\beta^2=t$ とおくと $2(x-\alpha)dx=dt$ であるから

$$\int \frac{2(x-\alpha)}{[(x-\alpha)^2+\beta^2]^n}dx = \int \frac{1}{t^n}dt = \begin{cases} \dfrac{1}{-n+1}t^{-n+1}, & n \neq 1 \text{ のとき} \\ \log|t|, & n=1 \text{ のとき} \end{cases}$$

となって

$$\int \frac{2(x-\alpha)}{[(x-\alpha)^2+\beta^2]^n}dx = \begin{cases} \dfrac{1}{-n+1}\dfrac{1}{[(x-\alpha)^2+\beta^2]^{n-1}}, & n \neq 1 \text{ のとき} \\ \log((x-\alpha)^2+\beta^2), & n=1 \text{ のとき} \end{cases}$$

となる．右辺の後の方の積分は $\dfrac{x-\alpha}{\beta}=t$ とおくと $\dfrac{dx}{\beta}=dt$ となって

$$\int \frac{1}{[(x-\alpha)^2+\beta^2]^n}dx = \frac{1}{\beta^{2n-1}}\int \frac{1}{\left[\dfrac{(x-\alpha)^2}{\beta^2}+1\right]^n}\frac{dx}{\beta} = \frac{1}{\beta^{2n-1}}\int \frac{1}{(t^2+1)^n}dt$$

と変形できる．この最後の式に現われた積分は，その中の n を $n-1$ でおきかえた積分であらわすことができる．それを求めるために，積分

$$I_{n-1} = \int \frac{1}{(t^2+1)^{n-1}}dt$$

に部分積分法の (2) の方の公式を使う．

$$\begin{aligned} I_{n-1} &= \int \frac{1}{(t^2+1)^{n-1}}dt = \frac{t}{(t^2+1)^{n-1}} - \int t\left(\frac{1}{(t^2+1)^{n-1}}\right)' dt \\ &= \frac{t}{(t^2+1)^{n-1}} - 2(-n+1)\int \frac{t^2}{(t^2+1)^n}dt \\ &= \frac{t}{(t^2+1)^{n-1}} - 2(-n+1)\int \frac{t^2+1-1}{(t^2+1)^n}dt \\ &= \frac{t}{(t^2+1)^{n-1}} - 2(-n+1)\left\{\int \frac{1}{(t^2+1)^{n-1}}dt - \int \frac{1}{(t^2+1)^n}dt\right\} \\ &= \frac{t}{(t^2+1)^{n-1}} - 2(-n+1)(I_{n-1}-I_n) \end{aligned}$$

この関係式から

$$I_n = \frac{1}{2(n-1)}\frac{t}{(t^2+1)^{n-1}} + \frac{2n-3}{2(n-1)}I_{n-1}$$

すなわち

$$\int \frac{1}{(t^2+1)^n}dt = \frac{1}{2(n-1)}\frac{t}{(t^2+1)^{n-1}} + \frac{2n-3}{2(n-1)}\int \frac{1}{(t^2+1)^{n-1}}dt$$

が成立する．

この関係式から，積分 I_n は順次 $I_{n-1}, I_{n-2}, \cdots, I_1$ であらわされ，最後の I_1 は

$$I_1 = \int \frac{1}{t^2+1} dt = \tan^{-1} t$$

である．こうして I_n は有理関数と $\tan^{-1} t$ であらわされることがわかる．以上のことから**有理関数の積分は，有理関数，対数関数，逆三角関数であらわされる**ことがわかる．

[例]　$\displaystyle\int \frac{x^2+1}{(x+1)^2(x^2+x+1)} dx$ を求めよ．

(解)

$$\frac{x^2+1}{(x+1)^2(x^2+x+1)} = \frac{a}{x+1} + \frac{b}{(x+1)^2} + \frac{cx+d}{x^2+x+1}$$

とおいて分母を払うと

$$\begin{aligned} x^2+1 &= a(x+1)(x^2+x+1)+b(x^2+x+1)+(cx+d)(x+1)^2 \\ &= (a+c)x^3+(2a+b+2c+d)x^2+(2a+b+c+2d)x+a+b+d \end{aligned}$$

ここで両辺の各 x^ν の係数および定数項を比較して

$$a+c=0, \quad 2a+b+2c+d=1, \quad 2a+b+c+2d=0, \quad a+b+d=1$$

これを解いて

$$a=c=0, \quad b=2, \quad d=-1$$

よって

$$\frac{x^2+1}{(x+1)^2(x^2+x+1)} = \frac{2}{(x+1)^2} - \frac{1}{x^2+x+1}$$

から

$$\begin{aligned} \int \frac{x^2+1}{(x+1)^2(x^2+x+1)} dx &= \int \frac{2}{(x+1)^2} dx - \int \frac{1}{x^2+x+1} dx \\ &= -\frac{2}{x+1} - \int \frac{1}{\left(x+\frac{1}{2}\right)^2+\frac{3}{4}} dx \\ &= -\frac{2}{x+1} - \frac{2}{\sqrt{3}} \tan^{-1} \frac{2}{\sqrt{3}}\left(x+\frac{1}{2}\right) \end{aligned}$$

がえられる．

(問)　次の関数の不定積分を求めよ

(1) $\dfrac{1}{x^2-3x+2}$　(2) $\dfrac{1}{x^3-1}$　(3) $\dfrac{x}{x^4+x^2-2}$　(4) $\dfrac{1}{x^4-1}$

§4 無理関数，三角関数，指数関数の積分

有理関数以外の関数では，その積分が多項式，指数関数，三角関数ではあらわせないものが多い．ここでは，無理関数，三角関数，指数関数の積分の中から代表的なものをえらんで，その積分を求めておく．

無理関数の積分 無理関数の積分では，根号の中が2次関数の場合と1次分数関数の場合を示しておく．

（i） $\sqrt{x^2+a}$ を含む積分．この場合は

$$\sqrt{x^2+a} = t-x$$

とおくことによって積分できる場合が多い．

[例1] $\displaystyle\int \frac{1}{\sqrt{x^2+a}}dx$ を求めよ．

(解) $\sqrt{x^2+a}=t-x$ とおく．両辺を2乗すると $x^2+a=t^2-2tx+x^2$ となるから

$$x = \frac{t^2-a}{2t}, \qquad dx = \frac{t^2+a}{2t^2}dt$$

となって

$$\int \frac{1}{\sqrt{x^2+a}}dx = \int \frac{1}{t-x}dx = \int \frac{1}{t-\dfrac{t^2-a}{2t}} \frac{t^2+a}{2t^2}dt = \int \frac{1}{t}dt$$

$$= \log|t| = \log|x+\sqrt{x^2+a}|$$

よって

$$\int \frac{1}{\sqrt{x^2+a}}dx = \log|x+\sqrt{x^2+a}|$$

[例2] $\displaystyle\int \sqrt{x^2+a}\,dx$ を求めよ．

(解) $\sqrt{x^2+a}=t-x$ おいて，[例1]で示した x, dx の式を使うと

$$\int \sqrt{x^2+a}\,dx = \int (t-x)dx = \int \left(t-\frac{t^2-a}{2t}\right)\frac{t^2+a}{2t^2}dt$$

$$= \int \frac{(t^2+a)^2}{4t^3}dt = \frac{1}{4}\int \left(t+\frac{2a}{t}+\frac{a^2}{t^3}\right)dt$$

$$= \frac{1}{4}\left(\frac{t^2}{2}+2a\log|t|-\frac{a^2}{2t^2}\right)$$

$$= \frac{1}{4}\left(\frac{1}{2}\left(t^2 - \frac{a^2}{t^2}\right) + 2a\log|t|\right)$$

ここで

$$\frac{1}{2}\left(t^2 - \frac{a^2}{t^2}\right) = \frac{1}{2}\left((x+\sqrt{x^2+a})^2 - \frac{a^2}{(x+\sqrt{x^2+a})^2}\right)$$

$$= \frac{1}{2}\left((x+\sqrt{x^2+a})^2 - \frac{a^2(x-\sqrt{x^2+a})^2}{a^2}\right) = 2x\sqrt{x^2+a}$$

であるから

$$\frac{1}{4}\left(\frac{1}{2}\left(t^2 - \frac{a^2}{t^2}\right) + 2a\log|t|\right) = \frac{1}{2}(x\sqrt{x^2+a} + a\log|x+\sqrt{x^2+a}|)$$

となる．こうして

$$\int\sqrt{x^2+a}\,dx = \frac{1}{2}(x\sqrt{x^2+a} + a\log|x+\sqrt{x^2+a}|)$$

がえられる．

(別解)　[例 1] の結果と，部分積分法の公式 (2) (定理 2. 3 系) を使って計算することもできる．

$$\int\sqrt{x^2+a}\,dx = x\sqrt{x^2+a} - \int x(\sqrt{x^2+a})'\,dx = x\sqrt{x^2+a} - \int\frac{x^2}{\sqrt{x^2+a}}dx$$

$$= x\sqrt{x^2+a} - \int\frac{x^2+a-a}{\sqrt{x^2+a}}dx$$

$$= x\sqrt{x^2+a} - \int\sqrt{x^2+a}\,dx + a\int\frac{1}{\sqrt{x^2+a}}dx$$

$$= x\sqrt{x^2+a} - \int\sqrt{x^2+a}\,dx + a\log|x+\sqrt{x^2+a}|$$

ここで最後の式の中の積分は最初の積分と同じものだから，この積分を左辺に移項して 2 で割ると

$$\int\sqrt{x^2+a}\,dx = \frac{1}{2}(x\sqrt{x^2+a} + a\log|x+\sqrt{x^2+a}|)$$

(コメント)　$\sqrt{ax^2+bx+c}$，$a>0$，のときは

$$\sqrt{ax^2+bx+c} = t - \sqrt{a}\,x$$

とおいてみよ．

(ii)　$\sqrt{\dfrac{cx+d}{ax+b}}$ の積分．この場合は

$$\sqrt{\frac{cx+d}{ax+b}} = t$$

とおくと

$$x = \frac{bt^2-d}{-at^2+c}, \qquad dx = \frac{2(bc-ad)t}{(-at^2+c)^2}dt$$

となるから

$$\int\sqrt{\frac{cx+d}{ax+b}}dx = \int t\left(\frac{2(bc-ad)t}{(-at^2+c)^2}\right)dt = 2(bc-ad)\int\frac{t^2}{(at^2-c)^2}dt$$

で，この最後の積分は t の有理関数だから，積分できる．

[例 3] $\displaystyle\int\sqrt{\frac{x-1}{x+1}}dx$ を求めよ．

(解) $\displaystyle\sqrt{\frac{x-1}{x+1}}=t$ とおけば，上式の $a=c=1, b=1, d=-1$ の場合だから

$$\begin{aligned}\int\sqrt{\frac{x-1}{x+1}}dx &= 4\int\frac{t^2}{(t^2-1)^2}dt = 4\int\frac{t^2}{(t+1)^2(t-1)^2}dt \\ &= \int\left(-\frac{1}{t+1}+\frac{1}{(t+1)^2}+\frac{1}{t-1}+\frac{1}{(t-1)^2}\right)dt \\ &= -\log|t+1|-\frac{1}{t+1}+\log|t-1|-\frac{1}{t-1} \\ &= \log\left|\frac{t-1}{t+1}\right|-\frac{2t}{t^2-1}\end{aligned}$$

ここで

$$\frac{t-1}{t+1} = -x+\sqrt{x^2-1}, \qquad \frac{2t}{t^2-1} = -\sqrt{x^2-1}$$

であるから

$$\log\left|\frac{t-1}{t+1}\right|-\frac{2t}{t^2-1} = \log|-x+\sqrt{x^2-1}|+\sqrt{x^2-1}$$

よって

$$\int\sqrt{\frac{x-1}{x+1}}dx = \log|-x+\sqrt{x^2-1}|+\sqrt{x^2-1}$$

三角関数の積分 三角関数の積分はいままでにもいくつか例をあげてきたが，ここでは $\sin x$，$\cos x$ の有理関数であって特殊な置換によってうまく積分できる場合について述べておく．

$\sin x$，$\cos x$ は

$$\tan\frac{x}{2}=t$$

という変数変換によって，t の有理関数にすることができる．$x=2\times\frac{x}{2}$ と考えて2倍角の公式を使うと

$$\sin x=2\sin\frac{x}{2}\cos\frac{x}{2}=2\tan\frac{x}{2}\cos^2\frac{x}{2}$$

$$=\frac{2\tan\frac{x}{2}}{\sec^2\frac{x}{2}}=\frac{2\tan\frac{x}{2}}{1+\tan^2\frac{x}{2}}=\frac{2t}{1+t^2}$$

$$\cos x=2\cos^2\frac{x}{2}-1=\frac{2}{\sec^2\frac{x}{2}}-1=\frac{2}{1+\tan^2\frac{x}{2}}-1$$

$$=\frac{2}{1+t^2}-1=\frac{1-t^2}{1+t^2}$$

また

$$\frac{dt}{dx}=\left(\sec^2\frac{x}{2}\right)\frac{1}{2}=\frac{1+\tan^2\frac{x}{2}}{2}=\frac{1+t^2}{2}$$

よって

$$\sin x=\frac{2t}{1+t^2},\qquad \cos x=\frac{1-t^2}{1+t^2},\qquad dx=\frac{2}{1+t^2}dt$$

となる．

[例4]　$\displaystyle\int\frac{1}{1+\sin x}dx$ を求めよ．

(解)　$\tan\frac{x}{2}=t$ とおいて上記の関係式を使うと

$$\int\frac{1}{1+\sin x}dx=\int\frac{1}{1+\frac{2t}{1+t^2}}\cdot\frac{2}{1+t^2}dt$$

$$=\int\frac{2}{(1+t)^2}dt=-\frac{2}{1+t}=-\frac{2}{1+\tan\frac{x}{2}}$$

指数関数の積分　指数関数 e^x の有理関数の積分では

$$e^x=t$$

という変数変換は時に有力である．

[例5] $\displaystyle\int\frac{1}{1+e^x}dx$ を求めよ．

(解) $e^x=t$ とおくと $dx=\dfrac{dt}{t}$ であるから

$$\int\frac{1}{1+e^x}dx=\int\frac{1}{1+t}\frac{dt}{t}=\int\left(\frac{1}{t}-\frac{1}{t+1}\right)dt=\log|t|-\log|t+1|$$

$$=\log e^x-\log(1+e^x)=x-\log(1+e^x)$$

(問) 次の関数の不定積分を求めよ．

(1) $\dfrac{1}{x\sqrt{1-x}}$ (2) $\dfrac{1}{\sqrt{(x^2+1)^3}}$ (3) $\dfrac{\sin x}{1+\sin x}$ (4) $\dfrac{1}{e^x+e^{-x}}$

不定積分のリスト

$$\int x^\alpha dx=\frac{x^{\alpha+1}}{\alpha+1}\quad(\alpha\neq-1)$$

$$\int\frac{1}{x}dx=\log|x|$$

$$\int e^{ax}dx=\frac{1}{a}e^{ax}\quad(a\neq0)$$

$$\int a^x dx=\frac{a^x}{\log a}\quad(a>0,\ a\neq1)$$

$$\int\log x\,dx=x(\log x-1)$$

$$\int\log_a x\,dx=\frac{x(\log x-1)}{\log a}\quad(a>0,\ a\neq1)$$

$$\int\sin ax\,dx=-\frac{1}{a}\cos ax\quad(a\neq0)$$

$$\int\cos ax\,dx=\frac{1}{a}\sin ax\quad(a\neq0)$$

$$\int\tan ax\,dx=-\frac{1}{a}\log|\cos ax|\quad(a\neq0)$$

$$\int\cot ax\,dx=\frac{1}{a}\log|\sin ax|\quad(a\neq0)$$

$$\int\sec ax\,dx=\frac{1}{a}\log\left|\tan\left(\frac{ax}{2}+\frac{\pi}{4}\right)\right|\quad(a\neq0)$$

$$\int\operatorname{cosec} ax\,dx=\frac{1}{a}\log\left|\tan\frac{ax}{2}\right|\quad(a\neq0)$$

$$\int\sec^2 ax\,dx=\frac{1}{a}\tan ax\quad(a\neq0)$$

$$\int \operatorname{cosec}^2 ax\,dx = -\frac{1}{a}\cot ax \quad (a \neq 0)$$

$$\int \sin^{-1} x\,dx = x\sin^{-1} x + \sqrt{1-x^2}$$

$$\int \tan^{-1} x\,dx = x\tan^{-1} x - \frac{1}{2}\log(1+x^2)$$

$$\int \frac{1}{\sqrt{a^2-x^2}}dx = \sin^{-1}\frac{x}{a} \quad (a>0)$$

$$\int \sqrt{a^2-x^2}\,dx = \frac{1}{2}\left(x\sqrt{a^2-x^2} + a^2\sin^{-1}\frac{x}{a}\right) \quad (a>0)$$

$$\int \frac{1}{\sqrt{x^2+a}}dx = \log|x+\sqrt{x^2+a}|$$

$$\int \sqrt{x^2+a}\,dx = \frac{1}{2}(x\sqrt{x^2+a} + a\log|x+\sqrt{x^2+a}|) \quad (a>0)$$

$$\int \frac{1}{a^2-x^2}dx = \frac{1}{2a}\log\left|\frac{a+x}{a-x}\right| \quad (a \neq 0)$$

$$\int \frac{1}{a^2+x^2}dx = \frac{1}{a}\tan^{-1}\frac{x}{a} \quad (a \neq 0)$$

$$\int e^{ax}\sin bx\,dx = \frac{e^{ax}}{a^2+b^2}(a\sin bx - b\cos bx)$$

$$\int e^{ax}\cos bx\,dx = \frac{e^{ax}}{a^2+b^2}(a\cos bx + b\sin bx)$$

§5 定積分

5.1 定積分の定義

閉区間 $I=[a, b]$ で定義された有界な関数を $f(x)$ とする．有界であるから，この区間内で

$$M = \sup_{x\in I} f(x), \qquad m = \inf_{x\in I} f(x) \tag{1}$$

となる実数 m と M がある．区間 I を n 個の部分区間に分割し，分点を左から順に

$$\varDelta : a = x_0 < x_1 < x_2 < \cdots < x_n = b \tag{2}$$

とする．この分割を「分割 $\varDelta$」とよぶ．各部分区間を

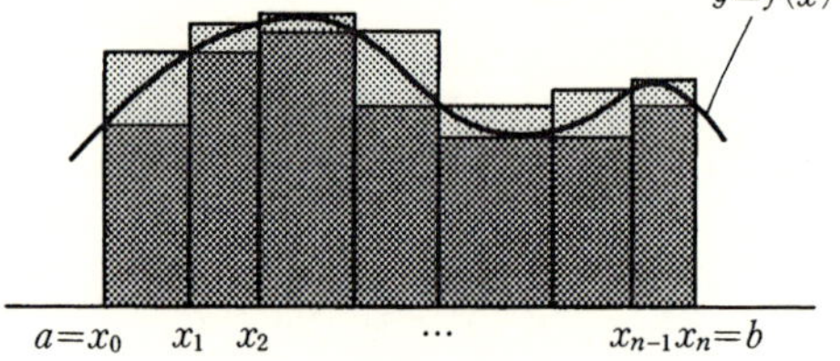

図 5.1

$$I_i = [x_{i-1}, x_i], \qquad i = 1, 2, \cdots, n$$

とし，ここで，各 i について

$$M_i = \sup_{x \in I_i} f(x), \qquad m_i = \inf_{x \in I_i} f(x) \tag{3}$$

とおく．この分割 $\varDelta$ に対して 2 通りの和 $S_\varDelta$ と $s_\varDelta$ を次のように定義する．

$$S_\varDelta = \sum_{i=1}^{n} M_i(x_i - x_{i-1}), \qquad s_\varDelta = \sum_{i=1}^{n} m_i(x_i - x_{i-1}) \tag{4}$$

図 5.1 では濃い陰影部分が $s_\varDelta$ であり，それに淡い陰影部分をつけ加えた全体が $S_\varDelta$ である．

これら $S_\varDelta, s_\varDelta$ は分割 $\varDelta$ によって一意的に確定する．分割 $\varDelta$ のえらび方は何通りもあるが，どんな分割 $\varDelta$ に対しても

$$m(b-a) \leqq s_\varDelta \leqq S_\varDelta \leqq M(b-a)$$

が成立する．なぜなら (1) と (3) の定義から

$$m \leqq m_i \leqq M_i \leqq M$$

がすべての $i=1, 2, \cdots, n$ について成り立つからである．よって，すべての分割 $\varDelta$ に対する $S_\varDelta$ の集合は下に有界だから下限をもち，$s_\varDelta$ の集合は上に有界だから上限をもつ．そこですべての $\varDelta$ に関する $S_\varDelta$ の下限と $s_\varDelta$ の上限を

$$\inf_{\varDelta} S_\varDelta = \overline{\int_I} f, \qquad \sup_{\varDelta} s_\varDelta = \underline{\int_I} f$$

とおく．

$\overline{\int_I} f$ と $\underline{\int_I} f$ をそれぞれ $f(x)$ の区間 I における Darboux (ダルブー) の**上積分**，**下積分**とよぶ．

定義 区間 $I=[a, b]$ における $f(x)$ の上積分と下積分が一致したとき，すなわち

$$\bar{\int}_I f = \underline{\int}_I f$$

が成り立つとき，この一致した値を区間 I における $f(x)$ の**定積分** (Riemann 積分) とよび，定積分を

$$\int_a^b f(x)dx$$

であらわす．このとき $f(x)$ は区間 I で**積分可能**であるという．

これが定積分の正式な定義である．区間 $I=[a, b]$ で単調な関数，あるいは連続な関数は定積分が存在する．このことは後に示すが，定積分が存在しない関数もある．そのような関数の例を示しておく．

[例]　区間 $I=[a, b]$ で $f(x)$ は次のような関数とする．

$$f(x) = \begin{cases} 0, & x \text{ が有理数のとき} \\ 1, & x \text{ が無理数のとき} \end{cases}$$

このときはどんな分割 Δ をとっても，部分区間 I_i の中には有理数と無理数があるから，すべての i について

$$m_i = \inf_{x \in I_i} f(x) = 0, \qquad M_i = \sup_{x \in I_i} f(x) = 1$$

である．したがって

$$s_\Delta = \sum_{i=1}^{m} m_i(x_i - x_{i-1}) = 0,$$

$$S_\Delta = \sum_{i=1}^{n} M_i(x_i - x_{i-1}) = \sum_{i=1}^{n}(x_i - x_{i-1}) = b - a$$

となるから

$$\bar{\int}_I f = b-a, \qquad \underline{\int}_I f = 0$$

となって上積分と下積分は一致しない．よって定積分は存在しない．

単調関数や連続関数について定積分が存在することを示すために，分割 Δ と S_Δ, s_Δ の間に成り立ついくつかの性質を調べておく必要がある．それらを補題として列挙しておく．

補題 1　任意の分割 Δ に対して次の不等式が成立する．

$$s_\Delta \leqq S_\Delta$$

(証明) s_Δ, S_Δ の定義から当然である．(終)

区間 I の分割 Δ による部分区間をさらに分割してえられる I の分割を，もとの分割 Δ の**細分**という．

補題 2 区間 I の分割 Δ_1 の細分を Δ_2 とすれば

$$s_{\Delta_1} \leqq s_{\Delta_2}, \qquad S_{\Delta_1} \geqq S_{\Delta_2}$$

が成立する．

(証明) 分割 Δ_1 の 1 つの部分区間 $I_i=[x_{i-1}, x_i]$ を，$x_{i-1}<x'<x_i$ をみたす x' をえらんで 2 つの部分区間 $I_i'=[x_{i-1}, x']$ と $I_i''=[x', x_i]$ に分割すれば，$I_i' \subset I_i$，$I_i'' \subset I_i$ であるから

$$m_i' = \inf_{x \in I_i'} f(x), \qquad m_i'' = \inf_{x \in I_i''} f(x), \qquad m_i = \inf_{x \in I_i} f(x)$$

に対して

$$m_i \leqq m_i', \qquad m_i \leqq m_i''$$

が成立し，したがって

$$m_i(x_i - x_{i-1}) \leqq m_i'(x' - x_{i-1}) + m_i''(x_i - x')$$

が成立する．s_{Δ_2} は s_{Δ_1} の中の左辺の各項を，次々に上の不等式の右辺の，より大きな項の和でおきかえることによってつくられるから，$s_{\Delta_1} \leqq s_{\Delta_2}$ は当然成立する．

同様に

$$M_i' = \sup_{x \in I_i'} f(x), \qquad M_i'' = \sup_{x \in I_i''} f(x), \qquad M_i = \sup_{x \in I_i} f(x)$$

に対しては

$$M_i \geqq M_i', \qquad M_i \geqq M_i''$$

であるから

$$M_i(x_i - x_{i-1}) \geqq M_i'(x' - x_{i-1}) + M_i''(x_i - x')$$

が成立して，$S_{\Delta_1} \geqq S_{\Delta_2}$ がえられる．(終)

補題 3　任意の 2 つの分割 $\varDelta_1, \varDelta_2$ に対して

$$s_{\varDelta_1} \leqq S_{\varDelta_2}$$

が成立する.

(証明)　分割 $\varDelta_1$ の各分点と $\varDelta_2$ の分点を共に分点としてもつ分割を $\varDelta$ とすれば, $\varDelta$ は $\varDelta_1$ と $\varDelta_2$ の共通の細分になっている. したがって補題 1 と補題 2 により

$$s_{\varDelta_1} \leqq s_{\varDelta} \leqq S_{\varDelta} \leqq S_{\varDelta_2}$$

が成立する. (終)

補題 4　上積分と下積分に対して

$$\underline{\int_I} f \leqq \overline{\int_I} f$$

が成立する.

(証明)　任意の分割 $\varDelta_1$ と $\varDelta_2$ に対して補題 3 により $s_{\varDelta_1} \leqq S_{\varDelta_2}$ が成り立つから, まず $\varDelta_2$ を固定して, $\varDelta_1$ についてはすべての分割を考えることにして $s_{\varDelta_1}$ の sup をとれば

$$\underline{\int_I} f = \sup_{\varDelta_1} s_{\varDelta_1} \leqq S_{\varDelta_2}$$

がえられる. 次いですべての $\varDelta_2$ について $S_{\varDelta_2}$ の inf をとれば

$$\underline{\int_I} f \leqq \inf_{\varDelta_2} S_{\varDelta_2} = \overline{\int_I} f$$

がえられる. (終)

定理 2.5　$f(x)$ が区間 $I=[a, b]$ で積分可能であるための必要十分条件は, 任意の $\varepsilon>0$ に対して

$$S_{\varDelta} - s_{\varDelta} < \varepsilon$$

をみたすような I の分割 $\varDelta$ が存在することである.

(証明)　$\overline{\int_I} f = \inf\limits_{\varDelta} S_{\varDelta}$ であるから, $\inf\limits_{\varDelta}$ の定義により分割 $\varDelta_1$ で

$$\overline{\int_I} f \leqq S_{\Delta_1} < \overline{\int_I} f + \frac{\varepsilon}{2} \tag{5}$$

をみたすものが存在する．同様に $\underline{\int_I} f = \sup_{\Delta} s_{\Delta}$ であるから，$\sup_{\Delta}$ の定義から，分割 Δ_2 で

$$\underline{\int_I} f \geqq s_{\Delta_2} > \underline{\int_I} f - \frac{\varepsilon}{2} \tag{6}$$

をみたすものが存在する．ここで分割 Δ_1 と Δ_2 の共通の細分を Δ とすれば補題2により

$$S_{\Delta_1} \geqq S_{\Delta}, \qquad s_{\Delta_2} \leqq s_{\Delta}$$

であるから，(5), (6) の Δ_1, Δ_2 を Δ でおきかえた不等式

$$\overline{\int_I} f \leqq S_{\Delta} < \overline{\int_I} f + \frac{\varepsilon}{2}$$

$$\underline{\int_I} f \geqq s_{\Delta} > \underline{\int_I} f - \frac{\varepsilon}{2}$$

が成立し，これらを辺々引き算をすると

$$\overline{\int_I} f - \underline{\int_I} f \leqq S_{\Delta} - s_{\Delta} < \overline{\int_I} f - \underline{\int_I} f + \varepsilon \tag{7}$$

が成立する．この関係を使って定理の証明をする．

必要性：$f(x)$ が I で積分可能とする．このとき $f(x)$ の I 上での上積分と下積分は一致するから，(7) から

$$0 \leqq S_{\Delta} - s_{\Delta} < \varepsilon$$

がえられる．

十分性：(7) の前半の不等式はどんな分割 Δ に対しても成立する．仮定により任意の $\varepsilon>0$ に対して $S_{\Delta}-s_{\Delta}<\varepsilon$ をみたす分割 Δ がある．この Δ に対して (7) の前半から

$$0 \leqq \overline{\int_I} f - \underline{\int_I} f \leqq S_{\Delta} - s_{\Delta} < \varepsilon$$

が成立する．ここで $\varepsilon>0$ は任意であったから，$\varepsilon \to 0$ とすれば

$$\overline{\int_I} f = \underline{\int_I} f$$

がえられる．よって $f(x)$ は積分可能である．(終)

区間 $[a, b]$ で $f(x)$ が積分可能のとき

$$\int_a^b f(x)dx$$

の積分の限界を与える a, b のうち，a を積分の**下端**とよび，b を積分の**上端**とよぶ．また，区間 $[a, b]$ を**積分区間**とよぶ．

(コメント) 区間 $I=[a, b]$ で $f(x)$ が積分可能のときは，I の分割 $\varDelta$ による各部分区間 $I_i=[x_{i-1}, x_i]$ から任意の $\xi_i \in I_i$ をえらんで和

$$\sum_{i=1}^{n} f(\xi_i)(x_i - x_{i-1}) \tag{8}$$

をつくる．各部分区間 I_i の幅 $x_i - x_{i-1}$ の最大値を $\delta_\varDelta$ とする．補題 2 により，$S_\varDelta - s_\varDelta$ は分割 $\varDelta$ の細分化が進めば進むほど小さくなる．そして $m_i \leqq f(\xi_i) \leqq M_i$，$i=1, 2, \cdots, n$ であるから

$$s_\varDelta \leqq \sum_{i=1}^{n} f(\xi_i)(x_i - x_{i-1}) \leqq S_\varDelta$$

が成立する，そこで $\delta_\varDelta \to 0$ となるように $\varDelta$ の細分化を進めれば，究極的には ($f(x)$ が積分可能だから) $S_\varDelta - s_\varDelta$ はいくらでも小さくなって (5) の和は定積分の値に収束することになる．したがって，$\delta_\varDelta \to 0$ となるように分割の細分化を進めたとき，(8) の和の極限が，途中の分割の仕方，ξ_i のえらび方に無関係に一定の値に収束するならば，その極限値を定積分と定義する，という考え方も可能である．一般向きの数学の本では，この形の定義を採用している場合が多い．

5.2 単調関数と連続関数の積分可能性

定理 2.5 から次の定理がえられる．

> **定理 2.6** $f(x)$ が区間 $I=[a, b]$ において有界であり，かつ単調関数であれば $f(x)$ は I で積分可能である．

(証明) $f(x)$ は I 上で単調増加とする．区間 I を n 等分する分点を $a=x_0 < x_1 < \cdots < x_n = b$ とすれば

$$f(x_0) \leqq f(x_1) \leqq \cdots \leqq f(x_n)$$

であるから，部分区間 $I_i=[x_{i-1}, x_i]$ においては

$$m_i = \inf_{x\in I_i} f(x) = f(x_{i-1}), \qquad M_i = \sup_{x\in I_i} f(x) = f(x_i)$$

$$x_i - x_{i-1} = \frac{b-a}{n}$$

である．したがって，この分割を $\varDelta$ とすれば

$$s_\varDelta = \sum_{i=1}^{n} \frac{f(x_{i-1})(b-a)}{n}, \qquad S_\varDelta = \sum_{i=1}^{n} \frac{f(x_i)(b-a)}{n}$$

となるから

$$S_\varDelta - s_\varDelta = \sum_{i=1}^{n} \frac{(f(x_i)-f(x_{i-1}))(b-a)}{n} = \frac{(f(x_n)-f(x_0))(b-a)}{n}$$

ここで $x_0=a$，$x_n=b$ であるから

$$S_\varDelta - s_\varDelta = \frac{(f(b)-f(a))(b-a)}{n}$$

となる．任意の $\varepsilon>0$ に対して n を十分大きくとれば，この右辺を ε より小さくすることができる．よって定理 2.5 により $f(x)$ は I 上で積分可能である．

$f(x)$ が単調減少の場合も同様にして証明できる．(終)

定理 2.7　$f(x)$ が区間 $I=[a, b]$ で連続であれば，$f(x)$ は I で積分可能である．

(証明)　$f(x)$ は閉区間 I で連続だから，この区間で有界であり，しかも一様連続である．したがって，任意に $\varepsilon>0$ を与えたとき，$\dfrac{\varepsilon}{b-a}>0$ に対して $\delta>0$ を

$$x', x'' \in I, \quad |x'-x''| < \delta \Longrightarrow |f(x')-f(x'')| < \frac{\varepsilon}{b-a} \qquad (9)$$

が成り立つようにえらぶことができる．そこで，区間 I の分割

$$\varDelta : a = x_0 < x_1 < \cdots < x_n = b$$

を，すべての部分区間 $I_i=[x_{i-1}, x_i]$ の幅が

$$x_i - x_{i-1} < \delta$$

となるようにしておく．$f(x)$ は各閉区間 $I_i=[x_{i-1}, x_i]$ で連続だから，この区間内で最大値 M_i と最小値 m_i をとる．したがって，各 I_i 内に

$$f(x_i') = M_i, \qquad f(x_i'') = m_i$$

となる $x_i', x_i'' \in I_i$ がある．このとき $|x_i' - x_i''| < \delta$ だから，(9) により，すべての $i=1, 2, \cdots, n$ について

$$|f(x_i') - f(x_i'')| = M_i - m_i < \frac{\varepsilon}{b-a} \tag{10}$$

が成り立っている．この分割 $\varDelta$ に対しては

$$S_\varDelta = \sum_{i=1}^{n} M_i(x_i - x_{i-1}), \qquad s_\varDelta = \sum_{i=1}^{n} m_i(x_i - x_{i-1})$$

となるから，(10)により

$$\begin{aligned} S_\varDelta - s_\varDelta &= \sum_{i=1}^{n}(M_i - m_i)(x_i - x_{i-1}) < \frac{\varepsilon}{b-a}\sum_{i=1}^{n}(x_i - x_{i-1}) \\ &= \frac{\varepsilon}{b-a}(b-a) = \varepsilon \end{aligned}$$

すなわち

$$S_\varDelta - s_\varDelta < \varepsilon$$

が成立する．よって定理 2.5 により $f(x)$ は積分可能である．(終)

（コメント） 定積分では積分変数をあらわす文字は何でもよい．重要なのは関数の形と積分区間だけである．たとえば

$$\int_a^b f(x)dx = \int_a^b f(t)dt = \int_a^b f(y)dy$$

である．

5.3 定積分の性質

定積分の定義から直接導くことのできる性質を列挙しておく．証明は厳密性よりも感覚的な表現を採用する．

定理 2.8 $f(x), g(x)$ が共に区間 $[a, b]$ で積分可能であれば，次が成立する

(i) $\displaystyle\int_a^b (f(x)+g(x))dx = \int_a^b f(x)dx + \int_a^b g(x)dx$

(ii) $\displaystyle\int_a^b \alpha f(x)dx = \alpha\int_a^b f(x)dx$

(iii) $[a, b]$ で $f(x) \geqq 0$ であれば

$$\int_a^b f(x)dx \geqq 0$$

(証明) $[a, b]$ の任意の分割と $\xi_i \in [x_{i-1}, x_i]$, $i=1, 2, \cdots, n$ に対して

(i) $\sum_{i=1}^{n}(f(\xi_i)+g(\xi_i))(x_i-x_{i-1})=\sum_{i=1}^{n}f(\xi_i)(x_i-x_{i-1})+\sum_{i=1}^{n}g(\xi_i)(x_i-x_{i-1})$
ここで分割の細分化を進めてゆけば，左辺は $\int_a^b (f(x)+g(x))dx$ に収束し，右辺は $\int_a^b f(x)dx+\int_a^b g(x)dx$ に収束する．

(ii) $\sum_{i=1}^{n}\alpha f(\xi_i)(x_i-x_{i-1})=\alpha\sum_{i=1}^{n}f(\xi_i)(x_i-x_{i-1})$ において区間の分割の細分化を進めれば，左辺は $\int_a^b \alpha f(x)dx$ に収束し，右辺は $\alpha\int_a^b f(x)dx$ に収束する．

(iii) $[a, b]$ で $f(x)\geqq 0$ であるから，分割 $a=x_0<x_1<\cdots<x_n=b$ と $\xi_i \in [x_{i-1}, x_i]$ をどのようにえらんでも $f(\xi_i)\geqq 0$, $x_i-x_{i-1}>0$ であるから

$$\sum_{i=1}^{n}f(\xi_i)(x_i-x_{i-1}) \geqq 0$$

である．よって極限も $\int_a^b f(x)dx\geqq 0$ である．(終)

この定理から次の系がえられる．

定理 2.8 系 $f(x), g(x)$ は共に $[a, b]$ で積分可能とする．このとき

(i) $[a, b]$ で $g(x)\leqq f(x)$ であれば

$$\int_a^b g(x)dx \leqq \int_a^b f(x)dx$$

(ii)

$$\left|\int_a^b f(x)dx\right| \leqq \int_a^b |f(x)|dx$$

(iii) $[a, b]$ で $m\leqq f(x)\leqq M$, m, M は定数，であれば

$$m(b-a) \leqq \int_a^b f(x)dx \leqq M(b-a)$$

(証明) (i) $[a, b]$ で $g(x)\leqq f(x)$ だから $f(x)-g(x)\geqq 0$, よって定理 2.8 の (i), (ii), (iii) から

$$\int_a^b f(x)dx-\int_a^b g(x)dx = \int_a^b (f(x)-g(x))dx \geqq 0$$

が成立する．

(ii) 区間 $[a, b]$ で常に

$$-|f(x)| \leqq f(x) \leqq |f(x)|$$

が成立しているから (i) の結果から

$$-\int_a^b |f(x)|dx \leqq \int_a^b f(x)dx \leqq \int_a^b |f(x)|dx$$

がえられる．この不等式は (ii) の不等式と同じものである．

(iii) $[a, b]$ で $m \leqq f(x) \leqq M$ だから

$$\int_a^b mdx \leqq \int_a^b f(x)dx \leqq \int_a^b Mdx$$

この不等式の左端の積分は $m(b-a)$ であり右端の積分は $M(b-a)$ であるから (iii) がえられる．(終)

定積分の区間に関する加法性を示す次の定理が成立する．

定理 2.9 $a<c<b$ のとき，$f(x)$ は区間 $[a, c], [c, b]$ で積分可能とする．このとき $f(x)$ は区間 $[a, b]$ で積分可能であって

$$\int_a^b f(x)dx = \int_a^c f(x)dx + \int_c^b f(x)dx \tag{11}$$

が成立する．

(証明) 区間 $[a, c], [c, b]$ をそれぞれ任意に小区間に分割すれば，それらを合せた分割は $[a, b]$ の分割になる．その分割を

$$a = x_0 < x_1 < \cdots < x_k = c < x_{k+1} < \cdots < x_n = b$$

とし，各小区間 $[x_{i-1}, x_i]$ から ξ_i をえらぶ．このとき

$$\sum_{i=1}^{n} f(\xi_i)(x_i - x_{i-1}) = \sum_{i=1}^{k} f(\xi_i)(x_i - x_{i-1}) + \sum_{i=k+1}^{n} f(\xi_i)(x_i - x_{i-1}) \tag{12}$$

であって，この形の細分化を進めれば右辺の最初の和は $\int_a^c f(x)dx$ に収束し，2番目の和は $\int_c^b f(x)dx$ に収束する．よって，左辺の和は $\int_a^c f(x)dx + \int_c^b f(x)dx$ に収束する．すなわち，区間 $[a, b]$ の分割を，c が 1 つの分割点になっているようにして細分化を進めれば，(12) の左辺は (11) の右辺に収束することがわかる．

そこで次に，$[a, b]$ の分割で c が分割点に含まれていない場合を考える．こ

のような分割では，その分割点 x_{k-1}, x_k で

$$x_{k-1} < c < x_k$$

をみたすものがあるから，ここで，$[x_{k-1}, x_k]$ を $[x_{k-1}, c]$ と $[c, x_k]$ の 2 つにさらに分割し，$[x_{k-1}, c], [c, x_k]$ における ξ は，いずれも c にしておく．そうすると，最初の分割

$$a = x_0 < x_1 < \cdots < x_{k-1} < x_k < \cdots < x_n = b \tag{13}$$

の $x_{k-1} < x_k$ の部分が $x_{k-1} < c < x_k$ と変わって

$$a = x_0 < x_1 < \cdots < x_{k-1} < c < x_k < \cdots < x_n = b \tag{14}$$

となり，(12) の形の和は，これによって，$f(\xi_k)(x_k - x_{k-1})$ の部分が $f(c)(c - x_{k-1}) + f(c)(x_k - c) = f(c)(x_k - x_{k-1})$ でおきかえられるだけで，その他の部分に変化はない．そこで (13) に対応する (12) の形の和を S_1 とし，(14) に対応するそれを S_2 とすれば，$S_1 - S_2 = (f(\xi_k) - f(c))(x_k - x_{k-1})$ となるから

$$|S_1 - S_2| \leqq (|f(\xi_k)| + |f(c)|)(x_k - x_{k-1}) \tag{15}$$

が成り立つことがわかる．(13) の細分化を進めてゆく過程で，c が分割点でないときは常に上記のような操作をして (14) の形の分割にすれば，(14) の分割は必ず c を分割点に含むから，対応する S_2 の和は，上に示したように，

$$\int_a^c f(x)dx + \int_c^b f(x)dx$$

に収束する．ところで $f(x)$ は $[a, c]$ でも有界であり $[c, b]$ でも有界だから $[a, b]$ でも有界であり，したがって $[a, b]$ で $|f(x)| \leqq M$ となる正数 M がある．このことと (15) とから

$$|S_1 - S_2| \leqq 2M(x_k - x_{k-1})$$

がえられるが，細分化を進めれば $x_k - x_{k-1} \to 0$ となるから，$|S_1 - S_2| \to 0$ となる．そして

$$S_2 \longrightarrow \int_a^c f(x)dx + \int_c^b f(x)dx$$

であるから，

$$S_1 \longrightarrow \int_a^c f(x)dx + \int_c^b f(x)dx$$

となる．

すなわち，cを分割点としない細分化によっても，和 S_1 は S_2 と同じ極限に

収束する．よって $f(x)$ は $[a, b]$ で積分可能であって (11) が成立する．(終)

(コメント) 定理 2.9 では $f(x)$ が $[a, c], [c, b]$ で積分可能であると仮定したとき，$[a, b]$ でも積分可能であって (11) が成り立つことを示したのだが，$f(x)$ が $[a, b]$ で積分可能と仮定して，この仮定から $[a, c], [c, b]$ で積分可能であることを導いて (11) を証明することもできる．

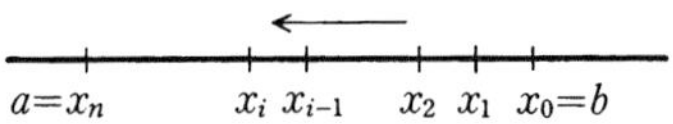

図 5.2

さて，ここまででは区間 $[a, b]$ での $f(x)$の定積分 $\int_a^b f(x)dx$ は

$$a < b$$

である場合のみを扱ってきた．しかし積分記号 $\int_a^b$ を $\boldsymbol{a}$ **から** $\boldsymbol{b}$ **まで**積分することと考えれば，逆方向の $\boldsymbol{b}$ **から** $\boldsymbol{a}$ **まで**の積分を考えることもできる．この定積分は，定義に戻れば，区間 $[a, b]$ を小区間に分割する際の分割点 x_i の添字の番号を，図 5.2 のように

$$b = x_0 > x_1 > \cdots > x_n = a$$

と逆の順序でつけて，あとは前の定義と同じで

$$\sum_{i=1}^{n} f(\xi_i)(x_i - x_{i-1})$$

をつくり，ここで，すべての $|x_i - x_{i-1}|$ が $\to 0$ となるように細分化を進めて，その極限を

$$\int_b^a f(x)dx$$

とかく，と考えればよい．この積分と $\int_a^b f(x)dx$ との違いは，定義の過程での $x_i - x_{i-1}$ の符号がすべて逆になっていることだけである．したがって，極限においても，両者の違いは単に符号が異なるだけである．こうして

$$\int_b^a f(x)dx = -\int_a^b f(x)dx \tag{16}$$

という関係式がえられる．すなわち，**定積分の上端と下端を入れ換えると積分値の符号が逆になる**のである*．(16) から，$a=b$ のときは

---

* 通常は，(16) の関係式は 1 つの**約束**として(あるいは**定義**として)述べられている．

$$\int_a^a f(x)dx = 0 \tag{17}$$

であることは容易に導かれる．

定理 2.9 と (16) (17) により次の系がえられる．

定理 2.9 系　数直線上の 3 点 a, b, c の位置関係がどうであっても，次の関係式が成立する．

$$\int_a^c f(x)dx + \int_c^b f(x)dx = \int_a^b f(x)dx$$

(証明)　$a<c<b$ のときは定理 2.9 である．その他の場合として，たとえば $a<b<c$ であれば，定理 2.9 により

$$\int_a^c f(x)dx = \int_a^b f(x)dx + \int_b^c f(x)dx$$

であるから

$$\int_a^c f(x)dx - \int_b^c f(x)dx = \int_a^b f(x)dx$$

となるが，(16) により

$$-\int_b^c f(x)dx = \int_c^b f(x)dx$$

であるから

$$\int_a^c f(x)dx + \int_c^b f(x)dx = \int_a^b f(x)dx$$

がえられる．その他の場合も同様である．(終)

定理 2.10　$f(x)$ は区間 $[a, b]$ で連続であり，かつこの区間で $f(x) \geqq 0$ とする．このとき $[a, b]$ 内の 1 点 c において $f(c)>0$ であれば

$$\int_a^b f(x)dx > 0$$

が成立する．

(証明)　はじめに $a<c<b$ の場合を考える．$f(x)$ は点 c で連続だから，

$\dfrac{f(c)}{2}>0$ に対して適当に $\delta>0$ をえらんで，$|x-c|<\delta$ であるすべての x に対して

$$|f(x)-f(c)| < \frac{f(c)}{2}$$

となるようにできる．ここで δ は $[c-\delta, c+\delta]\subset[a, b]$ となるようにえらんでおく．このとき $x\in[c-\delta, c+\delta]$ に対して

$$-\frac{f(c)}{2} < f(x)-f(c) < \frac{f(c)}{2}$$

が成り立つから，この不等式の前半から

$$0 < \frac{f(c)}{2} < f(x), \qquad x\in[c-\delta, c+\delta] \tag{18}$$

がえられる．そこで

$$\int_a^b f(x)dx = \int_a^{c-\delta} f(x)dx + \int_{c-\delta}^{c+\delta} f(x)dx + \int_{c+\delta}^b f(x)dx \tag{19}$$

と区間を分けておけば，右辺の 3 つの積分のうちの最初と最後の積分は非負であり，真中の積分は (18) により

$$\int_{c-\delta}^{c+\delta} f(x)dx \geqq \int_{c-\delta}^{c+\delta} \frac{f(c)}{2}dx = \frac{f(c)}{2}\int_{c-\delta}^{c+\delta} dx = f(c)\delta > 0$$

となる．よって (19) の右辺は正になるから左辺も正である．

$c=a$ のときは区間 $[a, a+2\delta]$ で $|f(x)-f(a)|<\dfrac{f(a)}{2}$ となる $\delta>0$ をとればよいし，$c=b$ のときは区間 $[b-2\delta, b]$ で $|f(x)-f(b)|<\dfrac{f(b)}{2}$ となる $\delta>0$ をとればよい．(終)

5.4 微分積分学の基本定理

ここでは定積分と不定積分を結びつける基本定理を証明するが，その前に準備として積分の平均値の定理を述べておく．

定理 2.11 (積分の平均値の定理) $f(x)$ が $[a, b]$ で連続であれば

$$\int_a^b f(x)dx = (b-a)f(c), \qquad a < c < b \tag{20}$$

をみたす c がある．

(証明)　区間 $[a, b]$ における $f(x)$ の最大値を M，最小値を m とすれば，区間内のすべての x に対して

$$m \leqq f(x) \leqq M$$

が成立する．よって

$$m(b-a) \leqq \int_a^b f(x)dx \leqq M(b-a)$$

すなわち

$$m \leqq \frac{1}{b-a}\int_a^b f(x)dx \leqq M \tag{21}$$

が成立する．ところで中間値の定理により，$[a, b]$ で $f(x)$ は m と M の間の値をすべてとるから (21) により，$a \leqq c \leqq b$ であって

$$\frac{1}{b-a}\int_a^b f(x)dx = f(c) \tag{22}$$

となる点 c がある．ここで，$f(x)$ が区間 $[a, b]$ で一定値をとる定数値関数ならば $m=M=f(x)$ だから点 c は $[a, b]$ 内のどの点でもよいし，$f(x)$ が定数値関数でなければ $m<M$ であって，m と M の中間の値は m をとる点と M をとる点の中間の点でとる．このときは $a<c<b$ である．いずれの場合も c は $[a, b]$ の端点ではないとしてよい．(22) の両辺に $b-a$ をかければ (20) がえられる．(終)

定理 2.11 は次のように一般化できる．

定理 2.12　$f(x), g(x)$ は共に $[a, b]$ で連続で，この区間で

$$g(x) \geqq 0 \quad (g(x) \leqq 0 \text{ でもよい})$$

とする．このとき

$$\int_a^b f(x)g(x)dx = f(c)\int_a^b g(x)dx, \qquad a < c < b \tag{23}$$

となる点 c がある．

(証明)　$[a, b]$ における $f(x)$ の最大値を M，最小値を m とすれば，$g(x) \geqq 0$ であるから，$[a, b]$ において

$$mg(x) \leqq f(x)g(x) \leqq Mg(x)$$

が成立する．よって

$$m\int_a^b g(x)dx \leqq \int_a^b f(x)g(x)dx \leqq M\int_a^b g(x)dx$$

が成立する．

区間 $[a, b]$ において恒等的に $g(x)\equiv 0$ であれば (23) の両辺は共に 0 となって，任意の $c\in[a, b]$ に対して (23) は成立する．

$g(x)>0$ となる点 x があれば定理 2.10 により $\int_a^b g(x)dx>0$ であるから，上の不等式を $\int_a^b g(x)dx$ で割って

$$m \leqq \frac{\int_a^b f(x)g(x)dx}{\int_a^b g(x)dx} \leqq M$$

がえられる．よって中間値の定理により

$$\frac{\int_a^b f(x)g(x)dx}{\int_a^b g(x)dx} = f(c), \qquad a < c < b$$

となる c がある．ここで分母を払えば (23) がえられる．(終)

以上を準備として次の定理を証明する．

定理 2.13 (微分積分学の基本定理) $f(x)$ は点 a を含む区間 I で連続とする．このとき $x\in I$ に対して

$$\int_a^x f(t)dt = F(x)$$

とおけば，$F(x)$ は区間 I で微分可能であって

$$F'(x) = f(x)$$

が成立する．

(証明) $x+h\in I$ となるように h をとれば定理 2.9 系により

$$F(x+h)-F(x) = \int_a^{x+h} f(t)dt-\int_a^x f(t)dt = \int_x^{x+h} f(t)dt$$

となる．この最後の積分は平均値の定理により

$$\int_x^{x+h} f(t)dt = hf(x+\theta h), \qquad 0 < \theta < 1$$

とかくことができるから

$$F(x+h)-F(x) = hf(x+\theta h)$$

したがって

$$\frac{F(x+h)-F(x)}{h} = f(x+\theta h)$$

となる．ここで $h\to 0$ とすれば，右辺の極限があるから左辺の極限も存在して

$$F'(x) = f(x)$$

がえられる．x が区間 I の端点のときは $F'(x)$ は片側微分 $F'(x+0)$ または $F'(x-0)$ でおきかえられる．(終)

定理 2.13 系 区間 I で連続な関数はすべてその区間で不定積分をもつ．

(証明) $f(x)$ が区間 I で連続であれば定理 2.13 の $F(x)$ は $F'(x)=f(x)$ をみたすから $f(x)$ の不定積分である．(終)

定理 2.13 により連続関数の定積分と不定積分との関係を示す次の定理がえられる．

定理 2.14 $f(x)$ は区間 $[a, b]$ で連続とし，$f(x)$ の不定積分の 1 つを $F(x)$ とすれば

$$\int_a^b f(x)dx = F(b)-F(a) \tag{24}$$

が成立する．

(証明) $G(x)=\int_a^x f(t)dt$ とおけば $G(x)$ も $f(x)$ の不定積分であり，$F(x)$ も $f(x)$ の不定積分だから $G'(x)=F'(x)=f(x)$ となる．よって $(G(x)-F(x))'=0$，すなわち $G(x)-F(x)=C$(定数) であるから

$$\int_a^x f(t)dt = F(x)+C$$

とかくことができる．C の値を決めるために $x=a$ とおくと左辺は 0 になるか

ら $F(a)+C=0$ となって

$$C = -F(a)$$

となる．よって

$$\int_a^x f(t)dt = F(x)-F(a)$$

がえられる．ここで $x=b$ とすれば

$$\int_a^b f(t)dt = F(b)-F(a)$$

となる．積分変数を t から x に変えれば (24) がえられる．(終)

この定理により，$f(x)$ の不定積分が求まれば，それを用いて (24) により定積分を計算することができる．

(24) の右辺の $F(b)-F(a)$ を

$$F(b)-F(a) = [F(x)]_a^b$$

とかくことにする．不定積分を

$$\int f(x)dx$$

とかけば，(24) は

$$\int_a^b f(x)dx = \left[\int f(x)dx\right]_a^b \tag{25}$$

となって，恰好が良い．

(コメント)　不定積分に含まれる任意定数は定積分の値に影響を与えないから無視してよい．

§6　定積分の計算

関数 $f(x)$ の定積分は原則として§5の (24) 式または (25) 式を使って計算するのだが，そのためには $f(x)$ の不定積分 $F(x)$ を求める必要がある．ところが§2で述べたように，比較的簡単な関数でも，それの不定積分の具体的な関数形が未知であるものは数多くある．e^{-x^2} とか $\dfrac{\sin x}{x}$ はそのような関数の代表的な例である．

はじめに不定積分がすぐに求められる場合の定積分の例を示す．

[例 1]

$$\int_1^2 (x^2+5x+1)dx = \left[\int (x^2+5x+1)dx\right]_1^2 = \left[\frac{x^3}{3}+\frac{5x^2}{2}+x\right]_1^2$$
$$= \frac{8}{3}+\frac{20}{2}+2-\frac{1}{3}-\frac{5}{2}-1$$
$$= \frac{65}{6}$$

[例 2]

$$\int_0^{\frac{\pi}{2}} \cos^2 x dx = \left[\int \cos^2 x\, dx\right]_0^{\frac{\pi}{2}} = \left[\int \frac{1+\cos 2x}{2} dx\right]_0^{\frac{\pi}{2}}$$
$$= \left[\frac{x}{2}+\frac{\sin 2x}{4}\right]_0^{\frac{\pi}{2}} = \frac{\pi}{4}$$

部分積分法を用いる場合　部分積分法によって計算する場合は次の定理を使う.

> **定理 2.15**　$f(x)$, $g(x)$ が区間 $[a, b]$ で微分可能であり，さらに $f'(x)$, $g'(x)$ がこの区間で連続であれば
> $$\int_a^b f(x)g'(x)dx = [f(x)g(x)]_a^b - \int_a^b f'(x)g(x)dx$$
> が成立する.

(証明)　不定積分における部分積分法の公式

$$\int f(x)g'(x)dx = f(x)g(x) - \int f'(x)g(x)dx$$

と§5の(25)式から

$$\int_a^b f(x)g'(x)dx = \left[\int f(x)g'(x)dx\right]_a^b = \left[f(x)g(x) - \int f'(x)g(x)dx\right]_a^b$$
$$= [f(x)g(x)]_a^b - \left[\int f'(x)g(x)dx\right]_a^b$$
$$= [f(x)g(x)]_a^b - \int_a^b f'(x)g(x)dx \quad (終)$$

定理 2.15 系　区間 $[a, b]$ で $f(x)$ が微分可能で $f'(x)$ が連続であれば

$$\int_a^b f(x)dx = [xf(x)]_a^b - \int_a^b xf'(x)dx$$

が成立する．

（証明）　定理 2.15 で $g(x)=x$ とすれば $g'(x)=1$ であるから

$$f(x) = f(x)g'(x)$$

となる．このとき定理 2.15 の公式は上記の系の形になる．（終）

［例 3］

$$\int_0^1 xe^x dx = \left[\int xe^x dx\right]_0^1 = [xe^x]_0^1 - \int_0^1 e^x (x)' dx$$

$$= [xe^x]_0^1 - \int_0^1 e^x dx = e-(e-1) = 1$$

［例 4］

$$\int_1^2 \log x\, dx = \left[\int \log x\, dx\right]_1^2 = \left[x\log x - \int x(\log x)' dx\right]_1^2$$

$$= [x\log x]_1^2 - \int_1^2 x\cdot\frac{1}{x}dx = 2\log 2-2+1 = 2\log 2-1$$

置換積分法を用いる場合　この場合は次の定理を使う．

定理 2.16　$f(x)$ は区間 $[a, b]$ で連続とし，$\varphi(t)$ は区間 $[\alpha, \beta]$ で微分可能，$\varphi'(t)$ は連続とする．さらに，$\varphi(t)$ は $[\alpha, \beta]$ を $[a, b]$ に写す単射であって $\varphi(\alpha)=a$, $\varphi(\beta)=b$ とする．このとき

$$\int_a^b f(x)dx = \int_\alpha^\beta f(\varphi(t))\varphi'(t)dt$$

が成立する．

（証明）　不定積分における置換積分法の公式によれば，$f(x)$ の不定積分の 1 つを $F(x)$ とし，$x=\varphi(t)$ とおいたとき

$$F(\varphi(t)) = \int f(\varphi(t))\varphi'(t)dt$$

が成立する．よって

$$\int_\alpha^\beta f(\varphi(t))\varphi'(t)dt = \left[\int f(\varphi(t))\varphi'(t)dt\right]_\alpha^\beta = [F(\varphi(t))]_\alpha^\beta$$

$$= F(\varphi(\beta)) - F(\varphi(\alpha)) = F(b) - F(a) = \int_a^b f(x)dx$$

が成立する．(終)

[例5]

$$\int_0^a \sqrt{a^2-x^2}\,dx = \frac{\pi a^2}{4} \quad (a>0)$$

であることを示せ．

(解) $x=a\sin t$ とおけば，t が0から $\dfrac{\pi}{2}$ まで動くとき x は0から a まで動く．よって

$$\int_0^a \sqrt{a^2-x^2}\,dx = \int_0^{\frac{\pi}{2}} \sqrt{a^2-a^2\sin^2 t}\,(a\sin t)'dt$$
$$= \int_0^{\frac{\pi}{2}} a^2\cos^2 t\,dt = a^2\Big[\int \cos^2 t\,dt\Big]_0^{\frac{\pi}{2}}$$
$$= a^2\Big[\frac{1}{2}\Big(t+\frac{\sin 2t}{2}\Big)\Big]_0^{\frac{\pi}{2}} = \frac{\pi a^2}{4}$$

(コメント) 原点を中心とする半径 a の円の方程式は $x^2+y^2=a^2$ であるから，この円の $y\geqq 0$ の範囲の半円の方程式は $y=\sqrt{a^2-x^2}$ である．[例5]の積分値は，この円の $\dfrac{1}{4}$ の面積である．

[例6] $\displaystyle\int_0^{\frac{\pi}{2}} \cos^5 x\,dx$ を求めよ．

(解)

$$\int_0^{\frac{\pi}{2}} \cos^5 x\,dx = \int_0^{\frac{\pi}{2}} \cos^4 x\cos x\,dx = \int_0^{\frac{\pi}{2}} (1-\sin^2 x)^2 \cos x\,dx$$

であるから，ここで $\sin x=t$ とおくと $\cos x\,dx=dt$ であり，x が0から $\dfrac{\pi}{2}$ まで動けば t は0から1まで動くから，上記の最後の積分は次のようになる．

$$= \int_0^1 (1-t^2)^2 dt = \Big[\int (1-2t^2+t^4)dt\Big]_0^1 = \Big[t-\frac{2t^3}{3}+\frac{t^5}{5}\Big]_0^1 = \frac{8}{15}$$

(問1) 次の定積分を求めよ．

(1) $\displaystyle\int_1^2 \frac{x+2}{x^2+x+1}dx$ (2) $\displaystyle\int_3^4 \frac{1}{(x-1)(x-2)^2}dx$ (3) $\displaystyle\int_0^1 \sqrt{1+x+x^2}\,dx$

(4) $\displaystyle\int_0^1 xe^{x^2}dx$ (5) $\displaystyle\int_1^2 x\log x\,dx$ (6) $\displaystyle\int_0^{\frac{\pi}{2}} \frac{\cos x}{1+\sin^2 x}dx$

(7) $\displaystyle\int_0^1 (2+x)\sqrt{1-x^2}\,dx$ (8) $\displaystyle\int_0^{\frac{\pi}{2}} \cos^4 x\sin^2 x\,dx$

(問2) 次の定積分を求めよ．ここで m, n は0または正の整数である．

(1) $\int_0^{2\pi} \sin mx \sin nx\, dx$　(2) $\int_0^{2\pi} \sin mx \cos nx\, dx$

(3) $\int_0^{2\pi} \cos mx \cos nx\, dx$,

(ヒント)　(1) は

$$\sin mx \sin nx = -\frac{1}{2}(\cos(m+n)x - \cos(m-n)x)$$

を使ってみよ．(2), (3) も同様な変形でできる．

級数の和の極限　定積分の定義から，ある種の級数の和の極限を求めることができる．

定理 2.17　$f(x)$ が区間 $[0, 1]$ で連続であれば

$$\lim_{n\to\infty}\frac{1}{n}\sum_{i=1}^{n} f\left(\frac{i}{n}\right) = \int_0^1 f(x)dx$$

が成立する．

(証明)　区間 $[0, 1]$ を n 等分すれば，その分点の座標は端点を含めて

$$\frac{i}{n},\quad i = 0, 1, 2, \cdots, n$$

であるから，定積分の定義における和

$$\sum_{i=1}^{n} f(\xi_i)(x_i - x_{i-1})$$

において $x_i = \dfrac{i}{n}$，$\xi_i = \dfrac{i}{n}$ とすれば，この和は

$$\frac{1}{n}\sum_{i=1}^{n} f\left(\frac{i}{n}\right)$$

となりここで $n\to\infty$ とすれば区間の幅は一様に 0 に収束する．よってこの和

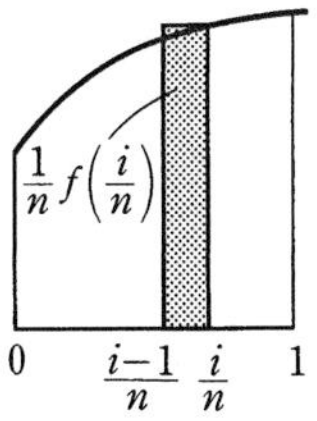

図 6.1

は $f(x)$ の区間 $[0,1]$ における積分値に収束する．(終)

[例7]　$\displaystyle\sum_{i=1}^{n}\frac{n}{n^2+i^2}$ の $n\to\infty$ のときの極限を求めよ．

(解)

$$\lim_{n\to\infty}\sum_{i=1}^{n}\frac{n}{n^2+i^2}=\lim_{n\to\infty}\frac{1}{n}\sum_{i=1}^{n}\frac{1}{1+\left(\dfrac{i}{n}\right)^2}=\int_0^1\frac{1}{1+x^2}dx$$

$$=[\tan^{-1}x]_0^1=\tan^{-1}1-\tan^{-1}0=\frac{\pi}{4}-0=\frac{\pi}{4}$$

(問3)　次の和の $n\to\infty$ のときの極限を求めよ．

(1) $\displaystyle\sum_{i=1}^{n}\frac{1}{n+i}$　(2) $\displaystyle\sum_{i=1}^{n}\frac{1}{\sqrt{n^2-i^2}}$　(3) $\displaystyle\left(\frac{n!}{n^n}\right)^{\frac{1}{n}}$

§6の最後の話題として，区間 $\left[0,\dfrac{\pi}{2}\right]$ における $\sin^n x$ と $\cos^n x$ の定積分を求め，その結果を用いて有名なWallisの公式とStirlingの公式を導いておく．

[例8]

$$I_n=\int_0^{\frac{\pi}{2}}\sin^n x\,dx=\int_0^{\frac{\pi}{2}}\cos^n x\,dx$$

とおけば，次の関係式が成立する．

$$I_{2n}=\frac{2n-1}{2n}\frac{2n-3}{2n-2}\cdots\frac{1}{2}\frac{\pi}{2},\qquad I_0=\frac{\pi}{2} \tag{1}$$

$$I_{2n+1}=\frac{2n}{2n+1}\frac{2n-2}{2n-1}\cdots\frac{2}{3},\qquad I_1=1 \tag{2}$$

(証明)　区間 $\left[0,\dfrac{\pi}{2}\right]$ における $\sin^n x$ の定積分と $\cos^n x$ の定積分が同じ値になることは，$x=\dfrac{\pi}{2}-t$ と変数変換すればすぐわかるから，$\sin^n x$ の場合について (1), (2) を証明する．$n=0,1$ のとき $I_0=\dfrac{\pi}{2}$，$I_1=1$ となることは明らかであろう．

$n\geqq 2$ のときは，部分積分法により

$$I_n=\int_0^{\frac{\pi}{2}}\sin^{n-1}x(-\cos x)'dx$$

$$=\Big[-\sin^{n-1}x\cos x\Big]_0^{\frac{\pi}{2}}-\int_0^{\frac{\pi}{2}}(\sin^{n-1}x)'(-\cos x)dx$$

$$=\int_0^{\frac{\pi}{2}}(n-1)\sin^{n-2}x\cos^2 x\,dx$$

$$=(n-1)\int_0^{\frac{\pi}{2}}\sin^{n-2}x(1-\sin^2 x)dx$$

$$= (n-1)\int_0^{\frac{\pi}{2}} \sin^{n-2}x\, dx - (n-1)\int_0^{\frac{\pi}{2}} \sin^n x\, dx$$

$$= (n-1)I_{n-2} - (n-1)I_n$$

となるから，I_n に関する漸化式

$$I_n = \frac{n-1}{n} I_{n-2}, \qquad n \geqq 2$$

が成立する．n が偶数のときと奇数のときをわける．

$n=2m$ のときは

$$I_{2m} = \frac{2m-1}{2m} I_{2m-2} = \frac{2m-1}{2m}\frac{2m-3}{2m-2} I_{2m-4} = \cdots$$

$$= \frac{2m-1}{2m}\frac{2m-3}{2m-2}\cdots\frac{1}{2} I_0$$

ここで $I_0 = \frac{\pi}{2}$ であるから（m を n とかきかえて）(1) がえられる．同様にして (2) もえられる．（終）

(1), (2) 式から次の Wallis の公式がえられる．

Wallis（ワリス）の公式

$$\sqrt{\pi} = \lim_{n\to\infty} \frac{2^{2n}(n!)^2}{\sqrt{n}(2n)!} \tag{3}$$

（証明） (1), (2) 式から

$$\frac{I_{2n+1}}{I_{2n}} = \frac{2n\cdot 2n}{(2n+1)(2n-1)}\frac{(2n-2)(2n-2)}{(2n-1)(2n-3)}\cdots\frac{4\cdot 4}{5\cdot 3}\frac{2\cdot 2}{3\cdot 1}\frac{2}{\pi} \tag{4}$$

ところで $0<x<\frac{\pi}{2}$ では $0<\sin x<1$ だから

$$0 < \sin^{2n+1}x < \sin^{2n}x < \sin^{2n-1}x$$

したがって，それぞれを 0 から $\frac{\pi}{2}$ まで積分すると

$$0 < I_{2n+1} < I_{2n} < I_{2n-1}$$

がえられるから，全体を I_{2n+1} で割って

$$1 < \frac{I_{2n}}{I_{2n+1}} < \frac{I_{2n-1}}{I_{2n+1}} = \frac{2n+1}{2n}$$

がえられる．ここで $n\to\infty$ とすると右辺は 1 に収束するから

$$\lim_{n\to\infty}\frac{I_{2n+1}}{I_{2n}}=1 \tag{5}$$

が成立する．

次に (1) と (2) を掛けると

$$I_{2n}I_{2n+1}=\frac{\pi}{4n+2}$$

となる．平方根をとると

$$I_{2n+1}\sqrt{\frac{I_{2n}}{I_{2n+1}}}=\sqrt{I_{2n}I_{2n+1}}=\sqrt{\frac{\pi}{4n+2}}$$

となるから，両辺に $\sqrt{n}$ をかけて

$$\sqrt{n}I_{2n+1}\sqrt{\frac{I_{2n}}{I_{2n+1}}}=\frac{\sqrt{\pi}}{2}\frac{1}{\sqrt{1+\dfrac{1}{2n}}}$$

ここで $n\to\infty$ とすれば，(5) が成り立つから

$$\lim_{n\to\infty}\sqrt{n}I_{2n+1}=\frac{\sqrt{\pi}}{2} \tag{6}$$

がえられる．ところで (2) の分子と分母に

$$2n(2n-2)(2n-4)\cdots 2=2^n n!$$

をかけると

$$I_{2n+1}=\frac{2^{2n}(n!)^2}{(2n+1)!}$$

となり，この右辺を (6) に代入すると

$$\begin{aligned}\sqrt{\pi}&=\lim_{n\to\infty}2\sqrt{n}\frac{2^{2n}(n!)^2}{(2n+1)!}=\lim_{n\to\infty}\frac{2\sqrt{n}}{2n+1}\frac{2^{2n}(n!)^2}{(2n)!}\\&=\lim_{n\to\infty}\frac{2}{2+\dfrac{1}{n}}\frac{2^{2n}(n!)^2}{\sqrt{n}(2n)!}=\lim_{n\to\infty}\frac{2^{2n}(n!)^2}{\sqrt{n}(2n)!}\end{aligned}$$

となる．よって (3) が成立する．(終)

次に，$n\to\infty$ のときの $n!$ の漸近的な大きさを評価する Stirling の公式を導く．このとき Wallis の公式が使われる．

Stirling (スターリング) の公式

$$n! \sim \sqrt{2\pi}\, n^{n+\frac{1}{2}} e^{-n} \tag{7}$$

(7) の記号～は両辺の比が $n\to\infty$ のとき 1 に収束すること，すなわち

$$\lim_{n\to\infty} \frac{\sqrt{2\pi}\, n^{n+\frac{1}{2}} e^{-n}}{n!} = 1$$

が成り立つことを意味する．

(証明)　$n!$ の大きさを評価するために

$$\log n! = \log 2 + \log 3 + \cdots + \log n$$

の値を積分

$$\int_1^n \log x\, dx = \int_1^{1+\frac{1}{2}} \log x\, dx + \sum_{k=2}^{n-1} \int_{k-\frac{1}{2}}^{k+\frac{1}{2}} \log x\, dx + \int_{n-\frac{1}{2}}^{n} \log x\, dx$$

で近似する．すなわち，各 $\log k,\ k \geqq 2$ を

$$\int_{k-\frac{1}{2}}^{k+\frac{1}{2}} \log x\, dx$$

で近似して，両者の誤差を評価するのである．そのために対数関数が凹関数であることを利用するので，以下の説明は，図 6.2，図 6.3 を使っておこなう．

はじめに図 6.2 を見てほしい．この図は図 6.3 の一部分を拡大したものである．図 6.2 の長方形 $ABCD$ は高さが $\log k$ であり，幅が 1 であるから面積は $\log k$ である．一方 $\log x$ を区間 $\left[k-\dfrac{1}{2}, k+\dfrac{1}{2}\right]$ で積分した値は，この区間での $\log x$ のグラフと x 軸の間に挟まれた部分の面積だから，図 6.2 の α_k，β_k を用いてその面積をあらわせば

$$\int_{k-\frac{1}{2}}^{k+\frac{1}{2}} \log x\, dx = \log k + \alpha_k - \beta_k$$

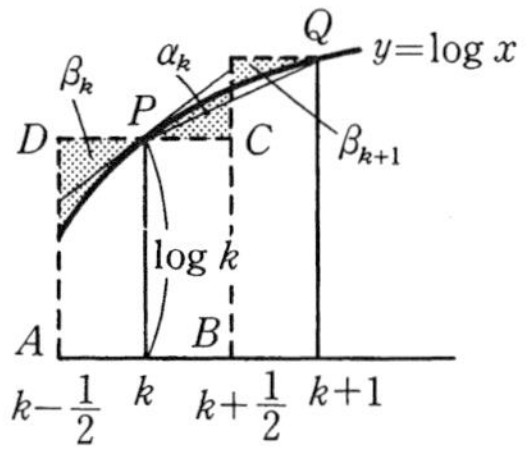

図 6.2

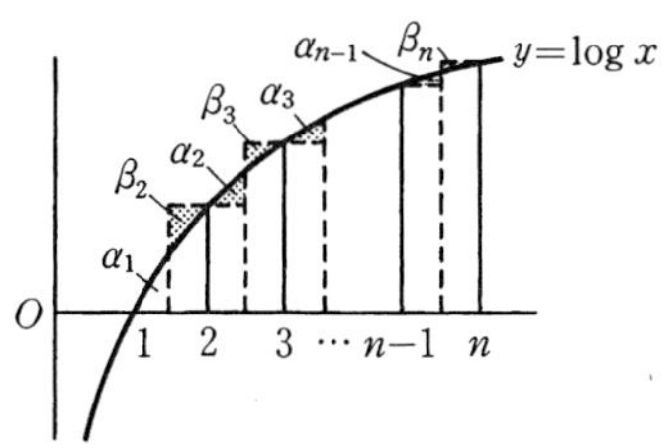

図 6.3

となる．この関係式と図 6.3 から

$$\int_1^n \log x\,dx = \int_1^{1+\frac{1}{2}} \log x\,dx + \sum_{k=2}^{n-1} \log k + \sum_{k=2}^{n-1} (\alpha_k - \beta_k) + \int_{n-\frac{1}{2}}^{n} \log x\,dx$$

となるが，図 6.3 からわかるように

$$\int_1^{1+\frac{1}{2}} \log x\,dx = \alpha_1, \quad \int_{n-\frac{1}{2}}^{n} \log x\,dx = \frac{1}{2}\log n - \beta_n$$

であるから

$$\begin{aligned}\int_1^n \log x dx &= \sum_{k=2}^{n-1} \log k + \frac{1}{2}\log n + (\alpha_1 - \beta_2 + \alpha_2 - \beta_3 + \cdots + \alpha_{n-1} - \beta_n) \\ &= \log(n-1)! + \frac{1}{2}\log n + \delta_n\end{aligned}$$

となる．ここで

$$\delta_n = \alpha_1 - \beta_2 + \alpha_2 - \beta_3 + \cdots + \alpha_{n-1} - \beta_n$$

である．そして左辺の積分は

$$\int_1^n \log x\,dx = [x(\log x - 1)]_1^n = n\log n - n + 1$$

であるから，この値を使うと

$$\log(n-1)! = \left(n - \frac{1}{2}\right)\log n - n + 1 - \delta_n$$

したがって

$$(n-1)! = n^{n-\frac{1}{2}} e^{-n} e^{1-\delta_n} \tag{8}$$

がえられる．ところで $\log x$ は凹関数であるから図 6.2 において $y=\log x$ 上の座標が $(k, \log k)$ である点 P における接線は β_k の中を通り，α_k の部分はこの接線の下方にある．したがって

$$\beta_k > \alpha_k$$

となっている．また，点 P と，座標が $(k+1, \log(k+1))$ である点 Q を結ぶ線分は α_k の中を通り，β_{k+1} はこの線分の上方にある．したがって

$$\alpha_k > \beta_{k+1}$$

が成立する．よって

$$\delta_n = \alpha_1 - \beta_2 + \alpha_2 - \beta_3 + \cdots + \alpha_{n-1} - \beta_n$$

において

$$\alpha_1 > \beta_2 > \alpha_2 > \beta_3 > \cdots > \alpha_{n-1} > \beta_n > 0 \tag{9}$$

が成立する．さらに $\lim_{x\to\infty}(\log x)'=\lim_{x\to\infty}\dfrac{1}{x}=0$ であるから $\log x$ の増加率は 0 に収束し，したがって

$$\lim_{n\to\infty}\alpha_n = \lim_{n\to\infty}\beta_n = 0 \tag{10}$$

が成立する．後に第 4 章§3 の定理 4.9 で示すように，(9), (10) の性質をもつ無限級数

$$\alpha_1-\beta_2+\alpha_2-\beta_3+\cdots+\alpha_{n-1}-\beta_n+\cdots$$

は必ず収束する．よって δ_n は $n\to\infty$ のとき収束するから

$$\lim_{n\to\infty}\delta_n = \delta$$

とおき

$$\delta_n = \delta-\varepsilon_n$$

とおけば

$$e^{1-\delta_n} = e^{1-\delta}e^{\varepsilon_n}, \qquad \lim_{n\to\infty}\varepsilon_n = 0$$

となる．ここでさらに

$$c = e^{1-\delta}$$

とおけば，(8) は

$$(n-1)! = cn^{n-\frac{1}{2}}e^{-n}e^{\varepsilon_n}$$

となるから，両辺に n をかけて

$$n! = cn^{n+\frac{1}{2}}e^{-n}e^{\varepsilon_n} \tag{11}$$

がえられる．右辺の定数 c の値を決めるために Wallis の公式 (3) を使う．Wallis の公式の中の $n!$ と $(2n)!$ のところへ (11) 式と，(11) からえられる

$$(2n)! = c(2n)^{2n+\frac{1}{2}}e^{-2n}e^{\varepsilon_{2n}}$$

を代入し，$n\to\infty$ のとき $e^{\varepsilon_n}\to1$，$e^{\varepsilon_{2n}}\to1$ であることを使うと

$$\begin{aligned}\sqrt{\pi} &= \lim_{n\to\infty}\frac{n^2c^2n^{2n-1}e^{-2n}2^{2n}}{2nc(2n)^{2n-\frac{1}{2}}e^{-2n}\sqrt{n}}\\ &= \lim_{n\to\infty}\frac{c^2n^{2n+1}2^{2n}e^{-2n}}{cn^{2n+1}2^{2n+\frac{1}{2}}e^{-2n}} = \frac{c}{\sqrt{2}}\end{aligned}$$

したがって

$$c=\sqrt{2\pi}$$

となる．よって (11) から

$$n!=\sqrt{2\pi}\,n^{n+\frac{1}{2}}e^{-n}e^{\varepsilon_n}$$

がえられ，$n\to\infty$ のとき $e^{\varepsilon_n}\to 1$ であるから

$$n!\sim\sqrt{2\pi}\,n^{n+\frac{1}{2}}e^{-n}$$

が成立する．これで (7) が示された．(終)

Stirling の公式を使って 100! の大きさの程度を調べてみる．10 を底とする常用対数表を使って計算すると

$$\begin{aligned}\log_{10}\sqrt{2\pi}\,100^{100+\frac{1}{2}}e^{-100}&=\log_{10}\sqrt{2\pi}+100.5\log_{10}100-100\log_{10}e\\&\fallingdotseq 0.39908+201-43.4297=157.9693\fallingdotseq 158\end{aligned}$$

であるから，100! はおよそ 10^{158} ぐらいの大きさであることがわかる．

$n=10$ のときは $10!=3628800$ であり，$\sqrt{2\pi}\,10^{10+\frac{1}{2}}e^{-10}$ はほぼ 3598400 であるから，$n=10$ 程度でも，Stirling の公式はかなり良い評価値になっている．

§7 広義積分

前節では区間 $[a,b]$ で連続な関数の定積分を扱ったが，ここでは積分区間内に不連続点がある場合，積分区間内で関数値が有界でない場合，積分区間が無限の拡がりをもつ場合における定積分を考察する．

区間 $[a,b]$ 内の 1 点 c で $f(x)$ は不連続であっても，図 7.1 のように，c において片側極限がある場合は何も問題はない．区間 $[a,b]$ における定積分を点 c で 2 つに分けて

$$\int_a^b f(x)dx=\int_a^c f(x)dx+\int_c^b f(x)dx$$

とし，c における $f(x)$ の値は $[a,c]$ で積分するときは左側極限 $f(c-0)$ を用

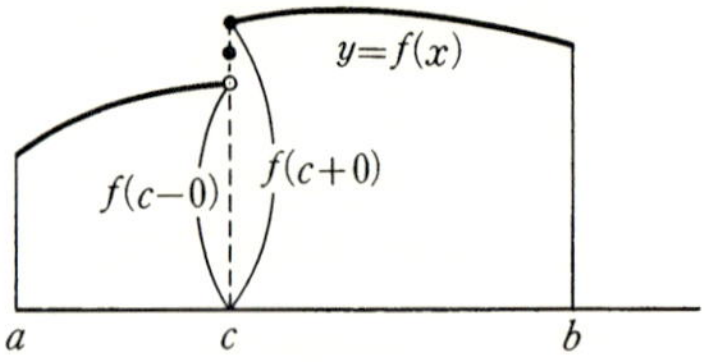

図 7.1

い，$[c, b]$ で積分するときには右側極限 $f(c+0)$ を用いればよいのである．

[例 1]　$f(x)=[x]$（[　] は Gauss の記号）は $n \leqq x < n+1$ のとき $[x]=n$ であるからグラフは図 7.2 のようになる．よって

$$\int_0^3 [x]dx = \int_0^1 [x]dx + \int_1^2 [x]dx + \int_2^3 [x]dx$$
$$= \int_0^1 0dx + \int_1^2 1dx + \int_2^3 2dx = 0+1+2 = 3$$

とすればよい．

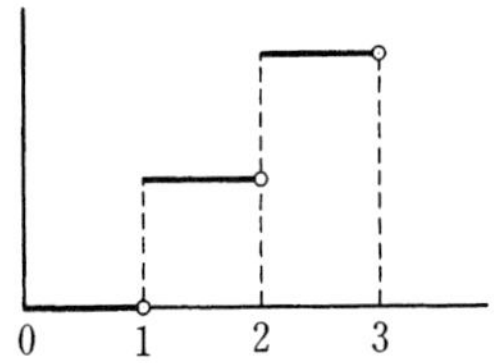

図 7.2

このような場合は広義積分とはよばない．面倒なのは，上に述べた 2 番目の場合と 3 番目の場合である．

7.1　積分区間内で $f(x)$ が有界でない場合

積分区間の端点で $f(x)$ が有界でない場合を考える．

$f(x)$ は半開区間 $(a, b]$ で連続であるが（図 7.3 の場合のように）左端 a では

$$\lim_{x \to a+0} f(x) = \infty$$

であるとする．この場合は，まず $\varepsilon>0$ を

$$a < a+\varepsilon < b$$

となるようにえらび，$[a+\varepsilon, b]$ での定積分

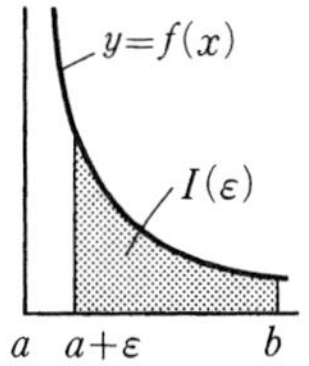

図 7.3

$$I(\varepsilon)=\int_{a+\varepsilon}^{b} f(x)dx$$

を求め，次いで $\varepsilon\to 0$ のときの $I(\varepsilon)$ の極限をとる．この極限が有限確定値であれば，$f(x)$ は区間 $(a, b]$ において**広義積分可能**であるという．あるいは $(a, b]$ における積分は**収束する**ともいう．このとき

$$\int_a^b f(x)dx=\lim_{\varepsilon\to 0} I(\varepsilon)=\lim_{\varepsilon\to 0}\int_{a+\varepsilon}^{b} f(x)dx$$

とかく．この積分を $(a, b]$ における $f(x)$ の**広義積分**という．広義積分が存在しないとき，この積分は**発散する**という．

積分区間の上端 b で

$$\lim_{x\to b-0} f(x)=\infty \quad (\text{または } -\infty)$$

となる場合も同様である．このときは

$$I(\varepsilon)=\int_a^{b-\varepsilon} f(x)dx$$

とおいて，$\lim\limits_{\varepsilon\to 0} I(\varepsilon)$ を調べるのである．

これらの場合を，後述の積分区間が無限の場合と区別するときは**第2種の広義積分**とよんでいる．

[例2] $\int_0^1 \log x\, dx$ を求めよ．

(解) $x\to 0+0$ のとき $\log x\to -\infty$ であるから，この積分は広義積分である．$0<\varepsilon<1$ として

$$I(\varepsilon)=\int_\varepsilon^1 \log x\, dx=[x\log x-x]_\varepsilon^1=-1-\varepsilon\log\varepsilon+\varepsilon$$

となる．$\lim\limits_{\varepsilon\to 0+0} I(\varepsilon)$ を求めるためには

$$\lim_{\varepsilon\to 0+0}\varepsilon\log\varepsilon$$

を求めなくてはならないが，ε が 0 のとき $0\log 0$ は $0\times\infty$ 型の不定形になるから，l'Hospital の定理(第1章§8)を使えば

$$\lim_{\varepsilon\to 0}\varepsilon\log\varepsilon=\lim_{\varepsilon\to 0}\frac{\log\varepsilon}{\dfrac{1}{\varepsilon}}=\lim_{\varepsilon\to 0}\frac{(\log\varepsilon)'}{\left(\dfrac{1}{\varepsilon}\right)'}=\lim_{\varepsilon\to 0}\frac{\dfrac{1}{\varepsilon}}{-\dfrac{1}{\varepsilon^2}}=\lim_{\varepsilon\to 0}(-\varepsilon)=0$$

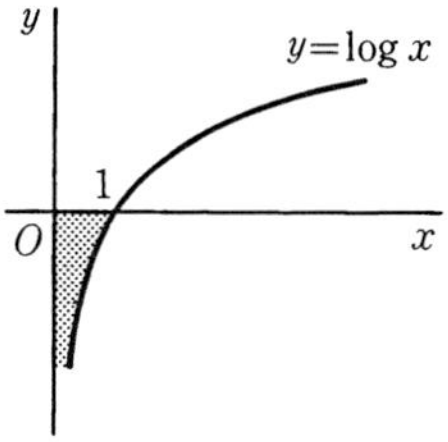

図 7.4

となる．よって $\varepsilon\to 0$ のとき $I(\varepsilon)\to -1$ となるから

$$\int_0^1 \log x\, dx = -1$$

となる．図 7.4 の陰影部分の面積が 1 になることをこの積分は示している．

[例 3] $\displaystyle\int_a^b \frac{1}{(x-a)^\alpha}dx,\ a<b$ については次が成立する．

(i) $\alpha<1$ のときこの積分は収束する

(ii) $\alpha\geqq 1$ のときこの積分は発散する．

(証明) $a<a+\varepsilon<b$ とすれば，$\alpha\neq 1$ のとき

$$I(\varepsilon) = \int_{a+\varepsilon}^b \frac{1}{(x-a)^\alpha}dx = \frac{1}{1-\alpha}[(x-a)^{1-\alpha}]_{a+\varepsilon}^b$$
$$= \frac{1}{1-\alpha}((b-a)^{1-\alpha}-\varepsilon^{1-\alpha})$$

である．

(i) $\alpha<1$ のときは $\lim\limits_{\varepsilon\to 0}\varepsilon^{1-\alpha}=0$ であるから積分は収束して

$$\int_a^b \frac{1}{(x-a)^\alpha}dx = \lim_{\varepsilon\to 0} I(\varepsilon) = \frac{(b-a)^{1-\alpha}}{1-\alpha}$$

となる．

(ii) $\alpha>1$ のときは $\lim\limits_{\varepsilon\to 0}\varepsilon^{1-\alpha}=\lim\limits_{\varepsilon\to 0}\left(\dfrac{1}{\varepsilon}\right)^{\alpha-1}=\infty$ となるから積分は発散する．

$\alpha=1$ のときは

$$I(\varepsilon) = \int_{a+\varepsilon}^b \frac{1}{x-a}dx = \log(b-a)-\log\varepsilon$$

となり，$\lim\limits_{\varepsilon\to 0}\log\varepsilon=-\infty$ であるから，この積分は発散する．

[例 4] $\displaystyle\int_a^b \frac{1}{(b-x)^\alpha}dx,\ a<b$，については次のようになる．

(i) $\alpha<1$ のときこの積分は収束する．

（ii） $\alpha \geqq 1$ のときこの積分は発散する．

証明は[例2]と同様にしてできる．(i)の $\alpha<1$ のときの広義積分は[例3]の $\alpha<1$ の場合と同じで

$$\int_a^b \frac{1}{(b-x)^\alpha}dx = \lim_{\varepsilon\to 0}\int_a^{b-\varepsilon}\frac{1}{(b-x)^\alpha}dx = \frac{(b-a)^{1-\alpha}}{1-\alpha}$$

となる．

被積分関数 $f(x)$ が積分区間内で $f(x)\geqq 0$ であるときは，広義積分の収束をテストする方法として次の定理は有力である．

定理 2.18 区間 $(a, b]$ で $f(x)$ は連続，かつ $f(x)\geqq 0$ とし，さらに

$$\lim_{x\to a+0} f(x) = \infty$$

とする．このとき区間 $(a, b]$ で $0\leqq f(x)\leqq g(x)$ であり，しかも

$$\int_a^b g(x)dx = A < \infty$$

となる $g(x)$ が存在すれば，広義積分 $\int_a^b f(x)dx$ は収束する．

(証明) ほとんど明らかであろう．$a<a+\varepsilon<b$ をみたす ε をとれば，区間 $[a+\varepsilon, b]$ で $0\leqq f(x)\leqq g(x)$ であるから

$$I(\varepsilon) = \int_{a+\varepsilon}^b f(x)dx \leqq \int_{a+\varepsilon}^b g(x)dx \leqq \int_a^b g(x)dx = A < \infty$$

が成立する．$\varepsilon\to 0$ のとき $I(\varepsilon)$ は単調増加でかつ有界であるから $\lim_{\varepsilon\to 0} I(\varepsilon)$ は存在する．よって $(a, b]$ における $f(x)$ の積分は収束する．(終)

定理 2.18 系 区間 $[a, b)$ で $f(x)$ は連続かつ $f(x)\geqq 0$ であり，さらに $\lim_{x\to b-0} f(x)=\infty$ のとき，この区間で $0\leqq f(x)\leqq g(x)$ であって $\int_a^b g(x)dx$ が収束するような $g(x)$ が存在すれば $\int_a^b f(x)dx$ は収束する．

この定理から次の定理が直ちにえられる．

定理 2.19 区間 $(a, b]$ で $f(x)$ は連続かつ $f(x)\geqq 0$ とし，さらに

$$\lim_{x\to a+0} f(x) = \infty$$

とする．このとき

$$\alpha < 1 \quad かつ \quad \lim_{x\to a+0} (x-a)^{\alpha} f(x) = A < \infty$$

をみたす α が存在すれば，広義積分 $\int_a^b f(x)dx$ は収束する．

(証明) $f(x)$ は仮定の条件をみたすとする．$f(x)$ は $(a, b]$ で連続だから $(x-a)^{\alpha} f(x)$ も $(a, b]$ で連続であり，$\lim_{x\to a+0}(x-a)^{\alpha} f(x) = A < \infty$ であるから，$\varepsilon > 0$ を任意に与えたとき，$a < a+\delta < b$ をみたす $\delta > 0$ を

$$x \in (a, a+\delta] \Longrightarrow (x-a)^{\alpha} f(x) < A+\varepsilon$$

が成り立つようにえらぶことができる．一方，閉区間 $[a+\delta, b]$ で $(x-a)^{\alpha} f(x)$ は連続であるから，この区間で $(x-a)^{\alpha} f(x)$ は有界である．したがって

$$x \in [a+\delta, b] \Longrightarrow (x-a)^{\alpha} f(x) < B$$

となるように定数 B をえらぶことができる．そこで

$$M = \max\{A+\varepsilon, B\}$$

とおけば

$$x \in (a, b] \Longrightarrow (x-a)^{\alpha} f(x) < M$$

が成立する．$x \in (a, b]$ のとき $(x-a)^{\alpha} > 0$ だから，このとき

$$x \in (a, b] \Longrightarrow f(x) < \frac{M}{(x-a)^{\alpha}}$$

が成立する．そこで

$$g(x) = \frac{M}{(x-a)^{\alpha}}$$

とおけば，区間 $(a, b]$ において $0 \leqq f(x) < g(x)$ であって，$\alpha < 1$ であるから [例 3] で示したように $g(x)$ の広義積分は収束して

$$\int_a^b g(x)dx = \int_a^b \frac{M}{(x-a)^{\alpha}} dx = \frac{M(b-a)^{1-\alpha}}{1-\alpha}$$

となる．よって定理 2.18 により，区間 $(a, b]$ における $f(x)$ の広義積分は収束する．(終)

まったく同様にして次の系が成立する．

定理 2.19 系　区間 $[a, b)$ で $f(x)$ は連続かつ $f(x) \geqq 0$ とし，さらに

$$\lim_{x \to b-0} f(x) = \infty$$

とする．このとき

$$\alpha < 1 \quad \text{かつ} \quad \lim_{x \to b-0} (b-x)^{\alpha} f(x) = A < \infty$$

をみたす α が存在すれば，広義積分 $\int_a^b f(x)dx$ は収束する．

(証明)　各自で試みてほしい．(終)

[例 5]　$\int_1^3 \frac{1}{\sqrt{x^4-1}} dx$ が収束するかどうか調べてみる．

被積分関数は $x \to 1+0$ のとき ∞ となるからこの積分は広義積分であるが，$\alpha = \frac{1}{2} < 1$ に対して

$$\lim_{x \to 1+0} (x-1)^{\frac{1}{2}} \frac{1}{(x^4-1)^{\frac{1}{2}}} = \lim_{x \to 1+0} \sqrt{\frac{x-1}{x^4-1}} = \lim_{x \to 1+0} \sqrt{\frac{1}{(x^2+1)(x+1)}} = \frac{1}{2}$$

となるから，定理 2.19 により，この広義積分は収束する．

この積分は楕円積分の一種であって，積分値を求めることは本書の程度を超えている．

[例 6]　ベータ関数 $\boldsymbol{B(s, t)}$　ベータ関数は確率論やその他の分野でしばしば登場する重要な関数であり

$$B(s, t) = \int_0^1 x^{s-1}(1-x)^{t-1} dx, \qquad s > 0, t > 0 \tag{1}$$

によって定義される．

$s \geqq 1, t \geqq 1$ のときは被積分関数 $x^{s-1}(1-x)^{t-1}$ は区間 $[0, 1]$ で連続であるから，この積分は確かに存在する．しかし

(i)　$0 < s < 1$ の場合は，$x \to 0+0$ のとき $x^{s-1}(1-x)^{t-1} \to \infty$

(ii)　$0 < t < 1$ の場合は，$x \to 1-0$ のとき $x^{s-1}(1-x)^{t-1} \to \infty$

であるから，これらの場合に広義積分が存在することは証明する必要がある．

この証明は定理 2.19 を使えば簡単にできる．はじめに $0 < p < 1$ をみたす p を 1 つえらんで開区間 $(0, 1)$ を $(0, p]$ と $[p, 1)$ とにわけ，これに対応して (1) の右辺の積分を

$$\int_0^p x^{s-1}(1-x)^{t-1} dx + \int_p^1 x^{s-1}(1-x)^{t-1} dx \tag{2}$$

とわけておく．

(i) $0<s<1$ の場合．この場合は $x\to0+0$ のとき $x^{s-1}(1-x)^{t-1}\to\infty$ であるから (2) の最初の積分の存在が問題になる．区間 $(0,p]$ において $x^{s-1}(1-x)^{t-1}>0$ であり，$0<s<1$ であるから $\alpha=1-s$ とおけば $\alpha<1$ である．そして

$$\lim_{x\to0+0} x^{\alpha}(x^{s-1}(1-x)^{t-1}) = \lim_{x\to0+0} x^{1-s}x^{s-1}(1-x)^{t-1}$$
$$= \lim_{x\to0+0}(1-x)^{t-1} = 1 < \infty$$

が成り立つから，定理 2.19 により，広義積分

$$\int_0^p x^{s-1}(1-x)^{t-1}dx$$

は収束する．

(ii) $0<t<1$ の場合．この場合は $x\to1-0$ のとき $x^{s-1}(1-x)^{t-1}\to\infty$ であるから，(2) の 2 番目の積分の存在が問題になる．区間 $[p,1)$ において $x^{s-1}(1-x)^{t-1}>0$ であり，$0<t<1$ であるから，$\alpha=1-t$ とおけば $\alpha<1$ であって

$$\lim_{x\to1-0}(1-x)^{\alpha}(x^{s-1}(1-x)^{t-1}) = \lim_{x\to1-0} x^{s-1}(1-x)^{1-t}(1-x)^{t-1}$$
$$= \lim_{x\to1-0} x^{s-1} = 1 < \infty$$

であるから定理 2.19 系により，広義積分

$$\int_p^1 x^{s-1}(1-x)^{t-1}dx$$

は収束する．

以上により，$0<s<1$，$0<t<1$ の場合も (2) の広義積分は収束するから，すべての $s>0$，$t>0$ に対して (1) の積分は存在し，関数 $B(s,t)$ は $s>0$，$t>0$ で確定した関数になる．(終)

$B(s,t)$ は s と t について対称な関数である．すなわち

$$B(s,t) = B(t,s)$$

が成立する．

(証明)　$x=1-y$ とおけば $dx=-dy$ であるから

$$B(s,t) = \int_0^1 x^{s-1}(1-x)^{t-1}dx = \int_1^0 (1-y)^{s-1}y^{t-1}(-dy)$$

$$= \int_0^1 y^{t-1}(1-y)^{s-1}dy = B(t, s) \qquad (終)$$

m, n が自然数のときは

$$B(m, n) = \frac{(m-1)!(n-1)!}{(m+n-1)!} \tag{3}$$

が成立する．

(証明) 部分積分法により

$$\begin{aligned} B(m, n) &= \int_0^1 x^{m-1}(1-x)^{n-1}dx = \int_0^1 \left(\frac{x^m}{m}\right)'(1-x)^{n-1}dx \\ &= \left[\frac{x^m}{m}(1-x)^{n-1}\right]_0^1 - \int_0^1 \frac{x^m}{m}((1-x)^{n-1})'dx \\ &= \frac{n-1}{m}\int_0^1 x^m(1-x)^{n-2}dx = \frac{n-1}{m}B(m+1, n-1) \end{aligned}$$

すなわち

$$B(m, n) = \frac{n-1}{m}B(m+1, n-1)$$

が成立する．この関係式を繰り返し用いると

$$\begin{aligned} B(m, n) &= \frac{n-1}{m}B(m+1, n-1) = \frac{(n-1)(n-2)}{m(m+1)}B(m+2, n-2) = \cdots \\ &= \frac{(n-1)(n-2)\cdots 2\cdot 1}{m(m+1)\cdots(m+n-2)}B(m+n-1, 1) \\ &= \frac{(m-1)!(n-1)!}{(m+n-2)!}\int_0^1 x^{m+n-2}dx \\ &= \frac{(m-1)!(n-1)!}{(m+n-2)!}\left[\frac{x^{m+n-1}}{m+n-1}\right]_0^1 = \frac{(m-1)!(n-1)!}{(m+n-1)!} \qquad (終) \end{aligned}$$

7.2 積分区間が無限の拡がりをもつ場合

積分区間が $[a, \infty)$ のときの $f(x)$ の定積分は次のように定義する．

有限な閉区間 $[a, t]$，$a<t$，における定積分

$$I(t) = \int_a^t f(x)dx$$

を計算し，次いで $t\to\infty$ のときの $I(t)$ の極限

$$\lim_{t \to \infty} I(t)$$

を求める．この極限が有限確定値であるとき，この極限を

$$\int_a^{\infty} f(x)dx$$

とかく．このとき $f(x)$ の区間 $[a, \infty)$ における積分は**収束**するという．

積分区間が $(-\infty, a]$ のときも同様であって

$$\lim_{t \to -\infty} \int_t^a f(x)dx$$

が有限確定値であるとき $(-\infty, a]$ における $f(x)$ の積分は収束するといい，積分値を

$$\int_{-\infty}^a f(x)dx$$

とかく．いずれの場合も，この積分を**広義積分**という．有限区間の広義積分と区別するときは，**第1種の広義積分**という．積分が収束しないときは**発散する**という．

積分区間が $(-\infty, \infty)$ のときは，1点 a を任意にえらんで

$$\int_{-\infty}^{\infty} f(x)dx = \int_{-\infty}^a f(x)dx + \int_a^{\infty} f(x)dx$$

とわけて右辺の積分を別々に計算するか，あるいは

$$I(s, t) = \int_s^t f(x)dx$$

とおいて

$$\lim_{\substack{s \to -\infty \\ t \to \infty}} I(s, t)$$

を計算する．この場合

$$\lim_{t \to \infty} \int_{-t}^t f(x)dx$$

という形で計算してはいけない．この極限は $I(s, t)$ で $s \to -\infty$ とし，$t \to \infty$ として計算した極限と必ずしも同じにはならない．

[例 7] $\int_a^{\infty} \frac{1}{x^{\alpha}}dx,\ a > 0$，について次が成立する．

（i） $\alpha>1$ のときこの積分は収束する．

（ii） $\alpha\leqq 1$ のときこの積分は発散する．

（証明） $\alpha\neq 1$ のときは

$$I(t)=\int_a^t\frac{1}{x^\alpha}dx=\left[\frac{x^{1-\alpha}}{1-\alpha}\right]_a^t=\frac{1}{1-\alpha}(t^{1-\alpha}-a^{1-\alpha})$$

である．

（i） $\alpha>1$ のときは $1-\alpha<0$ であるから $\lim_{t\to\infty}t^{1-\alpha}=0$．よって

$$\int_a^\infty\frac{1}{x^\alpha}dx=\frac{a^{1-\alpha}}{\alpha-1}$$

（ii） $\alpha<1$ のときは $1-\alpha>0$ であるから $\lim_{t\to\infty}t^{1-\alpha}=\infty$．よって積分は発散する．

$\alpha=1$ のときは

$$I(t)=\int_a^t\frac{1}{x}dx=[\log x]_a^t=\log t-\log a$$

であり，$t\to\infty$ のとき $\log t\to\infty$ となるから積分は発散する．

［例8］ $a>0$ のとき

$$\int_0^\infty e^{-ax}\sin bx\,dx=\frac{b}{a^2+b^2},\qquad\int_0^\infty e^{-ax}\cos bx\,dx=\frac{a}{a^2+b^2}$$

（証明）

$$\int_0^t e^{-ax}\sin bx\,dx=\left[\frac{e^{-ax}}{a^2+b^2}(-a\sin bx-b\cos bx)\right]_0^t$$
$$=\frac{e^{-at}}{a^2+b^2}(-a\sin bt-b\cos bt)+\frac{b}{a^2+b^2}$$

ここで $t\to\infty$ とすれば $e^{-at}\to 0$ であるから

$$\int_0^\infty e^{-ax}\sin bx\,dx=\frac{b}{a^2+b^2}$$

がえられる．同様にして

$$\int_0^t e^{-ax}\cos bx\,dx=\frac{e^{-at}}{a^2+b^2}(-a\cos bt+b\sin bt)+\frac{a}{a^2+b^2}$$

であるから $t\to\infty$ として

$$\int_0^\infty e^{-ax}\cos bx\,dx=\frac{a}{a^2+b^2}$$

がえられる．(終)

区間 $[a, \infty)$ での積分の収束について次の定理が成立する．

定理 2.20 区間 $[a, \infty)$ で $f(x) \geqq 0$ のとき，この区間で $0 \leqq f(x) \leqq g(x)$ であり，しかも $\int_a^\infty g(x)dx$ が収束するような $g(x)$ があれば，$\int_a^\infty f(x)dx$ は収束する．

(証明) $I(t) = \int_a^t f(x)dx$ とおけば，($f(x) \geqq 0$ であるから) $I(t)$ は $[a, \infty)$ で単調増加であり，しかも $I(t) \leqq \int_a^\infty g(x) < \infty$ であるから有界である．よって $\lim_{t \to \infty} I(t)$ は存在するから積分 $\int_a^\infty f(x)dx$ は収束する．(終)

定理 2.21 $a>0$ とし，区間 $[a, \infty)$ で $f(x)$ は連続かつ $f(x) \geqq 0$ とする．このとき

$$\alpha > 1, \quad \text{かつ} \quad \lim_{x \to \infty} x^\alpha f(x) = A < \infty$$

をみたす α が存在すれば積分 $\int_a^\infty f(x)dx$ は収束する．

(証明) $\lim_{x \to \infty} x^\alpha f(x) = A < \infty$ であるから，任意の $\varepsilon > 0$ に対して正数 N を十分大きくえらべば

$$x \in [N, \infty) \Longrightarrow x^\alpha f(x) < A + \varepsilon$$

が成立する．区間 $[a, N]$ では $x^\alpha f(x)$ は連続であるから，この区間で $x^\alpha f(x)$ は最大値をとる．その最大値を B とすれば

$$x \in [a, N] \Longrightarrow x^\alpha f(x) \leqq B$$

が成立する．そこで $A+\varepsilon$ と B の大きい方を M とする．すなわち

$$M = \max\{A+\varepsilon, B\}$$

とおけば

$$x \in [a, \infty) \Longrightarrow x^\alpha f(x) \leqq M$$

が成立する．$a>0$ であるから区間 $[a, \infty)$ で $x^\alpha > 0$，したがって，このとき

$$x \in [a, \infty) \Longrightarrow f(x) \leqq \frac{M}{x^\alpha}$$

が成立する．そして $\alpha > 1$ であるから，[例 7] の (i) により積分

$$\int_a^\infty \frac{M}{x^\alpha}dx = M\int_a^\infty \frac{1}{x^\alpha}dx$$

は収束する．よって，定理2.20により(定理2.20の $g(x)$ を $\dfrac{M}{x^\alpha}$ とすればよい)積分 $\displaystyle\int_a^\infty f(x)dx$ は収束する．(終)

[例9] $\displaystyle\int_0^\infty \frac{1-\cos x}{x^2}dx$ は収束することを示せ．

(証明)

$$\int_0^\infty \frac{1-\cos x}{x^2}dx = \int_0^\pi \frac{1-\cos x}{x^2}dx + \int_\pi^\infty \frac{1-\cos x}{x^2}dx$$

とわけて，右辺の積分の存在を別々に確かめる．最初の積分では，$x\to 0$ のときの被積分関数の値はl'Hospitalの定理により

$$\lim_{x\to 0}\frac{1-\cos x}{x^2} = \lim_{x\to 0}\frac{(1-\cos x)'}{(x^2)'} = \lim_{x\to 0}\frac{\sin x}{2x} = \frac{1}{2}$$

となるから，$x=0$ における $\dfrac{1-\cos x}{x^2}$ の値を $\dfrac{1}{2}$ と定義すれば $\dfrac{1-\cos x}{x^2}$ は閉区間 $[0, \pi]$ で連続な関数になる．したがって，この区間での定積分が存在することは当然である．次に2番目の積分の収束を示す．これは簡単である．区間 $[\pi, \infty)$ で $\dfrac{1-\cos x}{x^2} \geqq 0$ であり，さらに

$$\lim_{x\to\infty} x^{\frac{3}{2}}\cdot\frac{1-\cos x}{x^2} = \lim_{x\to\infty}\frac{1-\cos x}{\sqrt{x}} = 0 < \infty$$

であるから，$\alpha=\dfrac{3}{2}>1$ に対して定理2.21の仮定がみたされる．よって2番目の積分は収束する．(終)

[例10] ガンマ関数 $\boldsymbol{\Gamma(s)}$ ガンマ関数もベータ関数と並んでいろいろな分野で使われる重要な関数である．

この関数は $s>0$ の範囲の s に対して

$$\Gamma(s) = \int_0^\infty x^{s-1}e^{-x}dx$$

によって定義される．ここでは，この積分が存在することを証明する．

(証明) 区間 $(0, \infty)$ を $(0, 1]$ と $[1, \infty)$ にわけて，積分を

$$\int_0^\infty x^{s-1}e^{-x}dx = \int_0^1 x^{s-1}e^{-x}dx + \int_1^\infty x^{s-1}e^{-x}dx$$

とかいて，右辺の積分の存在を別々に調べる．

最初の積分を，$s\geqq 1$ と $0<s<1$ と場合をわけて調べる．

$s\geqq 1$ のとき．このときは $x^{s-1}e^{-x}$ は区間 $[0,1]$ で連続であるからこの区間での定積分は存在する．

$0<s<1$ のとき．このときは $s-1<0$ であるから $x\to 0+0$ のとき $x^{s-1}e^{-x}\to\infty$ となる．したがって積分は広義積分になるが，区間 $(0,1]$ で $x^{s-1}e^{-x}>0$ であり，かつ

$$\lim_{x\to 0+0} x^{1-s}(x^{s-1}e^{-x}) = \lim_{x\to 0+0} e^{-x} = 1 < \infty$$

であるから，定理 2.19 の仮定が $\alpha=1-s<1$ に対してみたされる．よって定理 2.19 により $(0,1]$ における $x^{s-1}e^{-x}$ の積分は収束する．

次に 2 番目の積分を調べる．この場合も，区間 $[1,\infty)$ で $x^{s-1}e^{-x}>0$ であって，かつ

$$\lim_{x\to\infty} x^2(x^{s-1}e^{-x}) = \lim_{x\to\infty}\frac{x^{s+1}}{e^x} = 0 < \infty$$

となるから，定理 2.21 の仮定が $\alpha=2>1$ に対してみたされる．よって定理 2.21 により $[1,\infty)$ における $x^{s-1}e^{-x}$ の積分は収束する．

以上により，$\Gamma(s)$ がすべての $s>0$ に対して定義される関数であることが示された．(終)

$\Gamma(s)$ は次の関係式をみたす．

$$\Gamma(s+1) = s\Gamma(s), \qquad s>0 \tag{4}$$

(証明)

$$\begin{aligned}
\Gamma(s+1) &= \int_0^\infty x^s e^{-x}dx = \lim_{t\to\infty}\int_0^t x^s e^{-x}dx \\
&= \lim_{t\to\infty}\int_0^t x^s(-e^{-x})'dx = \lim_{t\to\infty}\left([-x^s e^{-x}]_0^t + \int_0^t (x^s)'e^{-x}dx\right) \\
&= \lim_{t\to\infty}\left(-\frac{t^s}{e^t} + s\int_0^t x^{s-1}e^{-x}dx\right) \\
&= s\lim_{t\to\infty}\int_0^t x^{s-1}e^{-x}dx = s\Gamma(s) \qquad \text{(終)}
\end{aligned}$$

関係式 (4) は，$s=n-1$，n は自然数，とすれば

$$\Gamma(n) = (n-1)\Gamma(n-1)$$

となる．この関係を繰り返し使うと

$$\Gamma(n) = (n-1)(n-2)\Gamma(n-2) = \cdots = (n-1)!\,\Gamma(1)$$

となるが，ここで

$$\Gamma(1)=\int_0^\infty e^{-x}dx=[-e^{-x}]_0^\infty=1$$

であるから

$$\Gamma(n)=(n-1)! \tag{5}$$

が成立する．

この (5) とベータ関数のところの (3) から，m, n が自然数のとき

$$B(m, n)=\frac{(m-1)!(n-1)!}{(m+n-1)!}=\frac{\Gamma(m)\Gamma(n)}{\Gamma(m+n)}$$

が成り立つことがわかる．実は，任意の $s>0, t>0$ について

$$B(s, t)=\frac{\Gamma(s)\Gamma(t)}{\Gamma(s+t)}$$

が成り立つのであるが，その証明は第5章の重積分のところで与える．

[例 11] 広義積分の重要な例として次の積分がある．

$$\int_0^\infty e^{-x^2}dx=\frac{\sqrt{\pi}}{2} \tag{6}$$

(証明) 左辺の積分が収束することはすぐわかる．区間 $[0, \infty)$ で $e^{-x^2}>0$ であり，かつ，任意の $\alpha>1$ に対して

$$\lim_{x\to\infty} x^\alpha e^{-x^2}=0$$

が成立するから定理 2.21 の仮定がみたされるのである．積分値が $\frac{\sqrt{\pi}}{2}$ になることは，後に重積分のところでスマートな証明を与えるが，重積分を使わなくても証明できる．

§6 の [例 8] と Wallis の公式のところで使った積分

$$I_n=\int_0^{\frac{\pi}{2}}\sin^n x\,dx \tag{7}$$

に関する関係式

$$\lim_{n\to\infty}\frac{I_{2n}}{I_{2n+1}}=1 \tag{8}$$

および

$$\lim_{n\to\infty}\sqrt{n}\,I_{2n+1}=\frac{\sqrt{\pi}}{2} \tag{9}$$

が重要な働きをする．まず k を任意の自然数として

$$\sqrt{n}I_{2n+k}=\sqrt{n}I_{2n+1}\frac{I_{2n+2}}{I_{2n+1}}\frac{I_{2n+3}}{I_{2n+2}}\cdots\frac{I_{2n+k}}{I_{2n+k-1}}$$

とおけば，(8) により，$n\to\infty$ のときの $\sqrt{n}I_{2n+k}$ の極限は $\sqrt{n}I_{2n+1}$ の極限と同じになることがわかる．k が負の整数の場合も同様である．よって，k が正，負の整数のとき

$$\lim_{n\to\infty}\sqrt{n}I_{2n+k}=\frac{\sqrt{\pi}}{2} \tag{10}$$

が成立する．この関係式を最後に使う．

次に，積分 I_{2n+1} において $t=\cos x$ と変数変換すれば

$$I_{2n+1}=\int_0^{\frac{\pi}{2}}\sin^{2n+1}x\,dx=\int_0^{\frac{\pi}{2}}(1-\cos^2 x)^n\sin x\,dx=\int_0^1(1-t^2)^n dt$$

積分 I_{2n-2} において $t=\cot x$ と変数変換すれば，x が 0 から $\frac{\pi}{2}$ まで動く間に t は ∞ から 0 まで動き，かつ，$dt=-\mathrm{cosec}^2 x\,dx$ であるから

$$I_{2n-2}=\int_0^{\frac{\pi}{2}}\sin^{2n-2}x\,dx=\int_0^{\frac{\pi}{2}}\frac{1}{(\mathrm{cosec}^2 x)^n}\mathrm{cosec}^2 x\,dx$$
$$=\int_0^{\frac{\pi}{2}}\frac{1}{(1+\cot^2 x)^n}\mathrm{cosec}^2 x\,dx=\int_0^{\infty}\frac{1}{(1+t^2)^n}dt$$

よって

$$I_{2n+1}=\int_0^1(1-t^2)^n dt,\qquad I_{2n-2}=\int_0^{\infty}\frac{1}{(1+t^2)^n}dt \tag{11}$$

が成立する．ところで e^x の展開式

$$e^x=1+x+\frac{x^2}{2}e^{\theta x},\qquad 0<\theta<1$$

から，$x\neq 0$ のとき x の正負にかかわらず

$$e^x>1+x$$

が成立し，ここで x を t^2，$-t^2$ でおきかえて

$$e^{t^2}>1+t^2,\qquad e^{-t^2}>1-t^2$$

がえられる．よって，$t\neq 0$ であれば

$$1-t^2<e^{-t^2}<\frac{1}{1+t^2}$$

が成り立つから，各項を n 乗して

$$(1-t^2)^n < e^{-nt^2} < \frac{1}{(1+t^2)^n} \tag{12}$$

がえられる．

次に，(6) の左辺の積分で $x=\sqrt{n}\,t$ と変数変換すると

$$\int_0^\infty e^{-x^2}dx = \sqrt{n}\int_0^\infty e^{-nt^2}dt \tag{13}$$

ところで，(12) の前半の不等式から

$$\int_0^1 (1-t^2)^n dt < \int_0^1 e^{-nt^2}dt < \int_0^\infty e^{-nt^2}dt$$

(12) の後半の不等式から

$$\int_0^\infty e^{-nt^2}dt < \int_0^\infty \frac{1}{(1+t^2)^n}dt$$

よって，これらの不等式に $\sqrt{n}$ をかけて

$$\sqrt{n}\int_0^1 (1-t^2)dt < \sqrt{n}\int_0^\infty e^{-nt^2}dt < \sqrt{n}\int_0^\infty \frac{1}{(1+t^2)^n}dt$$

が成立する．(11) と (13) を使えばこの不等式は

$$\sqrt{n}I_{2n+1} < \int_0^\infty e^{-x^2}dx < \sqrt{n}I_{2n-2}$$

となるから，ここで $n\to\infty$ とすれば，(10) により左辺も右辺も共に $\frac{\sqrt{\pi}}{2}$ に収束する．よって

$$\int_0^\infty e^{-x^2}dx = \frac{\sqrt{\pi}}{2}$$

がえられる．(終)

(コメント)　x を $-x$ でおきかえれば

$$\int_{-\infty}^0 e^{-x^2}dx = \frac{\sqrt{\pi}}{2}$$

が成立し，したがって

$$\int_{-\infty}^\infty e^{-x^2}dx = \sqrt{\pi}$$

が成立する．ここで $x=\frac{t}{\sqrt{2}}$ とおけば

$$\frac{1}{\sqrt{2\pi}}\int_{-\infty}^{\infty} e^{-\frac{t^2}{2}}dt = 1$$

がえられる．この関係式は $\frac{1}{\sqrt{2\pi}}e^{-\frac{t^2}{2}}$ が区間 $(-\infty, \infty)$ における確率密度関数であることを示している．関数 $\frac{1}{\sqrt{2\pi}}e^{-\frac{t^2}{2}}$ は標準正規分布の密度関数として統計学では欠かすことのできない重要な関数である．

7.3 広義積分の絶対収束と条件収束

積分区間が有限の場合も無限の場合も話はほとんど同じだから，ここでは無限区間の広義積分に限定して話を進める．

$f(x)$ の絶対値 $|f(x)|$ の区間 $[a, \infty)$ における広義積分

$$\int_a^\infty |f(x)|dx \tag{14}$$

が収束するとき，$f(x)$ の広義積分

$$\int_a^\infty f(x)dx \tag{15}$$

は**絶対収束**するという．それに対して，$f(x)$ の広義積分は収束するが $|f(x)|$ の広義積分は発散するとき，$f(x)$ の広義積分は**条件収束**するという．

定理 2.22 $[a, \infty)$ における $f(x)$ の広義積分は，絶対収束すれば必ず収束する．

（証明） すべての $x \in [a, \infty)$ に対して

$$-|f(x)| \leqq f(x) \leqq |f(x)|$$

が成り立つから，各項に $|f(x)|$ を加えて

$$0 \leqq |f(x)| + f(x) \leqq 2|f(x)|$$

が成立する．

$$I(t) = \int_a^t (|f(x)| + f(x))dx, \qquad t > a$$

とおけば，$0 \leqq |f(x)| + f(x)$ であるから，この積分値は積分区間が拡がるにつれて大きくなる．したがって $I(t)$ は t の単調増加関数である．しかも仮定により $f(x)$ の広義積分は絶対収束するから

$$I(t)=\int_a^t(|f(x)|+f(x))dx \leqq \int_a^t 2|f(x)|dx \leqq 2\int_a^\infty |f(x)|dx < \infty$$

が成立する．よって $I(t)$ は有界である．$I(t)$ は単調増加で有界であるから収束して

$$\lim_{t\to\infty} I(t)=\int_a^\infty(|f(x)|+f(x))dx<\infty$$

は存在する．このとき，有限区間 $[a, t]$ では

$$\int_a^t f(x)dx=\int_a^t(|f(x)|+f(x))dx-\int_a^t |f(x)|dx$$

が成立し，$t\to\infty$ のとき右辺の積分はどちらも有限確定値に収束するから，左辺の積分も有限確定値に収束する．よって $f(x)$ の広義積分は収束する．(終)

[例 12] $\displaystyle\int_a^\infty \frac{\cos x}{x^2}dx\ (a>0)$ は絶対収束する．

(証明) 区間 $[a, \infty)$ で

$$0 \leqq \left|\frac{\cos x}{x^2}\right| \leqq \frac{1}{x^2}$$

であり

$$\int_a^\infty \frac{1}{x^2}dx=\left[-\frac{1}{x}\right]_a^\infty=\frac{1}{a}$$

であるから $\dfrac{1}{x^2}$ の積分は収束する．よって定理 2.20 により $\left|\dfrac{\cos x}{x^2}\right|$ の積分は収束するから $\dfrac{\cos x}{x^2}$ の積分は絶対収束し，当然，収束する．(終)

[例 13] $\displaystyle\int_0^\infty \frac{\sin x}{x}dx$ は収束する．しかし絶対収束はしない．この広義積分は条件収束である．

(証明)

$$\int_0^\infty \frac{\sin x}{x}dx=\int_0^{\frac{\pi}{2}} \frac{\sin x}{x}dx+\int_{\frac{\pi}{2}}^\infty \frac{\sin x}{x}dx$$

とわけておく．右辺の最初の積分は，被積分関数 $\dfrac{\sin x}{x}$ は $\displaystyle\lim_{x\to 0}\frac{\sin x}{x}=1$ であるから，$x=0$ における値を 1 と定義すれば，$x=0$ で連続になる．$x\neq 0$ である点ではむろん連続だから，この関数は区間 $\left[0, \dfrac{\pi}{2}\right]$ で連続である．よって区間 $\left[0, \dfrac{\pi}{2}\right]$ における定積分は存在する．右辺の 2 番目の積分は

$$\int_{\frac{\pi}{2}}^{t}\frac{\sin x}{x}dx=\int_{\frac{\pi}{2}}^{t}(-\cos x)'\frac{1}{x}dx=\left[-\frac{\cos x}{x}\right]_{\frac{\pi}{2}}^{t}-\int_{\frac{\pi}{2}}^{t}(-\cos x)\left(\frac{1}{x}\right)'dx$$
$$=-\frac{\cos t}{t}-\int_{\frac{\pi}{2}}^{t}\frac{\cos x}{x^2}dx$$

ここで $t\to\infty$ とすれば

$$\int_{\frac{\pi}{2}}^{\infty}\frac{\sin x}{x}dx=-\int_{\frac{\pi}{2}}^{\infty}\frac{\cos x}{x^2}dx$$

となるが，[例 12] により右辺の積分は収束するから，左辺の積分も収束する．よって $[0,\infty)$ における $\dfrac{\sin x}{x}$ の積分は収束する．

次に，$\left|\dfrac{\sin x}{x}\right|$ の積分が収束しないことを示す．

$$\int_0^{\infty}\left|\frac{\sin x}{x}\right|dx=\sum_{n=0}^{\infty}\int_{n\pi}^{(n+1)\pi}\left|\frac{\sin x}{x}\right|dx$$

と積分区間を分割して各区間 $[n\pi,(n+1)\pi]$ における積分を評価する．区間 $[n\pi,(n+1)\pi]$ で変数 x を $x=n\pi+y$ でおきかえれば，この区間では $0\leqq y\leqq\pi$ であるから $n\pi+y\leqq(n+1)\pi$ となる．よって

$$\int_{n\pi}^{(n+1)\pi}\left|\frac{\sin x}{x}\right|dx=\int_0^{\pi}\left|\frac{\sin(n\pi+y)}{n\pi+y}\right|dy=\int_0^{\pi}\frac{\sin y}{n\pi+y}dy$$
$$>\int_0^{\pi}\frac{\sin y}{(n+1)\pi}dy=\frac{2}{(n+1)\pi}$$

が成り立つから

$$\int_0^{\infty}\left|\frac{\sin x}{x}\right|dx>\sum_{n=0}^{\infty}\frac{2}{(n+1)\pi}=\frac{2}{\pi}\sum_{n=0}^{\infty}\frac{1}{n+1}$$

となり，右辺の和は ∞ になる (第 4 章 §1 [例 3]) から左辺の積分は発散する．(終)

§8　定積分と Taylor の定理

第 1 章の微分法のところで Taylor の定理を説明した．それは次のような定理であった．

Taylor の定理　$f(x)$ は a,b を含む区間で n 回微分可能とする．このとき a と b の中間に次の関係式をみたす点 c が存在する．

$$f(b) = \sum_{r=0}^{n-1} \frac{(b-a)^r}{r!} f^{(r)}(a) + \frac{(b-a)^n}{n!} f^{(n)}(c),$$
$$c = a + \theta(b-a), \quad 0 < \theta < 1$$

この定理の証明は Rolle の定理をうまく使う巧妙なものであったが，いささか技巧的であった．ところが定積分における部分積分法を反復使用することにより，自然な形でこの定理を導くことができる．

定積分を使う関係上，$f^{(n)}(x)$ は a, b を含む区間で連続であると仮定する．

さて，明らかに成り立つ関係式

$$f(b) - f(a) = \int_a^b f'(x)dx$$

の右辺の積分を部分積分法を用いて次のように変形する．

$$\begin{aligned} \int_a^b f'(x)dx &= \int_a^b (-(b-x))' f'(x)dx \\ &= [-(b-x)f'(x)]_a^b + \int_a^b (b-x)f''(x)dx \\ &= (b-a)f'(a) + \int_a^b (b-x)f''(x)dx \end{aligned}$$

よって

$$f(b) - f(a) = (b-a)f'(a) + \int_a^b (b-x)f''(x)dx$$

右辺の第2項の積分の部分を $(b-x) = \left(-\frac{(b-x)^2}{2!}\right)'$ を使ってふたたび部分積分法で変形すると次のようになる．

$$\begin{aligned} \int_a^b (b-x)f''(x)dx &= \int_a^b \left(-\frac{(b-x)^2}{2!}\right)' f''(x)dx \\ &= \left[-\frac{(b-x)^2}{2!} f''(x)\right]_a^b + \int_a^b \frac{(b-x)^2}{2!} f'''(x)dx \\ &= \frac{(b-a)^2}{2!} f''(a) + \int_a^b \frac{(b-x)^2}{2!} f'''(x)dx \end{aligned}$$

よって

$$f(b) - f(a) = (b-a)f'(a) + \frac{(b-a)^2}{2!} f''(a) + \int_a^b \frac{(b-x)^2}{2!} f'''(x)dx$$

この右辺の積分にさらに同様な変形をする．こうした変形を続けて

$$f(b)-f(a) = \sum_{r=1}^{k-1}\frac{(b-a)^r}{r!}f^{(r)}(a)+\int_a^b \frac{(b-x)^{k-1}}{(k-1)!}f^{(k)}(x)dx$$

まで得られたとすれば，右辺の最後の積分は

$$\begin{aligned}\int_a^b \frac{(b-x)^{k-1}}{(k-1)!}f^{(k)}(x)dx &= \int_a^b\left(-\frac{(b-x)^k}{k!}\right)'f^{(k)}(x)dx \\ &= \left[-\frac{(b-x)^k}{k!}f^{(k)}(x)\right]_a^b+\int_a^b \frac{(b-x)^k}{k!}f^{(k+1)}(x)dx \\ &= \frac{(b-a)^k}{k!}f^{(k)}(a)+\int_a^b \frac{(b-x)^k}{k!}f^{(k+1)}(x)dx\end{aligned}$$

となるから，n 回の変形の後に

$$f(b)-f(a) = \sum_{r=1}^{n-1}\frac{(b-a)^r}{r!}f^{(r)}(a)+\int_a^b \frac{(b-x)^{n-1}}{(n-1)!}f^{(n)}(x)dx$$

がえられる．右辺の最後の積分の部分

$$R_n = \int_a^b \frac{(b-x)^{n-1}}{(n-1)!}f^{(n)}(x)dx \tag{1}$$

が剰余項である．

ところで，Taylor の定理では，最後の剰余項の部分，Lagrange の剰余項，は

$$R_n = \frac{(b-a)^n}{n!}f^{(n)}(c), \qquad c = a+\theta(b-a), \qquad 0 < \theta < 1 \tag{2}$$

という形であったが，実は (1) と (2) の 2 つの剰余項は同じものの異なった表現にすぎないのである．そのことを次に示す．証明には一般化された平均値の定理，定理 2.12 を使う．以下，$a<b$ と仮定して話を進める．

区間 $[a, b]$ において

$$\frac{(b-x)^{n-1}}{(n-1)!} \geqq 0$$

であり，$f^{(n)}(x)$ は $[a, b]$ で連続と仮定しているから，定理 2.12 の中の $g(x)$ が $\dfrac{(b-x)^{n-1}}{(n-1)!}$ であり，$f(x)$ が $f^{(n)}(x)$ であると考えれば

$$\int_a^b \frac{(b-x)^{n-1}}{(n-1)!}f^{(n)}(x)dx = f^{(n)}(c)\int_a^b \frac{(b-x)^{n-1}}{(n-1)!}dx, \qquad a < c < b$$

が成立する．右辺の積分は簡単に計算できて

$$\int_a^b \frac{(b-x)^{n-1}}{(n-1)!}dx = \left[-\frac{(b-x)^n}{n!}\right]_a^b = \frac{(b-a)^n}{n!}$$

となるから

$$\int_a^b \frac{(b-x)^{n-1}}{(n-1)!}f^{(n)}(x)dx = \frac{(b-a)^n}{n!}f^{(n)}(c), \qquad a < c < b$$

となる．この結果は (1) の R_n と (2) の R_n が同じものであることを示している．

なお，被積分関数を，$1 \leqq p \leqq n$ である自然数 p に対して

$$\frac{(b-x)^{n-1}}{(n-1)!}f^{(n)}(x) = \left(\frac{(b-x)^{n-p}}{(n-1)!}f^{(n)}(x)\right)(b-x)^{p-1}$$

と分割して定理 2.12 の中の $g(x)$ が $(b-x)^{p-1}$ であり，$f(x)$ が $\dfrac{(b-x)^{n-p}}{(n-1)!}f^{(n)}(x)$ であると考えれば，$c=a+\theta(b-a)$，$0<\theta<1$ とおいて

$$\begin{aligned}\int_a^b \frac{(b-x)^{n-1}}{(n-1)!}f^{(n)}(x)dx &= \frac{(b-c)^{n-p}}{(n-1)!}f^{(n)}(c)\int_a^b (b-x)^{p-1}dx \\ &= \frac{(1-\theta)^{n-p}(b-a)^{n-p}}{(n-1)!}f^{(n)}(a+\theta(b-a))\frac{(b-a)^p}{p} \\ &= \frac{(1-\theta)^{n-p}(b-a)^n}{p(n-1)!}f^{(n)}(a+\theta(b-a)), \\ &\quad 0 < \theta < 1\end{aligned}$$

となる．よって

$$R_n = \frac{(1-\theta)^{n-p}(b-a)^n}{p(n-1)!}f^{(n)}(a+\theta(b-a)), \qquad 0 < \theta < 1$$

となるが，この R_n は Roche の剰余形にほかならない．ここで $p=1$ とすれば Cauchy の剰余形になる．

§9 定積分の幾何学への応用

定積分の幾何学への応用例はきわめて多い．ここでは，それらの中で比較的に簡単であり，かつ重要なものをまとめておく．

9.1 曲線で囲まれた図形の面積

閉区間 $[a, b]$ で連続な2つの関数 $f(x)$ と $g(x)$ が，この区間で

$$f(x) \geqq g(x)$$

であるとする．このとき区間 $[a, b]$ の間で曲線 $y=f(x)$ と $y=g(x)$ に挟まれた図形の面積 S は

$$S = \int_a^b (f(x)-g(x))dx \tag{1}$$

で与えられる*．これは明らかであろう(図9.1)．$[a, b]$ で $f(x) \geqq g(x) > 0$ とすれば，$[a, b]$ の範囲で $y=f(x)$ のグラフと x 軸の間の部分の面積 $\int_a^b f(x)dx$ と，$y=g(x)$ のグラフと x 軸の間の部分の面積 $\int_a^b g(x)dx$ の差が S であるから

$$S = \int_a^b f(x)dx - \int_a^b g(x)dx = \int_a^b (f(x)-g(x))dx$$

となるのである．$f(x), g(x)$ が負の値をとるときは，正数 M を区間 $[a, b]$ 内で $f(x)+M>0$，$g(x)+M>0$ となるようにとっておけば $y=f(x)+M$ と $y=g(x)+M$ の間に挟まれた図形ともとの図形は同じ面積をもつから

$$S = \int_a^b (f(x)+M-g(x)-M)dx = \int_a^b (f(x)-g(x))dx$$

である．

(コメント) (1)の面積は関数 $f(x)-g(x)$ によって定まることに注意してほしい．したがって，区間 $[a, b]$ 内のすべての x に対して

$$f(x)-g(x) = \varphi(x)-\psi(x)$$

となるような連続関数 $\varphi(x), \psi(x)$ をえらんだとき，$y=\varphi(x)$ と $y=\psi(x)$ の間

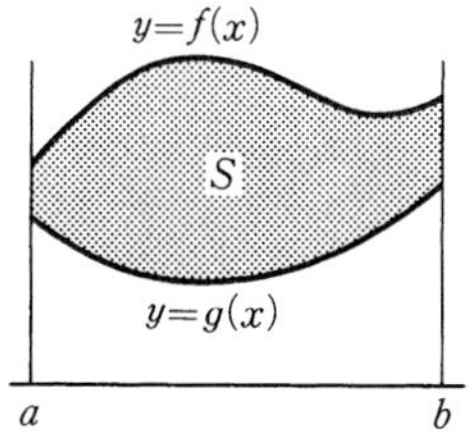

図9.1

* むしろ，これが**面積の定義**である．

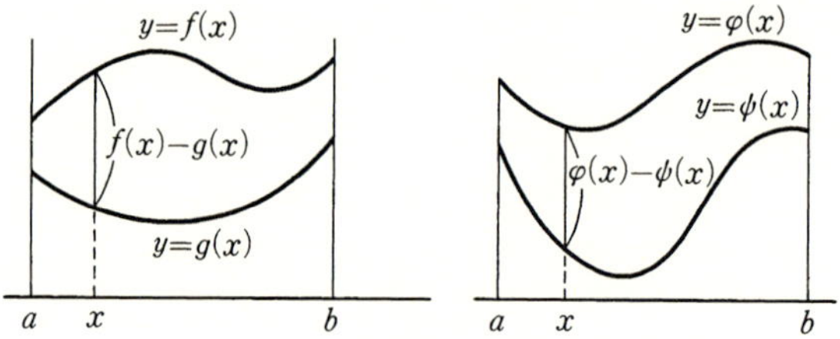

図 9.2

に挟まれた部分の面積は $y=f(x)$，$y=g(x)$ の間の面積と同じである．この事実を Cavalieri の原理とよんでいる(図 9.2)．

[例 1] 楕円 (長円) $\dfrac{x^2}{a^2}+\dfrac{y^2}{b^2}=1$，$(a>0, b>0)$，で囲まれる図形の面積．この図形は区間 $[-a, a]$ で

$$y=\frac{b}{a}\sqrt{a^2-x^2},\qquad y=-\frac{b}{a}\sqrt{a^2-x^2}$$

で囲まれている (図 9.3)．だから

$$f(x)=\frac{b}{a}\sqrt{a^2-x^2},\qquad g(x)=-\frac{b}{a}\sqrt{a^2-x^2}$$

と考えて公式 (1) を適用すればよい．求める面積 S は次のようになる．

$$S=\int_{-a}^{a}\left\{\frac{b}{a}\sqrt{a^2-x^2}-\left(-\frac{b}{a}\sqrt{a^2-x^2}\right)\right\}dx=\frac{2b}{a}\int_{-a}^{a}\sqrt{a^2-x^2}\,dx$$

ここで $x=a\sin t$，$-\dfrac{\pi}{2}\leqq t\leqq\dfrac{\pi}{2}$，とおくと

$$=\frac{2b}{a}\int_{-\frac{\pi}{2}}^{\frac{\pi}{2}}a^2\cos^2 t\,dt=2ab\left[\frac{t}{2}+\frac{\sin t\cos t}{2}\right]_{-\frac{\pi}{2}}^{\frac{\pi}{2}}$$

$$=2ab\frac{\pi}{2}=\pi ab\qquad\therefore\quad S=\pi ab$$

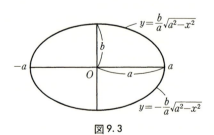

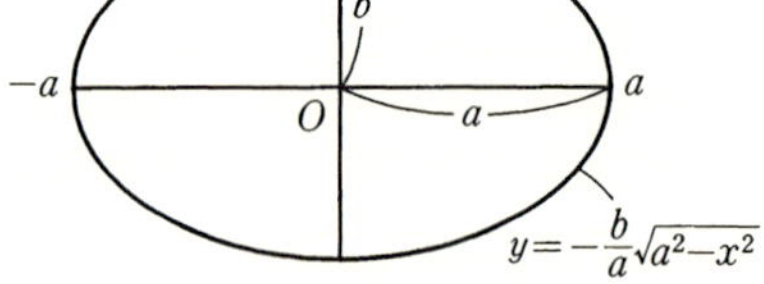

図 9.3

9.2　平面曲線の長さ

区間 $[a, b]$ において $f(x)$ は微分可能で導関数 $f'(x)$ は連続とする．このとき曲線

$$y = f(x)$$

の $x=a$ から $x=b$ までの長さ l を求めてみる．

まず，$[a, b]$ を n 個の小区間にわけ，分点を

$$a = x_0 < x_1 < \cdots < x_n = b$$

とし，対応する曲線上の点を $P_0, P_1, \cdots, P_n$ とする(図 9.4)．各点 P_i の座標は $(x_i, f(x_i))$ である．隣接する点 P_{i-1} と P_i を結ぶ線分を引けば，P_0 から P_n に至る折れ線がえられる．線分 $P_{i-1}P_i$ の長さを Δl_i とすると，点 P_{i-1} と P_i の座標が $(x_{i-1}, f(x_{i-1}))$ と $(x_i, f(x_i))$ だから

$$\Delta l_i = \sqrt{(x_i - x_{i-1})^2 + (f(x_i) - f(x_{i-1}))^2}$$

となる．そこで

$$\Delta x_i = x_i - x_{i-1}, \qquad \Delta f(x_i) = f(x_i) - f(x_{i-1})$$

とおくと

$$\Delta l_i = \sqrt{(\Delta x_i)^2 + (\Delta f(x_i))^2} = \sqrt{1 + \left(\frac{\Delta f(x_i)}{\Delta x_i}\right)^2}\,\Delta x_i$$

とかける．したがって，P_0 から P_n に至る折れ線の長さは

$$\sum_{i=1}^{n} \Delta l_i = \sum_{i=1}^{n} \sqrt{1 + \left(\frac{\Delta f(x_i)}{\Delta x_i}\right)^2}\,\Delta x_i$$

となる．ここで，$[a, b]$ の分割 $x_0, x_1, \cdots, x_n$ を，どの Δx_i も $\Delta x_i \to 0$ となるように細分化を進めると，左辺は求める曲線の長さに近づく．右辺は定積分の定義により

$$\int_a^b \sqrt{1 + (f'(x))^2}\,dx$$

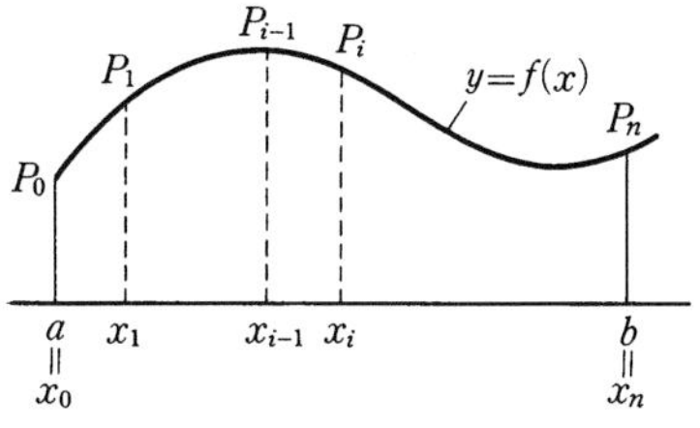

図 9.4

に収束する．よって，求める曲線の長さ l は

$$l = \int_a^b \sqrt{1+(f'(x))^2}\,dx \tag{2}$$

で与えられる．

曲線の方程式が連続な導関数をもつ関数 $\varphi(t), \psi(t)$ によって

$$x = \varphi(t), \qquad y = \psi(t)$$

で与えられる場合もある．t が区間 $[\alpha, \beta]$ を動くときに点 $(\varphi(t), \psi(t))$ の描く曲線の長さは，$[\alpha, \beta]$ の分点を

$$\alpha = t_0 < t_1 < \cdots < t_n = \beta$$

とすれば，対応する曲線上の点 P_i の座標は $(\varphi(t_i), \psi(t_i))$ である．そこで

$$\varDelta\varphi(t_i) = \varphi(t_i) - \varphi(t_{i-1}), \qquad \varDelta\psi(t_i) = \psi(t_i) - \psi(t_{i-1})$$

とおけば，線分 $P_{i-1}P_i$ の長さ $\varDelta l_i$ は

$$\varDelta l_i = \sqrt{(\varDelta\varphi(t_i))^2 + (\varDelta\psi(t_i))^2} = \sqrt{\left(\frac{\varDelta\varphi(t_i)}{\varDelta t_i}\right)^2 + \left(\frac{\varDelta\psi(t_i)}{\varDelta t_i}\right)^2}\,\varDelta t_i$$

となる．ここで $\varDelta t_i = t_i - t_{i-1}$ である．したがって点 P_0 から終点 P_n に至る折れ線の長さは

$$\sum_{i=1}^n \varDelta l_i = \sum_{i=1}^n \sqrt{\left(\frac{\varDelta\varphi(t_i)}{\varDelta t_i}\right)^2 + \left(\frac{\varDelta\psi(t_i)}{\varDelta t_i}\right)^2}\,\varDelta t_i$$

となり，ここで $\varDelta t_i \to 0$ とすれば，求める曲線の長さは

$$l = \int_\alpha^\beta \sqrt{\left(\frac{d\varphi}{dt}\right)^2 + \left(\frac{d\psi}{dt}\right)^2}\,dt \tag{3}$$

で与えられる．

(コメント) 数学では，(2) あるいは (3) の右辺の積分値が存在するとき，その積分値を曲線の長さと定義するのである．

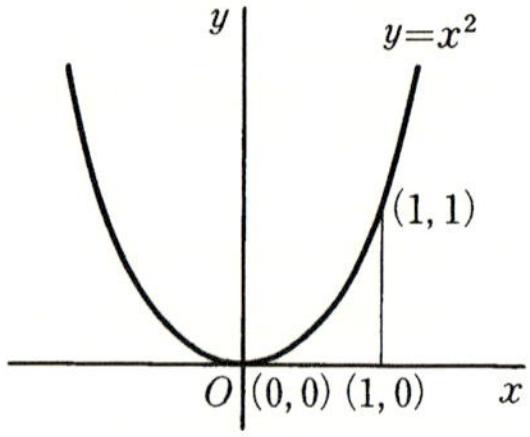

図 9.5

[例 2]　放物線 $y=x^2$ の区間 $[0,1]$ の部分の曲線の長さを求めてみる(図 9.5).

$$f(x)=x^2 \quad したがって \quad f'(x)=2x$$

であるから，求める長さ l は (2) により

$$\begin{aligned} l &= \int_0^1 \sqrt{1+(2x)^2}\,dx = 2\int_0^1 \sqrt{\frac{1}{4}+x^2}\,dx \\ &= \left[x\sqrt{\frac{1}{4}+x^2}+\frac{1}{4}\log\left|x+\sqrt{\frac{1}{4}+x^2}\right|\right]_0^1 \\ &= \frac{\sqrt{5}}{2}+\frac{1}{4}\log(2+\sqrt{5}) \end{aligned}$$

[例 3]　$a>0$ とし

$$x=a(t-\sin t), \qquad y=a(1-\cos t)$$

で与えられる曲線(サイクロイド)の区間 $[0,2\pi]$ の部分の長さを求めよ.

(解)　$\varphi(t)=a(t-\sin t)$，$\psi(t)=a(1-\cos t)$ とおけば

$$\varphi'(t)=a(1-\cos t), \qquad \psi'(t)=a\sin t$$

であるから，求める長さは

$$\begin{aligned} \int_0^{2\pi}\sqrt{(\varphi'(t))^2+(\psi'(t))^2}\,dt &= \int_0^{2\pi}\sqrt{a^2(1-\cos t)^2+a^2\sin^2 t}\,dt \\ &= \sqrt{2}\,a\int_0^{2\pi}\sqrt{1-\cos t}\,dt \\ &= \sqrt{2}\,a\int_0^{2\pi}\sqrt{2\sin^2\frac{t}{2}}\,dt \\ &= 2a\int_0^{2\pi}\sin\frac{t}{2}\,dt = 4a\left[-\cos\frac{t}{2}\right]_0^{2\pi} = 8a \end{aligned}$$

となる.

9.3　回転体の体積

$f(x)$ を区間 $[a,b]$ で連続な関数としたとき，この区間での $y=f(x)$ の描く曲線を x 軸のまわりに回転して得られる回転体の体積 V を求めてみる(図 9.6).

$[a,b]$ の細分割

$$a=x_0<x_1<x_2<\cdots<x_n=b$$

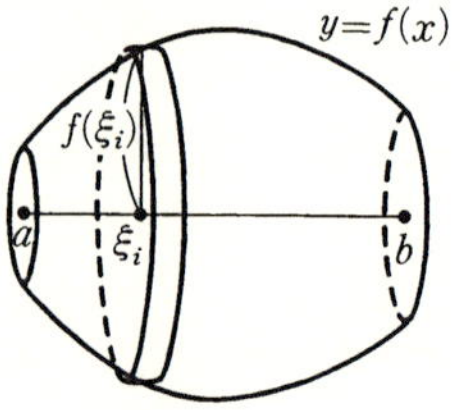

図9.6

において，各微小区間$[x_{i-1}, x_i]$内に1点ξ_iをとり，半径が$|f(\xi_i)|$で厚さが$\Delta x_i = x_i - x_{i-1}$である薄い円板をつくる．この円板の体積を$\Delta V_i$とすれば

$$\Delta V_i = \pi(f(\xi_i))^2 \Delta x_i$$

とかけるから，これらの円板の体積の和

$$\sum_{i=1}^{n} \Delta V_i = \pi \sum_{i=1}^{n} (f(\xi_i))^2 \Delta x_i$$

をつくる．区間$[a, b]$の分割の細分化を進めると，左辺は回転体の体積Vに収束し，右辺の極限は

$$\pi \int_a^b (f(x))^2 dx$$

になる．よって求める体積Vは

$$V = \pi \int_a^b (f(x))^2 dx \tag{4}$$

で与えられる．

[例4] 高さがh，底面の半径がaである円錐の体積を計算してみる(図9.7)．そのために，この円錐を横に倒して考えれば，図9.8のように，直線

$$y = \frac{a}{h}x$$

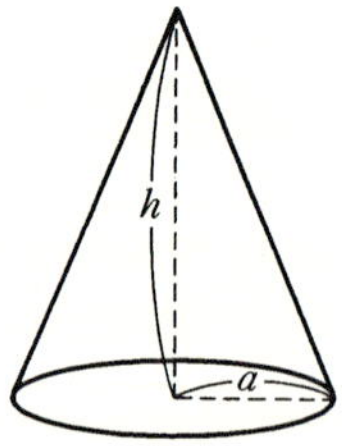

図9.7

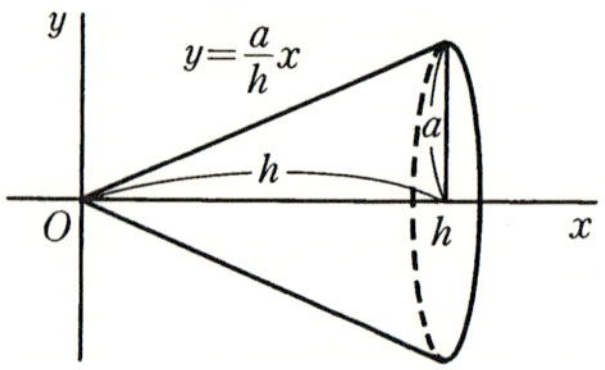

図9.8

を区間 $[0, h]$ で考えて，そのグラフを x 軸の周りに回転させて得られる回転体の体積を求めればよいことがわかる．したがって求める体積 V は

$$V = \pi\int_0^h\left(\frac{a}{h}x\right)^2 dx = \frac{\pi a^2 h}{3}$$

となる．

[例 5] 半径 r の球の体積を求めてみる．この体積は，円 $x^2+y^2=r^2$ の x 軸の上方の部分の曲線の方程式

$$y = \sqrt{r^2-x^2}$$

のグラフを x 軸の周りに回転してえられる回転体の体積として求めればよい(図 9.9)．よって，その体積 V は

$$V = \pi\int_{-r}^{r}(\sqrt{r^2-x^2})^2 dx = \pi\int_{-r}^{r}(r^2-x^2)dx = \frac{4\pi r^3}{3}$$

となる．

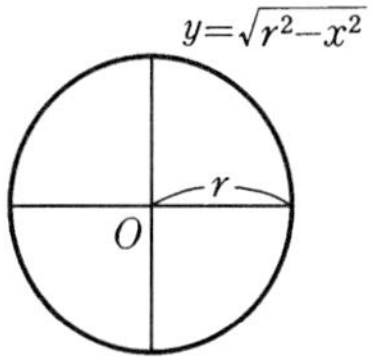

図 9.9

9.4 回転体の側面積

区間 $[a, b]$ で $f(x) \geqq 0$ とし，さらに $f(x)$ は微分可能で $f'(x)$ は連続とする．曲線 $y=f(x)$ のグラフを x 軸の周りに回転させてえられる回転体の側面積 S を計算してみる．

区間 $[a, b]$ を n 個の分点

$$a = x_0 < x_1 < x_2 < \cdots < x_n = b$$

で細分し，対応する 2 点

$$P_{i-1} : (x_{i-1}, f(x_{i-1})), \qquad P_i : (x_i, f(x_i))$$

を線分で結び，線分 $P_{i-1}P_i$ を x 軸の周りに回転してえられる回転体の側面積 $\varDelta s_i$ を計算する(図 9.10 の陰影のついた円形の帯状の部分の面積が $\varDelta s_i$ である)．

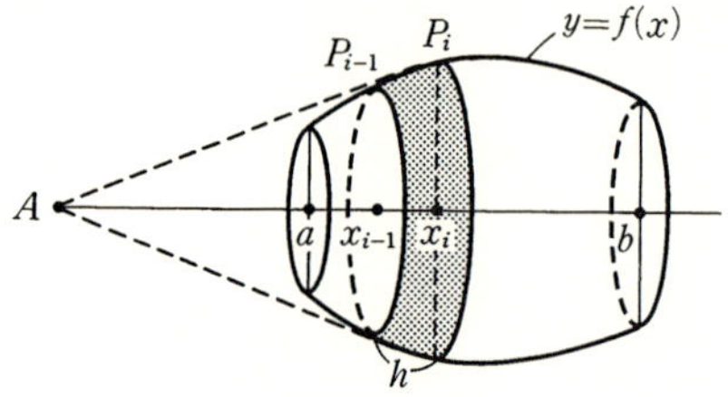

図 9.10

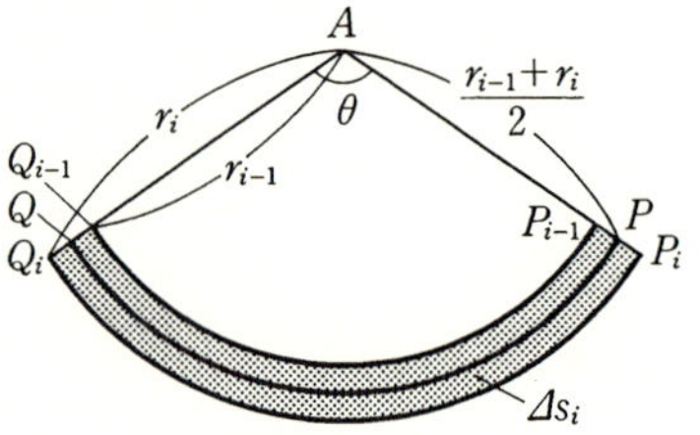

図 9.11

はじめに，図 9.10 のように，$f(x_{i-1})<f(x_i)$ と仮定しよう．このときは線分 $P_{i-1}P_i$ を含む直線は x 軸と交わるから，その交点を A とする．図 9.10 において，線分 AP_i を x 軸の周りに回転させてえられる回転体は，点 A を頂点とする円錐になる．この円錐を，線分 AP_i の端点 P_i のところで x 軸に垂直な面で切って開いたのが図 9.11 の扇形である．そして，この扇形の陰影部分の面積が Δs_i になる．図 9.11 で，頂点 A における扇形の中心角を θ ラジアンとし，線分 AP_{i-1} と AP_i の長さをそれぞれ r_{i-1}, r_i とする．このとき

$$\Delta s_i = (\text{扇形 } AP_iQ_i \text{ の面積}) - (\text{扇形 } AP_{i-1}Q_{i-1} \text{ の面積})$$

であり

$$\text{扇形 } AP_iQ_i \text{ の面積} = \frac{1}{2}r_i{}^2\theta$$

$$\text{扇形 } AP_{i-1}Q_{i-1} \text{ の面積} = \frac{1}{2}r_{i-1}{}^2\theta$$

であるから，$h=r_i-r_{i-1}$ とおくと

$$\Delta s_i = \frac{1}{2}(r_i{}^2-r_{i-1}{}^2)\theta = \frac{1}{2}(r_i+r_{i-1})(r_i-r_{i-1})\theta = \frac{1}{2}(r_i+r_{i-1})\theta h$$

となる．ところで，この式の右辺の $\frac{1}{2}(r_i+r_{i-1})$ は線分 $P_{i-1}P_i$ の中点 P と A を結ぶ線分の長さであるから，$\frac{1}{2}(r_i+r_{i-1})\theta$ は図 9.11 の陰影部分の中心を通る太線の弧 $\overparen{PQ}$ の長さである．そして

$$h = r_i-r_{i-1} = \text{線分 } P_{i-1}P_i \text{ の長さ} = \sqrt{(x_i-x_{i-1})^2+(f(x_i)-f(x_{i-1}))^2}$$

であり，弧 $\overparen{PQ}$ の長さは，もとの図 9.10 に戻って考えれば，x 軸上の点 x_{i-1} と x_i における関数値 $f(x_{i-1})$ と $f(x_i)$ の和の半分 $\frac{1}{2}(f(x_{i-1})+f(x_i))$ を半径の長さとする円の円周になるのだから

$$\frac{1}{2}(r_i+r_{i-1})\theta = \text{弧}\ \widehat{PQ}\ \text{の長さ} = 2\pi\left(\frac{1}{2}(f(x_{i-1})+f(x_i))\right)$$

となる．よって，$\varDelta x_i=x_i-x_{i-1}$，$\varDelta f(x_i)=f(x_i)-f(x_{i-1})$ とおくと

$$\begin{aligned}\varDelta s_i &= \frac{1}{2}(r_i+r_{i-1})\theta h\\ &= 2\pi\frac{f(x_{i-1})+f(x_i)}{2}\sqrt{(x_i-x_{i-1})^2+(f(x_i)-f(x_{i-1}))^2}\\ &= 2\pi\frac{f(x_{i-1})+f(x_i)}{2}\sqrt{(\varDelta x_i)^2+(\varDelta f(x_i))^2}\\ &= 2\pi\frac{f(x_{i-1})+f(x_i)}{2}\sqrt{1+\left(\frac{\varDelta f(x_i)}{\varDelta x_i}\right)^2}\varDelta x_i\end{aligned}$$

とかくことができる．ところで平均値の定理により

$$x_{i-1} < \xi_i < x_i$$

であって

$$\frac{\varDelta f(x_i)}{\varDelta x_i} = f'(\xi_i) \tag{5}$$

をみたす ξ_i を求めることができるから，$\varDelta s_i$ は

$$\varDelta s_i = 2\pi\left(\frac{f(x_{i-1})+f(x_i)}{2}\right)\sqrt{1+(f'(\xi_i))^2}\varDelta x_i \tag{6}$$

とあらわされる．

ここまでは $f(x_{i-1})<f(x_i)$ と仮定してきたが，$f(x_{i-1})>f(x_i)$ の場合でも事情は同じである．(線分 $P_{i-1}P_i$ を含む直線の傾きが負になるから，この直線と x 軸との交点 A の位置が x 軸上の点 b の側に来るだけのことである)．また，$f(x_{i-1})=f(x_i)$ のときは，$\varDelta f(x_i)=0$，したがって $f'(\xi_i)=0$ となって(6) 式はやはり成立する．

このようにしてえられた (6) の $\varDelta s_i$ の和

$$\sum_{i=1}^{n}\varDelta s_i = 2\pi\sum_{i=1}^{n}\frac{f(x_{i-1})+f(x_i)}{2}\sqrt{1+(f'(\xi_i))^2}\varDelta x_i \tag{7}$$

をつくり，ここで各 $\varDelta x_i\to 0$ となるように分割の細分化を進めれば，左辺は回転体の側面積に収束し，右辺は積分

$$2\pi\int_a^b f(x)\sqrt{1+(f'(x))^2}\,dx \tag{8}$$

に収束することが示されるから*，求める側面積 S は

$$S = 2\pi\int_a^b f(x)\sqrt{1+(f'(x))^2}\,dx \tag{9}$$

で与えられる．

[例 6] 半径 r の球の表面積を求めてみる．[例 5] で述べたように，この球は $y=\sqrt{r^2-x^2}$ を x 軸の周りに回転させてえられる回転体であるから，$f(x)=\sqrt{r^2-x^2}$ とおいて (9) 式を使うと，球の表面積は

$$S = 2\pi\int_{-r}^{r}\sqrt{r^2-x^2}\sqrt{1+\left(\frac{x}{\sqrt{r^2-x^2}}\right)^2}\,dx = 2\pi\int_{-r}^{r}\sqrt{r^2-x^2}\frac{r}{\sqrt{r^2-x^2}}dx$$

$$= 2\pi\int_{-r}^{r} r\,dx = 2\pi[rx]_{-r}^{r} = 4\pi r^2$$

となる．

(コメント 1) 半径 r の球の体積 V と表面積 S は

$$V = \frac{4}{3}\pi r^3, \qquad S = 4\pi r^2$$

であることが [例 5], [例 6] でわかった．この形から

$$S = \frac{dV}{dr}$$

が成り立つことがわかる．

同様な関係は円の面積と円周についても見られる．半径 r の円の面積 S と円周の長さ L は

$$S = \pi r^2, \qquad L = 2\pi r$$

であったから，明らかに

$$L = \frac{dS}{dr}$$

* 和 $2\pi\sum_{i=1}^{n} f(\xi_i)\sqrt{1+(f'(\xi_i))^2}\,\Delta x_i$ の極限が (8) に収束することは定積分の定義から当然である．ところで，この和と (7) の右辺の和との違いは，(7) の右辺の $\dfrac{f(x_{i-1})+f(x_i)}{2}$ の部分が $f(\xi_i)$ でおきかえられていることだけであり，$x_{i-1}<\xi_i<x_i$ であることを考慮すると，Δx_i が十分小さければ $\dfrac{f(x_{i-1})+f(x_i)}{2}$ と $f(\xi_i)$ はいくらでも近い値になる．したがって $\Delta x_i\to 0$ としたときの極限においては (7) の右辺もまた (8) の積分に収束することが証明できるのである．

である．このことの幾何学的な意味を考えてみよ．

(コメント2)　半径 r の球を厚さ h の輪切りにすれば，切られたそれぞれの立体の側面積は，h だけに依存した値になる(図9.12)．これは，ちょっと面白い事実である．

$y=\sqrt{r^2-x^2}$ を x 軸の周りに回転させた回転体の，半径が t から $t+h$ までの間の部分の側面積は，(9) の公式の積分区間を $[t, t+h]$ に限定した場合の積分値になるから，[例6] の計算と同様にして

$$2\pi\int_t^{t+h}\sqrt{r^2-x^2}\cdot\frac{r}{\sqrt{r^2-x^2}}dx = [2\pi rx]_t^{t+h} = 2\pi rh$$

となる．この $2\pi rh$ は切る位置 t とは無関係である．このことは，球を，図9.13のように厚さ h で輪切りにしたとき，切りとられたそれぞれの立体の形は，切る位置によってさまざまであるが，それらの側面積 $S_1, S_2, S_3, \cdots$ はみな同じなのである．

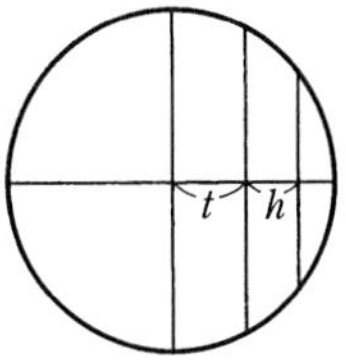

図9.12

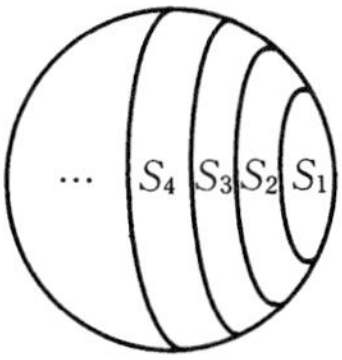

図9.13

(問1)　楕円 $\frac{x^2}{a^2}+\frac{y^2}{b^2}=1$，$a>0$，$b>0$ を x 軸のまわりに回転させてえられる回転体の体積を求めよ．

(問2)　[例3] のサイクロイドについて，$0\leqq t\leqq 2\pi$ の範囲の曲線と x 軸の囲む図形の面積，この部分を x 軸の周りに回転させてえられる回転体の体積，回転体の表面積を計算せよ．

第3章　偏 微 分

ここでは多変数関数の微分法について詳しく調べる．多変数関数の微分法といっても，基本は1変数関数の微分法である．しかし，変数の個数が多くなることによって新たに生ずる問題も多くあり，また表現形式も複雑になる．ここで要求される予備知識は，1変数関数の微分法に加えて行列式，ベクトル，行列，2次形式の部分と $\boldsymbol{R}^n$ の位相的考察の部分である．

解説は，2変数の場合について最初に述べ，後に n 変数の場合に一般化する．

経済学で偏微分が使われるケースはきわめて多い．入門的な経済理論の教科書の中でさえ，偏微分の記号はしばしば使われている．

§1　偏微分係数と偏導関数

1.1　2変数関数の場合

x-y 平面上の領域 S を定義域とする関数を $f(x, y)$ とする．S 内の1点 (a, b) をとり，(a, b) の近傍で，(x, y) がわずかに変化したときの $f(x, y)$ の値の変化率を調べる．1変数の場合と違って，こんどは変数が2つあるので，変数の微小変化といっても，x だけが変化する場合，y だけが変化する場合，x と y が共に変化する場合がある．

はじめに1つの変数だけが変化する場合を考える．(x, y) のとる値が，(a, b) から $(a+\Delta x, b)$ へと，x だけが a から $a+\Delta x$ へ変化したとする．このときの関数 $f(x, y)$ の変化分

$$f(a+\Delta x, b)-f(a, b)$$

を x の変化分 Δx で割った比

$$\frac{f(a+\Delta x, b)-f(a, b)}{\Delta x}$$

をつくる．ここで $\Delta x\to 0$ としたときのこの比の極限が存在するとき，この極限を

$$f_x(a, b) \quad \text{あるいは} \quad \frac{\partial f(a, b)}{\partial x}$$

とかく．すなわち

$$f_x(a, b) = \lim_{\Delta x \to 0} \frac{f(a+\Delta x, b)-f(a, b)}{\Delta x}$$

である．このとき $f(x, y)$ は (a, b) において，x について**偏微分可能**であるといい，$f_x(a, b)$ を (a, b) における x に関する**偏微分係数**という．同様にして，変数 y だけが b から $b+\Delta y$ へと変化した場合について，$\Delta y \to 0$ のときの極限

$$f_y(a, b) = \lim_{\Delta y \to 0} \frac{f(a, b+\Delta y)-f(a, b)}{\Delta y}$$

が存在するならば，$f_y(a, b)$ を y に関する偏微分係数という．$f_y(a, b)$ は $\dfrac{\partial f(a, b)}{\partial y}$ ともかく．

$f_x(a, b), f_y(a, b)$ は (a, b) が変われば変わる．$f(x, y)$ が領域 S 内の各点で x, y について偏微分可能のとき，$f(x, y)$ は **S において偏微分可能**である，という．このとき S 内の任意の点 (x, y) における偏微分係数 $f_x(x, y), f_y(x, y)$ は x, y の関数であるからこれらを**偏導関数**とよぶ．偏導関数を

$$f_x(x, y), \qquad f_y(x, y), \qquad \frac{\partial f}{\partial x}, \qquad \frac{\partial f}{\partial y}$$

などの記号であらわす．ここで用いた $\dfrac{\partial f}{\partial x}$ という記号の ∂ は d を丸くかいた記号であって“ラウンド d”とよむ．

$f(x, y)$ から $f_x(x, y)$ を求める操作を，$f(x, y)$ を x で**偏微分**する，という．$f_y(x, y)$ の場合も同様である．

定義からわかるように，$f(x, y)$ から $f_x(x, y)$ を求める計算をするときは，$f(x, y)$ における y の値は一定と考えて x だけについて微分すればよい．$f_y(x, y)$ を計算するときは，x は一定と考えて $f(x, y)$ を y だけについて微分すればよい．だから，偏微分の計算は 1 変数関数の微分の計算と同じなのであって，1 変数関数の微分に関する諸公式は，偏微分の計算においてもそのまま使うことができる．

[例 1]　$f(x, y)=x^2+3xy$ のとき

$$f_x(x, y) = 2x+3y \qquad f_y(x, y) = 3x$$

[例 2]　$f(x, y)=\dfrac{y}{x}$ のとき

$$f_x(x, y) = -\frac{y}{x^2} \qquad f_y(x, y) = \frac{1}{x}$$

1.2 n 変数への一般化

n 個の変数 $x_1, x_2, \cdots, x_n$ の関数は

$$\boldsymbol{x} = (x_1, x_2, \cdots, x_n)$$

とベクトル記号を用いて

$$f(\boldsymbol{x}) = f(x_1, x_2, \cdots, x_n)$$

であらわす．点 $\boldsymbol{a}=(a_1, a_2, \cdots, a_n)$ において

$$\lim_{\Delta x_i \to 0} \frac{f(a_1, \cdots, a_i+\Delta x_i, \cdots, a_n)-f(a_1, \cdots, a_i, \cdots, a_n)}{\Delta x_i}$$

が存在するとき，この極限を

$$f_{x_i}(\boldsymbol{a}) \quad \text{あるいは} \quad \frac{\partial f(\boldsymbol{a})}{\partial x_i}$$

であらわす．このとき $f(\boldsymbol{x})$ は $\boldsymbol{a}$ において x_i について偏微分可能であるといい，$f_{x_i}(\boldsymbol{a})$ を x_i に関する偏微分係数という．$\boldsymbol{a}$ を変数 $\boldsymbol{x}$ でおきかえた $f_{x_i}(\boldsymbol{x})$ を x_i に関する偏導関数という．

ここで，以下においてしばしば使う用語の定義をしておく．

定義　$f(\boldsymbol{x})$ が点 $\boldsymbol{a}$ の近傍で各変数 $x_1, x_2, \cdots, x_n$ について偏微分可能であり，かつ偏導関数がすべて連続であるとき，$f(\boldsymbol{x})$ は $\boldsymbol{a}$ において**連続微分可能**であるという．

(問1)　次の関数をそれぞれの変数について偏微分せよ．

(1) x^2y+3xy^3　(2) $\sin xy$　(3) $\cos(ax+by)$

(4) $e^{x^2+y^2}\sin(ax+by)$　(5) $x^y y^x$　(6) $\log_x y$

(問2)　$f(x, y)=\dfrac{x-y}{x+y}\log\dfrac{y}{x}$ のとき $x\dfrac{\partial f}{\partial x}+y\dfrac{\partial f}{\partial y}=0$ となることを示せ．

(問3)　$f(x, y)=ax^\alpha y^{1-\alpha}$，$\alpha$ は定数，のとき

$$x\frac{\partial f}{\partial x}+y\frac{\partial f}{\partial y} = f(x, y)$$

が成り立つことを示せ．

§2 全微分

2.1 2変数の場合

$f(x, y)$ は点 (a, b) の近傍で連続微分可能とする．ここでは x と y が共に変化したときの関数の変化分を調べる．(x, y) が (a, b) から $(a+\Delta x, b+\Delta y)$ に変化したときの関数の変化分を $\Delta f(a, b)$ とかく．

$$\Delta f(a, b) = f(a+\Delta x, b+\Delta y)-f(a, b) \tag{1}$$

であるから，右辺に互いに消し合う項 $-f(a, b+\Delta y)$ と $f(a, b+\Delta y)$ を挿入して

$$\begin{aligned}\Delta f(a, b) &= f(a+\Delta x, b+\Delta y)-f(a, b)\\ &= f(a+\Delta x, b+\Delta y)-f(a, b+\Delta y)+f(a, b+\Delta y)-f(a, b)\end{aligned}$$

とし，前半の 2 つの項からなる部分

$$f(a+\Delta x, b+\Delta y)-f(a, b+\Delta y)$$

を調べる．変数 y に関する部分は共に $b+\Delta y$ であるが変数 x に関する部分は $a+\Delta x$ と a である．そこで x に関する部分に 1 変数関数の平均値の定理 (第 1 章定理 1.8) を使うと

$$f(a+\Delta x, b+\Delta y)-f(a, b+\Delta y) = f_x(a+\theta_1\Delta x, b+\Delta y)\Delta x, \quad 0<\theta_1<1$$

とかくことができる．同様に後半の 2 つの項からなる部分は y に関する部分に平均値の定理を使って

$$f(a, b+\Delta y)-f(a, b) = f_y(a, b+\theta_2\Delta y)\Delta y, \qquad 0<\theta_2<1$$

とかくことができる．よって

$$\begin{aligned}\Delta f(a, b) &= f(a+\Delta x, b+\Delta y)-f(a, b)\\ &= f_x(a+\theta_1\Delta x, b+\Delta y)\Delta x+f_y(a, b+\theta_2\Delta y)\Delta y\end{aligned}$$

とかける．ここで

$$f_x(a+\theta_1\Delta x, b+\Delta y) = f_x(a, b)+\varepsilon_1 \tag{2}$$

$$f_y(a, b+\theta_2\Delta y) = f_y(a, b)+\varepsilon_2 \tag{3}$$

とおけば

$$\begin{aligned}\Delta f(a, b) &= (f_x(a, b)+\varepsilon_1)\Delta x+(f_y(a, b)+\varepsilon_2)\Delta y\\ &= f_x(a, b)\Delta x+f_y(a, b)\Delta y+\varepsilon_1\Delta x+\varepsilon_2\Delta y \end{aligned}\tag{4}$$

とかける．仮定により $f_x(x, y)$，$f_y(x, y)$ は (a, b) の近傍で連続だから $\Delta x\to 0$，$\Delta y\to 0$ のとき (2) の左辺は $f_x(a, b)$ に収束し，(3) の左辺は $f_y(a, b)$ に収束する．よって

$$\Delta x \longrightarrow 0, \Delta y \longrightarrow 0 \quad のとき \quad \varepsilon_1 \longrightarrow 0, \varepsilon_2 \longrightarrow 0 \tag{5}$$

である．このことから (4) の最後の式の後半の部分

$$\varepsilon_1 \Delta x + \varepsilon_2 \Delta y$$

は $\Delta x\to 0, \Delta y\to 0$ のとき $\Delta x, \Delta y$ よりも早く 0 に収束することがわかる．より詳しくいえば

$$\lim_{(\Delta x, \Delta y)\to(0,0)} \frac{\varepsilon_1 \Delta x + \varepsilon_2 \Delta y}{\sqrt{(\Delta x)^2+(\Delta y)^2}} = 0$$

である．なぜなら

$$\frac{|\Delta x|}{\sqrt{(\Delta x)^2+(\Delta y)^2}} \leqq 1, \qquad \frac{|\Delta y|}{\sqrt{(\Delta x)^2+(\Delta y)^2}} \leqq 1$$

であるから，$\Delta x\to 0$，$\Delta y\to 0$ のとき，(5) により

$$\frac{|\varepsilon_1 \Delta x + \varepsilon_2 \Delta y|}{\sqrt{(\Delta x)^2+(\Delta y)^2}} \leqq |\varepsilon_1|+|\varepsilon_2| \longrightarrow 0$$

となるからである．このことは，$\varepsilon_1 \Delta x + \varepsilon_2 \Delta y$ は $\sqrt{(\Delta x)^2+(\Delta y)^2}$ よりも高位の無限小である (第 1 章 § 1 参照) ことを意味するから

$$\varepsilon_1 \Delta x + \varepsilon_2 \Delta y = o(\sqrt{(\Delta x)^2+(\Delta y)^2})$$

とかけば，(4) から

$$\Delta f(a, b) = f_x(a, b)\Delta x + f_y(a, b)\Delta y + o(\sqrt{(\Delta x)^2+(\Delta y)^2}) \tag{6}$$

とかくことができる．

(6) の右辺の最初の 2 つの項

$$f_x(a, b)\Delta x + f_y(a, b)\Delta y$$

を $\Delta f(a, b)$ の**主要部分**というが，この主要部分を $f(x, y)$ の (a, b) における**全微分**とよび，$df(a, b)$ あるいは，たんに df であらわす．

$$df(a, b) = f_x(a, b)\Delta x + f_y(a, b)\Delta y$$

要約すれば，全微分は，変数 x, y がそれぞれ $\Delta x, \Delta y$ だけ変化したときの関数の変化分 $\Delta f(a, b)$ のうち，Δx と Δy の 1 次式としてかかれる部分 (主要部分) である．それ以外の部分は $o(\sqrt{(\Delta x)^2+(\Delta y)^2})$ であって主要部分よりも高位の無限小である．したがって $\Delta x\to 0$，$\Delta y\to 0$ のときの $\Delta f(a, b)$ の大きさ

は，ほとんど主要部分 $df(a, b)$ によって決まると考えることができる．

$df(a, b)$ は (a, b) に依存する．(a, b) を (x, y) でおきかえれば

$$df(x, y) = f_x(x, y)\varDelta x + f_y(x, y)\varDelta y$$

となるが，x, y 自身の全微分 dx, dy はそれぞれ $\varDelta x, \varDelta y$ に他ならないから，$dx=\varDelta x$，$dy=\varDelta y$ である．よって

$$df(x, y) = f_x(x, y)dx + f_y(x, y)dy = \frac{\partial f}{\partial x}dx + \frac{\partial f}{\partial y}dy \tag{7}$$

である．

ここまでは $f(x, y)$ の偏微分可能性と偏導関数 $f_x(x, y)$，$f_y(x, y)$ の連続性を仮定して話を進めてきたが，一般には全微分を次のように定義する．

定義 $f(x, y)$ の定義域内の点 (a, b) の近傍で

$$f(a+\varDelta x, b+\varDelta y) - f(a, b) = A\varDelta x + B\varDelta y + o(\sqrt{(\varDelta x)^2+(\varDelta y)^2}) \tag{8}$$

となるように定数 A, B を定めることができるならば，$f(x, y)$ は (a, b) において**全微分可能**である，という．

このとき次の定理が成立する．

定理 3.1 $f(x, y)$ が (a, b) で全微分可能であれば，$f(x, y)$ は (a, b) で連続であり，しかも x, y について偏微分可能であって，(8) の右辺の A, B は

$$A = f_x(a, b), \qquad B = f_y(a, b)$$

で与えられる．

(証明) $\varDelta x \to 0$，$\varDelta y \to 0$ のとき (8) の右辺は 0 に収束するから $f(x, y)$ は (a, b) で連続である．また，(8) の両辺で $\varDelta y=0$ とおいて両辺を $\varDelta x$ で割れば

$$\frac{f(a+\varDelta x, b)-f(a, b)}{\varDelta x} = A + \frac{o(|\varDelta x|)}{\varDelta x}$$

となるが，ここで $\varDelta x \to 0$ とすれば $\dfrac{o(|\varDelta x|)}{\varDelta x} \to 0$ である (それが高位の無限小の記号 $o(\quad)$ の意味であった) から

$$\lim_{\Delta x \to 0} \frac{f(a+\Delta x, b)-f(a, b)}{\Delta x} = A$$

となる．よって左辺の極限は存在して極限値は A である．左辺の極限値は $f_x(a, b)$ であるから，$f_x(a, b)=A$ である．

$f_y(a, b)=B$ であることも同様にして示される．(終)

この定理により，$f(x, y)$ が (a, b) で全微分可能であれば

$$\begin{aligned} &f(a+\Delta x, b+\Delta y)-f(a, b) \\ &\quad = f_x(a, b)\Delta x+f_y(a, b)\Delta y+o(\sqrt{(\Delta x)^2+(\Delta y)^2}) \end{aligned}$$

が成り立つことがわかる．この式の右辺の $f_x(a, b)\Delta x+f_y(a, b)\Delta y$ の部分を $f(x, y)$ の (a, b) における**全微分**と定義するのである．以上で述べたことから，次の定理は明らかであろう．

> **定理 3.2**　$f(x, y)$ が (a, b) を含む領域で x, y について偏微分可能であり，偏導関数 $f_x(x, y)$，$f_y(x, y)$ が(a, b) で連続であれば，$f(x, y)$ は (a, b) で全微分可能である．

(コメント)　経済学では全微分はきわめて頻繁に使われる．その際，関数の偏微分可能性と偏導関数の連続性，すなわち，関数の連続微分可能性，は仮定されるのが普通である．

全微分と接平面　$f(x, y)$ は (a, b)で全微分可能とする．このとき曲面

$$z = f(x, y)$$

上の点 $(a, b, f(a, b))$ においてこの曲面に接する平面の方程式は

$$z-f(a, b) = f_x(a, b)(x-a)+f_y(a, b)(y-b) \tag{9}$$

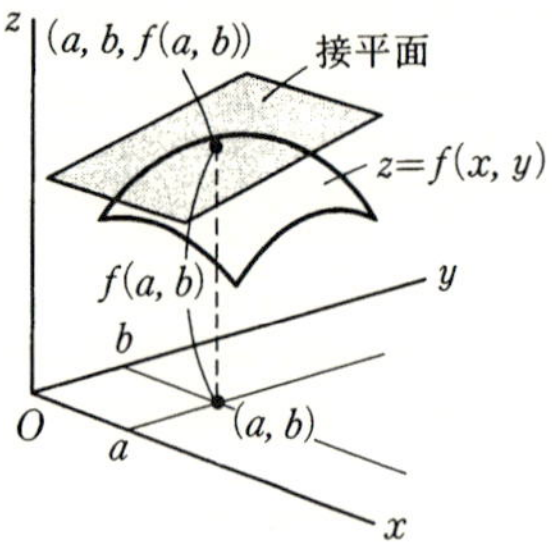

図 2.1

で与えられる．この平面 (9) を点 (a, b) における**接平面**という (図 2.1).

ここで $x=a+\Delta x$, $y=b+\Delta y$ とおけば (9)は

$$z-f(a, b) = f_x(a, b)\Delta x+f_y(a, b)\Delta y$$

となるが，この右辺は全微分 $df(a, b)$ に他ならないから接平面の方程式は

$$z = f(a, b)+df(a, b)$$

あるいは

$$z = f(a, b)+f_x(a, b)\Delta x+f_y(a, b)\Delta y \tag{10}$$

とかくことができる．

一方，$x=a+\Delta x$, $y=b+\Delta y$ に対応する曲面 $z=f(x, y)$ 上の点の z 座標は $f(a+\Delta x,\ b+\Delta y)$ である．この値と (10) で与えられる接平面上の点の z 座標との差は

$$f(a+\Delta x,\ b+\Delta y)-f(a, b)-f_x(a, b)\Delta x-f_y(a, b)\Delta y$$

であるが，この値は (1) と (6) から

$$\Delta f(a, b)-f_x(a, b)\Delta x-f_y(a, b)\Delta y = o(\sqrt{(\Delta x)^2+(\Delta y)^2})$$

となる．こうして，(x, y) 平面上の点 $(a+\Delta x, b+\Delta y)$ に対応する曲面 $z=f(x, y)$ 上の点の z 座標と接平面上の点の z 座標の差は $o(\sqrt{(\Delta x)^2+(\Delta y)^2})$，すなわち $\Delta x, \Delta y$ よりも高位の無限小となる．このような性質をもつ平面は (9) あるいは (10) で与えられる接平面以外にはない．

2.2 n 変数の場合

以上述べたことを n 変数関数 $f(x_1, x_2, \cdots, x_n)$ の場合に一般化する．

定義 $\boldsymbol{R}^n$ の点 $(a_1, a_2, \cdots, a_n)$ の近傍で

$$f(a_1+\Delta x_1, \cdots, a_n+\Delta x_n)-f(a_1, a_2, \cdots, a_n)$$
$$= \sum_{i=1}^{n} A_i\Delta x_i+o\left(\sqrt{\sum_{i=1}^{n}(\Delta x_i)^2}\right)$$

となるように定数 $A_1, A_2, \cdots, A_n$ を定めることができるとき，$f(x_1, x_2, \cdots, x_n)$ は $(a_1, a_2, \cdots, a_n)$ において**全微分可能**であるという．このとき $f(x_1, x_2, \cdots, x_n)$ は $(a_1, a_2, \cdots, a_n)$ において，各変数 x_i, $i=1, 2, \cdots, n$, について偏微分可能であって

$$A_i = f_{x_i}(a_1, a_2, \cdots, a_n), \qquad i = 1, 2, \cdots, n$$

が成立する．ここで

$$df=\sum_{i=1}^{n}f_{x_i}(a_1, a_2, \cdots, a_n)\Delta x_i$$

を $f(x_1, x_2, \cdots, x_n)$ の $(a_1, a_2, \cdots, a_n)$ における**全微分**という．

$(a_1, a_2, \cdots, a_n)$ を変数 $(x_1, x_2, \cdots, x_n)$ でおきかえ，各 Δx_i を dx_i とかいて

$$df=\sum_{i=1}^{n}f_{x_i}(x_1, x_2, \cdots, x_n)dx_i=\sum_{i=1}^{n}\frac{\partial f}{\partial x_i}dx_i$$

を求めることを，$f(x_1, x_2, \cdots, x_n)$ を**全微分する**という．

$f(x_1, x_2, \cdots, x_n)$ が $(a_1, a_2, \cdots, a_n)$ において各変数について偏微分可能であり，かつ，各偏導関数 $f_{x_i}(x_1, x_2, \cdots, x_n)$ が $(a_1, a_2, \cdots, a_n)$ で連続であれば，$f(x_1, x_2, \cdots, x_n)$ は $(a_1, a_2, \cdots, a_n)$ において全微分可能である．

$f(x_1, x_2, \cdots, x_n)$ が $(a_1, a_2, \cdots, a_n)$ で全微分可能のとき，$n+1$ 次元空間 $\boldsymbol{R}^{n+1}$ 内の曲面

$$z=f(x_1, x_2, \cdots, x_n)$$

上の1点 $(a_1, a_2, \cdots, a_n,\ f(a_1, a_2, \cdots, a_n))$ を通る超平面

$$z-f(a_1, a_2, \cdots, a_n)=\sum_{i=1}^{n}f_{x_i}(a_1, a_2, \cdots, a_n)(x_i-a_i)$$

を，この点におけるこの曲面 $z=f(x_1, x_2, \cdots, x_n)$ の**接平面**という．$(a_1, a_2, \cdots, a_n)$ の近くの点 $(a_1+\Delta x_1, \cdots, a_n+\Delta x_n)$ に対応する曲面上の点の z 座標と接平面上の点の z 座標との差は

$$o\left(\sqrt{\sum_{i=1}^{n}(\Delta x_i)^2}\right)$$

である．このような超平面は接平面以外には存在しない．

(問1) 次の関数の全微分を求めよ．

(1) $f(x, y)=\log\sqrt{1+x^2+y^2}$ (2) $f(x, y)=xy\sin(x+y)$

(問2) $x=r\cos\theta$，$y=r\sin\theta$ のとき，dx, dy を $dr, d\theta$ によってあらわせ．このとき

(1) $xdy-ydx=r^2d\theta$ (2) $xdx+ydy=rdr$

が成り立つことを示せ．

§3　方向微分係数

3.1　2変数の場合

$f(x, y)$ の (a, b) における偏微分係数 $f_x(a, b)$, $f_y(a, b)$ は，それぞれ

$$\frac{f(a+\Delta x, b)-f(a, b)}{\Delta x}, \qquad \frac{f(a, b+\Delta y)-f(a, b)}{\Delta y}$$

の $\Delta x \to 0$, $\Delta y \to 0$ のときの極限である．この定義からわかるように，$f_x(a, b)$ は点 (x, y) が (a, b) から x 軸方向に変化したときの $f(x, y)$ の変化率であり，$f_y(a, b)$ は点 (x, y) が (a, b) から y 軸方向に変化したときの $f(x, y)$ の変化率である．この考え方を一般化して，(x, y) が変化する方向をあらかじめ指定して，点 (a, b) から，指定された方向に (x, y) が変化するときの $f(x, y)$ の変化率を考えることができる．

(x, y) が変化する方向は

$$\lambda^2+\mu^2=1 \tag{1}$$

をみたす2次元ベクトル (λ, μ) によって指定できる．この方向を (λ, μ) の方向とよぶことにする (図3.1)．このとき

$$\lim_{\Delta t \to 0} \frac{f(a+\lambda\Delta t,\ b+\mu\Delta t)-f(a, b)}{\Delta t}$$

が存在するならば，この極限を $f(x, y)$ の (a, b) における (λ, μ) 方向の**方向微分係数**とよび，記号

$$f_{(\lambda, \mu)}(a, b)$$

であらわすことにする．すなわち

$$f_{(\lambda, \mu)}(a, b)=\lim_{\Delta t \to 0} \frac{f(a+\lambda\Delta t,\ b+\mu\Delta t)-f(a, b)}{\Delta t}$$

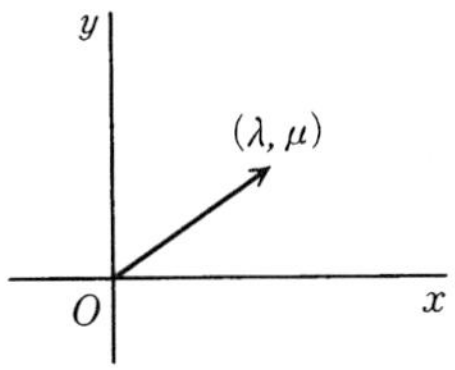

図3.1

である．このとき次の定理が成立する．

> **定理 3.3**　$f(x, y)$ が (a, b) を内部に含む領域で全微分可能であれば，(1) をみたすすべての (λ, μ) に対して (λ, μ) 方向の方向微分係数 $f_{(\lambda,\mu)}(a, b)$ は存在して
> $$f_{(\lambda,\mu)}(a, b) = \lambda f_x(a, b) + \mu f_y(a, b) \tag{2}$$
> が成立する．

(証明)　$f(x, y)$ は全微分可能であるから

$$f(a+\lambda\Delta t,\ b+\mu\Delta t)-f(a, b) = f_x(a, b)\lambda\Delta t + f_y(a, b)\mu\Delta t + o(|\Delta t|)$$

が成立する*．両辺を Δt で割って $\Delta t \to 0$ とすれば (2) がえられる．(終)

(コメント)　定理 3.3 の逆は一般には成立しない．(a, b) において $f(x, y)$ のすべての方向の方向微分係数が存在しても $f(x, y)$ は (a, b) で全微分可能とは限らない．たとえば $f(x, y)$ を

$$f(x, y) = \begin{cases} \dfrac{x^2 y}{x^4+y^2} & (x, y) \neq (0, 0) \text{ のとき} \\ 0 & (x, y) = (0, 0) \text{ のとき} \end{cases}$$

で定義すれば，$(0, 0)$ において，$f(x, y)$ はすべての方向の方向微分係数をもつが，$(0, 0)$ で連続にはならない．したがって，$f(x, y)$ は $(0, 0)$ で全微分可能ではない．このことは次のようにして示される．

まず，任意に (λ, μ) の方向を指定する．この方向の方向微分係数は，$\mu \neq 0$ のときは

$$\begin{aligned} f_{(\lambda,\mu)}(0, 0) &= \lim_{\Delta t\to 0} \frac{f(\lambda\Delta t,\ \mu\Delta t)-f(0, 0)}{\Delta t} \\ &= \lim_{\Delta t\to 0} \frac{1}{\Delta t}\cdot\frac{\lambda^2\mu(\Delta t)^3}{(\lambda\Delta t)^4+(\mu\Delta t)^2} = \lim_{\Delta t\to 0}\frac{\lambda^2\mu}{\lambda^4(\Delta t)^2+\mu^2} \\ &= \frac{\lambda^2\mu}{\mu^2} = \frac{\lambda^2}{\mu} \end{aligned}$$

$\mu=0$ のときは，$\lambda^2+\mu^2=1$ だから $\lambda=1$ または $\lambda=-1$ であって

---

*　$(\lambda\Delta t)^2+(\mu\Delta t)^2=(\lambda^2+\mu^2)(\Delta t)^2=(\Delta t)^2$ であるから $o(\sqrt{(\lambda\Delta t)^2+(\mu\Delta t)^2})=o(\sqrt{(\Delta t)^2})=o(|\Delta t|)$ である．

$$f_{(1,0)}(0,0)=\lim\frac{f(\varDelta t,0)-f(0,0)}{\varDelta t}=\lim_{\varDelta t\to 0}\frac{0}{(\varDelta t)^5}=0$$

同様に $f_{(-1,0)}(0,0)=0$ となる．よって，すべての方向の方向微分係数は存在する．

次に，$f(x,y)$ が $(0,0)$ で連続でないことを示す．そのためには，$f(0,0)=0$ であるから，(x,y) が $(0,0)$ に近づく近づき方によっては $\displaystyle\lim_{(x,y)\to(0,0)}f(x,y)\neq 0$ となることを示せばよい．たとえば放物線 $y=x^2$ 上を動きながら (x,y) を $(0,0)$ に近づけてみる．放物線 $y=x^2$ の $(0,0)$ 以外の点における $f(x,y)$ の値は，常に

$$f(x,y)=f(x,x^2)=\frac{x^4}{x^4+x^4}=\frac{1}{2}$$

であるから，このとき $\displaystyle\lim_{(x,y)\to(0,0)}f(x,y)=\frac{1}{2}$ である．したがって $f(x,y)$ は $(0,0)$ で連続にならないから，定理 3.1 により，$(0,0)$ において全微分可能ではない．

一般に，この $f(x,y)$ に対して $f(x,y)=\alpha$，$\alpha\neq 0$ とおくと

$$\frac{x^2y}{x^4+y^2}=\alpha \quad すなわち \quad \alpha x^4-x^2y+\alpha y^2=0$$

となるが，これを y について解くと，2 つの放物線

$$y=\frac{1\pm\sqrt{1-4\alpha^2}}{2\alpha}x^2$$

がえられる．そこで $-\dfrac{1}{2}\leqq\alpha\leqq\dfrac{1}{2}$ の範囲の $\alpha\neq 0$ をとり，この放物線上を動きながら $(x,y)\to(0,0)$ とすれば $f(x,y)\to\alpha$ となる．

3.2　n 変数の場合

$\boldsymbol{x},\boldsymbol{a}\in\boldsymbol{R}^n$ とし，$\|\boldsymbol{h}\|=1$ である $\boldsymbol{h}\in\boldsymbol{R}^n$ を指定する．$\boldsymbol{x}$ が点 $\boldsymbol{a}$ から $\boldsymbol{h}$ 方向に変化したときの関数の変化分は，t をパラメータとして $f(\boldsymbol{a}+t\boldsymbol{h})-f(\boldsymbol{a})$ であらわされる．このとき

$$\lim_{t\to 0}\frac{f(\boldsymbol{a}+t\boldsymbol{h})-f(\boldsymbol{a})}{t}=\sum_{i=1}^{n}h_if_{x_i}(\boldsymbol{a})$$

を $\boldsymbol{h}$ 方向の**方向微分係数**という．

方向微分係数は $\boldsymbol{x}$ の変化の方向を示すベクトル $\boldsymbol{h}$ の関数であり，$\boldsymbol{x}$ が $\boldsymbol{a}$ か

ら $\boldsymbol{h}$ 方向に変化したときの関数 $f(\boldsymbol{x})$ の値の変化率をあらわしている．後の第6章では方向微分係数がしばしば登場する．

§4 合成関数の偏微分

4.1 2変数関数の場合

$f(x, y)$ は領域 S で連続微分可能，したがって全微分可能とする．さらに，変数 x と y は，変数 t の微分可能な関数 $\varphi(t), \psi(t)$ によって

$$x = \varphi(t), \qquad y = \psi(t) \tag{1}$$

とあらわされるものとし，これらの関数の定義域内の t に対して $(\varphi(t), \psi(t))$ は S に含まれるとする．このとき合成関数 $f(\varphi(t), \psi(t))$ は t について微分可能な関数になる．この関数を改めて

$$g(t) = f(\varphi(t), \psi(t)) \tag{2}$$

とおき，$g'(t)=\dfrac{dg}{dt}$ を $f(x, y)$ の偏導関数と $\varphi(t), \psi(t)$ の導関数によってあらわすことを考える．

変数 t を $t+\Delta t$ に変えてみる．このとき $\varphi(t), \psi(t)$ はそれぞれ $\varphi(t+\Delta t)$, $\psi(t+\Delta t)$ に変わるから，これに伴う x, y の変化分を $\Delta x, \Delta y$ とおくと

$$\Delta x = \varphi(t+\Delta t)-\varphi(t), \qquad \Delta y = \psi(t+\Delta t)-\psi(t)$$

である．$x=\varphi(t), y=\psi(t)$ であるから，このとき

$$\varphi(t+\Delta t) = \varphi(t)+\Delta x = x+\Delta x$$
$$\psi(t+\Delta t) = \psi(t)+\Delta y = y+\Delta y$$

となる．したがって $g(t+\Delta t)$ は

$$g(t+\Delta t) = f(\varphi(t+\Delta t), \psi(t+\Delta t)) = f(x+\Delta x, y+\Delta y)$$

となって

$$g(t+\Delta t)-g(t) = f(x+\Delta x, y+\Delta y)-f(x, y)$$

とかける．$f(x, y)$ は全微分可能であるから，この式の右辺は

$$\begin{aligned} &f(x+\Delta x, y+\Delta y)-f(x, y) \\ &\qquad = f_x(x, y)\Delta x+f_y(x, y)\Delta y+o(\sqrt{(\Delta x)^2+(\Delta y)^2}) \end{aligned}$$

とかける．よって

$$g(t+\Delta t)-g(t) = f_x(x, y)\Delta x+f_y(x, y)\Delta y+o(\sqrt{(\Delta x)^2+(\Delta y)^2})$$

となる．この両辺を Δt で割って

$$\frac{g(t+\Delta t)-g(t)}{\Delta t} = f_x(x,y)\frac{\Delta x}{\Delta t}+f_y(x,y)\frac{\Delta y}{\Delta t}+\frac{o(\sqrt{(\Delta x)^2+(\Delta y)^2})}{\Delta t}$$

とし，ここで $\Delta t\to 0$ とすると $\Delta x\to 0$，$\Delta y\to 0$ であって，左辺は

$$\frac{g(t+\Delta t)-g(t)}{\Delta t}\longrightarrow g'(t)$$

となる．右辺では $\varphi(t), \psi(t)$ が微分可能であるから

$$\frac{\Delta x}{\Delta t}=\frac{\varphi(t+\Delta t)-\varphi(t)}{\Delta t}\longrightarrow \varphi'(t)$$

$$\frac{\Delta y}{\Delta t}=\frac{\psi(t+\Delta t)-\psi(t)}{\Delta t}\longrightarrow \psi'(t)$$

である．また $\dfrac{o(\sqrt{(\Delta x)^2+(\Delta y)^2})}{\Delta t}$ を

$$\frac{o(\sqrt{(\Delta x)^2+(\Delta y)^2})}{|\Delta t|}=\frac{o(\sqrt{(\Delta x)^2+(\Delta y)^2})}{\sqrt{(\Delta x)^2+(\Delta y)^2}}\sqrt{\left(\frac{\Delta x}{\Delta t}\right)^2+\left(\frac{\Delta y}{\Delta t}\right)^2}$$

と変形すれば右辺の最初の比は 0 に収束し，後の因数は $\sqrt{(\varphi'(t))^2+(\psi'(t))^2}$ に収束するから，全体は 0 に収束する．よって

$$g'(t) = f_x(x,y)\varphi'(t)+f_y(x,y)\psi'(t)$$

が成立する．$x=\varphi(t), y=\psi(t)$ であるから，この関係式から

$$g'(t) = f_x(\varphi(t),\psi(t))\varphi'(t)+f_y(\varphi(t),\psi(t))\psi'(t) \tag{3}$$

が導かれる．この (3) の関係式は

$$\frac{dg}{dt}=\frac{\partial f}{\partial x}\frac{d\varphi}{dt}+\frac{\partial f}{\partial y}\frac{d\psi}{dt} \tag{4}$$

あるいは

$$\frac{dg}{dt}=\frac{\partial f}{\partial x}\frac{dx}{dt}+\frac{\partial f}{\partial y}\frac{dy}{dt} \tag{5}$$

とかくこともできる．

以上述べたことを定理としてまとめておく．

定理 3.4　$f(x,y)$ は全微分可能とし，さらに $x=\varphi(t)$，$y=\psi(t)$ は微分可能とする．このとき

$$g(t) = f(\varphi(t),\psi(t))$$

とおけば，$g(t)$ は微分可能であって

$$g'(t) = f_x(\varphi(t), \psi(t))\varphi'(t) + f_y(\varphi(t), \psi(t))\psi'(t)$$

が成立する．この関係は

$$\frac{dg}{dt} = \frac{\partial f}{\partial x}\frac{d\varphi}{dt} + \frac{\partial f}{\partial y}\frac{d\psi}{dt}$$

とかいてもよい．

(コメント) ここで述べた合成関数の偏微分の公式は，この章の以後の議論の基礎となるきわめて重要なものであり，応用面でも絶えず使われる．

まず，$f(x, y)$ と $x=\varphi(t), y=\psi(t)$ を合成してえられる $f(\varphi(t), \psi(t))$ を改めて $g(t)$ とおいたのは，混乱を避けるためであり，t だけの関数であることを強調するためでもある．したがって，特に (4), (5) を使うときは，(4), (5) の右辺もまた，最終的には t だけの関数にしておくことを忘れてはならない．(4), (5) の右辺の $\dfrac{\partial f}{\partial x}$ あるいは $\dfrac{\partial f}{\partial y}$ は，$f(x, y)$ を x あるいは y で偏微分してえられる x と y の関数であるが，これらの関数の中の x と y を最終的には $\varphi(t)$, $\psi(t)$ でおきかえておく．それが (3) 式の右辺の $f_x(\varphi(t), \psi(t))$，$f_y(\varphi(t), \psi(t))$ である．

(3), (4), (5) 式の左辺では，はじめに $f(x, y)$ の x, y を $\varphi(t), \psi(t)$ でおきかえて，おきかえた関数 $f(\varphi(t), \psi(t))$ を t で微分しているのである．他方，右辺の $f_x(\varphi(t), \psi(t))$，$f_y(\varphi(t), \psi(t))$ は，$f(x, y)$ を x, y で偏微分して $f_x(x, y)$, $f_y(x, y)$ を求める計算が先で，その後に $x=\varphi(t)$，$y=\psi(t)$ を代入しているのである．微分する演算と代入する演算の前後関係は混乱のないようにしておくこと．後になると，この関係が一層複雑になるから，いまのうちに記号の意味をしっかりと把握しておいてほしい．

[例1] $f(x, y)=x^2+xy$

$$x = \varphi(t) = t+1, \qquad y = \psi(t) = t^2+t+1$$

とする．このとき合成関数は

$$\begin{aligned} g(t) &= f(t+1, t^2+t+1) = (t+1)^2+(t+1)(t^2+t+1) \\ &= t^3+3t^2+4t+2 \end{aligned}$$

となるから，この最後の式を微分すると

$$g'(t) = 3t^2+6t+4$$

となる．一方 $f(x, y)=x^2+xy$ であるから

$$f_x(x, y) = 2x+y, \quad f_y(x, y) = x$$

となり，ここで $x=t+1$，$y=t^2+t+1$ とおくと

$$f_x(t+1, t^2+t+1) = 2(t+1)+t^2+t+1 = t^2+3t+3$$
$$f_y(t+1, t^2+t+1) = t+1$$

となる．また

$$\varphi'(t) = 1, \quad \psi'(t) = 2t+1$$

であるから

$$\begin{aligned} &f_x(\varphi(t), \psi(t))\varphi'(t)+f_y(\varphi(t), \psi(t))\psi'(t) \\ &= (t^2+3t+3)+(t+1)(2t+1) = 3t^2+6t+4 \end{aligned}$$

となって

$$g'(t) = f_x(\varphi(t), \psi(t))\varphi'(t)+f_y(\varphi(t), \psi(t))\psi'(t)$$

が成り立っていることが確かめられる．

[例 2]　$g(t)=\int_{\psi(t)}^{\varphi(t)} f(u)du$ のとき $g'(t)$ を求めてみる．

$$F(x, y) = \int_y^x f(u)du$$

とおけば

$$g(t) = F(\varphi(t), \psi(t))$$

である．微分積分学の基本定理 (第 2 章定理 2. 13) により

$$\frac{\partial F}{\partial x} = f(x), \quad \frac{\partial F}{\partial y} = -f(y)$$

であるから (4) を使うと

$$\frac{dg}{dt} = \frac{\partial F}{\partial x}\frac{d\varphi}{dt}+\frac{\partial F}{\partial y}\frac{d\psi}{dt} = f(x)\frac{d\varphi}{dt}-f(y)\frac{d\psi}{dt}$$

よって

$$g'(t) = f(\varphi(t))\varphi'(t)-f(\psi(t))\psi'(t)$$

となる．

定理 3. 4 系 1　$f(x, y)$ は x, y について連続微分可能とし，さらに $x=\varphi(u, v)$，$y=\psi(u, v)$ は u, v について偏微分可能とする．このとき，合成関数

$$g(u, v) = f(\varphi(u, v), \psi(u, v))$$

は u, v について偏微分可能であって

$$\frac{\partial g}{\partial u}=\frac{\partial f}{\partial x}\frac{\partial \varphi}{\partial u}+\frac{\partial f}{\partial y}\frac{\partial \psi}{\partial u}$$

$$\frac{\partial g}{\partial v}=\frac{\partial f}{\partial x}\frac{\partial \varphi}{\partial v}+\frac{\partial f}{\partial y}\frac{\partial \psi}{\partial v}$$

が成立する.

(証明) $g(u,v)=f(\varphi(u,v),\ \psi(u,v))$ において v を一定値とすれば u だけの関数となって定理3.4がそのまま使える. ただし, 独立変数が u, v の2つだから, 微分記号を偏微分の $\dfrac{\partial g}{\partial u}, \dfrac{\partial \varphi}{\partial u}, \dfrac{\partial \psi}{\partial u}$ に変えておくことは必要である. u を一定値とした場合も同様である. (終)

[例3] $f(x,y)$ と $x=r\cos\theta$, $y=r\sin\theta$ を合成した関数を

$$g(r,\theta)=f(r\cos\theta, r\sin\theta)$$

とおく. このとき

$$\frac{\partial g}{\partial r}=\frac{\partial f}{\partial x}\cos\theta+\frac{\partial f}{\partial y}\sin\theta$$

$$\frac{\partial g}{\partial \theta}=\frac{\partial f}{\partial x}(-r\sin\theta)+\frac{\partial f}{\partial y}(r\cos\theta)$$

となる. この関係式は直交座標系を極座標系に変換する場合に, しばしば使われる.

定理3.4系2 $f(x,y)$ と $x=a+ht$, $y=b+kt$, h, k は定数, を合成した関数

$$g(t)=f(a+ht, b+kt)$$

に対して

$$\frac{dg}{dt}=h\frac{\partial f}{\partial x}+k\frac{\partial f}{\partial y} \tag{6}$$

が成立する.

(証明) $\varphi(t)=a+ht$, $\psi(t)=b+kt$ とおけば $\varphi'(t)=h$, $\psi'(t)=k$ であるから(4)から直ちにえられる. (終)

この(6)の式は後に, Taylorの定理のところで使われる.

定理 3.4 系 3　$f(x, y)$ において，$y = \phi(x)$ であり，$\phi(x)$ は微分可能とすれば

$$g(x) = f(x, \phi(x))$$

とおいたとき

$$\frac{dg}{dx} = \frac{\partial f}{\partial x} + \frac{\partial f}{\partial y}\frac{d\phi}{dx} \tag{7}$$

が成立する．

(証明)　(4) において，$x = t$，$y = \phi(t)$ とおけばよい．(終)

x と y の間に，より一般的な関係を設定した場合は，後の陰関数に関する理論のところで扱う．

次に，経済学でしばしば登場する同次関数に関する **Euler の定理**を説明する．

定義　関数 $f(x, y)$ が，任意の $t>0$ に対して

$$f(tx, ty) = t^m f(x, y) \tag{8}$$

をみたすとき，$f(x, y)$ は ***m* 次の同次関数**であるという．あるいは ***m* 次同次**であるともいう．

定理 3.5 (Euler の定理)　$f(x, y)$ が連続微分可能のとき，この関数が m 次同次であるための必要十分条件は

$$x\frac{\partial f(x, y)}{\partial x} + y\frac{\partial f(x, y)}{\partial y} = mf(x, y) \tag{9}$$

が成り立つことである．

(証明)　必要性：$f(x, y)$ は m 次同次であるとする．このとき (8) が成り立つから，(8) の両辺を t で微分すると

$$x\frac{\partial f(tx, ty)}{\partial x} + y\frac{\partial f(tx, ty)}{\partial y} = mt^{m-1}f(x, y)$$

がえられる．ここで $t=1$ とおけば (9) がえられる．

十分性：$f(x,y)$ は (9) をみたすとする．ここで

$$g(t,x,y)=\frac{f(tx,ty)}{t^m} \tag{10}$$

とおく．両辺を t で偏微分すると

$$\begin{aligned}\frac{\partial g}{\partial t}&=\frac{t^m\dfrac{\partial f(tx,ty)}{\partial t}-mt^{m-1}f(tx,ty)}{t^{2m}}\\&=\frac{t\left(\dfrac{\partial f(tx,ty)}{\partial x}x+\dfrac{\partial f(tx,ty)}{\partial y}y\right)-mf(tx,ty)}{t^{m+1}}\\&=\frac{1}{t^{m+1}}\left(tx\frac{\partial f(tx,ty)}{\partial x}+ty\frac{\partial f(tx,ty)}{\partial y}-mf(tx,ty)\right)\end{aligned} \tag{11}$$

となる．ところで (9) は任意の x, y に対して成り立つから，(9) の x, y を tx, ty でおきかえた関係式

$$tx\frac{\partial f(tx,ty)}{\partial x}+ty\frac{\partial f(tx,ty)}{\partial y}=mf(tx,ty)$$

が成立し，上記 (11) の最後の式の括弧の中は 0 になる．したがって $\dfrac{\partial g}{\partial t}=0$ となるから $g(t,x,y)$ は t を含まない．よって (10) の右辺は x, y だけの関数になるから (10) は

$$g(x,y)=\frac{f(tx,ty)}{t^m}$$

とおくことができる．この関係はすべての $t>0$ について成り立つから，$t=1$ とおくと，$g(x,y)=f(x,y)$ となる．こうして $f(x,y)=\dfrac{f(tx,ty)}{t^m}$ すなわち $f(tx,ty)=t^mf(x,y)$ がすべての $t>0$ について成り立つから，$f(x,y)$ は m 次同次である．(終)

[例 4] $f(x,y)=\dfrac{x^2}{x^2+y^2}$ とすれば

$$f(tx,ty)=\frac{t^2x^2}{t^2x^2+t^2y^2}=\frac{x^2}{x^2+y^2}=f(x,y)$$

であるから $f(x,y)$ は 0 次同次であり，Euler の定理により $x\dfrac{\partial f}{\partial x}+y\dfrac{\partial f}{\partial y}=0$ が成立する．直接 $\dfrac{\partial f}{\partial x}, \dfrac{\partial f}{\partial y}$ を計算することによって，このことを確かめてみよ．

[例 5] Cobb-Douglas (コブ-ダグラス) 型の生産関数 資本と労働の投入量をそれぞれ K, L とし，これによってある財を生産する．財の生産量を

$f(K, L)$ とかく．$f(K, L)$ が

$$f(K, L) = aK^{\alpha}L^{1-\alpha}, \quad 0 < \alpha < 1, \quad a \text{ は定数}$$

の形をしているとき，この $f(K, L)$ を Cobb-Douglas 型の生産関数とよんでいる．この形から

$$f(tK, tL) = a(tK)^{\alpha}(tL)^{1-\alpha} = t \cdot aK^{\alpha}L^{1-\alpha} = tf(K, L)$$

が成り立つから，$f(K, L)$ は 1 次同次である．よって Euler の定理により

$$K\frac{\partial f}{\partial K} + L\frac{\partial f}{\partial L} = f(K, L)$$

が成立する．左辺の $\dfrac{\partial f}{\partial K}$ は資本の限界生産性であり $\dfrac{\partial f}{\partial L}$ は労働の限界生産性であるから，この関係式は投入資本量 K の各 1 単位が資本の限界生産性に等しい量の生産物をつくる働きをし，労働の投入量 L の各 1 単位が労働の限界生産性に等しい量の生産物をつくる働きをした結果として総産出量 $f(K, L)$ が得られると考えることができることを示している．このような 1 次同次の生産関数では，各投入資源をいっせいに t 倍すれば総産出量も t 倍になるという性質がある．この性質をもつ生産関数は**規模に関して収穫一定**であるといわれる．

(問 1)　$f(x, y)$ は全微分可能とし，$x = r\cos\theta$，$y = r\sin\theta$ とする．

$$g(r, \theta) = f(r\cos\theta, r\sin\theta)$$

とおいたとき，次が成り立つことを示せ．

$$\left(\frac{\partial f}{\partial x}\right)^2 + \left(\frac{\partial f}{\partial y}\right)^2 = \left(\frac{\partial g}{\partial r}\right)^2 + \frac{1}{r^2}\left(\frac{\partial g}{\partial \theta}\right)^2$$

(問 2)　$f(x) = \displaystyle\int_x^{x^2} \sin\sqrt{t}\,dt$ のとき $f'(x)$ を求めよ．

(問 3)　$f(x, y)$ が m 次同次ならば $f_x(x, y)$，$f_y(x, y)$ は $m-1$ 次同次であることを示せ．

4.2　n 変数の場合

前項で述べたことを n 変数の場合に一般化する．考え方は 2 変数の場合と同じであるが，関係式を記述するときに，ベクトル，行列の記号を用いると便利である．変数の組，関数の組を変数ベクトル，関数ベクトルとして捉え，関数ベクトルを変数ベクトルで微分する，という計算をするのである．これらに関する記号と記号上の約束をはじめに述べておく．

n 個の変数 $x_1, x_2, \cdots, x_n$ の組は n 次元ベクトルとして捉え，m 個の関数 $f_1(\boldsymbol{x}), f_2(\boldsymbol{x}), \cdots, f_m(\boldsymbol{x})$ の組は m 次元ベクトルとして捉える．これらが演算の中で使われるときは，原則として列ベクトルとして扱う．すなわち

$$\boldsymbol{x} = \begin{pmatrix} x_1 \\ x_2 \\ \vdots \\ x_n \end{pmatrix}, \qquad \boldsymbol{f}(\boldsymbol{x}) = \begin{pmatrix} f_1(\boldsymbol{x}) \\ f_2(\boldsymbol{x}) \\ \vdots \\ f_m(\boldsymbol{x}) \end{pmatrix}$$

と約束する．演算の中でこれらを行ベクトルとして扱う必要のあるときは，転置記号として右肩に T をかいておく．たとえば

$$\boldsymbol{x}^T = (x_1, x_2, \cdots, x_n)$$
$$\boldsymbol{f}(\boldsymbol{x})^T = (f_1(\boldsymbol{x}), f_2(\boldsymbol{x}), \cdots, f_m(\boldsymbol{x}))$$

とする．

$\boldsymbol{f}(\boldsymbol{x})$ の $\boldsymbol{x}$ による微分演算は次の行列によって定義する．

$$\boldsymbol{f}_x(\boldsymbol{x}) = \frac{\partial \boldsymbol{f}}{\partial \boldsymbol{x}} = \begin{pmatrix} \dfrac{\partial f_1}{\partial x_1} & \dfrac{\partial f_1}{\partial x_2} & \cdots & \dfrac{\partial f_1}{\partial x_n} \\ \dfrac{\partial f_2}{\partial x_1} & \dfrac{\partial f_2}{\partial x_2} & \cdots & \dfrac{\partial f_2}{\partial x_n} \\ & \cdots & \cdots & \\ \dfrac{\partial f_m}{\partial x_1} & \dfrac{\partial f_m}{\partial x_2} & \cdots & \dfrac{\partial f_m}{\partial x_n} \end{pmatrix} \tag{12}$$

この行列のそれぞれの行は，同一の関数の異なる変数による偏導関数から成っており，それぞれの列は異なる関数の同一の変数による偏導関数からなっている．たとえば第1行は $f_1(\boldsymbol{x})$ を順次に $x_1, x_2, \cdots, x_n$ で偏微分した偏導関数から成り，第1列は，各 $f_1(\boldsymbol{x}), f_2(\boldsymbol{x}), \cdots, f_m(\boldsymbol{x})$ を x_1 について偏微分した偏導関数から成っている．この約束は忘れないようにしてほしい．

ベクトルは行列の特殊な場合であるから，この約束によれば，関数が1つの $f(\boldsymbol{x})$ だけのときは，$f(\boldsymbol{x})$ の $\boldsymbol{x}$ による微分は行ベクトル

$$f_x(\boldsymbol{x}) = \frac{\partial f}{\partial \boldsymbol{x}} = \left(\frac{\partial f}{\partial x_1}, \frac{\partial f}{\partial x_2}, \cdots, \frac{\partial f}{\partial x_n}\right)^* \tag{13}$$

---

* (13) を $f(\boldsymbol{x})$ の**勾配ベクトル**とよんで ∇f という記号であらわすことがある．ここで，∇ を分離して $\nabla = \left(\dfrac{\partial}{\partial x_1}, \dfrac{\partial}{\partial x_2}, \cdots, \dfrac{\partial}{\partial x_n}\right)$ を1つの演算記号と考え，$f(\boldsymbol{x})$ に演算 ∇ を施したものとして ∇f を捉えるのである．

の形になるし，変数が1つの関数ベクトル $\boldsymbol{f}(x)$ のときは $\boldsymbol{f}(x)$ の微分は

$$\boldsymbol{f}'(x)=\frac{d\boldsymbol{f}}{dx}=\begin{pmatrix}\dfrac{df_1}{dx}\\ \dfrac{df_2}{dx}\\ \vdots\\ \dfrac{df_m}{dx}\end{pmatrix} \tag{14}$$

と列ベクトルの形になる．

このように約束しておくと，後に見るように，一見複雑に見える関係式を，きれいにまとめることができるのである．

これらの記号を用いて n 変数関数の場合を述べる．

$f(\boldsymbol{x})$ は $\boldsymbol{R}^n$ の領域 S において全微分可能とし，$\boldsymbol{x}$ の各成分 x_i，$i=1,2,\cdots,n$，は t の微分可能な関数によって

$$x_i=\varphi_i(t),\qquad i=1,2,\cdots,n$$

とあらわされているものとする．この関係をまとめて

$$\boldsymbol{x}=\boldsymbol{\varphi}(t)$$

とかく．

合成関数

$$f(\boldsymbol{\varphi}(t))=f(\varphi_1(t),\varphi_2(t),\cdots,\varphi_n(t))$$

は t について微分可能であるから

$$g(t)=f(\boldsymbol{\varphi}(t))$$

とおいて $g'(t)$ を求める．

t が $\varDelta t$ だけ変化したときの $\boldsymbol{\varphi}(t)$ の変化分を $\varDelta\boldsymbol{\varphi}$ とすれば

$$\boldsymbol{\varphi}(t+\varDelta t)=\boldsymbol{\varphi}(t)+\varDelta\boldsymbol{\varphi}$$

である．このとき

$$\begin{aligned}g(t+\varDelta t)-g(t)&=f(\boldsymbol{\varphi}(t+\varDelta t))-f(\boldsymbol{\varphi}(t))\\&=f(\boldsymbol{\varphi}(t)+\varDelta\boldsymbol{\varphi})-f(\boldsymbol{\varphi}(t))\end{aligned}$$

であるが，$f(\boldsymbol{x})$ が全微分可能だから

$$f(\boldsymbol{\varphi}(t)+\varDelta\boldsymbol{\varphi})-f(\boldsymbol{\varphi}(t))=\sum_{i=1}^{n}f_{x_i}(\boldsymbol{\varphi}(t))\varDelta\varphi_i+o(\|\varDelta\boldsymbol{\varphi}\|)$$

とかくことができる．よって

$$\frac{g(t+\Delta t)-g(t)}{\Delta t}=\sum_{i=1}^{n}f_{x_i}(\boldsymbol{\varphi}(t))\frac{\Delta\varphi_i}{\Delta t}+\frac{o(\|\Delta\boldsymbol{\varphi}\|)}{\Delta t}$$

となる．ここで $\Delta t\to 0$ とすると $\|\Delta\boldsymbol{\varphi}\|\to 0$ であり，$\boldsymbol{\varphi}(t)$ は微分可能だから $\dfrac{\|\Delta\boldsymbol{\varphi}\|}{\Delta t}$ は有限確定値に収束する．そして $\dfrac{o(\|\Delta\boldsymbol{\varphi}\|)}{\|\Delta\boldsymbol{\varphi}\|}\to 0$ であるから

$$\frac{o(\|\Delta\boldsymbol{\varphi}\|)}{\Delta t}=\frac{o(\|\Delta\boldsymbol{\varphi}\|)}{\|\Delta\boldsymbol{\varphi}\|}\frac{\|\Delta\boldsymbol{\varphi}\|}{\Delta t}\longrightarrow 0$$

となって

$$g'(t)=\sum_{i=1}^{n}f_{x_i}(\boldsymbol{\varphi}(t))\varphi_i'(t) \tag{15}$$

がえられる．この関係式を

$$\frac{dg}{dt}=\frac{\partial f}{\partial x_1}\frac{d\varphi_1}{dt}+\frac{\partial f}{\partial x_2}\frac{d\varphi_2}{dt}+\cdots+\frac{\partial f}{\partial x_n}\frac{d\varphi_n}{dt} \tag{16}$$

とかいておけば，この式は (4) をそのまま n 変数の場合に一般化した式であることがわかる．行列の掛け算のルールによれば (16) の右辺は

$$\left(\frac{\partial f}{\partial x_1},\frac{\partial f}{\partial x_2},\cdots,\frac{\partial f}{\partial x_n}\right)\begin{pmatrix}\dfrac{d\varphi_1}{dt}\\ \dfrac{d\varphi_2}{dt}\\ \vdots \\ \dfrac{d\varphi_n}{dt}\end{pmatrix}$$

とかくことができる．ここでさきに述べた記号上の約束 (13), (14) を使うと，この積は

$$\frac{\partial f}{\partial \boldsymbol{x}}\frac{d\boldsymbol{\varphi}}{dt}$$

とかくことができるから，(16) は

$$\frac{dg}{dt}=\frac{\partial f}{\partial \boldsymbol{x}}\frac{d\boldsymbol{\varphi}}{dt} \tag{17}$$

と簡潔に表現できる．

(コメント) ここで 1 変数関数における合成関数の微分の公式を想い出してみよう．1 変数関数 $f(x)$ と $\varphi(t)$ を合成してえられる関数を

$$g(t)=f(\varphi(t))$$

とおいたとき

$$\frac{dg}{dt}=\frac{df}{dx}\frac{d\varphi}{dt}$$

であった．これと(17)式を比較してみれば，両者がよく似た外見をもっていることに気づかれるであろう．

次に，$\boldsymbol{t}^T=(t_1, t_2, \cdots, t_m)$ とおく．$\boldsymbol{t}$ の関数ベクトル

$$\boldsymbol{\varphi}(\boldsymbol{t})^T=(\varphi_1(\boldsymbol{t}), \varphi_2(\boldsymbol{t}), \cdots, \varphi_n(\boldsymbol{t}))$$

の各成分 $\varphi_i(\boldsymbol{t})$ は全微分可能とし，$f(\boldsymbol{x})$ は $\boldsymbol{x}=\boldsymbol{\varphi}(\boldsymbol{t})$ において全微分可能とする．このとき合成関数

$$g(\boldsymbol{t})=f(\boldsymbol{\varphi}(\boldsymbol{t}))$$

の偏導関数ベクトル $\dfrac{\partial g}{\partial \boldsymbol{t}}$ 求める．変数ベクトル $\boldsymbol{t}$ の1つの成分 t_i のみを変化させ，その他の t_j，$j \neq i$，を一定としたときが，さきに述べた(16)の場合になるから，各 t_i について(16)と同様の関係式がえられる．こうして

$$\begin{aligned}
\frac{\partial g}{\partial t_1}&=\frac{\partial f}{\partial x_1}\frac{\partial \varphi_1}{\partial t_1}+\frac{\partial f}{\partial x_2}\frac{\partial \varphi_2}{\partial t_1}+\cdots+\frac{\partial f}{\partial x_n}\frac{\partial \varphi_n}{\partial t_1}\\
\frac{\partial g}{\partial t_2}&=\frac{\partial f}{\partial x_1}\frac{\partial \varphi_1}{\partial t_2}+\frac{\partial f}{\partial x_2}\frac{\partial \varphi_2}{\partial t_2}+\cdots+\frac{\partial f}{\partial x_n}\frac{\partial \varphi_n}{\partial t_2}\\
&\qquad\cdots\qquad\cdots\qquad\cdots\\
\frac{\partial g}{\partial t_m}&=\frac{\partial f}{\partial x_1}\frac{\partial \varphi_1}{\partial t_m}+\frac{\partial f}{\partial x_2}\frac{\partial \varphi_2}{\partial t_m}+\cdots+\frac{\partial f}{\partial x_n}\frac{\partial \varphi_n}{\partial t_m}
\end{aligned}\tag{18}$$

という1組の関係式が導かれる．この形は見た目は複雑に見えるけれども，行列形式でまとめると

$$\begin{aligned}
&\left(\frac{\partial g}{\partial t_1}, \frac{\partial g}{\partial t_2}, \cdots, \frac{\partial g}{\partial t_m}\right)\\
&=\left(\frac{\partial f}{\partial x_1}, \frac{\partial f}{\partial x_2}, \cdots, \frac{\partial f}{\partial x_n}\right)\begin{pmatrix}
\frac{\partial \varphi_1}{\partial t_1} & \frac{\partial \varphi_1}{\partial t_2} & \cdots & \frac{\partial \varphi_1}{\partial t_m}\\
\frac{\partial \varphi_2}{\partial t_1} & \frac{\partial \varphi_2}{\partial t_2} & \cdots & \frac{\partial \varphi_2}{\partial t_m}\\
 & \cdots & \cdots & \\
\frac{\partial \varphi_n}{\partial t_1} & \frac{\partial \varphi_n}{\partial t_2} & \cdots & \frac{\partial \varphi_n}{\partial t_m}
\end{pmatrix}
\end{aligned}\tag{19}$$

とかくことができる．ここで (12), (13) の約束によれば，この関係式は

$$\frac{\partial g}{\partial \boldsymbol{t}} = \frac{\partial f}{\partial \boldsymbol{x}}\frac{\partial \boldsymbol{\varphi}}{\partial \boldsymbol{t}} \tag{20}$$

とかくことができる．この形も (17) とよく似ている．以上述べたことを定理としてまとめておく．

定理 3.6 $f(\boldsymbol{x})$ は全微分可能であり，$\boldsymbol{x}=\boldsymbol{\varphi}(\boldsymbol{t})$ の各成分 $\varphi_i(\boldsymbol{t})$ も全微分可能とすれば

$$g(\boldsymbol{t}) = f(\boldsymbol{\varphi}(\boldsymbol{t}))$$

とおいたとき

$$\frac{\partial g}{\partial \boldsymbol{t}} = \frac{\partial f}{\partial \boldsymbol{x}}\frac{\partial \boldsymbol{\varphi}}{\partial \boldsymbol{t}}$$

が成立する．

定理 3.6 系

$$\boldsymbol{x}^T = (x_1, x_2, \cdots, x_m, x_{m+1}, \cdots, x_n)$$

のとき，$\boldsymbol{x}$ を

$$\boldsymbol{x}_1{}^T = (x_1, x_2, \cdots, x_m), \qquad \boldsymbol{x}_2{}^T = (x_{m+1}, \cdots, x_n)$$

と分けておく．ここで $\boldsymbol{x}_1$ の各成分は $\boldsymbol{x}_2$ の関数として

$$x_1 = \varphi_1(\boldsymbol{x}_2),\ \ x_2 = \varphi_2(\boldsymbol{x}_2),\ \ \cdots,\ \ x_m = \varphi_m(\boldsymbol{x}_2)$$

とあらわされており，各 $\varphi_i(\boldsymbol{x}_2)$，$i=1, 2, \cdots, m$ は全微分可能とする．

$f(\boldsymbol{x})$ を全微分可能な関数とし $f(\boldsymbol{x})=f(\boldsymbol{x}_1, \boldsymbol{x}_2)$ の $\boldsymbol{x}_1$ の部分を上記の $\boldsymbol{\varphi}(\boldsymbol{x}_2)=(\varphi_1(\boldsymbol{x}_2), \varphi_2(\boldsymbol{x}_2), \cdots, \varphi_m(\boldsymbol{x}_2))$ でおきかえた関数を

$$g(\boldsymbol{x}_2) = f(\boldsymbol{\varphi}(\boldsymbol{x}_2), \boldsymbol{x}_2)$$

とおく．このとき

$$\frac{\partial g}{\partial \boldsymbol{x}_2} = \frac{\partial f}{\partial \boldsymbol{x}_2} + \frac{\partial f}{\partial \boldsymbol{x}_1}\frac{\partial \boldsymbol{\varphi}}{\partial \boldsymbol{x}_2} \tag{21}$$

が成立する．

(証明) 定理 3.6 において

$$\boldsymbol{x}_1 = \boldsymbol{\varphi}(\boldsymbol{t}), \qquad \boldsymbol{x}_2 = \boldsymbol{t}, \qquad \boldsymbol{t} = (t_1, t_2, \cdots, t_{n-m})$$

の場合を考えればよい．この場合 (19) 式は

$$\left(\frac{\partial g}{\partial t_1}, \frac{\partial g}{\partial t_2}, \cdots, \frac{\partial g}{\partial t_{n-m}}\right)$$

$$= \left(\frac{\partial f}{\partial x_1}, \cdots, \frac{\partial f}{\partial x_m}, \frac{\partial f}{\partial x_{m+1}}, \cdots, \frac{\partial f}{\partial x_n}\right)\begin{pmatrix} \frac{\partial \varphi_1}{\partial t_1} & \frac{\partial \varphi_1}{\partial t_2} & \cdots & \frac{\partial \varphi_1}{\partial t_{n-m}} \\ & \cdots & \cdots & \\ \frac{\partial \varphi_m}{\partial t_1} & \frac{\partial \varphi_m}{\partial t_2} & \cdots & \frac{\partial \varphi_m}{\partial t_{n-m}} \\ 1 & 0 & \cdots & 0 \\ 0 & 1 & \cdots & 0 \\ & \cdots & \cdots & \\ 0 & 0 & \cdots & 1 \end{pmatrix}$$

すなわち

$$\frac{\partial g}{\partial \boldsymbol{t}} = \left(\frac{\partial f}{\partial \boldsymbol{x}_1}, \frac{\partial f}{\partial \boldsymbol{x}_2}\right)\begin{pmatrix} \frac{\partial \boldsymbol{\varphi}}{\partial \boldsymbol{t}} \\ I_{n-m} \end{pmatrix}, \qquad I_{n-m} \text{ は } n-m \text{ 次の単位行列}$$

となるから

$$\frac{\partial g}{\partial \boldsymbol{t}} = \frac{\partial f}{\partial \boldsymbol{x}_1}\frac{\partial \boldsymbol{\varphi}}{\partial \boldsymbol{t}} + \frac{\partial f}{\partial \boldsymbol{x}_2}I_{n-m} = \frac{\partial f}{\partial \boldsymbol{x}_1}\frac{\partial \boldsymbol{\varphi}}{\partial \boldsymbol{t}} + \frac{\partial f}{\partial \boldsymbol{x}_2}$$

がえられる．ここで $\boldsymbol{t}=\boldsymbol{x}_2$ とおけば (21) になる．(終)

最後に，Euler の定理を n 変数の場合に一般化しておく．

定義　任意の $t>0$ に対して

$$f(t\boldsymbol{x}) = t^m f(\boldsymbol{x})$$

が成り立つとき，$f(\boldsymbol{x})$ は $\boldsymbol{m}$ **次同次**であるという．

Euler の定理 (定理 3.5 の一般化)　連続微分可能な関数 $f(\boldsymbol{x})$ が m 次同次であるための必要十分条件は

$$\sum_{i=1}^{n} x_i \frac{\partial f(\boldsymbol{x})}{\partial x_i} = mf(\boldsymbol{x})$$

が成り立つことである．

証明は定理 3.5 の証明とまったく同様にしてできるから，各自で試みてほしい．

§5 高階偏微分

$f(x, y)$ は x, y について偏微分可能であり，偏導関数 $f_x(x, y)$，$f_y(x, y)$ も x, y について偏微分可能であれば，$f_x(x, y)$，$f_y(x, y)$ をさらに偏微分して

$$f_{xx} = \frac{\partial}{\partial x}\left(\frac{\partial f}{\partial x}\right), \qquad f_{xy} = \frac{\partial}{\partial y}\left(\frac{\partial f}{\partial x}\right),$$

$$f_{yx} = \frac{\partial}{\partial x}\left(\frac{\partial f}{\partial y}\right), \qquad f_{yy} = \frac{\partial}{\partial y}\left(\frac{\partial f}{\partial y}\right)$$

がえられる．これらを**2階偏導関数**あるいは**2次偏導関数**という．これらがまた偏微分可能であれば，さらに偏微分して3階(3次)偏導関数を求めることができる．このようにして，一般に n 階(n 次)偏導関数がえられる．

さて，2階の偏導関数は

$$f_{xx}(x, y), \qquad f_{xy}(x, y), \qquad f_{yx}(x, y), \qquad f_{yy}(x, y)$$

の4つである．簡単な関数についてこれらを計算してみる．

$f(x, y) = x^3 + 2x^2y + y^2$ とすれば

$$f_x = 3x^2 + 4xy, \qquad f_y = 2x^2 + 2y$$

$$f_{xx} = 6x + 4y, \qquad f_{xy} = 4x, \qquad f_{yx} = 4x, \qquad f_{yy} = 2$$

$f(x, y) = \dfrac{y}{x}$ とすれば

$$f_x = -\frac{y}{x^2}, \qquad f_y = \frac{1}{x}$$

$$f_{xx} = \frac{2y}{x^3}, \qquad f_{xy} = -\frac{1}{x^2}, \qquad f_{yx} = -\frac{1}{x^2}, \qquad f_{yy} = 0$$

となる．これらの例では，どちらの場合も $f_{xy} = f_{yx}$ となっているが，いつでもこれが成り立つとは限らない．これに関して次の定理がある．

定理 3.7 点 (a, b) の近傍で $f_{xy}(x, y)$，$f_{yx}(x, y)$ が存在して，連続であれば

$$f_{xy}(a, b) = f_{yx}(a, b)$$

が成立する．

(証明) a, b を $\Delta x, \Delta y$ だけ変化させて

$$\varepsilon = f(a+\Delta x, b+\Delta y)-f(a+\Delta x, b)-f(a, b+\Delta y)+f(a, b)$$

とおく．ここで

$$g(x) = f(x, b+\Delta y)-f(x, b)$$

とおけば

$$\varepsilon = g(a+\Delta x)-g(a)$$

とかくことができる．$g(x)$ は a の近傍で微分可能だから，右辺に平均値の定理を適用すれば

$$\varepsilon = g'(a+\theta_1\Delta x)\Delta x, \qquad 0 < \theta_1 < 1$$

となる．ここで

$$g'(x) = f_x(x, b+\Delta y)-f_x(x, b)$$

であることを使うと

$$\varepsilon = (f_x(a+\theta_1\Delta x, b+\Delta y)-f_x(a+\theta_1\Delta x, b))\Delta x, \qquad 0 < \theta_1 < 1$$

となる．

右辺の括弧の中の式に，変数 y に関する平均値の定理を適用すると

$$\begin{aligned} &f_x(a+\theta_1\Delta x, b+\Delta y)-f_x(a+\theta_1\Delta x, b) \\ &\quad = f_{xy}(a+\theta_1\Delta x, b+\theta_2\Delta y)\Delta y, \quad 0 < \theta_2 < 1 \end{aligned}$$

となるから

$$\varepsilon = f_{xy}(a+\theta_1\Delta x, b+\theta_2\Delta y)\Delta x\Delta y$$

とかくことができる．よって

$$\frac{\varepsilon}{\Delta x\Delta y} = f_{xy}(a+\theta_1\Delta x, b+\theta_2\Delta y)$$

となるが，ここで $\Delta x\to 0$，$\Delta y\to 0$ とすると，f_{xy} が (a, b) で連続であるから

$$\frac{\varepsilon}{\Delta x\Delta y} \longrightarrow f_{xy}(a, b) \tag{1}$$

となる．次に

$$h(y) = f(a+\Delta x, y)-f(a, y)$$

とおくと

$$\varepsilon = h(b+\Delta y)-h(b) = h'(b+\theta_3\Delta y)\Delta y, \qquad 0 < \theta_3 < 1$$

とかくことができ

$$h'(y) = f_y(a+\Delta x, y)-f_y(a, y)$$

であるから

$$\varepsilon = (f_y(a+\Delta x, b+\theta_3\Delta y)-f_y(a, b+\theta_3\Delta y))\Delta y$$
$$= f_{yx}(a+\theta_4\Delta x, b+\theta_3\Delta y)\Delta x\Delta y, \qquad 0 < \theta_4 < 1$$

となる．よって

$$\frac{\varepsilon}{\Delta x\Delta y} = f_{yx}(a+\theta_4\Delta x, b+\theta_3\Delta y)$$

となるから，$(\Delta x, \Delta y)\to(0, 0)$ のとき，f_{yx} の連続性から

$$\frac{\varepsilon}{\Delta x\Delta y} \longrightarrow f_{yx}(a, b) \tag{2}$$

となる．(1) と (2) から $f_{xy}(a, b)=f_{yx}(a, b)$ がえられる．(終)

この定理により，$f(x, y)$ の 2 階の偏導関数がすべて連続であれば f_{xy} と f_{yx} は区別する必要はない．

f_x, f_y に対して定理 3.7 を適用すれば，$f(x, y)$ の 3 階までの偏導関数がすべて連続であれば

$$f_{xxy} = f_{xyx} = f_{yxx}, \qquad f_{xyy} = f_{yxy} = f_{yyx}$$

が成立する．この場合，x による偏微分の回数，y による偏微分の回数だけが重要なのであって，各変数による偏微分の順序は結果に影響を与えないのである．

一般に n 階までの偏導関数がすべて連続のとき，x による偏微分の回数が k 回，y による偏微分の回数が $m-k$ 回とすれば，このときの m 階偏導関数は

$$\frac{\partial^m f}{\partial x^k \partial y^{m-k}}, \qquad k = 0, 1, 2, \cdots, m$$

とかくことができる．異なる m 階偏導関数は，この $m+1$ 種類だけである．

定理 3.7 は n 変数の関数に対してそのまま一般化できる．

定理 3.8 $f(\boldsymbol{x})=f(x_1, x_2, \cdots, x_n)$ が点 $\boldsymbol{a}=(a_1, a_2, \cdots, a_n)$ の近傍で 2 階までの連続な偏導関数をもてば，すべての $i\neq j$ に対して

$$f_{x_i x_j}(\boldsymbol{a}) = f_{x_j x_i}(\boldsymbol{a})$$

が成立する．

(証明) x_i, x_j 以外の変数 x_k をすべて a_k に固定しておいて，定理 3.7 の証

明の過程を，そこの x を x_i とし，y を x_j として，そのままたどればよい．

$$\begin{aligned}\varepsilon = & f(a_1, \cdots, a_i+\Delta x_i, \cdots, a_j+\Delta x_j, \cdots, a_n) \\ & -f(a_1, \cdots, a_i+\Delta x_i, \cdots, a_j, \cdots, a_n) \\ & -f(a_1, \cdots, a_i, \cdots, a_j+\Delta x_j, \cdots, a_n) \\ & +f(a_1, \cdots, a_i, \cdots, a_j, \cdots, a_n)\end{aligned}$$

とし，

$$g(x_i) = f(a_1, \cdots, x_i, \cdots, a_j+\Delta x_j, \cdots, a_n)-f(a_1, \cdots, x_i, \cdots, a_j, \cdots, a_n)$$

とおけば

$$\varepsilon = g(a_i+\Delta x_i)-g(a_i) = g_x(a_i+\theta_1\Delta x_i)\Delta x_i$$

となり

$$\begin{aligned}g_x(a_i+\theta_1\Delta x_i) &= f_{x_i}(a_1, \cdots, a_i+\theta_1\Delta x_i, \cdots, a_j+\Delta x_j, \cdots, a_n) \\ &\quad -f_{x_i}(a_1, \cdots, a_i+\theta_1\Delta x_i, \cdots, a_j, \cdots, a_n) \\ &= f_{x_ix_j}(a_1, \cdots, a_i+\theta_1\Delta x_i, \cdots, a_j+\theta_2\Delta x_j, \cdots, a_n)\Delta x_j\end{aligned}$$

から

$$\varepsilon = f_{x_ix_j}(a_1, \cdots, a_i+\theta_1\Delta x_i, \cdots, a_j+\theta_2\Delta x_j, \cdots, a_n)\Delta x_i\Delta x_j$$

を導けば，$\Delta x_i\to 0$，$\Delta x_j\to 0$ のとき

$$\frac{\varepsilon}{\Delta x_i\Delta x_j}\longrightarrow f_{x_ix_j}(\boldsymbol{a})$$

が導かれ

$$h(x_j) = f(a_1, \cdots, a_i+\Delta x_i, \cdots, x_j, \cdots, a_n)-f(a_1, \cdots, a_i, \cdots, x_j, \cdots, a_n)$$

とおいて同様の変形をすれば

$$\frac{\varepsilon}{\Delta x_j\Delta x_i}\longrightarrow f_{x_jx_i}(\boldsymbol{a})$$

が導かれて，$f_{x_ix_j}(\boldsymbol{a})=f_{x_jx_i}(\boldsymbol{a})$ がえられるのである．(終)

$f(\boldsymbol{x})$ の m 階までの偏導関数がすべて存在して連続であれば m 階までの偏導関数は各 x_i による微分の順序に影響されない．このとき各変数 x_i による微分の回数を $k_i(i=1, 2, \cdots, n;\ k_1+k_2+\cdots+k_n=m)$ とすれば，このときの m 階偏導関数は

$$\frac{\partial^m f}{\partial x_1^{k_1}\partial x_2^{k_2}\cdots\partial x_n^{k_n}}$$

とかくことができる．

[例] $f(x, y)=e^{ax}(\sin y+\cos y)$ のとき f_{xx}, f_{xy}, f_{yy} を求めてみる．

$$f_x = ae^{ax}(\sin y+\cos y), \qquad f_y = e^{ax}(\cos y-\sin y)$$

であるから

$$f_{xx} = a^2e^{ax}(\sin y+\cos y), \qquad f_{xy} = ae^{ax}(\cos y-\sin y),$$
$$f_{yy} = e^{ax}(-\sin y-\cos y)$$

となる．

(問1) $f(x, y)$ はすべての変数について連続な2階までの偏導関数をもつとする．$x=r\cos\theta$，$y=r\sin\theta$ とおいて

$$g(r, \theta) = f(r\cos\theta, r\sin\theta)$$

としたとき，$g_{rr}, g_{r\theta}, g_{\theta\theta}$ を $f_x, f_y, f_{xx}, f_{xy}, f_{yy}$ であらわす式を求めよ．

(問2) $f(x, y, z)$ はすべての変数について連続な2階までの偏導関数をもつとする．$x=r\cos\theta$，$y=r\sin\theta$ とおき

$$g(r, \theta, z) = f(r\cos\theta, r\sin\theta, z)$$

としたとき

$$f_{xx}+f_{yy}+f_{zz} = \frac{1}{r}g_r+g_{rr}+\frac{1}{r^2}g_{\theta\theta}+g_{zz}$$

が成り立つことを示せ．

§6 Taylorの定理

6.1 2変数の場合

1変数関数に関するTaylorの定理を2変数関数の場合に一般化する．

$f(x, y)$ の m 階までの偏導関数は (a, b) の近傍ですべて連続であるとする．ここで

$$x = a+ht, \qquad y = b+kt$$

とおいて合成関数

$$g(t) = f(a+ht, b+kt) \tag{1}$$

をつくる．このとき定理3.4系2により

$$g'(t) = h\frac{\partial f(a+ht, b+kt)}{\partial x}+k\frac{\partial f(a+ht, b+kt)}{\partial y} \tag{2}$$

である．この右辺を

$$\left(h\frac{\partial}{\partial x}+k\frac{\partial}{\partial y}\right)f(a+ht,\ b+kt) \tag{3}$$

とかくと便利である．ここで $h\dfrac{\partial}{\partial x}+k\dfrac{\partial}{\partial y}$ は1つの演算記号(演算子)であって，(3)の意味は，まず $f(x,y)$ に演算 $h\dfrac{\partial}{\partial x}+k\dfrac{\partial}{\partial y}$ を施して

$$\left(h\frac{\partial}{\partial x}+k\frac{\partial}{\partial y}\right)f(x,y)=h\frac{\partial f(x,y)}{\partial x}+k\frac{\partial f(x,y)}{\partial y}$$

を計算し，そのあとで，$x=a+ht$，$y=b+kt$ とおくのである．(2)を(3)の形で

$$g'(t)=\left(h\frac{\partial}{\partial x}+k\frac{\partial}{\partial y}\right)f(a+ht,\ b+kt) \tag{4}$$

とかいておく．この $g'(t)$ を再び t で微分する．いま述べたことから，(4)の右辺は，はじめに

$$F(x,y)=\left(h\frac{\partial}{\partial x}+k\frac{\partial}{\partial y}\right)f(x,y)$$

を計算してから，$x=a+ht$，$y=b+kt$ とおいたのだから

$$g'(t)=F(a+ht,\ b+kt)$$

とかかれる．これを t で微分すると(1)から(4)を導いたのと同様な論法で

$$g''(t)=\left(h\frac{\partial}{\partial x}+k\frac{\partial}{\partial y}\right)F(a+ht,\ b+kt) \tag{5}$$

となり，(4)と(5)とから

$$g''(t)=\left(h\frac{\partial}{\partial x}+k\frac{\partial}{\partial y}\right)^2 f(a+ht,\ b+kt)$$

が導かれる．ここで $\left(h\dfrac{\partial}{\partial x}+k\dfrac{\partial}{\partial y}\right)^2$ は形式的に2項定理を適用して

$$\left(h\frac{\partial}{\partial x}+k\frac{\partial}{\partial y}\right)^2=h^2\frac{\partial^2}{\partial x^2}+2hk\frac{\partial^2}{\partial x\partial y}+k^2\frac{\partial^2}{\partial y^2}$$

と展開して得られる演算をあらわす．

同様の論法を繰り返せば，一般に

$$g^{(r)}(t)=\left(h\frac{\partial}{\partial x}+k\frac{\partial}{\partial y}\right)^r f(a+ht,\ b+kt) \tag{6}$$

がえられる．

さてここで，$g(t)$ にMaclaurinの定理を適用すると

$$g(t) = g(0)+g'(0)t+\frac{g''(0)}{2!}t^2+\cdots+\frac{g^{(m-1)}(0)}{(m-1)!}t^{m-1}+\frac{g^{(m)}(\theta t)}{m!}t^m,$$
$$0<\theta<1$$

がえられるが，この式は t に関して恒等的に成り立つから，$t=1$ とおいて

$$g(1) = g(0)+g'(0)+\frac{g''(0)}{2!}+\cdots+\frac{g^{(m-1)}(0)}{(m-1)!}+\frac{g^{(m)}(\theta)}{m!},$$
$$0<\theta<1 \qquad (7)$$

がえられる．$g(t)=f(a+ht, b+kt)$ であったから

$$g(1) = f(a+h, b+k), \qquad g(0) = f(a, b)$$

であり，また (6) から

$$g^{(r)}(0) = \left(h\frac{\partial}{\partial x}+k\frac{\partial}{\partial y}\right)^r f(a, b), \qquad r = 1, 2, \cdots, m-1$$
$$g^{(m)}(\theta) = \left(h\frac{\partial}{\partial x}+k\frac{\partial}{\partial y}\right)^m f(a+\theta h, b+\theta k)$$

であるから，(7) は次のようになる．

$$f(a+h, b+k) = f(a, b)+\left(h\frac{\partial}{\partial x}+k\frac{\partial}{\partial y}\right)f(a, b)+\cdots$$
$$+\frac{1}{(m-1)!}\left(h\frac{\partial}{\partial x}+k\frac{\partial}{\partial y}\right)^{m-1}f(a, b)$$
$$+\frac{1}{m!}\left(h\frac{\partial}{\partial x}+k\frac{\partial}{\partial y}\right)^m f(a+\theta h, b+\theta k),$$
$$0<\theta<1$$

これが 2 変数関数の Taylor の定理である．

定理 3.9 (Taylor の定理) (a, b) の近傍で $f(x, y)$ が m 階までのすべての偏導関数をもち，それらが (a, b) で連続であれば，(a, b) の近傍の点 $(a+h, b+k)$ において

$$f(a+h, b+k) = \sum_{r=0}^{m-1}\frac{1}{r!}\left(h\frac{\partial}{\partial x}+k\frac{\partial}{\partial y}\right)^r f(a, b)$$
$$+\frac{1}{m!}\left(h\frac{\partial}{\partial x}+k\frac{\partial}{\partial y}\right)^m f(a+\theta h, b+\theta k),$$
$$0<\theta<1$$

が成立する.

6.2 n変数の場合

定理3.9はn変数関数の場合にそのまま一般化される.

定理3.10 (Taylorの定理) $\boldsymbol{R}^n$の点$\boldsymbol{a}$の近傍で$f(\boldsymbol{x})$のm階までのすべての偏導関数が存在してそれらが$\boldsymbol{a}$で連続であれば, $\boldsymbol{a}$の近傍に属する$\boldsymbol{a}+\boldsymbol{h}$に対して

$$f(\boldsymbol{a}+\boldsymbol{h}) = \sum_{r=0}^{m-1}\frac{1}{r!}\left(\sum_{i=1}^{n}h_i\frac{\partial}{\partial x_i}\right)^r f(\boldsymbol{a})+\frac{1}{m!}\left(\sum_{i=1}^{n}h_i\frac{\partial}{\partial x_i}\right)^m f(\boldsymbol{a}+\theta\boldsymbol{h}),$$
$$0<\theta<1 \tag{8}$$

が成立する.

(証明) 2変数関数の場合と同様にできる. まず

$$g(t) = f(\boldsymbol{a}+t\boldsymbol{h})$$

とおけば, 合成関数の微分の公式から

$$g'(t) = \sum_{i=1}^{n}h_i\frac{\partial f(\boldsymbol{a}+t\boldsymbol{h})}{\partial x_i} = \left(\sum_{i=1}^{n}h_i\frac{\partial}{\partial x_i}\right)f(\boldsymbol{a}+t\boldsymbol{h})$$

が成立する. 次々にtによる微分を繰り返せば

$$g^{(r)}(t) = \left(\sum_{i=1}^{n}h_i\frac{\partial}{\partial x_i}\right)^r f(\boldsymbol{a}+t\boldsymbol{h}), \qquad r=0,1,2,\cdots,m-1 \tag{9}$$

となる. $g(t)$をMaclaurin展開すれば

$$g(t) = \sum_{r=0}^{m-1}\frac{g^{(r)}(0)}{r!}t^r+\frac{g^{(m)}(\theta t)}{m!}t^m, \qquad 0<\theta<1$$

がえられ, ここで$t=1$とおいて

$$g(1) = \sum_{r=0}^{m-1}\frac{g^{(r)}(0)}{r!}+\frac{g^{(m)}(\theta)}{m!}, \qquad 0<\theta<1$$

がえられる. $g(1)$, $g^{(r)}(0)$, $g^{(m)}(\theta)$のところへ(9)で$t=1$, $t=0$, $t=\theta$とおいた式をそれぞれ代入すると, 求める結果がえられる. (終)

展開式(8)の右辺の括弧内の $\sum_{i=1}^{n}h_i\frac{\partial}{\partial x_i}$ は

$$h_1\frac{\partial}{\partial x_1}+h_2\frac{\partial}{\partial x_2}+\cdots+h_n\frac{\partial}{\partial x_n} \tag{10}$$

であるが，これは形式的には偏微分記号のベクトル

$$\nabla=\left(\frac{\partial}{\partial x_1}, \frac{\partial}{\partial x_2}, \cdots, \frac{\partial}{\partial x_n}\right)$$

とベクトル

$$\boldsymbol{h}=(h_1, h_2, \cdots, h_n)$$

の内積の形になっている．そこで内積を記号〈　〉であらわして (10) を

$$\langle \boldsymbol{h}, \nabla\rangle$$

とかくことにすれば，(8) は

$$f(\boldsymbol{a}+\boldsymbol{h})=\sum_{r=0}^{m-1}\frac{1}{r!}\langle \boldsymbol{h}, \nabla\rangle^r f(\boldsymbol{a})+\frac{1}{m!}\langle \boldsymbol{h}, \nabla\rangle^m f(\boldsymbol{a}+\theta\boldsymbol{h})$$

となって，式の表現が少し簡明になる．

(コメント) (8) 式の最後の項

$$\frac{1}{m!}\left(\sum_{i=1}^{n}h_i\frac{\partial}{\partial x_i}\right)^m f(\boldsymbol{a}+\theta\boldsymbol{h}) \tag{11}$$

を **Lagrange の剰余**という．ここで，Lagrange の剰余と $\boldsymbol{h}$ の間の相対的な大きさの比較をしておく．推論の筋道の見やすさのために，(11) で $m=2$ の場合の

$$\frac{1}{2!}\left(\sum_{i=1}^{n}h_i\frac{\partial}{\partial x_i}\right)^2 f(\boldsymbol{a}+\theta\boldsymbol{h})$$

について考える．

$$\|\boldsymbol{h}\|=\sqrt{h_1^2+h_2^2+\cdots+h_i^2}$$

とし

$$\frac{1}{2!}\left(\sum_{i=1}^{n}h_i\frac{\partial}{\partial x_i}\right)^2 f(\boldsymbol{a}+\theta\boldsymbol{h})=\frac{1}{2}\left(\sum_{i=1}^{n}h_i\frac{\partial}{\partial x_i}\right)^2 f(\boldsymbol{a})+R(\boldsymbol{h})$$

とおいて，$R(\boldsymbol{h})$ と $\|\boldsymbol{h}\|$ の無限小の程度を比較する．

$$\begin{aligned}R(\boldsymbol{h})&=\frac{1}{2}\left(\sum_{i=1}^{n}h_i\frac{\partial}{\partial x_i}\right)^2(f(\boldsymbol{a}+\theta\boldsymbol{h})-f(\boldsymbol{a}))\\&=\frac{1}{2}\left(\sum_{i=1}^{n}\sum_{j=1}^{n}h_ih_j\frac{\partial^2}{\partial x_i\partial x_j}\right)(f(\boldsymbol{a}+\theta\boldsymbol{h})-f(\boldsymbol{a}))\end{aligned}$$

$$= \frac{1}{2}\sum_{i=1}^{n}\sum_{j=1}^{n} h_i h_j (f_{x_i x_j}(\boldsymbol{a}+\theta\boldsymbol{h}) - f_{x_i x_j}(\boldsymbol{a}))$$

であるから

$$\frac{R(\boldsymbol{h})}{\|\boldsymbol{h}\|^2} = \frac{1}{2}\sum_{i=1}^{n}\sum_{j=1}^{n} \frac{h_i h_j}{\|\boldsymbol{h}\|^2}(f_{x_i x_j}(\boldsymbol{a}+\theta\boldsymbol{h}) - f_{x_i x_j}(\boldsymbol{a}))$$

となるが，この右辺の絶対値をとると

$$|h_i| \leqq \|\boldsymbol{h}\|, \qquad |h_j| \leqq \|\boldsymbol{h}\|$$

したがって

$$\frac{|h_i h_j|}{\|\boldsymbol{h}\|^2} \leqq 1$$

であるから

$$\left|\sum_{i=1}^{n}\sum_{j=1}^{n} \frac{h_i h_j}{\|\boldsymbol{h}\|^2}(f_{x_i x_j}(\boldsymbol{a}+\theta\boldsymbol{h}) - f_{x_i x_j}(\boldsymbol{a}))\right| \leqq \sum_{i=1}^{n}\sum_{j=1}^{n} |f_{x_i x_j}(\boldsymbol{a}+\theta\boldsymbol{h}) - f_{x_i x_j}(\boldsymbol{a})|$$

が成立する．よって

$$\frac{|R(\boldsymbol{h})|}{\|\boldsymbol{h}\|^2} \leqq \frac{1}{2}\sum_{i=1}^{n}\sum_{j=1}^{n} |f_{x_i x_j}(\boldsymbol{a}+\theta\boldsymbol{h}) - f_{x_i x_j}(\boldsymbol{a})|$$

がえられる．ここで $\boldsymbol{h}\to\boldsymbol{0}$ とすると，仮定により各 $f_{x_i x_j}(\boldsymbol{x})$ は $\boldsymbol{a}$ で連続であるから $f_{x_i x_j}(\boldsymbol{a}+\theta\boldsymbol{h})\to f_{x_i x_j}(\boldsymbol{a})$ となって，右辺は 0 に収束する．よって

$$\boldsymbol{h} \longrightarrow \boldsymbol{0} \quad \text{のとき} \quad \frac{R(\boldsymbol{h})}{\|\boldsymbol{h}\|^2} \longrightarrow 0$$

となる．このことは

$$R(\boldsymbol{h}) = o(\|\boldsymbol{h}\|^2)$$

であることを示している．

以上の推論は，一般の m の場合に拡げることができる．(11) に対して

$$\frac{1}{m!}\left(\sum_{i=1}^{n} h_i \frac{\partial}{\partial x_i}\right)^m f(\boldsymbol{a}+\theta\boldsymbol{h}) = \frac{1}{m!}\left(\sum_{i=1}^{n} h_i \frac{\partial}{\partial x_i}\right)^m f(\boldsymbol{a}) + R(\boldsymbol{h})$$

とおくと

$$\boldsymbol{h} \longrightarrow \boldsymbol{0} \quad \text{のとき} \quad \frac{R(\boldsymbol{h})}{\|\boldsymbol{h}\|^m} \longrightarrow 0$$

となって

$$R(\boldsymbol{h}) = o(\|\boldsymbol{h}\|^m)$$

がえられる．$R(\boldsymbol{h})$ は $\|\boldsymbol{h}\|^m$ よりも高位の無限小なのである．この結果から，Lagrange の剰余 (11) は

$$\frac{1}{m!}\left(\sum_{i=1}^{n} h_i \frac{\partial}{\partial x_i}\right)^m f(\boldsymbol{a}) + o(\|\boldsymbol{h}\|^m)$$

とかくことができて，定理 3.10 は次のように表現できる．

定理 3.10 系 1 (Taylor の定理)　$\boldsymbol{a}$ の近傍で $f(\boldsymbol{x})$ の m 階までのすべての偏導関数が存在して連続であれば

$$f(\boldsymbol{a}+\boldsymbol{h}) = \sum_{r=0}^{m} \frac{1}{r!}\left(\sum_{i=1}^{n} h_i \frac{\partial}{\partial x_i}\right)^r f(\boldsymbol{a}) + o(\|\boldsymbol{h}\|^m) \tag{12}$$

が成立する．

(コメント)　右辺の $\sum$ は r が 0 から m までとっていることに注意．

定理 3.10 系 2 (平均値の定理)　$f(\boldsymbol{x})$ が $\boldsymbol{a}$ の近傍で連続な偏導関数をもてば，$\boldsymbol{a}$ の近傍に属する $\boldsymbol{a}+\boldsymbol{h}$ に対して

$$f(\boldsymbol{a}+\boldsymbol{h}) - f(\boldsymbol{a}) = \sum_{i=1}^{n} h_i f_{x_i}(\boldsymbol{a}+\theta\boldsymbol{h}), \qquad 0 < \theta < 1$$

が成立する．

(証明)　定理 3.10 の $m=1$ の場合である．(終)

定理 3.10 系 3 (Maclaurin の定理)　$f(\boldsymbol{x})$ が $\boldsymbol{0}$ の近傍で m 階までのすべての偏導関数が存在して連続であれば，この近傍内のすべての $\boldsymbol{x}$ に対して

$$f(\boldsymbol{x}) = \sum_{r=0}^{m-1} \frac{1}{r!}\left(\sum_{i=1}^{n} x_i \frac{\partial}{\partial x_i}\right)^r f(\boldsymbol{0}) + \frac{1}{m!}\left(\sum_{i=1}^{n} x_i \frac{\partial}{\partial x_i}\right)^m f(\theta\boldsymbol{x}),$$
$$0 < \theta < 1$$

が成立する．

(証明)　定理 3.10 において $\boldsymbol{a}=\boldsymbol{0}$，$\boldsymbol{h}=\boldsymbol{x}$ とおけばよい．(終)

(**コメント**) Maclaurinの展開式の右辺の

$$\left(\sum_{i=1}^{n} x_i \frac{\partial}{\partial x_i}\right)^r f(\mathbf{0})$$

の計算は

$$\left(\sum_{i=1}^{n} x_i \frac{\partial}{\partial x_i}\right)^r f(\boldsymbol{x})$$

を計算してから $\boldsymbol{x}=\mathbf{0}$ とおくのであるが

$$\left(\sum_{i=1}^{n} x_i \frac{\partial}{\partial x_i}\right)^r f(\boldsymbol{x})$$

の計算をする際には，はじめに $\left(\sum_{i=1}^{n} x_i \frac{\partial}{\partial x_i}\right)^r$ を展開して

$$x_1^{k_1} x_2^{k_2} \cdots x_n^{k_n} \frac{\partial^r}{\partial x_1^{k_1} \partial x_2^{k_2} \cdots \partial x_n^{k_n}}, \qquad k_1+k_2+\cdots+k_n = r$$

の形の項の和にしておいてから，これらの演算を $f(\boldsymbol{x})$ に適用する形で計算をする．$\left(\sum_{i=1}^{n} x_i \frac{\partial}{\partial x_i}\right)$ を次々に $f(\boldsymbol{x})$ に適用する形で計算してはいけない．なぜなら

$$\left(\sum_{i=1}^{n} x_i \frac{\partial}{\partial x_i}\right) f(\boldsymbol{x})$$

を計算して，その結果に再び $\sum_{i=1}^{n} x_i \frac{\partial}{\partial x_i}$ を適用すると，$\sum_{i=1}^{n} x_i \frac{\partial}{\partial x_i}$ の中の $\frac{\partial}{\partial x_i}$ の係数である x_i の部分までが微分されてしまうことになって，

$$\left(\sum_{i=1}^{n} x_i \frac{\partial}{\partial x_i}\right)^2 = \sum_{i=1}^{n} \sum_{j=1}^{n} x_i x_j \frac{\partial^2}{\partial x_i \partial x_j}$$

の右辺を $f(\boldsymbol{x})$ に適用した場合と同じにはならないからである．

[例] $f(x, y)=e^x \sin y$ の $m=3$ までのMaclaurin展開は次のようになる．

$$f_x = e^x \sin y, \qquad f_y = e^x \cos y$$

$$f_{xx} = e^x \sin y, \qquad f_{xy} = e^x \cos y, \qquad f_{yy} = -e^x \sin y$$

$$f_{xxx} = e^x \sin y, \qquad f_{xxy} = e^x \cos y, \qquad f_{xyy} = -e^x \sin y,$$

$$f_{yyy} = -e^x \cos y$$

であるから，この結果を

$$f(x, y) = f(0, 0)+(xf_x(0, 0)+yf_y(0, 0))$$
$$+\frac{1}{2!}(x^2 f_{xx}(0, 0)+2xyf_{xy}(0, 0)+y^2 f_{yy}(0, 0))$$

$$+\frac{1}{3!}(x^3 f_{xxx}(\theta x, \theta y)+3x^2 y f_{xxy}(\theta x, \theta y)$$
$$+3xy^2 f_{xyy}(\theta x, \theta y)+y^3 f_{yyy}(\theta x, \theta y))$$

に代入すると

$$\begin{aligned} e^x \sin y &= y+\frac{1}{2!}(2xy)+\frac{1}{3!}(x^3 e^{\theta x}\sin\theta y+3x^2 y e^{\theta x}\cos\theta y \\ &\quad -3xy^2 e^{\theta x}\sin\theta y-y^3 e^{\theta x}\cos\theta y) \\ &= y+xy+\frac{1}{6}e^{\theta x}((x^3-3xy^2)\sin\theta y+(3x^2 y-y^3)\cos\theta y) \end{aligned}$$

となる．

6.3 高階全微分

$f(x, y)$ の全微分は x, y の微小変化分を h, k として

$$df(x, y) = h\frac{\partial f}{\partial x}+k\frac{\partial f}{\partial y}$$

で定義された．これは $f(x, y)$ の変化分

$$f(x+h, y+k)-f(x, y)$$

のうちの h, k に関して1次式でかかれる部分であった．§4で用いた記号を使えば

$$df(x, y) = \left(h\frac{\partial}{\partial x}+k\frac{\partial}{\partial y}\right)f(x, y)$$

とかくことができる．この形からわかるように $df(x, y)$ は x, y と h, k に依存するが，h, k の値を固定しておけば，$df(x, y)$ は x, y の関数である．そこで h, k を固定して

$$g(x, y) = df(x, y)$$

とおいて，x, y の微小変化分 h, k に対する $g(x, y)$ の全微分を求めると

$$dg(x, y) = \left(h\frac{\partial}{\partial x}+k\frac{\partial}{\partial y}\right)g(x, y)$$

となる．このとき左右両辺を $f(x, y)$ であらわすと

$$\text{左辺} = dg(x, y) = d(df(x, y)) = d^2 f(x, y)$$

$$右辺=\left(h\frac{\partial}{\partial x}+k\frac{\partial}{\partial y}\right)g(x, y)=\left(h\frac{\partial}{\partial x}+k\frac{\partial}{\partial y}\right)df(x, y)$$
$$=\left(h\frac{\partial}{\partial x}+k\frac{\partial}{\partial y}\right)^2 f(x, y)$$

となるから

$$d^2f(x, y)=\left(h\frac{\partial}{\partial x}+k\frac{\partial}{\partial y}\right)^2 f(x, y)$$

である．この $d^2f(x, y)$ を $f(x, y)$ の**2 階全微分**あるいは**2 次全微分**という．括弧を外した形で表わせば

$$d^2f=h^2\frac{\partial^2 f}{\partial x^2}+2hk\frac{\partial^2 f}{\partial x\partial y}+k^2\frac{\partial^2 f}{\partial y^2}$$
$$=h^2f_{xx}+2hkf_{xy}+k^2f_{yy}$$

となる．x, y の変化分 h, k を

$$h=dx, \qquad k=dy$$

とかけば

$$d^2f=f_{xx}(dx)^2+2f_{xy}dxdy+f_{yy}(dy)^2$$

となる．

同様にして 3 階以上の全微分を定義することができる．

§7　多変数関数の極値

ここでは n 変数関数の極大極小について解説する．

$\varepsilon>0$ に対して $\boldsymbol{x}^0\in\boldsymbol{R}^n$ の ε-近傍を

$$U(\boldsymbol{x}^0, \varepsilon)=\{\boldsymbol{x}\mid\|\boldsymbol{x}-\boldsymbol{x}^0\|<\varepsilon\}$$

によって定義する．

定義　$f(\boldsymbol{x})$ の定義域の内点 $\boldsymbol{x}^0$ に対して

$$\boldsymbol{x}\in U(\boldsymbol{x}^0, \varepsilon)\quad かつ\quad \boldsymbol{x}\neq\boldsymbol{x}^0\quad ならば\quad f(\boldsymbol{x})<f(\boldsymbol{x}^0)$$

が成り立つように $U(\boldsymbol{x}^0, \varepsilon)$ をえらぶことができるとき，$f(\boldsymbol{x})$ は $\boldsymbol{x}^0$ において**極大**になるといい，このとき $f(\boldsymbol{x}^0)$ を**極大値**という．同様に

$$\boldsymbol{x}\in U(\boldsymbol{x}^0, \varepsilon)\quad かつ\quad \boldsymbol{x}\neq\boldsymbol{x}^0\quad ならば\quad f(\boldsymbol{x})>f(\boldsymbol{x}^0)$$

が成り立つように $U(\boldsymbol{x}^0, \varepsilon)$ をえらぶことができるとき，$f(\boldsymbol{x})$ は $\boldsymbol{x}^0$ に

おいて**極小**になるといい，このとき $f(\boldsymbol{x}^0)$ を**極小値**という．

上記の不等号が等号を含んだ ≦(または ≧) でおきかえられるとき，$f(\boldsymbol{x}^0)$ は**弱い意味の極大値**(**または極小値**) であるという．

極大値，極小値を (弱い意味の場合を含めて) 一括して $f(\boldsymbol{x})$ の**極値**という．

定義からわかるように，極値は近傍の中での最大値あるいは最小値を意味する局所的な概念であり，$f(\boldsymbol{x})$ の定義域の中にいくつもの極値があることは可能である．

7.1 2変数関数の場合

はじめに **2** 変数関数について，極値の判定条件を示しておく．

定理 3.11 $f(x, y)$ は (a, b) の近傍 (ε-近傍) で x, y について偏微分可能とする．このとき $f(x, y)$ が (a, b) において極値をとれば

$$f_x(a, b) = 0, \qquad f_y(a, b) = 0 \tag{1}$$

が成立する．

(証明) $f(x, b)$ は x だけの関数であり，この関数は $x=a$ で極大値または極小値をとる．したがって定理 1.15 により $f(x, b)$ の導関数は $x=a$ で 0 になる．すなわち $f_x(a, b)=0$ が成立する．$f_y(a, b)=0$ も同様にして示される．(終)

(1) の条件は (a, b) で極値をとるための必要条件であって，十分条件ではない．1 つの十分条件が次の定理によって与えられる．

定理 3.12 $f(x, y)$ は (a, b) の近傍で 2 階までの連続な偏導関数をもち，さらに

$$f_x(a, b) = 0, \qquad f_y(a, b) = 0$$

とする．このとき

$$\begin{pmatrix} f_{xx}(a, b) & f_{xy}(a, b) \\ f_{yx}(a, b) & f_{yy}(a, b) \end{pmatrix}$$

の狭義の主座小行列式が

（i）

$$f_{xx}(a,b)>0 \quad かつ \quad \begin{vmatrix} f_{xx}(a,b) & f_{xy}(a,b) \\ f_{yx}(a,b) & f_{yy}(a,b) \end{vmatrix} > 0 \tag{2}$$

をみたすならば $f(a,b)$ は極小値である．

（ii）

$$f_{xx}(a,b)<0 \quad かつ \quad \begin{vmatrix} f_{xx}(a,b) & f_{xy}(a,b) \\ f_{yx}(a,b) & f_{yy}(a,b) \end{vmatrix} > 0 \tag{3}$$

をみたすならば $f(a,b)$ は極大値になる．

（iii）

$$\begin{vmatrix} f_{xx}(a,b) & f_{xy}(a,b) \\ f_{yx}(a,b) & f_{yy}(a,b) \end{vmatrix} < 0 \tag{4}$$

であれば $f(a,b)$ は極値ではない．

(証明)　ここでは 2 次形式の符号に関する知識が必要になる (第 2 巻，第 5 章)．

定理 3.9 (Taylor の定理) により，$|h|, |k|$ が十分小さいすべての $(h,k)\neq(0,0)$ に対して

$$\begin{aligned} &f(a+h, b+k) \\ &= f(a,b)+f_x(a,b)h+f_y(a,b)k+\frac{1}{2}(f_{xx}(a+\theta h, b+\theta k)h^2 \\ &\quad +2f_{xy}(a+\theta h, b+\theta k)hk+f_{yy}(a+\theta h, b+\theta k)k^2) \end{aligned}$$

と展開できる．仮定により $f_x(a,b)=f_y(a,b)=0$ であるから，この展開式は

$$\begin{aligned} &f(a+h, b+k)-f(a,b) \\ &= \frac{1}{2}(h,k)\begin{pmatrix} f_{xx}(a+\theta h, b+\theta k) & f_{xy}(a+\theta h, b+\theta k) \\ f_{yx}(a+\theta h, b+\theta k) & f_{yy}(a+\theta h, b+\theta k) \end{pmatrix}\begin{pmatrix} h \\ k \end{pmatrix} \end{aligned} \tag{5}$$

とかくことができる．

(i) の証明：(2) が成り立っているとする．行列式の値は各成分の連続関数だから*，$f_{xx}, f_{xy}, f_{yx}, f_{yy}$ の連続性により，(2) が成り立つならば，$\delta>0$ を十分小さくとれば，$|h|<\delta$，$|k|<\delta$ をみたすすべての $(h,k)\neq(0,0)$ に対して

* $\begin{vmatrix} x_{11} & x_{12} \\ x_{21} & x_{22} \end{vmatrix} = x_{11}x_{22}-x_{12}x_{21}$ は $x_{11}, x_{12}, x_{21}, x_{22}$ の連続関数である．

$$f_{xx}(a+\theta h, b+\theta k) > 0 \quad かつ$$

$$\begin{vmatrix} f_{xx}(a+\theta h, b+\theta k) & f_{xy}(a+\theta h, b+\theta k) \\ f_{yx}(a+\theta h, b+\theta k) & f_{yy}(a+\theta h, b+\theta k) \end{vmatrix} > 0 \tag{6}$$

が成立する．このような h, k を任意にえらんで固定し，変数 u, v に関する 2 次形式

$$Q(u, v) = (u, v)\begin{pmatrix} f_{xx}(a+\theta h, b+\theta k) & f_{xy}(a+\theta h, b+\theta k) \\ f_{yx}(a+\theta h, b+\theta k) & f_{yy}(a+\theta h, b+\theta k) \end{pmatrix}\begin{pmatrix} u \\ v \end{pmatrix} \tag{7}$$

をつくれば，第 2 巻第 5 章定理 5.13 により $Q(u, v)$ は正値である．すなわち任意の $(u, v) \neq (0, 0)$ に対して $Q(u, v) > 0$ となる．よって $u=h$, $v=k$ に対しても $Q(h, k) > 0$ となる．

ところで $\frac{1}{2}Q(h, k)$ は (5) の右辺に他ならないから

$$f(a+h, b+k) - f(a, b) = \frac{1}{2}Q(h, k) > 0$$

したがって

$$f(a, b) < f(a+h, b+k)$$

が成立する．h, k は $|h| < \delta$, $|k| < \delta$ かつ $(h, k) \neq (0, 0)$ をみたす任意の実数でよいのだから，$f(a, b)$ は極小値である．

(ii) も (i) と同様にして証明できる．(3) が成り立つならば，十分小さな $(h, k) \neq (0, 0)$ に対して

$$f_{xx}(a+\theta h, b+\theta k) < 0, \qquad \begin{vmatrix} f_{xx}(a+\theta h, b+\theta k) & f_{xy}(a+\theta h, b+\theta k) \\ f_{yx}(a+\theta h, b+\theta k) & f_{yy}(a+\theta h, b+\theta k) \end{vmatrix} > 0$$

が成立し，このとき第 2 巻定理 5.13 により (7) の $Q(u, v)$ は負値になる．すなわち，すべての $(u, v) \neq (0, 0)$ に対して $Q(u, v) < 0$ となる．よって (5) から

$$f(a+h, b+k) - f(a, b) = \frac{1}{2}Q(h, k) < 0$$

すなわち

$$f(a, b) > f(a+h, b+k)$$

が成り立つから，$f(a, b)$ は極大値である．

(iii) の証明：(4) が成り立つときは，第 2 巻定理 5.13 により，2 次形式

$$Q^*(u, v) = (u, v)\begin{pmatrix} f_{xx}(a, b) & f_{xy}(a, b) \\ f_{yx}(a, b) & f_{yy}(a, b) \end{pmatrix}\begin{pmatrix} u \\ v \end{pmatrix}$$

は不定符号である．よって，$Q^*(u, v) > 0$ となる (u, v) もあり，$Q^*(u, v) < 0$ となる (u, v) もある．そこで $(u, v) \neq (0, 0)$ を任意にえらんで固定し，変数 t

の関数

$$g(t) = f(a+ut,\, b+vt)$$

をつくる．$g(t)$ は 2 点 (a, b) と $(a+u,\, b+v)$ を通る直線上で定義された関数であって

$$g'(t) = uf_x(a+ut,\, b+vt)+vf_y(a+ut,\, b+vt)$$

であり，$f_x(a, b)=f_y(a, b)=0$ であるから

$$g'(0) = uf_x(a, b)+vf_y(a, b) = 0 \tag{8}$$

である．また

$$\begin{aligned} g''(t) &= u^2 f_{xx}(a+ut,\, b+vt)+2uvf_{xy}(a+ut,\, b+vt) \\ &\quad + v^2 f_{yy}(a+ut,\, b+vt) \\ &= (u, v)\begin{pmatrix} f_{xx}(a+ut,\, b+vt) & f_{xy}(a+ut,\, b+vt) \\ f_{yx}(a+ut,\, b+vt) & f_{yy}(a+ut,\, b+vt) \end{pmatrix}\begin{pmatrix} u \\ v \end{pmatrix} \end{aligned}$$

であるから

$$g''(0) = (u, v)\begin{pmatrix} f_{xx}(a, b) & f_{xy}(a, b) \\ f_{yx}(a, b) & f_{yy}(a, b) \end{pmatrix}\begin{pmatrix} u \\ v \end{pmatrix} = Q^*(u, v) \tag{9}$$

である．そして，f_{xx}, f_{xy}, f_{yy} はいずれも (a, b) で連続であるから，$g''(t)$ は $t=0$ において連続である．

$Q^*(u, v)>0$ となる (u, v) をとる．この (u, v) に対しては (8) と (9)から

$$g'(0) = 0, \qquad g''(0) = Q^*(u, v) > 0$$

であるから，1 変数関数の極値の十分条件がみたされて $g(t)$ は $t=0$ において極小値をとる．このことは $f(a+tu,\, b+tv)$ の極小値が $f(a, b)$ であることを意味するから，$|t|$ が十分小さいすべての t に対して

$$f(a, b) < f(a+tu,\, b+tv)$$

が成立する．

同様にして，$Q^*(u, v)<0$ となる (u, v) に対しては

$$g'(0) = 0, \qquad g''(0) < 0$$

となるから $g(t)$ は $t=0$ で極大値をとるが，このことは，絶対値が十分小さいすべての t に対して

$$f(a, b) > f(a+tu,\, b+tv)$$

が成り立つことを示している．こうして，(a, b) のいくらでも近くに $f(a, b) < f(x, y)$ となる (x, y) があり，また $f(a, b) > f(x, y)$ となる (x, y) もあるか

ら，$f(a, b)$ は極値ではない．(終)

(コメント)　$f_x(a, b)=0$，$f_y(a, b)=0$ であって，しかも

$$\begin{vmatrix} f_{xx}(a, b) & f_{xy}(a, b) \\ f_{yx}(a, b) & f_{yy}(a, b) \end{vmatrix} = 0 \tag{10}$$

となる場合は，$f(x, y)$ は (a, b) において極値をとる場合もあるし，極値をとらない場合もある．たとえば $(x+y)^2+x^4$ と $(x+y)^2-x^4$ を考えれば，どちらも $(0, 0)$ において (1) と (10) をみたすが，$(x+y)^2+x^4$ は明らかに $(0, 0)$ で極小値をとるのに対して $(x+y)^2-x^4$ は $(0, 0)$ では極値をとらない．なぜならこの関数は $(0, 0)$ では 0 になるが，$(0, 0)$ の近傍の点 $(0, t)$ では $t^2>0$ となり，点 $(t, -t)$ では $-t^4<0$ となるからである．

[例1]　$f(x, y)=x^3+y^3-3xy$ の極値を求めてみる．

$$\begin{cases} f_x = 3x^2-3y = 0 \\ f_y = 3y^2-3x = 0 \end{cases}$$

の解を求めると

$$\begin{cases} x = 1 \\ y = 1 \end{cases} \qquad \begin{cases} x = 0 \\ y = 0 \end{cases}$$

がえられる．

$f_{xx}=6x$，$f_{xy}=f_{yx}=-3$，$f_{yy}=6y$ であるから

$$\begin{pmatrix} f_{xx} & f_{xy} \\ f_{yx} & f_{yy} \end{pmatrix} = \begin{pmatrix} 6x & -3 \\ -3 & 6y \end{pmatrix}$$

となる．この行列の狭義主座小行列式の値を求めると

点 $(1, 1)$ においては

$$f_{xx}(1, 1) = 6 > 0, \qquad \begin{vmatrix} f_{xx}(1, 1) & f_{xy}(1, 1) \\ f_{yx}(1, 1) & f_{yy}(1, 1) \end{vmatrix} = \begin{vmatrix} 6 & -3 \\ -3 & 6 \end{vmatrix} = 27 > 0$$

となるから，$f(1, 1)=-1$ は極小値である．

点 $(0, 0)$ においては

$$\begin{vmatrix} f_{xx}(0, 0) & f_{xy}(0, 0) \\ f_{yx}(0, 0) & f_{yy}(0, 0) \end{vmatrix} = \begin{vmatrix} 0 & -3 \\ -3 & 0 \end{vmatrix} = -9 < 0$$

であるから，$f(0, 0)=0$ は極値ではない．

7.2　n 変数 ($n \geqq 3$) の場合

定理 3.10，定理 3.11 はそのまま n 変数に拡張することができる．証明の筋道はまったく同じであるが，念のため，大筋の証明を与えておく．

定理 3.13　n 変数の関数 $f(\boldsymbol{x})$ が点 $\boldsymbol{x}^0$ の近傍で偏微分可能であり，$\boldsymbol{x}^0$ において極値をとれば

$$f_{x_i}(\boldsymbol{x}^0) = 0, \qquad i = 1, 2, \cdots, n$$

が成立する．

(証明)　x_i 以外の変数の値を $x_j^0, j \neq i$，に固定した関数

$$f(x_1^0, \cdots, x_{i-1}^0, x_i, x_{i+1}^0, \cdots, x_n^0)$$

は $x_i = x_i^0$ のとき極値をとるから，$f_{x_i}(\boldsymbol{x}^0) = 0$ である．(終)

定理 3.14　$f(\boldsymbol{x})$ は $\boldsymbol{x}^0$ の近傍内で連続な2階までの偏導関数をもつとし，さらに $\boldsymbol{x}^0$ において

$$f_{x_i}(\boldsymbol{x}^0) = 0, \qquad i = 1, 2, \cdots, n$$

をみたすとする．ここで，対称行列 $f_{\boldsymbol{xx}}(\boldsymbol{x})$ を

$$f_{\boldsymbol{xx}}(\boldsymbol{x}) = \begin{pmatrix} f_{x_1x_1}(\boldsymbol{x}) & f_{x_1x_2}(\boldsymbol{x}) & \cdots & f_{x_1x_n}(\boldsymbol{x}) \\ f_{x_2x_1}(\boldsymbol{x}) & f_{x_2x_2}(\boldsymbol{x}) & \cdots & f_{x_2x_n}(\boldsymbol{x}) \\ \cdots & & \cdots & \\ f_{x_nx_1}(\boldsymbol{x}) & f_{x_nx_2}(\boldsymbol{x}) & \cdots & f_{x_nx_n}(\boldsymbol{x}) \end{pmatrix} \tag{11}$$

で定義する．このとき $\boldsymbol{x}^0$ における $f_{\boldsymbol{xx}}(\boldsymbol{x}^0)$ について

(i)　$f_{\boldsymbol{xx}}(\boldsymbol{x}^0)$ の狭義の主座小行列式がすべて正であれば $f(\boldsymbol{x})$ は $\boldsymbol{x}^0$ で極小値をとる．

(ii)　$f_{\boldsymbol{xx}}(\boldsymbol{x}^0)$ の狭義の主座小行列式のうちで，偶数次のものはすべて正，奇数次のものはすべて負であれば，$f(\boldsymbol{x})$ は $\boldsymbol{x}^0$ で極大値をとる．

(iii)　$f_{\boldsymbol{xx}}(\boldsymbol{x}^0)$ の狭義の主座小行列式のなかに，偶数次で負のものがあるか，あるいは奇数次のものの中に正のものと負のものが混在するならば，$f(\boldsymbol{x})$ は $\boldsymbol{x}^0$ で極値をとらない．

(証明)　$\boldsymbol{x}^0$ の近傍で $f(\boldsymbol{x})$ の2階までの Taylor 展開をつくると

$$f(\boldsymbol{x}^0+\boldsymbol{h}) = f(\boldsymbol{x}^0)+\sum_{i=1}^{n} f_{x_i}(\boldsymbol{x}^0)h_i+\frac{1}{2}\sum_{i=1}^{n}\sum_{j=1}^{n} f_{x_ix_j}(\boldsymbol{x}^0+\theta\boldsymbol{h})h_ih_j, \qquad 0<\theta<1$$

となる．仮定により $f_{x_i}(\boldsymbol{x}^0)=0$, $i=1,2,\cdots,n$，であるから

$$\begin{aligned} f(\boldsymbol{x}^0+\boldsymbol{h})-f(\boldsymbol{x}^0) &= \frac{1}{2}\sum_{i=1}^{n}\sum_{j=1}^{n} f_{x_ix_j}(\boldsymbol{x}^0+\theta\boldsymbol{h})h_ih_j \\ &= \frac{1}{2}\boldsymbol{h}^T f_{\boldsymbol{xx}}(\boldsymbol{x}^0+\theta\boldsymbol{h})\boldsymbol{h}, \qquad 0<\theta<1 \end{aligned} \tag{12}$$

となる．ここで $\boldsymbol{h}$ は列ベクトルであり，$\boldsymbol{h}^T$ は $\boldsymbol{h}$ の転置である．

さて，変数ベクトル $\boldsymbol{u}$ に関する2次形式

$$\boldsymbol{u}^T f_{\boldsymbol{xx}}(\boldsymbol{x}^0+\theta\boldsymbol{h})\boldsymbol{u} = \sum_{i=1}^{n}\sum_{j=1}^{n} f_{x_ix_j}(\boldsymbol{x}^0+\theta\boldsymbol{h})u_iu_j$$

を考える．

(i) の場合：$f_{\boldsymbol{xx}}(\boldsymbol{x})$ の主座小行列式は $\boldsymbol{x}$ の連続関数であるから，$f_{\boldsymbol{xx}}(\boldsymbol{x}^0)$ の狭義の主座小行列式がすべて正であれば $\|\boldsymbol{h}\|$ が十分小さいすべての $\boldsymbol{h}$ に対して $f_{\boldsymbol{xx}}(\boldsymbol{x}^0+\theta\boldsymbol{h})$ の狭義主座小行列式はすべて正になる．このとき2次形式 $\boldsymbol{u}^T f_{\boldsymbol{xx}}(\boldsymbol{x}^0+\theta\boldsymbol{h})\boldsymbol{u}$ は正値である．ここで $\boldsymbol{u}=\boldsymbol{h}\neq\boldsymbol{0}$ とおけば，これに対して

$$\boldsymbol{h}^T f_{\boldsymbol{xx}}(\boldsymbol{x}^0+\theta\boldsymbol{h})\boldsymbol{h} > 0$$

となるから，(12) により

$$f(\boldsymbol{x}^0+\boldsymbol{h})-f(\boldsymbol{x}^0) > 0$$

となる．よって $f(\boldsymbol{x}^0)$ は極小値になる．

(ii) の場合：$f_{\boldsymbol{xx}}(\boldsymbol{x}^0)$ の狭義主座小行列式が (ii) の条件をみたせば，十分 $\|\boldsymbol{h}\|$ が小さいとき $f_{\boldsymbol{xx}}(\boldsymbol{x}^0+\theta\boldsymbol{h})$ の狭義主座小行列式も同じく (ii) の条件をみたす．このとき $\boldsymbol{u}^T f_{\boldsymbol{xx}}(\boldsymbol{x}^0+\theta\boldsymbol{h})\boldsymbol{u}$ は負値になるから，$\boldsymbol{u}=\boldsymbol{h}\neq\boldsymbol{0}$ に対して

$$\boldsymbol{h}^T f_{\boldsymbol{xx}}(\boldsymbol{x}^0+\theta\boldsymbol{h})\boldsymbol{h} < 0$$

となって，(12) により $f(\boldsymbol{x}^0)>f(\boldsymbol{x}^0+\boldsymbol{h})$ が成立し，$f(\boldsymbol{x}^0)$ は極大値になる．

(iii) の場合：2次形式

$$Q(\boldsymbol{h}) = \boldsymbol{h}^T f_{\boldsymbol{xx}}(\boldsymbol{x}^0)\boldsymbol{h}$$

は不定符号であるから $Q(\boldsymbol{h})>0$ となる $\boldsymbol{h}$ もあり $Q(\boldsymbol{h})<0$ となる $\boldsymbol{h}$ もある．そこで t の関数

$$g(t) = f(\boldsymbol{x}^0+t\boldsymbol{h})$$

を考えれば，$g(0)=f(\boldsymbol{x}^0)$ であり，また

$$g'(0) = \sum_{i=1}^{n} f_{x_i}(\boldsymbol{x}^0)h_i = 0, \qquad g''(0) = \boldsymbol{h}^T f_{\boldsymbol{xx}}(\boldsymbol{x}^0)\boldsymbol{h} = Q(\boldsymbol{h})$$

であって，$g''(t)=\boldsymbol{h}^T f_{\boldsymbol{xx}}(\boldsymbol{x}^0+t\boldsymbol{h})\boldsymbol{h}$ は $t=0$ で連続である．よって，$Q(\boldsymbol{h})>0$ である $\boldsymbol{h}$ に対しては

$$g'(0) = 0, \qquad g''(0) = Q(\boldsymbol{h}) > 0$$

となるから $g(0)=f(\boldsymbol{x}^0)$ は $g(t)$ の極小値である．このことは，十分小さなすべての $t\neq 0$ に対して

$$f(\boldsymbol{x}^0) < f(\boldsymbol{x}^0+t\boldsymbol{h})$$

となることを示している．

同様に，$Q(\boldsymbol{h})<0$ である $\boldsymbol{h}$ に対しては $g'(0)=0$，$g''(0)<0$ となるから $g(0)=f(\boldsymbol{x}^0)$ は $g(t)$ の極大値になり，したがって，十分小さいすべての t に対して

$$f(\boldsymbol{x}^0) > f(\boldsymbol{x}^0+t\boldsymbol{h})$$

が成立する．

こうして，$\boldsymbol{x}^0$ のどんな近傍にも $f(\boldsymbol{x}^0)<f(\boldsymbol{x})$ となる $\boldsymbol{x}$ もあり，$f(\boldsymbol{x}^0)>f(\boldsymbol{x})$ となる $\boldsymbol{x}$ もあるから，$f(\boldsymbol{x}^0)$ は $f(\boldsymbol{x})$ の極値ではない．(終)

定義　(11) で定義した対称行列 $f_{\boldsymbol{xx}}$ を $f(\boldsymbol{x})$ の **Hesse 行列**といい，$f_{\boldsymbol{xx}}$ の行列式 $\det f_{\boldsymbol{xx}}$ を **Hessian** (ヘッシアン) という．

定理の中の条件 (i) は Hesse 行列 $f_{\boldsymbol{xx}}(\boldsymbol{x}^0)$ が正値であるための必要十分条件であり，(ii) は $f_{\boldsymbol{xx}}(\boldsymbol{x}^0)$ が負値であるための必要十分条件であり，(iii) は $f_{\boldsymbol{xx}}(\boldsymbol{x}^0)$ が不定符号であるための必要十分条件であるから，定理 3.14 は次のように述べられる．

定理 3.14 系　$f(\boldsymbol{x})$ が $\boldsymbol{x}^0$ の近傍で連続な 2 階までの偏導関数をもち，$f_{x_i}(\boldsymbol{x}^0)=0$，$i=1,2,\cdots,n$ が成り立つとき

(i)　$f_{\boldsymbol{xx}}(\boldsymbol{x}^0)$ が正値ならば $f(\boldsymbol{x}^0)$ は極小値である．

(ii)　$f_{\boldsymbol{xx}}(\boldsymbol{x}^0)$ が負値ならば $f(\boldsymbol{x}^0)$ は極大値である．

(iii)　$f_{\boldsymbol{xx}}(\boldsymbol{x}^0)$ が不定符号ならば $f(\boldsymbol{x}^0)$ は極値ではない．

[例 2]　$f(\boldsymbol{x})=(x_1+x_2+x_3)e^{-x_1^2-x_2^2-x_3^2}$ の極値を求めよ．

(解)　$f_{x_1}=(1-2x_1(x_1+x_2+x_3))e^{-x_1^2-x_2^2-x_3^2}=0 \qquad \therefore \quad 2x_1(x_1+x_2+x_3)=1$

$f_{x_2}=0$，$f_{x_3}=0$ から同様な式がえられるから，まとめて

$$\begin{cases} 2x_1(x_1+x_2+x_3)=1 \\ 2x_2(x_1+x_2+x_3)=1 \\ 2x_3(x_1+x_2+x_3)=1 \end{cases}$$

これらを加えて

$$2(x_1+x_2+x_3)^2=3 \qquad \therefore \quad x_1+x_2+x_3=\pm\sqrt{\frac{3}{2}}=\pm\frac{\sqrt{6}}{2}$$

この値を上の各式に代入して

$$x_1+x_2+x_3=\frac{\sqrt{6}}{2} \quad \text{のとき} \quad x_1=x_2=x_3=\frac{1}{\sqrt{6}}$$

$$x_1+x_2+x_3=-\frac{\sqrt{6}}{2} \quad \text{のとき} \quad x_1=x_2=x_3=-\frac{1}{\sqrt{6}}$$

がえられる．よって極値を与える点の候補は

$$\left(\frac{1}{\sqrt{6}},\frac{1}{\sqrt{6}},\frac{1}{\sqrt{6}}\right), \qquad \left(-\frac{1}{\sqrt{6}},-\frac{1}{\sqrt{6}},-\frac{1}{\sqrt{6}}\right)$$

である．$f_{x_1x_1}, f_{x_1x_2}$ を計算すると

$$f_{x_1x_1}=(-6x_1-2x_2-2x_3+4x_1^3+4x_1^2x_2+4x_1^2x_3)e^{-x_1^2-x_2^2-x_3^2}$$

$$f_{x_1x_2}=(-2x_1-2x_2+4x_1^2x_2+4x_1x_2^2+4x_1x_2x_3)e^{-x_1^2-x_2^2-x_3^2}$$

これらの値は，点$\left(\frac{1}{\sqrt{6}},\frac{1}{\sqrt{6}},\frac{1}{\sqrt{6}}\right)$では

$$f_{x_1x_1}=-\frac{8}{\sqrt{6}}e^{-\frac{1}{2}}, \qquad f_{x_1x_2}=-\frac{2}{\sqrt{6}}e^{-\frac{1}{2}}$$

になり，点$\left(-\frac{1}{\sqrt{6}},\ -\frac{1}{\sqrt{6}},\ -\frac{1}{\sqrt{6}}\right)$では

$$f_{x_1x_1}=\frac{8}{\sqrt{6}}e^{-\frac{1}{2}}, \qquad f_{x_1x_2}=\frac{2}{\sqrt{6}}e^{-\frac{1}{2}}$$

になる．x_1, x_2, x_3 に関する対称性からその他の $f_{x_ix_j}$ も同じ値になるから，上記の各点における Hesse 行列は，それぞれ

$$\begin{pmatrix} -\frac{8}{\sqrt{6}} & -\frac{2}{\sqrt{6}} & -\frac{2}{\sqrt{6}} \\ -\frac{2}{\sqrt{6}} & -\frac{8}{\sqrt{6}} & -\frac{2}{\sqrt{6}} \\ -\frac{2}{\sqrt{6}} & -\frac{2}{\sqrt{6}} & -\frac{8}{\sqrt{6}} \end{pmatrix} e^{-\frac{1}{2}} \quad \text{と} \quad \begin{pmatrix} \frac{8}{\sqrt{6}} & \frac{2}{\sqrt{6}} & \frac{2}{\sqrt{6}} \\ \frac{2}{\sqrt{6}} & \frac{8}{\sqrt{6}} & \frac{2}{\sqrt{6}} \\ \frac{2}{\sqrt{6}} & \frac{2}{\sqrt{6}} & \frac{8}{\sqrt{6}} \end{pmatrix} e^{-\frac{1}{2}}$$

になる．狭義主座小行列式の値を調べれば容易にわかるように，前者は負値であり，後者は正値である．よって $f(\boldsymbol{x})=(x_1+x_2+x_3)e^{-x_1{}^2-x_2{}^2-x_3{}^2}$ は点 $\left(\frac{1}{\sqrt{6}}, \frac{1}{\sqrt{6}}, \frac{1}{\sqrt{6}}\right)$ で極大値

$$f\left(\frac{1}{\sqrt{6}}, \frac{1}{\sqrt{6}}, \frac{1}{\sqrt{6}}\right) = \sqrt{\frac{3}{2}}e^{-\frac{1}{2}}$$

をとり，点 $\left(-\frac{1}{\sqrt{6}}, -\frac{1}{\sqrt{6}}, -\frac{1}{\sqrt{6}}\right)$ で極小値

$$f\left(-\frac{1}{\sqrt{6}}, -\frac{1}{\sqrt{6}}, -\frac{1}{\sqrt{6}}\right) = -\sqrt{\frac{3}{2}}e^{-\frac{1}{2}}$$

をとる．

[例 3]　**利潤極大条件**　n 種類の商品を生産している企業を考える．各商品の生産量を

$$\boldsymbol{x} = (x_1, x_2, \cdots, x_n)$$

とし，各商品の販売単価を $p_1, p_2, \cdots, p_n$ とし

$$\boldsymbol{p} = (p_1, p_2, \cdots, p_n)$$

とおく．$\boldsymbol{p}$ は所与とする．また，$\boldsymbol{x}$ だけの生産に要する総費用は，固定費を K，変動費を $C(\boldsymbol{x})$ とすれば

$$K+C(\boldsymbol{x})$$

で与えられる．生産した商品は市場価格 $\boldsymbol{p}$ ですべて売り尽すことができるとすれば，$\boldsymbol{x}$ だけの生産による利潤は

$$\begin{aligned}\pi(\boldsymbol{x}) &= \boldsymbol{p}\cdot\boldsymbol{x}-(K+C(\boldsymbol{x}))\\ &= \sum_{i=1}^{n} p_i x_i-(K+C(\boldsymbol{x}))\end{aligned}$$

で与えられる．ここで $\boldsymbol{p}\cdot\boldsymbol{x}$ は $\boldsymbol{p}$ と $\boldsymbol{x}$ の内積である*．$\pi(\boldsymbol{x})$ を極大にする生産量を $\boldsymbol{x}^0$ とすれば，$\boldsymbol{x}^0$ において

$$\frac{\partial\pi(\boldsymbol{x}^0)}{\partial x_i} = p_i-\frac{\partial C(\boldsymbol{x}^0)}{\partial x_i} = 0, \qquad i = 1, 2, \cdots, n$$

したがって

$$\frac{\partial C(\boldsymbol{x}^0)}{\partial x_i} = p_i, \qquad i = 1, 2, \cdots, n$$

が成立する．左辺は $\boldsymbol{x}^0$ における限界費用であるから利潤を極大にする生産量

---

*　以後，ベクトル $\boldsymbol{a}$ と $\boldsymbol{b}$ の内積は $\boldsymbol{a}\cdot\boldsymbol{b}$ であらわすことにする．

は

$$\text{限界費用} = \text{価格}$$

をみたさなくてはならないのである．

そこでまず

$$\frac{\partial C(\boldsymbol{x})}{\partial x_i} = p_i, \quad i = 1, 2, \cdots, n$$

をみたす $\hat{\boldsymbol{x}}$ を求め，$\hat{\boldsymbol{x}}$ において Hesse 行列

$$\pi_{\boldsymbol{xx}}(\hat{\boldsymbol{x}}) = -C_{\boldsymbol{xx}}(\hat{\boldsymbol{x}})$$

の狭義主座小行列式の符号を調べる．$C_{\boldsymbol{xx}}(\hat{\boldsymbol{x}})$ が正値であれば，$\hat{\boldsymbol{x}}$ は利潤を極大にする生産量であることが保証される．

(問) 次の各関数の極値と，極値を与える変数の値を求めよ．

(1) $x_1x_2(x_1^2+x_2^2-4)$ (2) $x_1^2-x_1x_2^2+x_2^4$

(3) $x_1^2+x_2^2+x_3^2-x_1x_2+6x_1+2x_3$ (4) $(x_1^2+x_2^2+x_3^2-1)e^{x_1+x_2+x_3}$

§8 陰関数

8.1 2変数関数の場合

変数 x と y の間に

$$x^2+y^2-1 = 0 \tag{1}$$

という関係式が成り立っているとする．この関係式をみたす (x, y) の全体は，平面上の原点 $(0, 0)$ を中心とする半径 1 の円を描く (図 8.1)．(1) を y について解けば

$$y = \sqrt{1-x^2}, \quad y = -\sqrt{1-x^2} \tag{2}$$

という 2 つの関係式がえられる．これらのうち，$y=\sqrt{1-x^2}$ のグラフは図 8.1

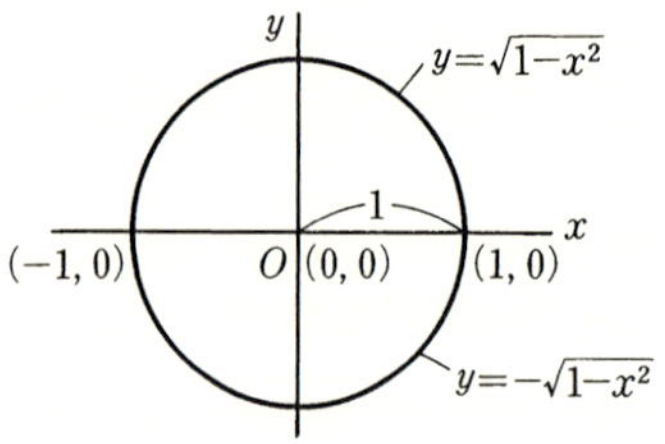

図 8.1

の円の上の半分であり，$y=-\sqrt{1-x^2}$ のグラフは下の半分である．(1) の関係式は (2) の 2 つの関係式を同時に示している．別のいい方をすれば，(1) の関係式の背後に (2) の 2 つの関数がかくれているのである．

(2) の関係式を (1) の左辺に代入すれば，x の値に関係なく (恒等的に)

$$x^2+y^2-1 = x^2+(\pm\sqrt{1-x^2})^2-1 = x^2+1-x^2-1 = 0$$

となってしまう．(1) を解いて得られる式を (1) に代入したのだから，これは当然であろう．

一般に，x と y の関係が

$$f(x, y) = 0$$

で与えられれば，この関係から，y は x の関数として定まる (といっても，上の例からわかるように，定まる関数は 1 つとは限らない)．その 1 つを

$$y = g(x)$$

とする．この $g(x)$ を $f(x, y)$ の y のところに代入すれば恒等的に (x の値に関係なく)

$$f(x, g(x)) = 0$$

が成立する．このような性質をもつ関数 $g(x)$を，関係式 $f(x, y)=0$ から定まる**陰関数**という．$f(x, y)=0$ という関係式の "陰" に，関数 $y=g(x)$ がかくれているのである．

そうはいっても，このような陰関数 $g(x)$ の存在に関しては，少々微妙な問題がからんでいる．それらを含めて，陰関数の存在を保証し，その性質を示すのが次の定理である．

定理 3.15 (陰関数の定理) 関係式 $f(x, y)=0$ をみたす点 (a, b) の近傍で $f(x, y)$ は連続微分可能とし，さらに

$$f_y(a, b) \neq 0$$

とする．このとき，点 (a, b) の近傍で $f(x, y)=0$ によって y は x の関数として一意的に定まる．この関数を

$$y = g(x)$$

とすれば

(i) $g(x)$ は a の近傍で連続であって，$b=g(a)$ をみたし，かつ，a の近傍で恒等的に

$$f(x, g(x)) = 0$$

が成立する．

（ii） $g(x)$ は a の近傍で微分可能であって

$$g'(x) = -\frac{f_x(x, y)}{f_y(x, y)} = -\frac{f_x(x, g(x))}{f_y(x, g(x))} \tag{3}$$

が成立する．

（iii） $f(x, y)$ が (a, b) の近傍で連続な r 階までの偏導関数をもてば，$g(x)$ も a の近傍で連続な r 階までの導関数をもつ．

（証明） 証明は少し込み入っているから注意して読んでほしい．$f(x, y)$ は (a, b) の近傍で連続微分可能であり，$f_y(a, b) \neq 0$ であるから，$f_y(a, b) > 0$ と仮定して証明する（$f_y(a, b) < 0$ の場合も証明の筋道は同じである）．

仮定により $f_y(x, y)$ は (a, b) の近傍で連続であり，$f_y(a, b) > 0$ であるから，(a, b) の近傍で $f_y(x, y) > 0$ である．したがって，十分小さく $\varepsilon > 0$ をとって，正方形領域

$$U_\varepsilon = \{(x, y) \mid |x-a| \leqq \varepsilon,\ |y-b| \leqq \varepsilon\}$$

に属するすべての点 (x, y) において

$$f(x, y) \text{ は連続，かつ } f_y(x, y) > 0$$

となるようにすることができる（図 8.2）．この領域内で $f(x, y)$ は各 x に対して y の増加関数であるから $f(a, y)$ は U_ε 内で y の増加関数になる．よって

$$f(a, b-\varepsilon) < f(a, b) < f(a, b+\varepsilon)$$

が成立し，$f(a, b) = 0$ であるから

$$f(a, b-\varepsilon) < 0 < f(a, b+\varepsilon)$$

が成立する．また，$f(x, b-\varepsilon)$，$f(x, b+\varepsilon)$ は U_ε において x の連続関数であ

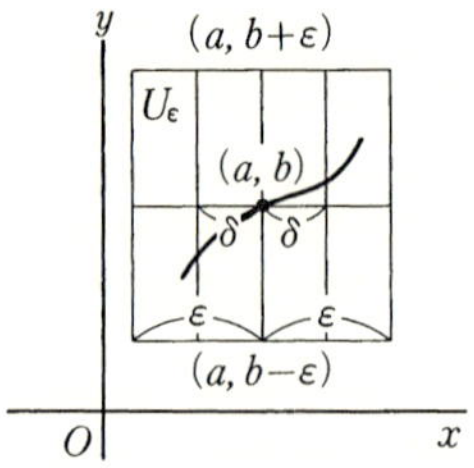

図 8.2

るから，a に十分近いすべての x に対して

$$f(x,\, b-\varepsilon) < 0 < f(x,\, b+\varepsilon)$$

が成立する．すなわち，$\delta>0$ を十分小さくえらんで $|x-a|<\delta$ をみたすすべての x に対して

$$f(x,\, b-\varepsilon) < 0 < f(x,\, b+\varepsilon)$$

が成り立つようにできる．そこで，この区間の各 x に対して，変数 y について中間値の定理を使えば

$$f(x,\, \tilde{y}) = 0, \qquad b-\varepsilon < \tilde{y} < b+\varepsilon$$

となる $\tilde{y}$ が存在する．しかも，$f(x,y)$ はこの区間で y の増加関数であるから，$f(x,\tilde{y})=0$ となる $\tilde{y}$ は各 x に対して一意的に定まる．この $\tilde{y}$ を $g(x)$ とかけば $g(x)$ は区間 $(a-\delta,\, a+\delta)$ 内の各 x に対して一意的に定まり，しかも，この区間で恒等的に $f(x, g(x))=0$ をみたす．この $g(x)$ に対して $b=g(a)$ が成り立つことはいうまでもない．

さて，$g(x)$ の定義から，区間 $|x-a|<\delta$ において，当然

$$b-\varepsilon < g(x) < b+\varepsilon$$

は成立している．そして $b=g(a)$ であるから，この不等式は

$$|g(x)-g(a)| < \varepsilon$$

とかくことができる．よって

$$|x-a| < \delta \Longrightarrow |g(x)-g(a)| < \varepsilon$$

が成立する．ここで $\varepsilon>0$ はいくらでも小さくとれるから，$g(x)$ は $x=a$ で連続である．

a の近傍の点 $\tilde{a}$ と $g(\tilde{a})$ に対して上記の論法を使えば，$g(x)$ は $\tilde{a}$ においても連続であることが示される．よって $g(x)$ は a の近傍で連続である．

次に，a の近傍で恒等的に $f(x, g(x))=0$ が成り立つから，この近傍内に x, $x+\varDelta x$ をとれば

$$f(x, g(x)) = f(x+\varDelta x,\, g(x+\varDelta x)) = 0$$

が成立する．そこで

$$y = g(x), \qquad \varDelta y = g(x+\varDelta x)-g(x)$$

とおけば，平均値の定理により

$$\begin{aligned} 0 &= f(x+\varDelta x,\, g(x+\varDelta x))-f(x,\, g(x)) = f(x+\varDelta x,\, y+\varDelta y)-f(x,\, y) \\ &= f_x(x+\theta\varDelta x,\, y+\theta\varDelta y)\varDelta x+f_y(x+\theta\varDelta x,\, y+\theta\varDelta y)\varDelta y \end{aligned}$$

が成立し，したがって

$$\frac{\Delta y}{\Delta x} = -\frac{f_x(x+\theta\Delta x,\, y+\theta\Delta y)}{f_y(x+\theta\Delta x,\, y+\theta\Delta y)}$$

が成立する．ここで $\Delta x\to 0$ とすれば $g(x)$ の連続性から $\Delta y\to 0$ となり，仮定により f_x, f_y は連続だから，右辺は

$$-\frac{f_x(x,\, y)}{f_y(x,\, y)}$$

に収束する．このとき左辺の $\dfrac{\Delta y}{\Delta x}$ も極限をもち，左辺の極限は

$$\lim_{\Delta x\to 0}\frac{\Delta y}{\Delta x} = \lim_{\Delta x\to 0}\frac{g(x+\Delta x)-g(x)}{\Delta x} = g'(x)$$

となる．よって a の近傍で

$$g'(x) = -\frac{f_x(x,\, y)}{f_y(x,\, y)} = -\frac{f_x(x,\, g(x))}{f_y(x,\, g(x))}$$

が成立する．これが (3) 式である．

$f(x,y)$ が連続な2階の偏導関数をもてば，(3) の右辺はさらに x について微分できて，その結果は $f(x,y)$ の2階までの偏導関数と $g(x)$ だけであらわされる．この論法を繰り返せば，$f(x,y)$ が r 回までの連続な偏導関数をもつとき (3) 式の右辺を $r-1$ 回 x について微分することができて，その結果は $f(x,y)$ の r 階までの偏導関数の有理式と $g(x)$ であらわすことができる．それが $g^{(r)}(x)$ に他ならない．よって $g(x)$ は r 回微分可能で，$g^{(r)}(x)$ は連続である．(終)

(コメント)　(3) 式は，恒等式 $f(x, g(x))=0$ を x について微分してえられる関係式

$$f_x(x,\, g(x))+f_y(x,\, g(x))g'(x) = 0$$

を $g'(x)$ について解いたものである．

[例1]　最初にあげた関数 $f(x,y)=x^2+y^2-1=0$ において $f_y=2y$ であるから，$f_y=0$ となる円周上の点は $y=0$ となる点 $(1,0)$ と $(-1,0)$ である．これらの点の近傍では各 x に対して y の値は2つ決まってしまう．図8.3の点 $(1,0)$ の近傍 U_1 の中では，各 x に対して y は2つ決まる．しかし上半分の円周上の点の近傍 U_2 では，各 x に対して y の値は1つずつ決まる．ここで決まる陰関数は $g(x)=\sqrt{1-x^2}$ である．

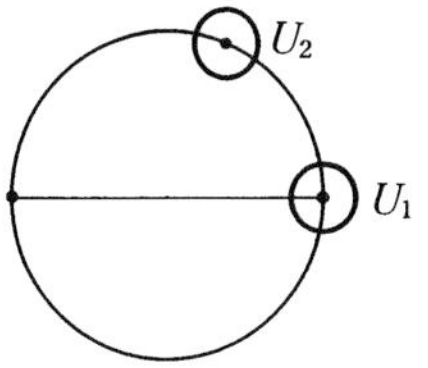

図 8.3

点 $(1, 0)$ では $f_x(1, 0)=2\neq 0$ であるから，x と y の役割を入れかえた $x=h(y)$ の形の陰関数 $h(y)$ は存在し，$h(y)=\sqrt{1-y^2}$ となる．

[例 2] 接線の方程式 $f(x, y)=0$ で与えられる曲線上の 1 点 (a, b) における接線の方程式を求めてみる．$f(a, b)=0$ は当然であるが，ここで $f_y(a, b)\neq 0$ と仮定する．さらに f_x, f_y は (a, b) の近傍で連続とする．そうすると，定理 3.15 から陰関数 $y=g(x)$ が (a, b) の近傍で存在して

$$g'(a) = -\frac{f_x(a, b)}{f_y(a, b)} \tag{4}$$

となる．$y=g(x)$ は $f(x, y)=0$ を (a, b) の近傍で y について解いた関数であるから，(a, b) の近傍では，x と y の関係としては，$f(x, y)=0$ と $y=g(x)$ は同じものである．したがって $f(x, y)=0$ と $y=g(x)$ のグラフは (a, b) の近傍では同じ曲線を描き，(a, b) における接線も，当然同じである．曲線 $y=g(x)$ 上の点 (a, b) における接線の方程式は周知のように

$$y-b = g'(a)(x-a)$$

で与えられる．この $g'(a)$ のところに (4) の関係を代入すると

$$y-b = -\frac{f_x(a, b)}{f_y(a, b)}(x-a)$$

がえられる．分母を払って移項すると

$$f_x(a, b)(x-a)+f_y(a, b)(y-b) = 0 \tag{5}$$

となる．これが，$f(x, y)=0$ で与えられる曲線上の点 (a, b) における**接線の方程式**である．

(a, b) において $f_y(a, b)=0$ であっても，$f_x(a, b)\neq 0$ であれば陰関数 $x=h(y)$ が存在して

$$h'(b) = -\frac{f_y(a, b)}{f_x(a, b)}$$

がえられるから，この関係を使えば，やはり(5)がえられる．したがって，$f_x(a, b) \neq 0$ または $f_y(a, b) \neq 0$ のどちらか一方が成り立つならば，(a, b) における接線は(5)で与えられるのである．

たとえば円 $f(x, y)=x^2+y^2-1=0$ の周上の点 (a, b) における接線の方程式は，$f_x=2x$，$f_y=2y$ であるから

$$2a(x-a)+2b(y-b)=0$$

となるが，$a^2+b^2=1$ であるから，この関係式は

$$ax+by=1$$

となる．これが接線の方程式である．

[例3] $f(x, y)$ が2階までの連続な偏導関数をもつときに，$f(x, y)=0$ から決まる陰関数 $y=g(x)$ の2階導関数 $g''(x)$ を求めてみる．

$$g'(x) = -\frac{f_x(x, y)}{f_y(x, y)} = -\frac{f_x(x, g(x))}{f_y(x, g(x))}$$

の両辺を x で微分すると

$$g''(x) = -\frac{(f_{xx}+f_{xy}g')f_y-f_x(f_{yx}+f_{yy}g')}{(f_y)^2}$$

ここで $g'=-\dfrac{f_x}{f_y}$ を代入して整理すると

$$g''(x) = \frac{-f_{xx}(f_y)^2+2f_{xy}f_xf_y-f_{yy}(f_x)^2}{(f_y)^3} \tag{6}$$

がえられる．

あるいは次のようにしてもよい．$f(x, y)=0$ を，y を x の関数と考えて x について微分すると

$$f_x+f_yy'=0$$

これを再び x について微分して

$$f_{xx}+f_{xy}y'+(f_{yx}+f_{yy}y')y'+f_yy''=0$$

ここへ $y'=-\dfrac{f_x}{f_y}$ を代入して

$$f_{xx}-\frac{f_{xy}f_x}{f_y}-\frac{f_{xy}f_x}{f_y}+\frac{f_{yy}(f_x)^2}{(f_y)^2}+f_yy''=0$$

よって

$$y''=\frac{-f_{xx}(f_y)^2+2f_{xy}f_xf_y-f_{yy}(f_x)^2}{(f_y)^3}$$

この y'' が $y''=g''(x)$ である．

[例4] 陰関数の極値 一般に $f(x,y)=0$ を y について解いて $y=g(x)$ を求めることは容易ではない．しかし (3) と (6) で示したように，$g'(x)$ と $g''(x)$ は $f(x,y)$ の偏導関数によってあらわすことができる．このことを利用すれば，$g(x)$ の関数形がわからなくても $g(x)$ の極値を求めることができる場合がある．

$g(x)$ の極値を与える x は，陰関数であるための当然の条件 $f(x,g(x))=0$ の他に，さらに $g'(x)=0$ をみたす．そこで $f(x,g(x))=0$ と $g'(x)=0$ をみたす x について $g''(x)$ の符号を調べればよい．$f_y(x,y)\neq 0$ という仮定のもとで，(3) から

$$g'(x)=0 \quad \text{をみたす点} \quad x \text{では} \quad f_x(x,y)=0$$

が成り立つからこのような (x,y) では，(6) で $f_x(x,y)=0$ とおいて

$$g''(x)=-\frac{f_{xx}(x,y)}{f_y(x,y)} \tag{7}$$

が成立する．そこで，$f(x,g(x))=0$，$g'(x)=0$ をみたす x を求めるために，まず

$$f(x,y)=0, \qquad f_x(x,y)=0$$

を解き，この (x,y) を (7) に代入して $g''(x)$ の符号を調べるのである．

具体例として，$f(x,y)=x^3+y^3-3xy=0$ から定まる陰関数 $y=g(x)$ の極値を求めてみる．この場合，$g(x)$ の関数形を具体的に求めることは容易ではない．しかし

$$f_x=3x^2-3y, \qquad f_y=3y^2-3x, \qquad f_{xx}=6x$$

であるから，$f(x,y)=0$，$f_x(x,y)=0$ をみたす (x,y) を求めることは容易にできる．

$$f(x,y)=x^3+y^3-3xy=0, \qquad f_x(x,y)=3x^2-3y=0$$

を解けば，解は簡単に求まって

$$(x,y)=(0,0) \quad \text{および} \quad (x,y)=(2^{\frac{1}{3}},2^{\frac{2}{3}})$$

となる．これらの点では $f_y(0,0)=0$，$f_y(2^{\frac{1}{3}},2^{\frac{2}{3}})=3\sqrt[3]{2}\neq 0$ であるから，点 (0, 0) は除外して点 $(2^{\frac{1}{3}},2^{\frac{2}{3}})$ の方を調べる．$(2^{\frac{1}{3}},2^{\frac{2}{3}})$ の近傍では $y=g(x)$ は存在して $g(2^{\frac{1}{3}})=2^{\frac{2}{3}}$ となるから，この値が $y=g(x)$ の極値かどうかを調べる．そのために $(x,y)=(2^{\frac{1}{3}},2^{\frac{2}{3}})$ を (7) に代入すると

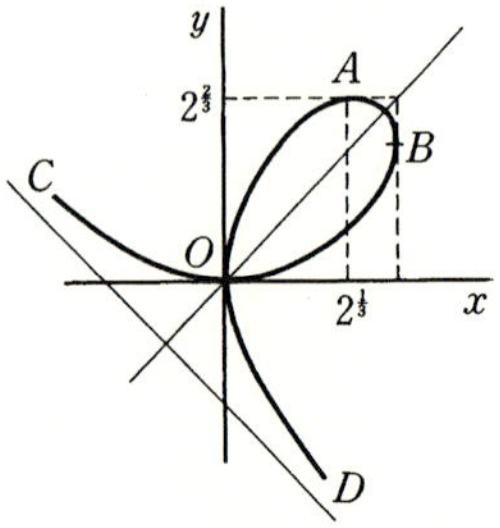

図 8.4

$$g''(2^{\frac{1}{3}}) = -\frac{6\sqrt[3]{2}}{3\sqrt[3]{2}} = -2 < 0$$

となるから，ここで $y=g(x)$ は極大値をとることがわかる．こうして，曲線 $x^3+y^3-3xy=0$ 上の点 $(2^{\frac{1}{3}}, 2^{\frac{2}{3}})$ の近傍で存在する陰関数 $y=g(x)$は，$x=2^{\frac{1}{3}}$ のとき極大値 $g(2^{\frac{1}{3}})=2^{\frac{2}{3}}$ をとることがわかる．

この曲線のグラフは **Descartes (デカルト) の葉形**とよばれている有名な図形であって，図 8.4 のような形になる．x と y を入れ換えても関数形は変わらないからグラフは直線 $y=x$ に関して対称な図形になる．図 8.4 の点 A の座標が $(2^{\frac{1}{3}}, 2^{\frac{2}{3}})$ であり，この点を極大値とする陰関数 $y=g(x)$ の示す枝は，原点 O から A を通って B に至る曲線であると考えてよい．

$f_x(x, y)\neq 0$ という条件のもとで $x=h(y)$ の形の陰関数で極値をもつものを探せば，$y=x$ に関して $y=g(x)$ と対称なグラフをもつ関数がえられ，そのような $x=h(y)$ の極値は点 B で与えられる．$(0, 0)$ では $f_x(0, 0)=f_y(0, 0)=0$ であり，曲線が自分自身と交わっている．一般に $f(x, y)=0$ 上の点 (a, b) で

$$f_x(a, b) = f_y(a, b) = 0$$

となっているとき，点 (a, b) を**特異点**とよんでいる．この例では $(0, 0)$ が特異点である．

陰関数の極値を求める計算は，$f(x, y)=0$ で与えられる曲線の形状を知る上で重要な情報を与えてくれる．

(問 1) $x^y-y^x=0$ によって定まる x の関数 y の導関数を求めよ．

(問 2) 次の関係式によって定まる x の関数 y の極値と，極値を与える x の値を求めよ．

(1) $x^2-4xy+y^2+3=0$ (2) $x^2+xy+y^2=1$

8.2 n 変数 ($n \geqq 3$) の場合

$n \geqq 3$ の場合の陰関数の定理を説明する．

ここで前に述べた次の補題を使う．改めて証明も示しておく．

補題

$$A_m = \begin{pmatrix} a_{11} & \cdots & a_{1m-1} & a_{1m} \\ & \cdots & & \cdots \\ a_{m-1,1} & \cdots & a_{m-1,m-1} & a_{m-1,m} \\ a_{m1} & \cdots & a_{mm-1} & a_{mm} \end{pmatrix}, \quad A_{m-1} = \begin{pmatrix} a_{11} & \cdots & a_{1m-1} \\ & \cdots & \cdots \\ a_{m-1,1} & \cdots & a_{m-1,m-1} \end{pmatrix}$$

$$\tilde{\boldsymbol{a}}_{m-1} = (a_{m1} \quad \cdots \quad a_{m,m-1}) \qquad \boldsymbol{a}_{m-1} = \begin{pmatrix} a_{1m} \\ \vdots \\ a_{m-1,m} \end{pmatrix}$$

とおく．ここで

$$|A_{m-1}| \neq 0$$

であれば

$$-\tilde{\boldsymbol{a}}_{m-1} A_{m-1}^{-1} \boldsymbol{a}_{m-1} + a_{mm} = \frac{|A_m|}{|A_{m-1}|} \tag{8}$$

が成立する．

(証明)

$$P = \begin{pmatrix} I_{m-1} & -A_{m-1}^{-1}\boldsymbol{a}_{m-1} \\ \boldsymbol{0}^T & 1 \end{pmatrix}, \qquad \tilde{P} = \begin{pmatrix} I_{m-1} & \boldsymbol{0} \\ -\tilde{\boldsymbol{a}}_{m-1}A_{m-1}^{-1} & 1 \end{pmatrix}$$

とおけば

$$\begin{aligned} \tilde{P}A_mP &= \begin{pmatrix} I_{m-1} & \boldsymbol{0} \\ -\tilde{\boldsymbol{a}}_{m-1}A_{m-1}^{-1} & 1 \end{pmatrix} \begin{pmatrix} A_{m-1} & \boldsymbol{a}_{m-1} \\ \tilde{\boldsymbol{a}}_{m-1} & a_{mm} \end{pmatrix} \begin{pmatrix} I_{m-1} & -A_{m-1}^{-1}\boldsymbol{a}_{m-1} \\ \boldsymbol{0}^T & 1 \end{pmatrix} \\ &= \begin{pmatrix} A_{m-1} & \boldsymbol{0} \\ \boldsymbol{0}^T & -\tilde{\boldsymbol{a}}_{m-1}A_{m-1}^{-1}\boldsymbol{a}_{m-1} + a_{mm} \end{pmatrix} \end{aligned}$$

となる．ここで両辺の行列式を計算する．左辺の P と $\tilde{P}$ は $|P|=|\tilde{P}|=1$ である．このことと右辺の行列式の余因数展開から

$$|A_m| = |A_{m-1}|(-\tilde{\boldsymbol{a}}_{m-1}A_{m-1}^{-1}\boldsymbol{a}_{m-1} + a_{mm})$$

がえられる．この式の両辺を $|A_{m-1}|$ で割れば (8) がえられる．(終)

$n \geqq 3$ の場合の陰関数の定理は次のようになる．

定理 3.16 (陰関数の定理) $n>m$ とし，n 個の変数 $\boldsymbol{x}=(x_1, x_2, \cdots, x_n)$ の m 個の関係式

$$\begin{cases} f_1(\boldsymbol{x}) = 0 \\ f_2(\boldsymbol{x}) = 0 \\ \quad\vdots \\ f_m(\boldsymbol{x}) = 0 \end{cases} \tag{9}$$

が与えられているとする．これらのすべてをみたす点 $\boldsymbol{x}^0$ をとる．点 $\boldsymbol{x}^0$ の近傍で $f_i(\boldsymbol{x})$，$i=1, 2, \cdots, m$ はすべて連続微分可能とし，さらに

$$\begin{vmatrix} \dfrac{\partial f_1(\boldsymbol{x}^0)}{\partial x_1} & \dfrac{\partial f_1(\boldsymbol{x}^0)}{\partial x_2} & \cdots & \dfrac{\partial f_1(\boldsymbol{x}^0)}{\partial x_m} \\ \dfrac{\partial f_2(\boldsymbol{x}^0)}{\partial x_1} & \dfrac{\partial f_2(\boldsymbol{x}^0)}{\partial x_2} & \cdots & \dfrac{\partial f_2(\boldsymbol{x}^0)}{\partial x_m} \\ \cdots & & \cdots & \\ \dfrac{\partial f_m(\boldsymbol{x}^0)}{\partial x_1} & \dfrac{\partial f_m(\boldsymbol{x}^0)}{\partial x_2} & \cdots & \dfrac{\partial f_m(\boldsymbol{x}^0)}{\partial x_m} \end{vmatrix} \neq 0 \tag{10}$$

とする．このとき $\boldsymbol{x}^0$ の近傍で関係式 (9) によって，変数 $x_1, x_2, \cdots, x_m$ のそれぞれが変数 $x_{m+1}, x_{m+2}, \cdots, x_n$ の関数として一意的に定まる．これらの関数を

$$x_j = g_j(x_{m+1}, x_{m+2}, \cdots, x_n), \qquad j = 1, 2, \cdots, m$$

とすれば

（i） $g_j(x_{m+1}, \cdots, x_n)$ は $(x_{m+1}^0, \cdots, x_n^0)$ の近傍で連続であって

$$x_j^0 = g_j(x_{m+1}^0, \cdots, x_n^0), \qquad j = 1, 2, \cdots, m$$

をみたし，さらに，$\boldsymbol{x}^0$ の近傍で恒等的に次の関係をみたす．

$$f_i(g_1(x_{m+1}, \cdots, x_n),\ \cdots,\ g_m(x_{m+1}, \cdots, x_n),\ x_{m+1}, \cdots, x_n) = 0,$$
$$i = 1, 2, \cdots, m$$

（ii） 各 $g_j(x_{m+1}, \cdots, x_n)$ は $(x_{m+1}^0, \cdots, x_n^0)$ の近傍で連続な偏導関数をもち，偏導関数

$$\frac{\partial g_j}{\partial x_k}, \qquad j = 1, 2, \cdots, m, \qquad k = m+1, \cdots, n$$

は連立1次方程式

$$\sum_{j=1}^{m}\frac{\partial f_i}{\partial x_j}\frac{\partial g_j}{\partial x_k}+\frac{\partial f_i}{\partial x_k}=0, \qquad i=1,2,\cdots,m \tag{11}$$

の解として，$f_i(\boldsymbol{x})$ の偏導関数によってあらわすことができる．(11) の解 $\dfrac{\partial g_j}{\partial x_k}$ をまとめて行列の形で示せば次のようになる．

$$\begin{pmatrix} \dfrac{\partial g_1}{\partial x_{m+1}} & \cdots & \dfrac{\partial g_1}{\partial x_n} \\ \cdots & & \cdots \\ \dfrac{\partial g_m}{\partial x_{m+1}} & \cdots & \dfrac{\partial g_m}{\partial x_n} \end{pmatrix} = -\begin{pmatrix} \dfrac{\partial f_1}{\partial x_1} & \cdots & \dfrac{\partial f_1}{\partial x_m} \\ \cdots & & \cdots \\ \dfrac{\partial f_m}{\partial x_1} & \cdots & \dfrac{\partial f_m}{\partial x_m} \end{pmatrix}^{-1} \begin{pmatrix} \dfrac{\partial f_1}{\partial x_{m+1}} & \cdots & \dfrac{\partial f_1}{\partial x_n} \\ \cdots & & \cdots \\ \dfrac{\partial f_m}{\partial x_{m+1}} & \cdots & \dfrac{\partial f_m}{\partial x_n} \end{pmatrix} \tag{12}$$

(iii) 各 $f_i(\boldsymbol{x})$ の r 階までのすべての偏導関数が連続であれば，$g_j(x_{m+1},\cdots,x_n)$ もまた r 階までの連続な偏導関数をもつ．

(証明) m に関する数学的帰納法による．

$m=1$ の場合を考える*．このときは $\boldsymbol{x}$ のみたす関係式は

$$f(\boldsymbol{x})=0$$

だけである．仮定により $f(\boldsymbol{x}^0)=0$ をみたす $\boldsymbol{x}^0$ の近傍で偏導関数 $f_{x_i}(\boldsymbol{x})$，$i=1,2,\cdots,n$，はすべて連続であって，仮定 (10) から

$$f_{x_1}(\boldsymbol{x}^0)\neq 0$$

である．そこで，$f_{x_1}(\boldsymbol{x}^0)>0$ と仮定する ($f_{x_1}(\boldsymbol{x}^0)<0$ の場合も同様である)．このとき $f_{x_1}(\boldsymbol{x})$ の連続性から $\boldsymbol{x}^0$ の近傍で $f_{x_1}(\boldsymbol{x})>0$ となる．したがって $\varepsilon>0$ を十分小さくとって

$$U_\varepsilon=\{\boldsymbol{x}\,|\,|x_i-x_i^0|\leqq\varepsilon,\ \ i=1,2,\cdots,n\}$$

とおけば，U_ε において

$$f(\boldsymbol{x})\quad \text{は連続かつ}\quad f_{x_1}(\boldsymbol{x})>0$$

となるようにできる．記号の簡単化のために

$$\boldsymbol{x}_2=(x_2,x_3,\cdots,x_n)$$

とおけば

$$\boldsymbol{x}=(x_1,\boldsymbol{x}_2)$$

* $m=1$ のときの証明は 2 変数の場合とほとんど同じであるが，後の議論とのつながりを見るために，あえて再記した．

である．

さて，U_ε において $f_{x_1}(\boldsymbol{x})>0$ であるから，U_ε で $f(\boldsymbol{x})$ は x_1 の増加関数であり，したがって

$$f(x_1{}^0-\varepsilon,\ \boldsymbol{x}_2{}^0) < f(x_1{}^0, \boldsymbol{x}_2{}^0) < f(x_1{}^0+\varepsilon, \boldsymbol{x}_2{}^0)$$

となるが，仮定により

$$f(x_1{}^0, \boldsymbol{x}_2{}^0) = f(\boldsymbol{x}^0) = 0$$

であるから

$$f(x_1{}^0-\varepsilon, \boldsymbol{x}_2{}^0) < 0 < f(x_1{}^0+\varepsilon, \boldsymbol{x}_2{}^0)$$

となる．そして，$f(x_1{}^0-\varepsilon, \boldsymbol{x}_2)$，$f(x_1{}^0+\varepsilon, \boldsymbol{x}_2)$ はいずれも $\boldsymbol{x}_2$ の連続関数であるから，十分小さく $0<\delta\leqq\varepsilon$ をえらんで U_ε 内の $|x_2-x_2{}^0|<\delta$，…，$|x_n-x_n{}^0|<\delta$ をみたすすべての $\boldsymbol{x}_2$ に対して

$$f(x_1{}^0-\varepsilon, \boldsymbol{x}_2) < 0 < f(x_1{}^0+\varepsilon, \boldsymbol{x}_2)$$

が成り立つようにできる．このような各 $\boldsymbol{x}_2$ に対して，x_1 について中間値の定理を使うと

$$f(x_1, \boldsymbol{x}_2) = 0, \qquad x_1{}^0-\varepsilon < x_1 < x_1{}^0+\varepsilon \tag{13}$$

となる x_1 が存在することがわかる．しかも，$f(x_1, \boldsymbol{x}_2)$ はこの領域で x_1 の増加関数だから，(13) をみたす x_1 は，この領域内の各 $\boldsymbol{x}_2$ に対して一意的に確定する．そこでこの x_1 と $\boldsymbol{x}_2$ の関係を $x_1=g(\boldsymbol{x}_2)$ とかけば，十分小さく $\delta>0$ をえらんだとき $g(\boldsymbol{x}_2)$ は領域 $|x_i-x_i{}^0|<\delta$，$i=2, 3, \cdots, n$，に属する各 $\boldsymbol{x}_2$ に対して一意的に決まる関数であって，この領域のすべての $\boldsymbol{x}_2$ に対して

$$f(g(\boldsymbol{x}_2), \boldsymbol{x}_2) = 0$$

をみたしている．また

$$x_1{}^0 = g(\boldsymbol{x}_2{}^0)$$

が成り立つことはいうまでもない．(13) の x_1 は $g(\boldsymbol{x}_2)$ だから，(13)から

$$x_1{}^0-\varepsilon < g(\boldsymbol{x}_2) < x_1{}^0+\varepsilon$$

であり，$x_1{}^0=g(\boldsymbol{x}_2{}^0)$ だから

$$|g(\boldsymbol{x}_2)-g(\boldsymbol{x}_2{}^0)| < \varepsilon$$

が，$|x_j-x_j{}^0|<\delta$，$j=2, 3, \cdots, n$，をみたすすべての $\boldsymbol{x}_2$ に対して成立する．ここで $\varepsilon>0$ はいくらでも小さくとれるから，$g(\boldsymbol{x}_2)$ は $\boldsymbol{x}_2{}^0$ において連続である．同様の推論は $\boldsymbol{x}_2{}^0$ の近傍の点についても成り立つから，$g(\boldsymbol{x}_2)$ は $\boldsymbol{x}_2{}^0$ の近傍で連続である．

さて，$\boldsymbol{x}_2^0$ の近傍で恒等的に $f(g(\boldsymbol{x}_2), \boldsymbol{x}_2)=0$ が成り立つから，この近傍に属する $\boldsymbol{x}_2, \boldsymbol{x}_2+\Delta\boldsymbol{x}_2$ をとれば

$$f(g(\boldsymbol{x}_2), \boldsymbol{x}_2) = f(g(\boldsymbol{x}_2+\Delta\boldsymbol{x}_2), \boldsymbol{x}_2+\Delta\boldsymbol{x}_2) = 0$$

であって

$$x_1 = g(\boldsymbol{x}_2), \qquad \Delta x_1 = g(\boldsymbol{x}_2+\Delta\boldsymbol{x}_2)-g(\boldsymbol{x}_2)$$

とおけば，平均値の定理により

$$\begin{aligned}0 &= f(g(\boldsymbol{x}_2+\Delta\boldsymbol{x}_2), \boldsymbol{x}_2+\Delta\boldsymbol{x}_2)-f(g(\boldsymbol{x}_2), \boldsymbol{x}_2)\\ &= f(x_1+\Delta x_1, \boldsymbol{x}_2+\Delta\boldsymbol{x}_2)-f(x_1, \boldsymbol{x}_2)\\ &= f_{x_1}(x_1+\theta\Delta x_1, \boldsymbol{x}_2+\theta\Delta\boldsymbol{x}_2)\Delta x_1+\sum_{j=2}^{n} f_{x_j}(x_1+\theta\Delta x_1, \boldsymbol{x}_2+\theta\Delta\boldsymbol{x})\Delta x_j\end{aligned}$$

がえられる．そこで $\Delta x_2, \Delta x_3, \cdots, \Delta x_n$ のうちの 1 つ Δx_j を残してあとはすべて 0 とおけば

$$\begin{aligned}&f_{x1}(x_1+\theta\Delta x_1, x_2, \cdots, x_j+\theta\Delta x_j, \cdots, x_n)\Delta x_1\\ &\qquad +f_{x_j}(x_1+\theta\Delta x_1, x_2, \cdots, x_j+\theta\Delta x_j, \cdots, x_n)\Delta x_j = 0\end{aligned}$$

となるから，両辺を $\Delta x_j \neq 0$ で割って $\Delta x_j \to 0$ とすれば $\dfrac{\Delta x_1}{\Delta x_j} \to \dfrac{\partial g(\boldsymbol{x}_2)}{\partial x_j}$ となって

$$\frac{\partial f}{\partial x_1}\frac{\partial g}{\partial x_j}+\frac{\partial f}{\partial x_j} = 0, \qquad j = 2, 3, \cdots, n$$

がえられる．これから

$$\frac{\partial g}{\partial x_j} = -\frac{\dfrac{\partial f}{\partial x_j}}{\dfrac{\partial f}{\partial x_1}} \tag{14}$$

がえられる ($\boldsymbol{x}^0$ の近傍で $\dfrac{\partial f}{\partial x_1}=f_{x_1}>0$ であったことに注意)．

$f(\boldsymbol{x})$ が連続な r 階までの偏導関数をもてば $g(\boldsymbol{x}_2)$ も r 階までの連続な偏導関数をもつことは，$g(\boldsymbol{x}_2)$ の高階偏導関数が $f(\boldsymbol{x})$ の高階偏導関数の有理関数であらわされ，その分母は $f_{x_1}(\boldsymbol{x}) \neq 0$ だけであらわされることからわかる．

以上で $m=1$ の場合の証明は終った．

次に，$\boldsymbol{x}$ のみたす関係式の個数が $m-1$ 個の場合に定理は成り立つものと仮定して (帰納法の仮定)，関係式の個数が m 個の場合を証明する．(9) で示された m 個の関係式について，そこで述べられた諸条件 (偏導関数の $\boldsymbol{x}^0$ の近傍における連続性，(10) など) はすべてみたされているものとする．

仮定により，点 $\boldsymbol{x}^0$ において

$$f_i(\boldsymbol{x}^0)=0, \qquad i=1,2,\cdots,m$$

および(10)が成り立っている．(10)の行列式が0ではないから，この行列式の $m-1$ 次の小行列式の中には少なくとも1つ0でないものがある．そこで，一般性を損なうことなく，(10)の左上の $m-1$ 次の小行列式が0でないと仮定する．すなわち

$$\begin{vmatrix} \dfrac{\partial f_1(\boldsymbol{x}^0)}{\partial x_1} & \cdots & \dfrac{\partial f_1(\boldsymbol{x}^0)}{\partial x_{m-1}} \\ \cdots & & \cdots \\ \dfrac{\partial f_{m-1}(\boldsymbol{x}^0)}{\partial x_1} & \cdots & \dfrac{\partial f_{m-1}(\boldsymbol{x}^0)}{\partial x_{m-1}} \end{vmatrix} \neq 0 \tag{15}$$

と仮定する．このとき帰納法の仮定により，点 $(x_m^0, x_{m+1}^0, \cdots, x_n^0)$ の近傍で(9)の関係式のうちの最初の $m-1$ 個

$$f_1(\boldsymbol{x})=0,\ f_2(\boldsymbol{x})=0, \cdots, f_{m-1}(\boldsymbol{x})=0$$

から，$x_1, x_2, \cdots, x_{m-1}$ のそれぞれを残りの変数 $x_m, x_{m+1}, \cdots, x_n$ の連続な関数として一意的に定めることができる．この関数を

$$x_j=h_j(x_m, x_{m+1}, \cdots, x_n), \qquad j=1,2,\cdots,m-1$$

とすれば，$\boldsymbol{x}^0$ において

$$x_j^0=h_j(x_m^0, x_{m+1}^0, \cdots, x_n^0), \qquad j=1,2,\cdots,m-1 \tag{16}$$

が成立し，また，$\boldsymbol{x}^0$ の近傍で，$i=1,2,\cdots,m-1$ に対して恒等的に

$$f_i(h_1(x_m, \cdots, x_n), \cdots, h_{m-1}(x_m, \cdots, x_n), x_m, \cdots, x_n)=0 \tag{17}$$

が成立する．さらに，この $h_j(x_m, \cdots, x_n)$ の偏導関数 $\dfrac{\partial h_j}{\partial x_k}$ は

$$\sum_{j=1}^{m-1}\frac{\partial f_i}{\partial x_j}\frac{\partial h_j}{\partial x_k}+\frac{\partial f_i}{\partial x_k}=0, \qquad i=1,2,\cdots,m-1, \qquad k=m, m+1, \cdots, n$$

を $\dfrac{\partial h_j}{\partial x_k}$ について解くことによって $f_i(\boldsymbol{x})$ の偏導関数によってあらわすことができる．この連立方程式を行列の形でまとめてかけば

$$\begin{pmatrix} \dfrac{\partial f_1}{\partial x_1} & \cdots & \dfrac{\partial f_1}{\partial x_{m-1}} \\ \cdots & & \cdots \\ \dfrac{\partial f_{m-1}}{\partial x_1} & \cdots & \dfrac{\partial f_{m-1}}{\partial x_{m-1}} \end{pmatrix} \begin{pmatrix} \dfrac{\partial h_1}{\partial x_k} \\ \vdots \\ \dfrac{\partial h_{m-1}}{\partial x_k} \end{pmatrix} + \begin{pmatrix} \dfrac{\partial f_1}{\partial x_k} \\ \vdots \\ \dfrac{\partial f_{m-1}}{\partial x_k} \end{pmatrix} = \begin{pmatrix} 0 \\ \vdots \\ 0 \end{pmatrix}, \tag{18}$$

$$k=m, m+1, \cdots, n$$

となる．ところで(15)が成り立つことと$\dfrac{\partial f_i}{\partial x_j}$の連続性から，$\boldsymbol{x}^0$の近傍においても(15)の形の行列式は0にならないから，(18)の左辺の正方行列$\left(\dfrac{\partial f_i}{\partial x_j}\right)$は正則である．よって$\boldsymbol{x}^0$の近傍で$\dfrac{\partial h_i}{\partial x_k}$は

$$\begin{pmatrix} \dfrac{\partial h_1}{\partial x_k} \\ \vdots \\ \dfrac{\partial h_{m-1}}{\partial x_k} \end{pmatrix} = -\begin{pmatrix} \dfrac{\partial f_1}{\partial x_1} & \cdots & \dfrac{\partial f_1}{\partial x_{m-1}} \\ \cdots & & \cdots \\ \dfrac{\partial f_{m-1}}{\partial x_1} & \cdots & \dfrac{\partial f_{m-1}}{\partial x_{m-1}} \end{pmatrix}^{-1} \begin{pmatrix} \dfrac{\partial f_1}{\partial x_k} \\ \vdots \\ \dfrac{\partial f_{m-1}}{\partial x_k} \end{pmatrix}, \tag{19}$$
$$k = m, m+1, \cdots, n$$

によって与えられる．

さて，この$x_1=h_1(x_m, \cdots, x_n), \cdots, x_{m-1}=h_{m-1}(x_m, \cdots, x_n)$を，(9)の最後の関係式$f_m(\boldsymbol{x})=0$を与える関数$f_m(\boldsymbol{x})=f_m(x_1, \cdots, x_{m-1}, x_m, \cdots, x_n)$の$x_1, x_2, \cdots, x_{m-1}$のところへ代入してえられる$x_m, \cdots, x_n$の関数を

$$F(x_m, x_{m+1}, \cdots, x_n) = f_m(h_1, h_2, \cdots, h_{m-1}, x_m, \cdots, x_n) \tag{20}$$

とおく．このとき$F(x_m, \cdots, x_n)$は$\boldsymbol{x}^0$の近傍で連続な偏導関数をもち(16)から

$$F(x_m^0, \cdots, x_n^0) = f_m(\boldsymbol{x}^0) = 0$$

をみたす．ここで，(20)をx_mについて偏微分すると

$$\frac{\partial F}{\partial x_m} = \sum_{j=1}^{m-1} \frac{\partial f_m}{\partial x_j}\frac{\partial h_j}{\partial x_m} + \frac{\partial f_m}{\partial x_m} = \left(\frac{\partial f_m}{\partial x_1} \cdots \frac{\partial f_m}{\partial x_{m-1}}\right) \begin{pmatrix} \dfrac{\partial h_1}{\partial x_m} \\ \vdots \\ \dfrac{\partial h_{m-1}}{\partial x_m} \end{pmatrix} + \frac{\partial f_m}{\partial x_m}$$

となるが，この右辺の$\dfrac{\partial h_j}{\partial x_m}$の列ベクトルのところへ(19)の右辺の$x_k=x_m$の場合を代入すると

$$\frac{\partial F}{\partial x_m} = -\left(\frac{\partial f_m}{\partial x_1} \cdots \frac{\partial f_m}{\partial x_{m-1}}\right) \begin{pmatrix} \dfrac{\partial f_1}{\partial x_1} & \cdots & \dfrac{\partial f_1}{\partial x_{m-1}} \\ \cdots & & \cdots \\ \dfrac{\partial f_{m-1}}{\partial x_1} & \cdots & \dfrac{\partial f_{m-1}}{\partial x_{m-1}} \end{pmatrix}^{-1} \begin{pmatrix} \dfrac{\partial f_1}{\partial x_m} \\ \vdots \\ \dfrac{\partial f_{m-1}}{\partial x_m} \end{pmatrix} + \frac{\partial f_m}{\partial x_m}$$

がえられる．ここで，最初に述べておいた補題を使う．上の式の右辺は補題の

(8) の左辺と同じ形をしていることは容易に確認できる．そこで (8) の関係をここで使うと

$$\frac{\partial F}{\partial x_m} = \frac{\begin{vmatrix} \dfrac{\partial f_1}{\partial x_1} & \cdots & \dfrac{\partial f_1}{\partial x_{m-1}} & \dfrac{\partial f_1}{\partial x_m} \\ \cdots & & \cdots & \\ \dfrac{\partial f_{m-1}}{\partial x_1} & \cdots & \dfrac{\partial f_{m-1}}{\partial x_{m-1}} & \dfrac{\partial f_{m-1}}{\partial x_m} \\ \dfrac{\partial f_m}{\partial x_1} & \cdots & \dfrac{\partial f_m}{\partial x_{m-1}} & \dfrac{\partial f_m}{\partial x_m} \end{vmatrix}}{\begin{vmatrix} \dfrac{\partial f_1}{\partial x_1} & \cdots & \dfrac{\partial f_1}{\partial x_{m-1}} \\ \cdots & & \cdots \\ \dfrac{\partial f_{m-1}}{\partial x_1} & \cdots & \dfrac{\partial f_{m-1}}{\partial x_{m-1}} \end{vmatrix}}$$

がえられる．仮定により，この右辺は $\boldsymbol{x}^0$ において 0 にならないから

$$\frac{\partial F(x_m^0, x_{m+1}^0, \cdots, x_n^0)}{\partial x_m} \neq 0$$

である．したがって，関係式 $F(x_m, x_{m+1}, \cdots, x_n)=0$ に対して，帰納法の前段の $m=1$ の場合の結論を適用することができる．すなわち，点 $(x_m^0, x_{m+1}^0, \cdots, x_n^0)$ の近傍において，関係式

$$F(x_m, x_{m+1}, \cdots, x_n) = 0$$

から，x_m を $x_{m+1}, \cdots, x_n$ の関数として一意的に確定することができる．この関数を

$$x_m = g_m(x_{m+1}, \cdots, x_n)$$

とおけば，$g_m(x_{m+1}, \cdots, x_n)$ は $(x_{m+1}^0, \cdots, x_n^0)$ の近傍で連続な偏導関数をもち，

$$x_m^0 = g_m(x_{m+1}^0, \cdots, x_n^0) \tag{21}$$

をみたし，かつ，この点の近傍で恒等的に

$$F(g_m(x_{m+1}, \cdots, x_n),\ x_{m+1}, \cdots, x_n) = 0 \tag{22}$$

をみたす．そこで，$j=1, 2, \cdots, m-1$ に対して

$$g_j(x_{m+1}, \cdots, x_n) = h_j(g_m(x_{m+1}, \cdots, x_n),\ x_{m+1}, \cdots, x_n) \tag{23}$$

とおく．これらの $g_j(x_{m+1}, \cdots, x_n)$, $j=1, 2, \cdots, m-1$，もまた $(x_{m+1}^0, \cdots, x_n^0)$ の近傍で連続な偏導関数をもち，(16) と (21) とから

$$x_j^0 = g_j(x_{m+1}^0, \cdots, x_n^0), \qquad j = 1, 2, \cdots, m-1$$

が成立する．さらに，(20), (22), (23) から，この近傍で恒等的に

$$f_m(g_1(x_{m+1}, \cdots, x_n), \cdots, g_m(x_{m+1}, \cdots, x_n), x_{m+1}, \cdots, x_n) = 0 \tag{24}$$

が成立し，(17) と (23) から，$i=1, 2, \cdots, m-1$ に対しても

$$f_i(g_1(x_{m+1}, \cdots, x_n), \cdots, g_m(x_{m+1}, \cdots, x_n), x_{m+1}, \cdots, x_n) = 0 \tag{25}$$

が恒等的に成立する．

次に $g_j(x_{m+1}, \cdots, x_n)$ の $\boldsymbol{x}^0$ の近傍における一意性を見るために，x^0 の近傍の 2 点

$$\boldsymbol{x} = (x_1, x_2, \cdots, x_m, x_{m+1}, \cdots, x_n), \qquad \tilde{\boldsymbol{x}} = (\tilde{x}_1, \tilde{x}_2, \cdots, \tilde{x}_m, x_{m+1}, \cdots, x_n)$$

において

$$f_i(\boldsymbol{x}) = f_i(\tilde{\boldsymbol{x}}) = 0, \qquad i = 1, 2, \cdots, m$$

であったと仮定する．このとき平均値の定理により，各 i に対して

$$0 = f_i(\tilde{\boldsymbol{x}}) - f_i(\boldsymbol{x}) = \sum_{j=1}^{m} \frac{\partial f_i(\boldsymbol{x} + \theta_i(\tilde{\boldsymbol{x}} - \boldsymbol{x}))}{\partial x_j}(\tilde{x}_j - x_j), \qquad 0 < \theta_i < 1$$

が成り立つ．ところで $\dfrac{\partial f_i}{\partial x_j}$ の連続性と (10) とから $\boldsymbol{x}^0$ の近傍の $\boldsymbol{x} + \theta_i(\tilde{\boldsymbol{x}} - \boldsymbol{x})$ において $\dfrac{\partial f_i}{\partial x_j}$ の行列式は 0 ではない．よって，上記の関係式をみたす $\tilde{x}_j - x_j$, $j=1, 2, \cdots, m$, はすべて 0，すなわち $\tilde{\boldsymbol{x}} = \boldsymbol{x}$ でなくてはならない．このことは，$\boldsymbol{x}^0$ の近傍で (25) をみたす $g_j(x_{m+1}, \cdots, x_n)$ は各 $(x_{m+1}, \cdots, x_n)$ に対して一意的に決まることを示している．

各 $g_j(x_{m+1}, \cdots, x_n)$ の偏導関数 $\dfrac{\partial g_j}{\partial x_k}$ を $f_i(\boldsymbol{x})$ の偏導関数であらわすために，恒等式 (25) を x_k で偏微分すれば

$$\sum_{j=1}^{m} \frac{\partial f_i}{\partial x_j} \frac{\partial g_j}{\partial x_k} + \frac{\partial f_i}{\partial x_k} = 0, \qquad i = 1, 2, \cdots, m, \ \ k = m+1, \cdots, n$$

がえられる．これらを行列形でまとめてかけば

$$\begin{pmatrix} \dfrac{\partial f_1}{\partial x_1} & \cdots & \dfrac{\partial f_1}{\partial x_m} \\ \cdots & & \cdots \\ \dfrac{\partial f_m}{\partial x_1} & \cdots & \dfrac{\partial f_m}{\partial x_m} \end{pmatrix} \begin{pmatrix} \dfrac{\partial g_1}{\partial x_{m+1}} & \cdots & \dfrac{\partial g_1}{\partial x_n} \\ \cdots & & \cdots \\ \dfrac{\partial g_m}{\partial x_{m+1}} & \cdots & \dfrac{\partial g_m}{\partial x_n} \end{pmatrix} + \begin{pmatrix} \dfrac{\partial f_1}{\partial x_{m+1}} & \cdots & \dfrac{\partial f_1}{\partial x_n} \\ \cdots & & \cdots \\ \dfrac{\partial f_m}{\partial x_{m+1}} & \cdots & \dfrac{\partial f_m}{\partial x_n} \end{pmatrix}$$

$$= \begin{pmatrix} 0 & \cdots & 0 \\ & \cdots & \\ 0 & \cdots & 0 \end{pmatrix} \tag{26}$$

となり，これから (12) がえられる．

(12) の形から，各 $f_i(\boldsymbol{x})$ が r 階までの連続な偏導関数をもてば (12) の右辺の各成分は $r-1$ 回偏微分可能であり，偏微分の結果えられる関数は各 $f_i(\boldsymbol{x})$ の偏導関数の有理関数となり，分母に現われる関数は行列式 $\left|\dfrac{\partial f_i}{\partial x_j}\right|$, $i, j=1, 2, \cdots, m$ の累乗である．そして，この分母の関数は (10) の仮定により，$\boldsymbol{x}^0$ の近傍で 0 にはならない．よって，(12) の右辺の各成分を $r-1$ 回偏微分してえられる関数は連続である．したがって，左辺の $\dfrac{\partial g_j}{\partial x_k}$ も $r-1$ 偏微分可能であり偏導関数は連続であるから，各 g_j は r 階までの連続な偏導関数をもつ．

以上で定理の証明は完結した．(終)

(コメント) 定理 3. 16 は §3 の 3. 2 項で導入したベクトル，行列の形の微分演算記号を使うと，きわめて簡潔に表現でき，しかも，形式的には 2 変数の場合の定理 3. 15 とよく似た形になっていることがわかる．

行列記号による記述は記号の使い方に馴れればきわめて便利であり，理論構造も，行列記号を用いる方がわかりやすい．

定理 3. 16 を行列記号を使って再記しておく．そのために次のように記号の約束をする (§4, 4. 2 項を参照)．

$$\boldsymbol{x} = (x_1, \cdots, x_m, x_{m+1}, \cdots, x_n), \qquad \boldsymbol{x}_1 = (x_1, \cdots, x_m), \quad \boldsymbol{x}_2 = (x_{m+1}, \cdots, x_n)$$

したがって $\boldsymbol{x}=(\boldsymbol{x}_1, \boldsymbol{x}_2)$ とおく．

$$\boldsymbol{f}(\boldsymbol{x}) = (f_1(\boldsymbol{x}), f_2(\boldsymbol{x}), \cdots, f_m(\boldsymbol{x}))^T$$

$$\boldsymbol{f}_{\boldsymbol{x}_1}(\boldsymbol{x}) = \frac{\partial \boldsymbol{f}(\boldsymbol{x})}{\partial \boldsymbol{x}_1} = \begin{pmatrix} \dfrac{\partial f_1(\boldsymbol{x})}{\partial x_1} & \cdots & \dfrac{\partial f_1(\boldsymbol{x})}{\partial x_m} \\ \cdots & & \cdots \\ \dfrac{\partial f_m(\boldsymbol{x})}{\partial x_1} & \cdots & \dfrac{\partial f_m(\boldsymbol{x})}{\partial x_m} \end{pmatrix}$$

この他にも §4, 4. 2 項の約束に従って随時必要な記号を使うことにする．

定理 3. 16 系 (陰関数定理の再記) $\boldsymbol{x}=(\boldsymbol{x}_1, \boldsymbol{x}_2)$, $\boldsymbol{x}_1=(x_1, \cdots, x_m)$, $\boldsymbol{x}_2=(x_{m+1}, \cdots, x_n)$ とし，これらが関係式

$$\boldsymbol{f}(\boldsymbol{x}) = \boldsymbol{f}(\boldsymbol{x}_1, \boldsymbol{x}_2) = \boldsymbol{0} \tag{27}$$

で結ばれているとする．

$$\boldsymbol{f}(\boldsymbol{x}^0) = \boldsymbol{f}(\boldsymbol{x}_1^0, \boldsymbol{x}_2^0) = \boldsymbol{0}$$

をみたす点 $\boldsymbol{x}^0$ をとる．点 $\boldsymbol{x}^0$ の近傍で $\boldsymbol{f}(\boldsymbol{x})$ は連続な偏導関数をもち，$\boldsymbol{x}^0$ において行列式

$$|\boldsymbol{f}_{\boldsymbol{x}_1}(\boldsymbol{x}^0)| \neq 0$$

とする．このとき，$\boldsymbol{x}^0$ の近傍で (27) によって $\boldsymbol{x}_1$ は $\boldsymbol{x}_2$ の関数として一意的に定まる．この関数関係を

$$\boldsymbol{x}_1 = \boldsymbol{g}(\boldsymbol{x}_2)$$

とかけば

（i） $\boldsymbol{g}(\boldsymbol{x}_2)$ は $\boldsymbol{x}_2{}^0$ の近傍で連続であって

$$\boldsymbol{x}_1^0 = \boldsymbol{g}(\boldsymbol{x}_2^0)$$

をみたし，かつ，$\boldsymbol{x}_2{}^0$ の近傍で恒等的に

$$\boldsymbol{f}(\boldsymbol{g}(\boldsymbol{x}_2), \boldsymbol{x}_2) = \boldsymbol{0}$$

が成立する．

（ii） $\boldsymbol{g}(\boldsymbol{x}_2)$ は $\boldsymbol{x}_2{}^0$ の近傍で連続な偏導関数をもち，それらは

$$\frac{\partial \boldsymbol{g}(\boldsymbol{x}_2)}{\partial \boldsymbol{x}_2} = -\left(\frac{\partial \boldsymbol{f}(\boldsymbol{x})}{\partial \boldsymbol{x}_1}\right)^{-1} \frac{\partial \boldsymbol{f}}{\partial \boldsymbol{x}_2}$$

で与えられる．

（iii） $\boldsymbol{f}(\boldsymbol{x})$ の各成分が r 階までの連続な偏導関数をもてば $\boldsymbol{g}(\boldsymbol{x}_2)$ も r 階までの連続な偏導関数をもつ．

以後，この形で陰関数の定理を使うことにする．

[例 5]　**接平面の方程式**　3 次元空間内で，関係式

$$f(x, y, z) = 0$$

をみたす点 (x, y, z) の全体は 1 つの空間曲面を形成する．この曲面上の 1 点 (x^0, y^0, z^0) の近傍で $f(x, y, z)$ は連続微分可能とし，さらに

$$f_z(x^0, y^0, z^0) \neq 0$$

と仮定する．このとき陰関数の定理により，$f(x, y, z)=0$ を (x^0, y^0, z^0) の近傍で z について一意的に解くことができる．解いた関数を

$$z = g(x, y)$$

とおくと，$z^0=g(x^0, y^0)$ であって，(x^0, y^0) の近傍で $g(x, y)$ は連続微分可能である．したがって $g(x, y)$ は (x^0, y^0) において全微分可能である．このとき曲面 $z=g(x, y)$ 上の 1 点 $(x^0, y^0, z^0)=(x^0, y^0, g(x^0, y^0))$ においてこの曲面に接す

る接平面の方程式は

$$z-z^0 = g_x(x^0, y^0)(x-x^0)+g_y(x^0, y^0)(y-y^0) \tag{28}$$

で与えられる(§2, 2.2項(9)式参照). ところで, (x^0, y^0, z^0) の近傍では $f(x, y, z)=0$ と $z=g(x, y)$ は同じ曲面の方程式だから, (28) は $f(x, y, z)=0$ の描く曲面の (x^0, y^0, z^0) における接平面である. そして陰関数の定理によれば $g_x(x, y)$, $g_y(x, y)$ は

$$f_z g_x+f_x = 0, \qquad f_z g_y+f_y = 0$$

から求められる. したがって

$$g_x(x^0, y^0) = -\frac{f_x(x^0, y^0, z^0)}{f_z(x^0, y^0, z^0)}, \qquad g_y(x^0, y^0) = -\frac{f_y(x^0, y^0, z^0)}{f_z(x^0, y^0, z^0)}$$

である. これを (28) に代入して整理すると

$$f_x(x^0, y^0, z^0)(x-x^0)+f_y(x^0, y^0, z^0)(y-y^0)+f_z(x^0, y^0, z^0)(z-z^0) = 0 \tag{29}$$

となる. これが, 曲面 $f(x, y, z)=0$ 上の点 (x^0, y^0, z^0) における**接平面の方程式**である. (29) の形は f_x, f_y, f_z について対称な形になっている.

$f_x(x^0, y^0, z^0)\neq 0$ あるいは $f_y(x^0, y^0, z^0)\neq 0$ と仮定しても同じ形の方程式を導くことができる.

$$f_x(x^0, y^0, z^0) = f_y(x^0, y^0, z^0) = f_z(x^0, y^0, z^0) = 0$$

となる点 (x^0, y^0, z^0) は**特異点**とよばれる. この点を通る接平面は存在しない.

以上の議論はそのまま n 変数の場合に一般化できる. $\boldsymbol{R}^n$ の中の曲面

$$f(\boldsymbol{x}) = 0$$

上の点 $\boldsymbol{x}^0$ においてこの**曲面に接する超平面の方程式**は, 少なくとも1つの $i=1, 2, \cdots, n$, について

$$f_{x_i}(\boldsymbol{x}^0) \neq 0$$

であるとき

$$\sum_{i=1}^{n} f_{x_i}(\boldsymbol{x}^0)(x_i-x_i^0) = 0 \tag{30}$$

によって与えられる. これは, 勾配ベクトルの記号 $\nabla f(\boldsymbol{x}^0)$ と内積記号・を用いれば

$$(\boldsymbol{x}-\boldsymbol{x}^0)\cdot\nabla f(\boldsymbol{x}^0) = 0 \tag{31}$$

とかくことができる. $\boldsymbol{x}-\boldsymbol{x}^0$ は接平面上の2点 $\boldsymbol{x}^0$ と $\boldsymbol{x}$ を結ぶ有向線分だから,

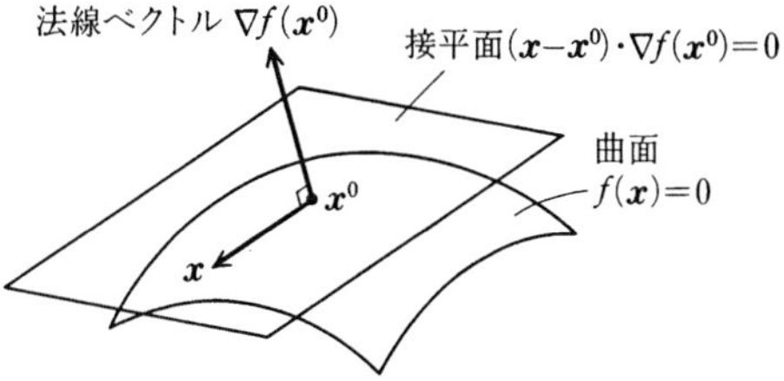

図 8. 5

(31) は，そのような有向線分と勾配ベクトル $\nabla f(\boldsymbol{x}^0)$ が直交していることを示している．したがって $\nabla f(\boldsymbol{x}^0)$ はこの接平面と直交している．すなわち，$\nabla f(\boldsymbol{x}^0)$ は曲面 $f(\boldsymbol{x})=0$ 上の 1 点 $\boldsymbol{x}^0$ における**法線ベクトル**である (図 8. 5).

8. 3　変数変換とその関数行列式

n 個の変数を成分とするベクトル

$$\boldsymbol{x} = (x_1, x_2, \cdots, x_n)^T \quad と \quad \boldsymbol{y} = (y_1, y_2, \cdots, y_n)^T$$

の間に

$$\begin{cases} y_1 = f_1(x_1, x_2, \cdots, x_n) \\ y_2 = f_2(x_1, x_2, \cdots, x_n) \\ \quad\cdots \qquad\quad \cdots \\ y_n = f_n(x_1, x_2, \cdots, x_n) \end{cases} \text{あるいは}\ \ \boldsymbol{y} = \boldsymbol{f}(\boldsymbol{x}),\ \ \text{ここで}\ \ \boldsymbol{f}(\boldsymbol{x}) = \begin{pmatrix} f_1(\boldsymbol{x}) \\ f_2(\boldsymbol{x}) \\ \vdots \\ f_n(\boldsymbol{x}) \end{pmatrix} \tag{32}$$

という関係式が成立しているものとする．$\boldsymbol{y}=\boldsymbol{f}(\boldsymbol{x})$ はベクトル $\boldsymbol{x}$ を $\boldsymbol{y}$ に変換する変数変換のルールを与えている．このとき，偏導関数のつくる正方行列

$$\frac{\partial \boldsymbol{y}}{\partial \boldsymbol{x}} = \frac{\partial \boldsymbol{f}(\boldsymbol{x})}{\partial \boldsymbol{x}} = \begin{pmatrix} \dfrac{\partial f_1(\boldsymbol{x})}{\partial x_1} & \dfrac{\partial f_1(\boldsymbol{x})}{\partial x_2} & \cdots & \dfrac{\partial f_1(\boldsymbol{x})}{\partial x_n} \\ \dfrac{\partial f_2(\boldsymbol{x})}{\partial x_1} & \dfrac{\partial f_2(\boldsymbol{x})}{\partial x_2} & \cdots & \dfrac{\partial f_2(\boldsymbol{x})}{\partial x_n} \\ \cdots & & \cdots & \\ \dfrac{\partial f_n(\boldsymbol{x})}{\partial x_1} & \dfrac{\partial f_n(\boldsymbol{x})}{\partial x_2} & \cdots & \dfrac{\partial f_n(\boldsymbol{x})}{\partial x_n} \end{pmatrix} \tag{33}$$

を変数変換 $\boldsymbol{y}=\boldsymbol{f}(\boldsymbol{x})$ の**関数行列**あるいは **Jacobi (ヤコビ) 行列**といい，この行列の行列式

$$\left|\frac{\partial \boldsymbol{f}(\boldsymbol{x})}{\partial \boldsymbol{x}}\right| \quad \text{あるいは} \quad \left|\frac{\partial \boldsymbol{y}}{\partial \boldsymbol{x}}\right| \tag{34}$$

をこの変換の**関数行列式**あるいは**Jacobian**という*．これについて次の定理が成立する．

定理 3.17 変換 (32) の各関数 $f_i(\boldsymbol{x})$ は点 $\boldsymbol{x}^0$ の近傍で連続微分可能とし，この変換の Jacobian は $\boldsymbol{x}^0$ において 0 ではないとする．すなわち

$$\left|\frac{\partial \boldsymbol{f}(\boldsymbol{x}^0)}{\partial \boldsymbol{x}}\right| \neq 0 \tag{35}$$

とする．このとき

$$\boldsymbol{y}^0 = \boldsymbol{f}(\boldsymbol{x}^0)$$

とおけば，点 $\boldsymbol{y}^0$ の近傍で連続な偏導関数をもつ n 個の関数

$$x_j = g_j(\boldsymbol{y}), \quad j = 1, 2, \cdots, n \tag{36}$$

で，条件

$$x_j^0 = g_j(\boldsymbol{y}^0), \quad j = 1, 2, \cdots, n$$

をみたし，かつ，$\boldsymbol{y}^0$ の近傍で恒等的に

$$y_i = f_i(g_1(\boldsymbol{y}), g_2(\boldsymbol{y}), \cdots, g_n(\boldsymbol{y})), \quad i = 1, 2, \cdots, n$$

をみたすものが一意的に定まる．

変換 $\boldsymbol{y}=\boldsymbol{f}(\boldsymbol{x})$ の Jacobi 行列と変換 $\boldsymbol{x}=\boldsymbol{g}(\boldsymbol{y})$ の Jacobi 行列は互いに他の逆行列になっている．すなわち

$$\frac{\partial \boldsymbol{f}(\boldsymbol{x})}{\partial \boldsymbol{x}} \frac{\partial \boldsymbol{g}(\boldsymbol{y})}{\partial \boldsymbol{y}} = I \tag{37}$$

が成立する．右辺の I は n 次単位行列である．

(証明) $2n$ 個の変数 $(\boldsymbol{x}, \boldsymbol{y})=(x_1, x_2, \cdots, x_n,\ y_1, y_2, \cdots, y_n)$ をもつ n 個の関数 $F_i(\boldsymbol{x}, \boldsymbol{y})$ を

$$F_i(\boldsymbol{x}, \boldsymbol{y}) = f_i(\boldsymbol{x})-y_i, \quad i = 1, 2, \cdots, n \tag{38}$$

で定義する．これらは

$$F_i(\boldsymbol{x}^0, \boldsymbol{y}^0) = 0, \quad i = 1, 2, \cdots, n$$

をみたし，また

$$\frac{\partial F_i}{\partial x_j} = \frac{\partial f_i}{\partial x_j}, \quad i = 1, 2, \cdots, n, \quad j = 1, 2, \cdots, n$$

* Jacobian (34) は $\dfrac{D(f_1, f_2, \cdots, f_n)}{D(x_1, x_2, \cdots, x_n)}$ あるいは $\dfrac{\partial(f_1, f_2, \cdots, f_n)}{\partial(x_1, x_2, \cdots, x_n)}$ などであらわされることが多い．

であるから，仮定(35)から，点$(\boldsymbol{x}^0, \boldsymbol{y}^0)$において

$$\left|\frac{\partial \boldsymbol{F}}{\partial \boldsymbol{x}}\right| = \begin{vmatrix} \dfrac{\partial F_1}{\partial x_1} & \dfrac{\partial F_1}{\partial x_2} & \cdots & \dfrac{\partial F_1}{\partial x_n} \\ \dfrac{\partial F_2}{\partial x_1} & \dfrac{\partial F_2}{\partial x_2} & \cdots & \dfrac{\partial F_2}{\partial x_n} \\ \cdots & & \cdots & \\ \dfrac{\partial F_n}{\partial x_1} & \dfrac{\partial F_n}{\partial x_2} & \cdots & \dfrac{\partial F_n}{\partial x_n} \end{vmatrix} \neq 0$$

である．よって陰関数の定理により，点$(\boldsymbol{x}^0, \boldsymbol{y}^0)$の近傍で$n$個の関係式

$$F_i(\boldsymbol{x}, \boldsymbol{y}) = f_i(\boldsymbol{x}) - y_i = 0, \qquad i = 1, 2, \cdots, n$$

を$\boldsymbol{x}$について一意的に解くことができる．その解を

$$x_j = g_j(\boldsymbol{y}), \qquad j = 1, 2, \cdots, n$$

としたとき，$\dfrac{\partial x_j}{\partial y_k} = \dfrac{\partial g_j}{\partial y_k}$は連立方程式

$$\sum_{j=1}^{n} \frac{\partial F_i}{\partial x_j}\frac{\partial g_j}{\partial y_k} + \frac{\partial F_i}{\partial y_k} = 0, \qquad i = 1, 2, \cdots, n, \;\; k = 1, 2, \cdots, n \tag{39}$$

をみたしている．ところで

$$\frac{\partial F_i}{\partial x_j} = \frac{\partial f_i}{\partial x_j}, \qquad \frac{\partial F_i}{\partial y_k} = \frac{\partial(-y_i)}{\partial y_k} = -\delta_{ik}, \qquad \delta_{ik} = \begin{cases} 1, & i=k \text{ のとき} \\ 0, & i \neq k \text{ のとき} \end{cases}$$

であるから，(39)は

$$\sum_{j=1}^{n} \frac{\partial f_i}{\partial x_j}\frac{\partial g_j}{\partial y_k} = \delta_{ik}, \qquad i, k = 1, 2, \cdots, n$$

となり，これらをまとめて行列形でかけば

$$\frac{\partial \boldsymbol{f}}{\partial \boldsymbol{x}}\frac{\partial \boldsymbol{g}}{\partial \boldsymbol{y}} = I$$

となる．(終)

(36)の変換$\boldsymbol{x} = \boldsymbol{g}(\boldsymbol{y})$，を$\boldsymbol{y} = \boldsymbol{f}(\boldsymbol{x})$の**逆変換**という．(37)の両辺の行列式をとれば

$$\left|\frac{\partial \boldsymbol{f}}{\partial \boldsymbol{x}}\right|\left|\frac{\partial \boldsymbol{g}}{\partial \boldsymbol{y}}\right| = 1$$

となる．すなわち変換$\boldsymbol{y} = \boldsymbol{f}(\boldsymbol{x})$のJacobianとその逆変換$\boldsymbol{x} = \boldsymbol{g}(\boldsymbol{y})$のJacobianの積は1である．

[例6](i)　$x = r\cos\theta$，$y = r\sin\theta$のJacobianは

$$\begin{vmatrix} \dfrac{\partial x}{\partial r} & \dfrac{\partial x}{\partial \theta} \\ \dfrac{\partial y}{\partial r} & \dfrac{\partial y}{\partial \theta} \end{vmatrix} = \begin{vmatrix} \cos\theta & -r\sin\theta \\ \sin\theta & r\cos\theta \end{vmatrix} = r(\cos^2\theta+\sin^2\theta) = r$$

となる．したがって逆変換 $r=\sqrt{x^2+y^2}$，$\theta=\tan^{-1}\dfrac{y}{x}$ の Jacobian は $\dfrac{1}{r}$ である．

（ii） $x=uv$，$y=u(1-v)$ の Jacobian は

$$\begin{vmatrix} \dfrac{\partial x}{\partial u} & \dfrac{\partial x}{\partial v} \\ \dfrac{\partial y}{\partial u} & \dfrac{\partial y}{\partial v} \end{vmatrix} = \begin{vmatrix} v & u \\ 1-v & -u \end{vmatrix} = -u$$

であり，逆変換 $u=x+y$，$v=\dfrac{x}{x+y}$ の Jacobian は

$$-\frac{1}{u} = -\frac{1}{x+y}$$

である．

[例 7] 空間の円柱座標と極座標

（i） 円柱座標

空間の点 P の直交座標を (x, y, z) とする．このうち，z 座標はそのまま使い，(x, y) は xy 平面の極座標 (r, θ) にする (図 8.6)．すなわち

$$x = r\cos\theta, \quad y = r\sin\theta, \quad z = z$$

としたときの座標 (r, θ, z) を空間の円柱座標という．r, θ, z を逆に x, y, z であらわせば

$$r = \sqrt{x^2+y^2}, \quad \theta = \tan^{-1}\frac{y}{x}, \quad z = z$$

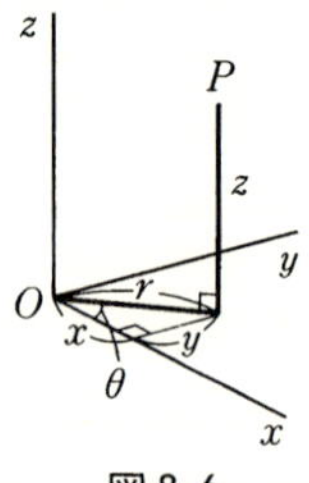

図 8.6

である．

(x, y, z) から (r, θ, z) への変換の Jacobian は

$$\begin{vmatrix} \dfrac{\partial x}{\partial r} & \dfrac{\partial x}{\partial \theta} & \dfrac{\partial x}{\partial z} \\ \dfrac{\partial y}{\partial r} & \dfrac{\partial y}{\partial \theta} & \dfrac{\partial y}{\partial z} \\ \dfrac{\partial z}{\partial r} & \dfrac{\partial z}{\partial \theta} & \dfrac{\partial z}{\partial z} \end{vmatrix} = \begin{vmatrix} \cos\theta & -r\sin\theta & 0 \\ \sin\theta & r\cos\theta & 0 \\ 0 & 0 & 1 \end{vmatrix} = r$$

である．

（ii） **極座標**

空間の点 P の直交座標を (x, y, z) とし原点 O と P を結ぶ線分の長さを r とする．$\overrightarrow{OP}$ と z 軸の間の角度を φ とする．P から xy 平面へ下した垂線の足を Q とし，$\overrightarrow{OQ}$ と x 軸の間の角度を θ とする．このとき P の位置を r, φ, θ であらわした座標が極座標である (図 8.7)．(x, y, z) を (r, φ, θ) であらわす変換式は次のようになる．

$$x = r\sin\varphi\cos\theta, \quad y = r\sin\varphi\sin\theta, \quad z = r\cos\varphi;$$
$$0 \leqq \varphi \leqq \pi, \quad 0 \leqq \theta \leqq 2\pi$$

この変換の Jacobian J は

$$\begin{vmatrix} \dfrac{\partial x}{\partial r} & \dfrac{\partial x}{\partial \varphi} & \dfrac{\partial x}{\partial \theta} \\ \dfrac{\partial y}{\partial r} & \dfrac{\partial y}{\partial \varphi} & \dfrac{\partial y}{\partial \theta} \\ \dfrac{\partial z}{\partial r} & \dfrac{\partial z}{\partial \varphi} & \dfrac{\partial z}{\partial \theta} \end{vmatrix} = \begin{vmatrix} \sin\varphi\cos\theta & r\cos\varphi\cos\theta & -r\sin\varphi\sin\theta \\ \sin\varphi\sin\theta & r\cos\varphi\sin\theta & r\sin\varphi\cos\theta \\ \cos\varphi & -r\sin\varphi & 0 \end{vmatrix}$$

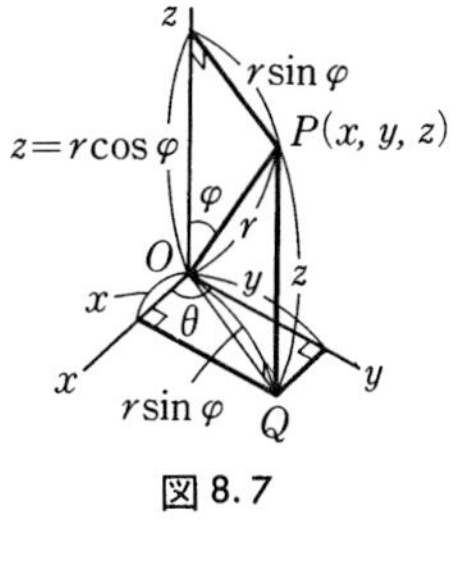

図 8.7

$$= r^2(\sin\varphi\cos^2\varphi\cos^2\theta+\sin^3\varphi\sin^2\theta$$
$$+\sin^3\varphi\cos^2\theta+\sin\varphi\cos^2\varphi\sin^2\theta)$$
$$= r^2\sin\varphi(\cos^2\varphi+\sin^2\varphi)(\cos^2\theta+\sin^2\theta)$$
$$= r^2\sin\varphi$$

ここで $0\leqq\varphi\leqq\pi$ であるから $\sin\varphi\geqq 0$ である．したがって

$$J = r^2\sin\varphi$$

となる．

この変換の逆変換は

$$r = \sqrt{x^2+y^2+z^2}, \qquad \varphi = \tan^{-1}\frac{\sqrt{x^2+y^2}}{z}, \qquad \theta = \tan^{-1}\frac{y}{x}$$

で与えられる．

[例 8]　**限界代替率**　陰関数に関連する理論の経済学への応用例として限界代替率という概念を説明する．この概念は需要の理論，生産の理論で使われるが，ここでは生産関数について説明する．

生産要素は資本と労働とし，それらを K と L であらわす．K と L の関数としてある財の生産量 Q が決まる．その関係を

$$Q = f(K, L)$$

とする．K, L は連続的に変化すると考え，$f(K, L)$ は K, L について連続微分可能とする．Q を固定すれば $Q=f(K, L)$ は Q だけの財を生産するのに要する K と L のさまざまな組合せを与え，この関係をみたす (K, L) の組は K と L を座標軸とする平面上に1つの曲線を描く (図 8.8)．さまざまの Q の値に対して決まるこの曲線の1つ1つを**等産出量曲線**という．等産出量曲線を1つ固定すれば，この曲線上で K は L の関数として決まり，陰関数の定理により

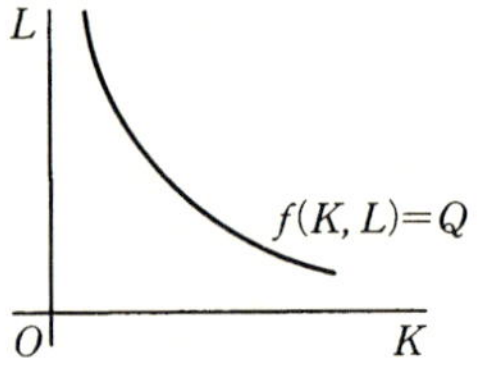

図 8.8

$$\frac{dK}{dL} = -\frac{f_L}{f_K} = -\frac{\dfrac{\partial f}{\partial L}}{\dfrac{\partial f}{\partial K}}$$

となる．経済学では通常

$$f_K = \frac{\partial f}{\partial K} > 0, \qquad f_L = \frac{\partial f}{\partial L} > 0$$

と仮定されるから，$\dfrac{dK}{dL}$ は負である．このとき

$$-\frac{dK}{dL} = \frac{f_L}{f_K} > 0$$

を資本に対する労働の**限界代替率**とよぶ．この値は，生産量を一定に保つという条件のもとで，労働の投入量を1単位減らしたときに，資本の投入量をどれだけ増やしたらよいかを示す数値である．たとえばCobb-Douglas型の生産関数では

$$f(K, L) = aK^{\alpha}L^{1-\alpha}, \qquad \alpha \text{ は定数}$$

であるから

$$f_K = \alpha aK^{\alpha-1}L^{1-\alpha}, \qquad f_L = (1-\alpha)aK^{\alpha}L^{-\alpha}$$

となる．したがって，資本に対する労働の限界代替率は

$$\frac{f_L}{f_K} = \frac{1-\alpha}{\alpha}\frac{K}{L}$$

で与えられる．この式の右辺に現われた $\dfrac{K}{L}$ は投下労働量1単位当りの投下資本量を示す数値であり，この数値は労働の**資本装備率**とよばれている．Cobb-Douglas型の生産関数では(より一般に1次同次の生産関数では)，資本に対する労働の限界代替率は労働の資本装備率だけで決まるのである．

[例9] 代替の弾力性とCES生産関数 ここで述べることは前の[例8]の続きである．ここでは労働の資本装備率と労働の資本に対する限界代替率の間の関係を調べる．生産関数 $Q=f(K, L)$ は1次同次とし

$$\lambda = \frac{K}{L}, \qquad \mu = \frac{f_L}{f_K}$$

とおく．λ が資本装備率であり，μ が資本に対する労働の限界代替率である．λ も μ も共に比率である．そこで，μ が1パーセント変化したときに λ が何パ

ーセント変化するか，その値を調べる．この値を労働と資本の間の**代替の弾力性**といい，通常，記号 σ であらわす習慣になっている．第1章で述べた弾力性の定義によれば σ は次のようになる．

$$\sigma = \frac{\mu}{\lambda}\frac{d\lambda}{d\mu} = \frac{d \log \lambda}{d \log \mu}$$

1次同次の生産関数 $f(K, L)$ の代替の弾力性 σ が K, L の値に関係なく一定値であるとき，$f(K, L)$ を **CES 生産関数**という．CES は constant elasticity of substitution の頭文字を採ったものである．ここで CES 生産関数の一般形を求めてみる．

σ を定数として

$$\sigma = \frac{\mu}{\lambda}\frac{d\lambda}{d\mu}$$

を解くのである．この関係式を

$$\frac{d\lambda}{\lambda} = \sigma\frac{d\mu}{\mu}$$

とかいて両辺を積分すると，$\lambda>0$，$\mu>0$ であるから

$$\log \lambda = \sigma \log \mu + C, \qquad C \text{ は積分定数}$$

となる．$C>0$ として C を $\log C$ とかきかえれば

$$\log \lambda = \log C\mu^{\sigma}$$

となる．この関係から $\lambda = C\mu^{\sigma}$ がえられ，μ について解いて $\mu = C^{-\frac{1}{\sigma}}\lambda^{\frac{1}{\sigma}}$ がえられるから，$B = C^{-\frac{1}{\sigma}}$ とおけば，この関係は

$$\mu = B\lambda^{\frac{1}{\sigma}}, \qquad B > 0$$

とかくことができる．μ をもとの定義式に戻せば

$$\frac{f_L}{f_K} = B\lambda^{\frac{1}{\sigma}} \tag{40}$$

がえられる．

さて，$f(K, L)$ が1次同次であることと $\dfrac{K}{L} = \lambda$ とから

$$f(K, L) = Lf\left(\frac{K}{L}, 1\right) = Lf(\lambda, 1)$$

が成立する．ここで

$$f(\lambda, 1) = g(\lambda)$$

とおけば

$$f(K, L) = Lg(\lambda)$$

となる．両辺を L と K で偏微分する．まず L で偏微分すると

$$f_L = g(\lambda)+Lg'(\lambda)\frac{\partial\lambda}{\partial L} = g(\lambda)+Lg'(\lambda)\left(-\frac{K}{L^2}\right) = g(\lambda)-\lambda g'(\lambda)$$

すなわち

$$f_L = g(\lambda)-\lambda g'(\lambda)$$

がえられる．K で偏微分すると

$$f_K = Lg'(\lambda)\frac{\partial\lambda}{\partial K} = Lg'(\lambda)\frac{1}{L} = g'(\lambda)$$

すなわち

$$f_K = g'(\lambda)$$

がえられる．これらを(40)の左辺に代入すると

$$\frac{g(\lambda)-\lambda g'(\lambda)}{g'(\lambda)} = B\lambda^{\frac{1}{\sigma}}$$

したがって

$$\frac{g(\lambda)}{g'(\lambda)} = \lambda+B\lambda^{\frac{1}{\sigma}}$$

逆数をとって

$$\frac{g'(\lambda)}{g(\lambda)} = \frac{1}{\lambda+B\lambda^{\frac{1}{\sigma}}} \tag{41}$$

がえられる．ここで場合をわける．

（i） $\sigma=1$ のとき．この場合は $\alpha=\dfrac{1}{1+B}$ とおけば

$$\frac{g'(\lambda)}{g(\lambda)} = \frac{1}{(1+B)\lambda} = \frac{\alpha}{\lambda}$$

となるから，両辺を積分して積分定数を $\log a$ とすれば

$$\log g(\lambda) = \alpha\log\lambda+\log a = \log a\lambda^{\alpha}$$

したがって

$$g(\lambda) = a\lambda^{\alpha}$$

となる．$\lambda=\dfrac{K}{L}$，$g(\lambda)=f\left(\dfrac{K}{L}, 1\right)$ であったから，この関係式は

$$f\left(\frac{K}{L}, 1\right) = a\left(\frac{K}{L}\right)^{\alpha} = aK^{\alpha}L^{-\alpha}$$

となる．両辺に L をかけ，$Lf\left(\frac{K}{L},1\right)=f(K,L)$ を使うと

$$f(K,L)=aK^{\alpha}L^{1-\alpha}$$

となる．これは Cobb-Douglas 型の生産関数である．

（ii）$\sigma\neq 1$ のとき．この場合は (41) の右辺の分子，分母に $\lambda^{-\frac{1}{\sigma}}$ をかけると (41) の右辺は

$$\frac{1}{\lambda+B\lambda^{\frac{1}{\sigma}}}=\frac{\lambda^{-\frac{1}{\sigma}}}{\lambda^{1-\frac{1}{\sigma}}+B}=\frac{1}{1-\frac{1}{\sigma}}\frac{(\lambda^{1-\frac{1}{\sigma}}+B)'}{\lambda^{1-\frac{1}{\sigma}}+B}$$

となるから (41) 式は

$$\frac{g'(\lambda)}{g(\lambda)}=\frac{\sigma}{\sigma-1}\frac{(\lambda^{1-\frac{1}{\sigma}}+B)'}{\lambda^{1-\frac{1}{\sigma}}+B}$$

となり，両辺を積分して

$$\log g(\lambda)=\frac{\sigma}{\sigma-1}\log(\lambda^{1-\frac{1}{\sigma}}+B)+\log C,\qquad \log C \text{ は積分定数}$$

$$=\log C(\lambda^{1-\frac{1}{\sigma}}+B)^{\frac{\sigma}{\sigma-1}}$$

よって

$$g(\lambda)=C(\lambda^{\frac{\sigma-1}{\sigma}}+B)^{\frac{\sigma}{\sigma-1}}$$

となるが，$\lambda=\frac{K}{L}$，$g(\lambda)=f\left(\frac{K}{L},1\right)$ であったから

$$f\left(\frac{K}{L},1\right)=C\left[\left(\frac{K}{L}\right)^{\frac{\sigma-1}{\sigma}}+B\right]^{\frac{\sigma}{\sigma-1}}$$

が成立する．両辺に L をかけると

$$f(K,L)=C(K^{\frac{\sigma-1}{\sigma}}+BL^{\frac{\sigma-1}{\sigma}})^{\frac{\sigma}{\sigma-1}}$$

となる．ここで $C=A^{\frac{\sigma}{\sigma-1}}$ とおき，AB を改めて B とおけば

$$f(K,L)=(AK^{\frac{\sigma-1}{\sigma}}+BL^{\frac{\sigma-1}{\sigma}})^{\frac{\sigma}{\sigma-1}}$$

となる．記号の簡単化のために

$$-\rho=\frac{\sigma-1}{\sigma}\quad \text{すなわち}\quad \sigma=\frac{1}{1+\rho}$$

とおけば，最終的に

$$f(K,L)=(AK^{-\rho}+BL^{-\rho})^{-\frac{1}{\rho}} \tag{42}$$

がえられる．これが $\sigma\neq 1$，すなわち $\rho\neq 0$ の場合の **CES 生産関数の一般形**である．

（コメント） CES 生産関数は $\sigma\neq 1$，すなわち $\rho\neq 0$ のときは (42) の形にな

り，$\sigma=1$ すなわち $\rho=0$ のときは Cobb-Douglas 型になった．(42) の形と Cobb-Douglas 型はまったく異なった形に思えるが，実は (42) において $\rho\to 0$ とすれば，Cobb-Douglas 型がえられるのである．そのことを次に示す．

$$\alpha=\frac{A}{A+B},\qquad 1-\alpha=\frac{B}{A+B}$$

とおき，α は定数とする．このとき

$$f(K,L)=(A+B)^{-\frac{1}{\rho}}(\alpha K^{-\rho}+(1-\alpha)L^{-\rho})^{-\frac{1}{\rho}}$$

となるが，ここで $f(K,L)$ の型を決める本質的な部分は

$$(\alpha K^{-\rho}+(1-\alpha)L^{-\rho})^{-\frac{1}{\rho}} \tag{43}$$

の部分である．$(A+B)^{-\frac{1}{\rho}}$ は変数 K,L とは無関係な定数部分であり，しかも A,B は積分によって現われる積分定数であるから，自由な調整が可能である．したがって重要なのは，$\rho\to 0$ のときの (43) の極限である．しかし，(43) の形のままでは極限ははっきりしない．そこで (43) 式の対数をとって

$$\log(\alpha K^{-\rho}+(1-\alpha)L^{-\rho})^{-\frac{1}{\rho}}=-\frac{1}{\rho}\log(\alpha K^{-\rho}+(1-\alpha)L^{-\rho}) \tag{44}$$

とし，この関数の $\rho\to 0$ のときの極限を調べる．$\rho=0$ のとき (44) の右辺は $\dfrac{0}{0}$ 型の不定形になる．そこで L'Hospital の定理により，分子分母を ρ について微分して極限をとれば

$$\lim_{\rho\to 0}\left(-\frac{\log(\alpha K^{-\rho}+(1-\alpha)L^{-\rho})}{\rho}\right)=\lim_{\rho\to 0}\frac{\alpha K^{-\rho}\log K+(1-\alpha)L^{-\rho}\log L}{\alpha K^{-\rho}+(1-\alpha)L^{-\rho}}$$
$$=\alpha\log K+(1-\alpha)\log L=\log K^{\alpha}L^{1-\alpha}$$

となる．したがって (43) の極限は

$$\lim_{\rho\to 0}(\alpha K^{-\rho}+(1-\alpha)L^{-\rho})^{-\frac{1}{\rho}}=K^{\alpha}L^{1-\alpha}$$

となることがわかる．$(A+B)^{-\frac{1}{\rho}}$ の部分は A と B の比率を $\alpha:(1-\alpha)$ に保ちながら $\rho\to 0$ のとき a に収束するように調整すれば $f(K,L)$ は $aK^{\alpha}L^{1-\alpha}$ に収束することがわかる．こうして，関数のタイプとしては，CES 生産関数は，代替の弾力性 σ が 1 に近づくとき Cobb-Douglas 型に収束するのである．

(問 3) $x=u\cos\alpha-v\sin\alpha$，$y=u\sin\alpha+v\cos\alpha$ の Jacobian を求めよ．

§9 包絡線，包絡面

9.1 包絡線

定義 1つのパラメータ α を含む平面上の曲線族

$$f(x,\,y,\,\alpha)=0 \tag{1}$$

が与えられている．α のそれぞれの値に対して (1) は平面上に1つずつ曲線を描く．α の値が変われば (1) の描く曲線の位置も形も変わる．この曲線族 (1) に対して

$$g(x,\,y)=0 \tag{2}$$

で与えられる別の曲線があって，(2) の描く曲線上のどの点においてもこの曲線と (1) の曲線族の中の1つが接し，しかも，その接点の軌跡が (2) の曲線になっているとき，(2) で与えられる曲線を曲線族 (1) の**包絡線**という (図 9.1).

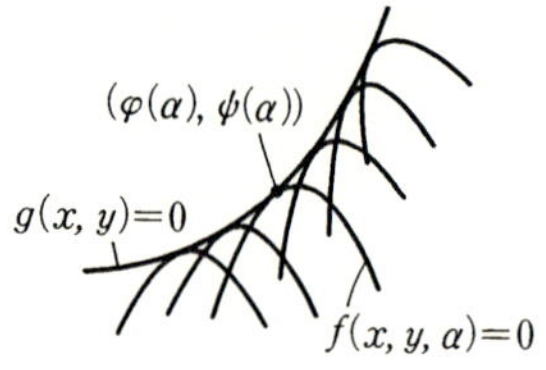

図 9.1

[例 1] 2次関数 $y=x^2$ の描く放物線上の1点 $(\alpha,\,\alpha^2)$ における接線の方程式は $y-\alpha^2=2\alpha(x-\alpha)$ すなわち

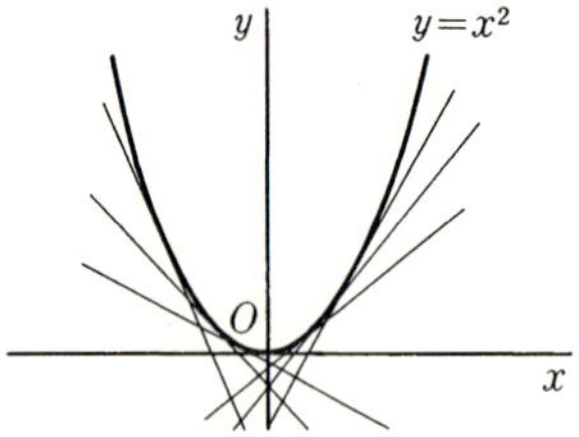

図 9.2

$$2\alpha x - y - \alpha^2 = 0 \tag{3}$$

である．(3) は α をパラメータとする直線族である．各 α に対して (3) は1つの直線をあらわし，これらの直線はどれも放物線 $y-x^2=0$ と接し，しかも，この接点の軌跡は放物線 $y-x^2=0$ 自身である．したがって直線族 (3) の包絡線は放物線 $y-x^2=0$ である (図 9.2)．

さて，(2) が曲線族 (1) の包絡線の方程式であるときに，(1) からどのようにして (2) を導くかを考えてみる．

図 9.1 を見ながら読んでほしい．各 α に対して曲線 $f(x, y, \alpha)=0$ と曲線 $g(x, y)=0$ は1点で接し，α が変われば接点も変わるから，接点の座標は α の関数として定まる．そこで接点の座標を

$$(\varphi(\alpha),\ \ \psi(\alpha))$$

とすれば，α が動いたときの点 $(\varphi(\alpha), \psi(\alpha))$ の軌跡が $g(x, y)=0$ である．したがって

$$x = \varphi(\alpha), \qquad y = \psi(\alpha)$$

が包絡線の方程式のパラメータ表示である．ここで $\varphi(\alpha), \psi(\alpha)$ は α について連続な導関数をもつとする．どの α に対しても点 $(\varphi(\alpha), \psi(\alpha))$ は曲線 $f(x, y, \alpha)=0$ 上にあるから，α について恒等的に

$$f(\varphi(\alpha), \psi(\alpha), \alpha) = 0$$

が成立する．したがって，両辺を α で微分すれば点 $(\varphi(\alpha), \psi(\alpha))$ において

$$f_x(\varphi(\alpha), \psi(\alpha), \alpha)\varphi'(\alpha) + f_y(\varphi(\alpha), \psi(\alpha), \alpha)\psi'(\alpha) + f_\alpha(\varphi(\alpha), \psi(\alpha), \alpha) = 0 \tag{4}$$

が成立する．ところで $f(x, y, \alpha)=0$ 上の任意の点 (x, y) における接線の傾きは，$f_y \neq 0$ とすれば

$$\frac{dy}{dx} = -\frac{f_x(x, y, \alpha)}{f_y(x, y, \alpha)}$$

で与えられるから，点 $(\varphi(\alpha), \psi(\alpha))$ における $f(x, y, \alpha)=0$ の接線の傾きは

$$\frac{dy}{dx} = -\frac{f_x(\varphi(\alpha), \psi(\alpha), \alpha)}{f_y(\varphi(\alpha), \psi(\alpha), \alpha)}$$

である．一方，包絡線 $x=\varphi(\alpha)$，$y=\psi(\alpha)$ 上の点 $(\varphi(\alpha), \psi(\alpha))$ における包絡線の接線の傾きは $(\varphi'(\alpha) \neq 0$ として$)$

$$\frac{dy}{dx} = \frac{\psi'(\alpha)}{\varphi'(\alpha)}$$

で与えられる．しかも，点 $(\varphi(\alpha), \psi(\alpha))$ において曲線 $f(x, y, \alpha)=0$ と包絡線 $(x=\varphi(\alpha), y=\psi(\alpha))$ は接しているから，点 $(\varphi(\alpha), \psi(\alpha))$ ではこれら 2 つの曲線の接線の傾きは一致する．よって

$$-\frac{f_x(\varphi(\alpha), \psi(\alpha), \alpha)}{f_y(\varphi(\alpha), \psi(\alpha), \alpha)} = \frac{\psi'(\alpha)}{\varphi'(\alpha)}$$

が成立する．分母を払って移項すると

$$f_x(\varphi(\alpha), \psi(\alpha), \alpha)\varphi'(\alpha)+f_y(\varphi(\alpha), \psi(\alpha), \alpha)\psi'(\alpha) = 0 \tag{5}$$

となる．(4) の左辺に (5) の関係を代入すれば，点 $(\varphi(\alpha), \psi(\alpha))$ において

$$f_\alpha(\varphi(\alpha), \psi(\alpha), \alpha) = 0$$

が成り立つことがわかる．以上により次の定理がえられた．

定理 3.18 曲線族 (1) が包絡線をもつとする．このとき包絡線上の各点 $(x, y)=(\varphi(\alpha), \psi(\alpha))$ において

$$f(x, y, \alpha) = 0, \qquad f_\alpha(x, y, \alpha) = 0 \tag{6}$$

が共に成立する．これら 2 つの方程式からパラメータ α を消去すれば，包絡線の方程式 $g(x, y)=0$ がえられる．

（コメント） ここでは $f_y \neq 0$ を仮定して話をしてきたが，$f_x \neq 0$ を仮定しても同様の結論がえられる．$\dfrac{dy}{dx}$ を $\dfrac{dx}{dy}$ でおきかえればよいからである．しかし，$f(x, y, \alpha)=0$ が $f_x=f_y=0$ をみたす点，特異点，を含む場合には，(6) から α を消去してえられる曲線は特異点の軌跡を含むから注意を要する．

[例 2] [例 1] の (3) で与えられる直線族

$$f(x, y, \alpha) = 2\alpha x - y - \alpha^2 = 0$$

の包絡線を求めてみる．

$$f_\alpha = 2x - 2\alpha = 0$$

から $x=\alpha$ がえられるから，これと $2\alpha x - y - \alpha^2=0$ から α を消去すると，もとの放物線 $y=x^2$ がえられる．

[例 3] 包絡線が複数個現われる場合の例として曲線（円）族

$$f(x, y, \alpha) = (x-\alpha)^2+(y-\alpha)^2-1 = 0$$

の包絡線を求めてみる．

$$f_\alpha = -2(x-\alpha)-2(y-\alpha) = 0$$

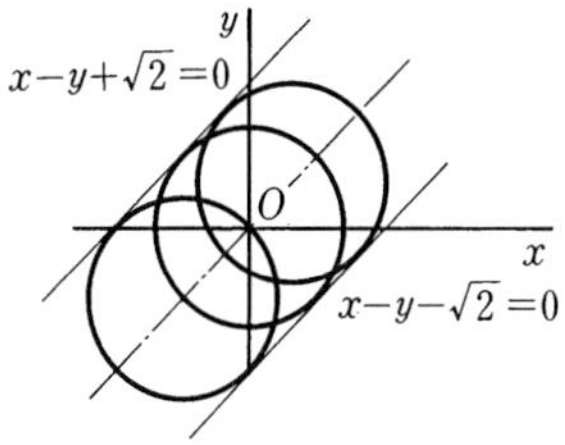

図 9.3

から，$\alpha=\frac{1}{2}(x+y)$ であり，これをもとの方程式に代入して α を消去すると

$$x-y+\sqrt{2}=0, \qquad x-y-\sqrt{2}=0$$

がえられる．この 2 本の直線が包絡線である (図 9.3)．

[例 4]　放物線族

$$f(x, y, \alpha) = y-(x-\alpha)^2+2\alpha^2 = 0$$

の包絡線を求めてみる．

$$f_\alpha = 2(x-\alpha)+4\alpha = 0$$

から $\alpha=-x$ となる．これをもとの式に代入すると

$$y = 2x^2$$

がえられる．これが包絡線である．放物線族は，各放物線の内側で包絡線と接している (図 9.4)．

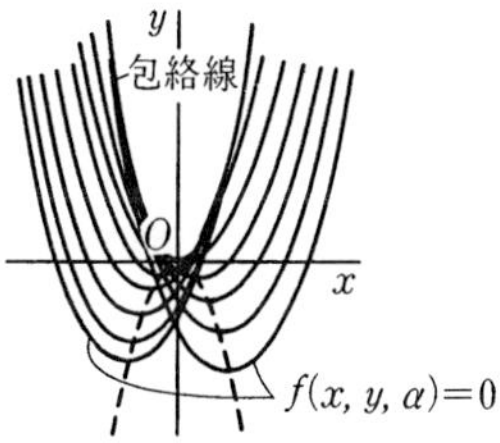

図 9.4

[例 5]　曲線族

$$f(x, y, \alpha) = y^2-(x-\alpha)^2(x+3-\alpha) = 0$$

の包絡線を求めてみる．

$$f_\alpha = 3(x-\alpha)(x-\alpha+2)$$

であるから $f_\alpha=0$ の解として

$$x = \alpha \quad \text{または} \quad x = \alpha-2$$

がえられる．ここで場合をわける．

（i） $x=\alpha$ のとき，このときは $f=0$ から $y=0$ となる．$x=\alpha$，$y=0$ である点 $(\alpha, 0)$ では $f_x=f_y=0$ となるから，点 $(\alpha, 0)$ は $f(x, y, \alpha)=0$ の特異点である (図 9.5 からわかるように点 $(\alpha, 0)$ で $f(x, y, \alpha)=0$ は自分自身と交わっている．このような点を **2 重点**という)．したがって直線 $y=0$ は特異点の軌跡であって包絡線ではない．

（ii） $x=\alpha-2$ のとき．このときは $f=0$ から $y^2=4$，すなわち $y=\pm 2$ がえられる．点 $(\alpha-2, \pm 2)$ では $f_y=\pm 4 \neq 0$ であるから点 $(\alpha-2, \pm 2)$ の軌跡 $y=2$，$y=-2$ は包絡線である．

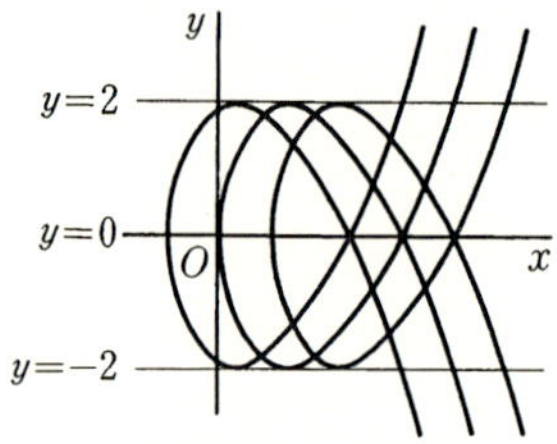

図 9.5

[例 6] $f(x, y, \alpha, \beta)=0$，$\varphi(\alpha, \beta)=0$ の場合には，α, β をパラメータとする曲線族の包絡線は，これら 2 つの方程式と，もう 1 つの関係式

$$f_\alpha : f_\beta = \varphi_\alpha : \varphi_\beta$$

から α と β を消去すればえられる．なぜなら，$\varphi_\beta \neq 0$ と仮定して $\varphi(\alpha, \beta)=0$ から定まる陰関数を $\beta=\psi(\alpha)$ として

$$g(x, y, \alpha) = f(x, y, \alpha, \psi(\alpha))$$

とおけば曲線族 $g(x, y, \alpha)=0$ の包絡線は $g=0$ と

$$g_\alpha = f_\alpha + f_\beta \psi'(\alpha) = f_\alpha - f_\beta \frac{\varphi_\alpha}{\varphi_\beta} = 0$$

から α を消去してえられるが，この式からわかるように $g_\alpha=0$ は

$$f_\alpha : f_\beta = \varphi_\alpha : \varphi_\beta$$

と同じ関係式だからである．

このような例として

$$\alpha^2+\beta^2 = 1 \quad のとき \quad f(x, y, \alpha, \beta) = x^2+y^2+2\alpha x+2\beta y = 0$$

の包絡線を求めてみる．$\varphi(\alpha, \beta)=\alpha^2+\beta^2-1=0$ とおけば $f_\alpha=2x$, $f_\beta=2y$, $\varphi_\alpha=$

2α, $\varphi_\beta=2\beta$ であるから

$$f_\alpha : f_\beta = \varphi_\alpha : \varphi_\beta \Longleftrightarrow x : y = \alpha : \beta \Longleftrightarrow \frac{\alpha}{x} = \frac{\beta}{y}$$

ここで $\dfrac{\alpha}{x}=\dfrac{\beta}{y}=k$ とおき $\alpha=kx$, $\beta=ky$ を $\alpha^2+\beta^2=1$ に代入すると

$$k^2(x^2+y^2) = 1 \qquad \therefore \quad x^2+y^2 = \frac{1}{k^2}$$

一方，$f(x, y, \alpha, \beta)=x^2+y^2+2\alpha x+2\beta y=0$ に $\alpha=kx$，$\beta=ky$ を代入すると

$$(x^2+y^2)(1+2k) = 0 \qquad \therefore \quad k = -\frac{1}{2}$$

となるから

$$x^2+y^2 = \frac{1}{k^2} = 4$$

がえられる．よって円 $x^2+y^2=4$ が包絡線になる．

9.2 包絡面

前項で述べたことを一般化する．細かい部分の吟味は省略して話の大筋を述べる．

n 次元空間内の曲面 S が，パラメータ $\boldsymbol{\alpha}=(\alpha_1, \cdots, \alpha_m)$ について連続微分可能な n 個の関数

$$\begin{cases} x_1 = \varphi_1(\alpha_1, \cdots, \alpha_m) \\ x_2 = \varphi_2(\alpha_1, \cdots, \alpha_m) \\ \qquad \cdots \\ x_n = \varphi_n(\alpha_1, \cdots, \alpha_m) \end{cases} \quad \text{まとめて} \quad \boldsymbol{x} = \boldsymbol{\varphi}(\boldsymbol{\alpha})$$

によって定義されているとする．曲面 S 上に 1 点 $\boldsymbol{x}^0=\boldsymbol{\varphi}(\boldsymbol{\alpha}^0)$ をとり，ここで，α_1 だけを変化させ，他の $\alpha_2, \cdots, \alpha_m$ は $\alpha_2^0, \cdots, \alpha_m^0$ に固定しておけば

$$\boldsymbol{x} = \boldsymbol{\varphi}(\alpha_1, \alpha_2^0, \cdots, \alpha_m^0)$$

は S 上に，点 $\boldsymbol{x}^0$ を通る 1 つの曲線を描く．この曲線を S 上の点 $\boldsymbol{x}^0$ を通る α_1 曲線とよぶ (図 9.6)．S 上の各点に対して，その点を通る α_1 曲線を描くことができる．ここで，α_1 を α_1^0 から $\alpha_1^0+\varDelta\alpha_1$ に変えたときの

$$\frac{\boldsymbol{\varphi}(\boldsymbol{\alpha}^0+\boldsymbol{e}_1\varDelta\alpha_1)-\boldsymbol{\varphi}(\boldsymbol{\alpha}^0)}{\varDelta\alpha_1}$$

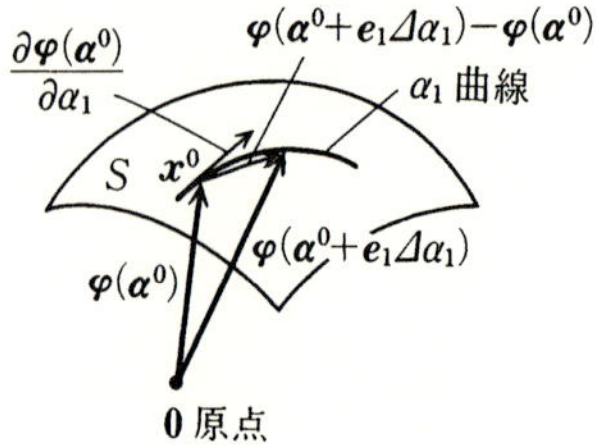

図9.6

ここで

$$\boldsymbol{e}_1=\begin{pmatrix}1\\0\\\vdots\\0\end{pmatrix}$$

の $\Delta\alpha_1\to 0$ のときの極限

$$\frac{\partial \boldsymbol{\varphi}(\boldsymbol{\alpha}^0)}{\partial \alpha_1}=\begin{pmatrix}\dfrac{\partial \varphi_1(\boldsymbol{\alpha}^0)}{\partial \alpha_1}\\\vdots\\\dfrac{\partial \varphi_n(\boldsymbol{\alpha}^0)}{\partial \alpha_1}\end{pmatrix}$$

は α_1 曲線上の点 $\boldsymbol{\varphi}(\boldsymbol{\alpha}^0)=\boldsymbol{x}^0$ における α_1 曲線の接線の方向を示すベクトルである．このベクトルを点 $\boldsymbol{x}^0$ における α_1 曲線の**接ベクトル**という．

同様にして他の α_i に対しても，点 $\boldsymbol{x}^0=\boldsymbol{\varphi}(\boldsymbol{\alpha}^0)$ を通る α_i 曲線を描くことができる．このとき

$$\frac{\partial \boldsymbol{\varphi}(\boldsymbol{\alpha}^0)}{\partial \alpha_i}$$

は点 $\boldsymbol{x}^0=\boldsymbol{\varphi}(\boldsymbol{\alpha}^0)$ における α_i 曲線の接ベクトルである．

以上を準備として一般の包絡面の話に入る．

定義　m 個のパラメータ $\boldsymbol{\alpha}=(\alpha_1,\cdots,\alpha_m)$ を含む n 次元空間の曲面族が

$$f(\boldsymbol{x},\boldsymbol{\alpha})=0 \tag{7}$$

で与えられているとする．曲面 S が，曲面族 (7) の各曲面と1点で接

し，しかも，これら接点の軌跡が S になっているとき，曲面 S を曲面族 (7) の**包絡面**という．

(7) の各曲面は S と 1 点で接しているから，その接点 $\boldsymbol{x}$ の座標は $\boldsymbol{\alpha}$ の関数として定まる．その座標を

$$\boldsymbol{x} = \boldsymbol{\varphi}(\boldsymbol{\alpha}) \tag{8}$$

とおく．さらに S はそのような接点の軌跡であるから，(8) は曲面 S をあらわす方程式の，$\boldsymbol{\alpha}$ をパラメータとするパラメータ表示である．

曲面 $f(\boldsymbol{x}, \boldsymbol{\alpha})=0$ 上の点 $\boldsymbol{x}^0$ における接平面の方程式は

$$\sum_{j=1}^{n} f_{x_j}(\boldsymbol{x}^0, \boldsymbol{\alpha})(x_j - x_j^0) = 0$$

であり，$\boldsymbol{x}^0$ におけるこの平面への法線ベクトルは

$$\nabla f(\boldsymbol{x}^0) = (f_{x_1}(\boldsymbol{x}^0, \boldsymbol{\alpha}), \cdots, f_{x_n}(\boldsymbol{x}^0, \boldsymbol{\alpha}))$$

である．したがって，曲面 S と曲面 $f(\boldsymbol{x}, \boldsymbol{\alpha})=0$ との接点 $\boldsymbol{x}=\boldsymbol{\varphi}(\boldsymbol{\alpha})$ における法線ベクトルは

$$\nabla f(\boldsymbol{\varphi}(\boldsymbol{\alpha})) = (f_{x_1}(\boldsymbol{\varphi}(\boldsymbol{\alpha}), \boldsymbol{\alpha}),\ \cdots,\ f_{x_n}(\boldsymbol{\varphi}(\boldsymbol{\alpha}), \boldsymbol{\alpha})) \tag{9}$$

であり，この点における接平面は

$$\sum_{j=1}^{n} f_{x_j}(\boldsymbol{\varphi}(\boldsymbol{\alpha}), \boldsymbol{\alpha})(x_j - \varphi_j(\boldsymbol{\alpha})) = 0 \tag{10}$$

である．この接平面 (10) は点 $\boldsymbol{\varphi}(\boldsymbol{\alpha})$ で S にも接している．そして，S 上の点 $\boldsymbol{\varphi}(\boldsymbol{\alpha})$ における各 α_i 曲線の接ベクトル

$$\frac{\partial \boldsymbol{\varphi}(\boldsymbol{\alpha})}{\partial \alpha_i} = \begin{pmatrix} \dfrac{\partial \varphi_1}{\partial \alpha_i} \\ \vdots \\ \dfrac{\partial \varphi_n}{\partial \alpha_i} \end{pmatrix}, \qquad i = 1, 2, \cdots, m$$

は点 $\boldsymbol{\varphi}(\boldsymbol{\alpha})$ において曲面 S に接している．よって，この接ベクトルは法線ベクトル (9) と直交するから，これら 2 つのベクトルの内積は 0 になる．すなわち

$$\sum_{j=1}^{n} f_{x_j}(\boldsymbol{\varphi}(\boldsymbol{\alpha}), \boldsymbol{\alpha}) \frac{\partial \varphi_j(\boldsymbol{\alpha})}{\partial \alpha_i} = 0, \qquad i = 1, 2, \cdots, m \tag{11}$$

が成立する．

一方，すべての $\boldsymbol{\alpha}$ に対して $\boldsymbol{\varphi}(\boldsymbol{\alpha})$ は曲面 $f(\boldsymbol{x}, \boldsymbol{\alpha})=0$ 上にあるから，$\boldsymbol{\alpha}$ について恒等的に

$$f(\boldsymbol{\varphi}(\boldsymbol{\alpha}), \boldsymbol{\alpha}) = 0$$

が成立している．よって，α_i で微分した関係式

$$\sum_{j=1}^{n} f_{x_j}(\boldsymbol{\varphi}(\boldsymbol{\alpha}), \boldsymbol{\alpha}) \frac{\partial \varphi_j(\boldsymbol{\alpha})}{\partial \alpha_i} + f_{\alpha_i}(\boldsymbol{\varphi}(\boldsymbol{\alpha}), \boldsymbol{\alpha}) = 0, \qquad i = 1, 2, \cdots, m \tag{12}$$

が成立する．(11) と (12) から

$$f_{\alpha_i}(\boldsymbol{\varphi}(\boldsymbol{\alpha}), \boldsymbol{\alpha}) = 0, \qquad i = 1, 2, \cdots, m$$

がえられる．こうして，次の定理がえられた．

定理 3.19 曲面族 $f(\boldsymbol{x}, \boldsymbol{\alpha})=0$ の包絡面を S とすれば，S 上の点は

$$\begin{cases} f(\boldsymbol{x}, \boldsymbol{\alpha}) = 0 \\ f_{\alpha_i}(\boldsymbol{x}, \boldsymbol{\alpha}) = 0, \qquad i = 1, 2, \cdots, m \end{cases} \tag{13}$$

をみたす．(13) の $m+1$ 個の関係式から α_i，$i=1, 2, \cdots, m$，を消去すれば包絡面の方程式がえられる．

［例 7］ 曲面族

$$(x-\alpha)^2+(y-\beta)^2+z^2 = r^2$$

の包絡面を求める．

$$f(x, y, z, \alpha, \beta) = (x-\alpha)^2+(y-\beta)^2+z^2-r^2$$

とおく．

$$f_\alpha = -2(x-\alpha) = 0, \qquad f_\beta = -2(y-\beta) = 0$$

を解けば $x=\alpha$，$y=\beta$ となるから，これを $f=0$ に代入すると $z^2=r^2$ すなわち

$$z = r \quad \text{および} \quad z = -r$$

がえられる．これは3次元空間の (x, y) 平面に平行な2つの平面であり，これが求める包絡面である．

［例 8］ 平面族

$$x \sin\alpha \cos\beta + y \sin\alpha \sin\beta + z \cos\alpha = r$$

の包絡面を求める．ここで α, β がパラメータである．

$$f(x, y, z, \alpha, \beta) = x \sin\alpha \cos\beta + y \sin\alpha \sin\beta + z \cos\alpha - r$$

とおく．

$$f_\alpha = x\cos\alpha\cos\beta + y\cos\alpha\sin\beta - z\sin\alpha = 0$$

$$f_\beta = -x\cos\alpha\sin\beta + y\cos\alpha\cos\beta = 0$$

と $f=0$ から x, y, z を求めると

$$x = r\sin\alpha\cos\beta, \quad y = r\sin\alpha\sin\beta, \quad z = r\cos\alpha$$

となる．これらを2乗して加えると，球面の方程式

$$x^2+y^2+z^2 = r^2$$

がえられる．これが求める包絡面の方程式である．包絡面は球面である．

[例9]　**短期費用関数と長期費用関数**　包絡線あるいは包絡面の理論の経済学への応用例として，よく知られている短期費用関数と長期費用関数の関係について説明する．

いくつかの財を生産する企業を考える．この企業は，固定された耐久設備(工場，機械等)のもとで，さまざまな生産要素(各種の原材料，労働等)を使って生産をおこなう．生産する財は n 種類とし，$\boldsymbol{x}=(x_1, x_2, \cdots, x_n)$ を各財の産出量をあらわすベクトルとする．所与の耐久設備のもとで $\boldsymbol{x}$ だけの生産をするのに要する総生産費を産出量 $\boldsymbol{x}$ の関数として捉える．産出量 $\boldsymbol{x}$ を指定すれば，設備が所与，したがって技術的条件が所与だから，生産に要する各生産要素の量はおのずから決まり，当然の結果として総生産費も定まる，と考えるのである．総生産費を産出量 $\boldsymbol{x}$ の関数として捉えたとき，この関数を，所与の耐久設備のもとでの**短期費用関数**とよぶ．ここで短期とは，耐久設備が不変である期間という意味である．耐久設備は m 種類あるとし，それらをパラメータ $\boldsymbol{\alpha}=(\alpha_1, \alpha_2, \cdots, \alpha_m)$ であらわすことにすれば，所与の $\boldsymbol{\alpha}$ に対する短期費用関数 C は

$$C = f(\boldsymbol{x}, \boldsymbol{\alpha})$$

とかくことができる．

短期的には不変である設備も長期的には変化する．そこで，設備をあらわすパラメータ $\boldsymbol{\alpha}$ が変化する長期を考え，さらに，いささか極端な仮定ではあるが，設備は連続的に変化させることができ，企業は $\boldsymbol{\alpha}$ を自由に動かすことができるものとする．

費用関数 $C=f(\boldsymbol{x}, \boldsymbol{\alpha})$ において，産出量 $\boldsymbol{x}$ を $\tilde{\boldsymbol{x}}$ に固定する．このとき $C=f(\tilde{\boldsymbol{x}}, \boldsymbol{\alpha})$ は $\boldsymbol{\alpha}$ だけの関数になる．$\boldsymbol{\alpha}$ は自由に動かせるのだから，企業は $\tilde{\boldsymbol{x}}$ を

最小の費用で生産するように $\boldsymbol{\alpha}$ を調節することができる．このような $\boldsymbol{\alpha}$ の値は極小値を求める際の必要条件として

$$f_{\alpha_i}(\tilde{\boldsymbol{x}}, \boldsymbol{\alpha}) = \frac{\partial f(\tilde{\boldsymbol{x}}, \boldsymbol{\alpha})}{\partial \alpha_i} = 0, \qquad i = 1, 2, \cdots, m$$

をみたすはずである．この関係式から ($f(\boldsymbol{x}, \boldsymbol{\alpha})$ に関する必要な仮定のもとで陰関数の定理により) $\boldsymbol{\alpha}$ は $\tilde{\boldsymbol{x}}$ の関数として決まる．その関数を

$$\boldsymbol{\alpha} = \boldsymbol{\psi}(\tilde{\boldsymbol{x}})$$

とする．このとき $C = f(\tilde{\boldsymbol{x}}, \boldsymbol{\psi}(\tilde{\boldsymbol{x}}))$ は $\tilde{\boldsymbol{x}}$ を最小の費用で生産するように設備 $\boldsymbol{\alpha}$ をえらんだときの最小費用である*．$\tilde{\boldsymbol{x}}$ は任意でよいから変数記号を $\boldsymbol{x}$ に戻して

$$C = f(\boldsymbol{x}, \boldsymbol{\psi}(\boldsymbol{x}))$$

を**長期費用関数**という．各 $\boldsymbol{x}$ に対して $\boldsymbol{x}$ を生産するための費用を最小にするように $\boldsymbol{\alpha}$ を調節した後での費用という意味で長期という言葉を使っているのである．

短期費用関数を陰関数の形で

$$F(C, \boldsymbol{x}, \boldsymbol{\alpha}) = f(\boldsymbol{x}, \boldsymbol{\alpha}) - C = 0$$

とかいたとき，$\boldsymbol{\psi}(\boldsymbol{x})$ は $\boldsymbol{\alpha}$ を未知数とする連立方程式

$$F_{\alpha_i}(C, \boldsymbol{x}, \boldsymbol{\alpha}) = f_{\alpha_i}(\boldsymbol{x}, \boldsymbol{\alpha}) = 0, \qquad i = 1, 2, \cdots, m$$

の解だから，長期費用関数

$$F(C, \boldsymbol{x}, \boldsymbol{\psi}(\boldsymbol{x})) = 0$$

は $F(C, \boldsymbol{x}, \boldsymbol{\alpha}) = 0$ と $F_{\alpha_i}(C, \boldsymbol{x}, \boldsymbol{\alpha}) = 0$，$i = 1, 2, \cdots, m$，から $\boldsymbol{\alpha}$ を消去することによってえられる．よって長期費用関数は $\boldsymbol{\alpha}$ をパラメータとする短期費用関数族の包絡面の方程式になっている．

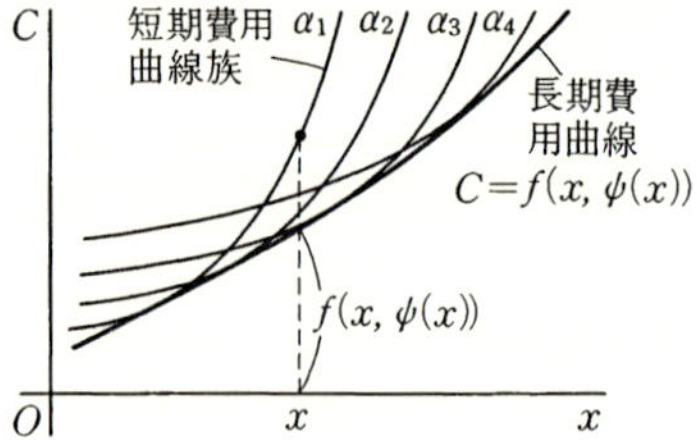

図 9.7

* $f_{\alpha_i} = 0$，$i = 1, 2, \cdots, m$，の解は $f(\tilde{\boldsymbol{x}}, \boldsymbol{\alpha})$ の最小値を与えるものと仮定している．

生産される財が1つであり，パラメータも1つの場合には，上述の関係を図で示すことができる(図9.7)．この図では短期費用曲線がパラメータ α の値 $\alpha_1, \alpha_2, \alpha_3, \alpha_4$ に対応してかかれており，各 x に対して $f(x, \alpha)=C$ を最小にする α を $f_\alpha=0$ の解として求めたのが $\alpha=\phi(x)$ である．

(問1)　α をパラメータとする次の直線族の包絡線を求めよ．

$$y = \alpha x+\frac{1}{\alpha}$$

(問2)　P, Q, R を x, y の関数としたとき，α をパラメータとする曲線族

$$P\alpha^2+Q\alpha+R = 0$$

の包絡線は

$$Q^2-4PR = 0$$

で与えられることを示せ．このことを使って α をパラメータとする次の曲線族の包絡線を求めよ．

(1) $(y-\alpha x)^2 = a^2\alpha^2+b^2$，$a, b$ は定数

(2) $(1+\alpha^2)x^2-\alpha x+y = 0$

(問3)　曲面族

$$(x_1-\alpha)^2+x_2{}^2+x_3{}^2 = 1, \qquad \alpha \text{ はパラメータ}$$

の包絡面を求めよ．

§10　条件付き極値——Lagrange 乗数法

条件付き極値問題は経済学においては，消費者需要の理論，生産の理論をはじめとして，いろいろなところに現われる．すでに述べた線型計画法は特殊な形の条件付き極値問題を扱う有力な方法であるが，ここで述べる Lagrange 乗数法もまた，さまざまな条件付き極値問題を扱うきわめて有力な手法であり，後に述べる非線型計画法の基礎としての重要性ももっている．ここでは Lagrange 乗数法を，さまざまな角度から眺めてみることにする．

はじめに2変数の場合を述べ，その後に n 変数の場合を述べる．

10.1 条件付き極値の必要条件——2変数の場合

条件付き極値問題 制約条件

$$g(x, y) = 0 \tag{1}$$

をみたす (x, y) のなかで，目的関数

$$f(x, y)$$

の極値を与える (x, y) を求めよ．

定義 (x^0, y^0) が条件 (1) をみたすとき，(x^0, y^0) の近傍に属し，かつ (1) をみたすようなすべての $(x, y) \neq (x^0, y^0)$ に対して

$$f(x^0, y^0) > f(x, y) \tag{2}$$

が成り立つならば $f(x^0, y^0)$ は条件 (1) のもとでの $f(x, y)$ の**条件付き極大値**であるという．(2) と逆の不等式が成り立つとき，**条件付き極小値**であるという．(2) あるいはその逆の不等式の中に等号が含まれるとき，すなわち

$$f(x^0, y^0) \geqq f(x, y) \quad \text{あるいは} \quad f(x^0, y^0) \leqq f(x, y)$$

のどちらかが成り立つとき，$f(x^0, y^0)$ は**弱い意味の条件付き極大値**（**あるいは極小値**）であるという．これらを一括して**条件付き極値**という．

さて，(x^0, y^0) が条件 (1) のもとで $f(x, y)$ の極値を与える点であると仮定しよう．さらに，$g(x, y)$，$f(x, y)$ は (x^0, y^0) の近傍で連続微分可能と仮定し，点 (x^0, y^0) において

$$g_y(x^0, y^0) \neq 0 \tag{3}$$

と仮定する．このとき陰関数の定理により，点 (x^0, y^0) の近傍で $g(x, y)=0$ を y について一意的に解くことができる．その解を

$$y = h(x) \tag{4}$$

とすれば，関数 $h(x)$ は

$$y^0 = h(x^0) \tag{5}$$

をみたし，さらに，x^0 の近傍で恒等的に

$$g(x, h(x)) = 0 \tag{6}$$

が成立する．また，x^0 の近傍で $h(x)$ は微分可能であって

$$h'(x) = -\frac{g_x(x, h(x))}{g_y(x, h(x))} \tag{7}$$

が成立する．

(x^0, y^0) の近傍では条件 $g(x, y)=0$ は $y=h(x)$ と同じである．したがって，われわれの極値問題は，

"条件 $y = h(x)$ のもとで $f(x, y)$ の極値を求める"

という問題と同じである．そこで条件 $y=h(x)$ を $f(x, y)$ に代入すれば，われわれの問題は

"1 変数関数 $f(x, h(x))$ の極値を求める"

という問題に転化してしまう．そして，$(x^0, y^0)=(x^0, h(x^0))$ がこの問題の解であるから，$f(x, h(x))$ は x^0 で極値をとることになる．したがって，$f(x, h(x))$ の導関数 $f_x(x, h(x))+f_y(x, h(x))h'(x)$ は x^0 で 0 になる．すなわち

$$f_x(x^0, h(x^0))+f_y(x, h(x^0))h'(x^0) = 0$$

が成立する．(5) と (7) から，この関係式は

$$f_x(x^0, y^0)-\frac{f_y(x^0, y^0)}{g_y(x^0, y^0)}g_x(x^0, y^0) = 0 \tag{8}$$

とかくことができる．ここで

$$\lambda^0 = -\frac{f_y(x^0, y^0)}{g_y(x^0, y^0)} \tag{9}$$

とおけば，(8) 式は

$$f_x(x^0, y^0)+\lambda^0 g_x(x^0, y^0) = 0 \tag{10}$$

となる．また (9) 式の分母を払って移項すれば

$$f_y(x^0, y^0)+\lambda^0 g_y(x^0, y^0) = 0 \tag{11}$$

がえられる．

以上述べたことを要約する．

(x^0, y^0) が条件 (1) のもとで $f(x, y)$ の極値を与える点であれば，点 (x^0, y^0) において (10), (11) を共にみたす定数 λ^0 が存在し，しかも，この λ^0 は，(9) により一意的に定まる．

この事実を次のように言い換える．x, y, λ の関数 $L(x, y, \lambda)$ を

$$L(x, y, \lambda) = f(x, y)+\lambda g(x, y) \tag{12}$$

によって定義する．この形から明らかに

$$\begin{cases} L_x(x, y, \lambda) = f_x(x, y) + \lambda g_x(x, y) \\ L_y(x, y, \lambda) = f_y(x, y) + \lambda g_y(x, y) \\ L_\lambda(x, y, \lambda) = g(x, y) \end{cases}$$

が成立する．このとき (10), (11) から，条件付き極値問題の解を与える点 (x^0, y^0) において

$$L_x(x^0, y^0, \lambda^0) = 0, \qquad L_y(x^0, y^0, \lambda^0) = 0$$

をみたす λ^0 が一意的に定まるのである．

以上で次の定理が証明できたことになる．

定理 3.20 制約条件

$$g(x, y) = 0$$

のもとで

$$f(x, y)$$

の極値を求める問題の解を与える点が (x^0, y^0) であるとする．さらに，(x^0, y^0) の近傍で $f(x, y)$，$g(x, y)$ は連続微分可能とし，(x^0, y^0) において

$$g_y(x^0, y^0) \neq 0$$

とする．このとき関数 $L(x, y, \lambda)$ を

$$L(x, y, \lambda) = f(x, y) + \lambda g(x, y)$$

で定義すれば，点 (x^0, y^0) において

$$L_x(x^0, y^0, \lambda^0) = L_y(x^0, y^0, \lambda^0) = 0$$

をみたす λ^0 が一意的に定まる．

関数 $L(x, y, \lambda)$ をこの条件付き極値問題の **Lagrange 関数**といい，λ を **Lagrange 乗数**という．

Lagrange 乗数法 定理 3.20 を用いて条件付き極値問題の解 (の候補) を次のようにして求めることができる．

Lagrange 関数 $L(x, y, \lambda) = f(x, y) + \lambda g(x, y)$ を x, y で偏微分して 0 とおき，これに，制約条件をつけ加えて，連立方程式

$$\begin{cases} L_x(x, y, \lambda) = f_x(x, y) + \lambda g_x(x, y) = 0 \\ L_y(x, y, \lambda) = f_y(x, y) + \lambda g_y(x, y) = 0 \\ \quad g(x, y) = 0 \end{cases}$$

をつくる．条件付き極値問題に解があれば，その解に対してこの連立方程式をみたす λ が必ず存在するから，とにかく，この連立方程式を解いて，解 (x, y, λ) を求める．そうすれば，この解の中に，条件付き極値問題の解があるはずである．(x, y, λ) がこの連立方程式の解であることは，(x, y) が条件付き極値問題の解であるための**必要条件**なのである．

Lagrange 関数をつくり，上記の連立方程式を解いて解の候補を求める方法を **Lagrange 乗数法**という．

10. 2　条件付き極値の必要条件——*n* 変数の場合

n 個の変数 $x_1, x_2, \cdots, x_n$ をまとめて $\boldsymbol{x}=(x_1, x_2, \cdots, x_n)$ とかく．

条件付き極値問題——*n* 変数の場合

$\boldsymbol{x}$ に関する m 個の制約条件

$$\begin{cases} g_1(\boldsymbol{x}) = 0 \\ g_2(\boldsymbol{x}) = 0 \\ \quad \vdots \\ g_m(\boldsymbol{x}) = 0 \end{cases}$$

のもとで，関数

$$f(\boldsymbol{x})$$

の極値を与える $\boldsymbol{x}$ を求めよ．ここで $m<n$ とする．

条件付き極値の定義は，2 変数の場合と同様であるから改めて述べることはしない．

この条件付き極値問題の解のみたすべき必要条件は，次に述べる定理で与えられる．

定理 3. 21　n 変数 $\boldsymbol{x}=(x_1, x_2, \cdots, x_n)$ の m 個 $(m<n)$ の制約条件

$$g_i(\boldsymbol{x}) = 0, \qquad i = 1, 2, \cdots, m \tag{13}$$

のもとで，関数

$$f(\boldsymbol{x})$$

の極値を求める問題の解が$\boldsymbol{x}^0$であるとする．$\boldsymbol{x}^0$の近傍で$f(\boldsymbol{x})$，$g_i(\boldsymbol{x})$，$i=1, 2, \cdots, m$，は連続微分可能とし，さらに，$\boldsymbol{x}^0$において$m\times n$行列

$$\frac{\partial \boldsymbol{g}(\boldsymbol{x}^0)}{\partial \boldsymbol{x}} = \begin{pmatrix} \dfrac{\partial g_1(\boldsymbol{x}^0)}{\partial x_1} & \dfrac{\partial g_1(\boldsymbol{x}^0)}{\partial x_2} & \cdots & \dfrac{\partial g_1(\boldsymbol{x}^0)}{\partial x_n} \\ \dfrac{\partial g_2(\boldsymbol{x}^0)}{\partial x_1} & \dfrac{\partial g_2(\boldsymbol{x}^0)}{\partial x_2} & \cdots & \dfrac{\partial g_2(\boldsymbol{x}^0)}{\partial x_n} \\ & \cdots & \cdots & \\ \dfrac{\partial g_m(\boldsymbol{x}^0)}{\partial x_1} & \dfrac{\partial g_m(\boldsymbol{x}^0)}{\partial x_2} & \cdots & \dfrac{\partial g_m(\boldsymbol{x}^0)}{\partial x_n} \end{pmatrix}$$

の階数はmであるとする．このとき，関数$L(\boldsymbol{x}, \boldsymbol{\lambda})$を

$$L(\boldsymbol{x}, \boldsymbol{\lambda}) = f(\boldsymbol{x})+\sum_{i=1}^{m}\lambda_i g_i(\boldsymbol{x}), \qquad \boldsymbol{\lambda} = (\lambda_1, \lambda_2, \cdots, \lambda_m)$$

で定義すれば，点$\boldsymbol{x}^0$において

$$L_{x_j}(\boldsymbol{x}^0, \boldsymbol{\lambda}^0) = 0, \qquad j = 1, 2, \cdots, n$$

をみたす$\boldsymbol{\lambda}^0=(\lambda_1^0, \lambda_2^0, \cdots, \lambda_m^0)$が一意的に定まる．

（証明） 定理3.20と同様にして証明できる．仮定により$m\times n$行列$\dfrac{\partial \boldsymbol{g}(\boldsymbol{x}^0)}{\partial \boldsymbol{x}}$の階数が$m$であるから，一般性を損なうことなく，変数$x_1, x_2, \cdots, x_m$についての偏導関数の行列式が$\boldsymbol{x}^0$において

$$\begin{vmatrix} \dfrac{\partial g_1(\boldsymbol{x}^0)}{\partial x_1} & \dfrac{\partial g_1(\boldsymbol{x}^0)}{\partial x_2} & \cdots & \dfrac{\partial g_1(\boldsymbol{x}^0)}{\partial x_m} \\ \dfrac{\partial g_2(\boldsymbol{x}^0)}{\partial x_1} & \dfrac{\partial g_2(\boldsymbol{x}^0)}{\partial x_2} & \cdots & \dfrac{\partial g_2(\boldsymbol{x}^0)}{\partial x_m} \\ & \cdots & \cdots & \\ \dfrac{\partial g_m(\boldsymbol{x}^0)}{\partial x_1} & \dfrac{\partial g_m(\boldsymbol{x}^0)}{\partial x_2} & \cdots & \dfrac{\partial g_m(\boldsymbol{x}^0)}{\partial x_m} \end{vmatrix} \neq 0 \tag{14}$$

であると仮定してよい．このとき陰関数の定理により，点$\boldsymbol{x}^0$の近傍で

$$g_i(\boldsymbol{x}) = 0, \qquad i = 1, 2, \cdots, m$$

を$x_1, x_2, \cdots, x_m$について解いて$x_1, x_2, \cdots, x_m$のそれぞれを$x_{m+1}, \cdots, x_n$の関数として一意的にあらわすことができる．そのようにしてえられた式を

$$x_j = h_j(x_{m+1}, \cdots, x_n), \qquad j = 1, 2, \cdots, m \tag{15}$$

とすれば，これらの関数 h_j は

$$x_j^0 = h_j(x_{m+1}^0, \cdots, x_n^0), \qquad j = 1, 2, \cdots, m$$

をみたし，さらに，$(x_{m+1}^0, \cdots, x_n^0)$ の近傍で恒等的に

$$g_i(h_1(x_{m+1}, \cdots, x_n), \cdots, h_m(x_{m+1}, \cdots, x_n), x_{m+1}, \cdots, x_n) = 0, \quad i = 1, 2, \cdots, m$$

が成立する．また，$h_j(x_{m+1}, \cdots, x_n)$ は偏微分可能であってこれらの偏導関数 $\dfrac{\partial h_j}{\partial x_k}$ は定理 3.16 により連立方程式

$$\sum_{j=1}^{m} \frac{\partial g_i(\boldsymbol{x})}{\partial x_j} \frac{\partial h_j}{\partial x_k} + \frac{\partial g_i(\boldsymbol{x})}{\partial x_k} = 0, \qquad i = 1, 2, \cdots, m, \qquad k = m+1, \cdots, n$$

の解として求められる．この連立方程式はまとめて

$$\begin{pmatrix} \dfrac{\partial g_1}{\partial x_1} & \dfrac{\partial g_1}{\partial x_2} & \cdots & \dfrac{\partial g_1}{\partial x_m} \\ \dfrac{\partial g_2}{\partial x_1} & \dfrac{\partial g_2}{\partial x_2} & \cdots & \dfrac{\partial g_2}{\partial x_m} \\ \cdots & & \cdots & \\ \dfrac{\partial g_m}{\partial x_1} & \dfrac{\partial g_m}{\partial x_2} & \cdots & \dfrac{\partial g_m}{\partial x_m} \end{pmatrix} \begin{pmatrix} \dfrac{\partial h_1}{\partial x_k} \\ \dfrac{\partial h_2}{\partial x_k} \\ \vdots \\ \dfrac{\partial h_m}{\partial x_k} \end{pmatrix} + \begin{pmatrix} \dfrac{\partial g_1}{\partial x_k} \\ \dfrac{\partial g_2}{\partial x_k} \\ \vdots \\ \dfrac{\partial g_m}{\partial x_k} \end{pmatrix} = \begin{pmatrix} 0 \\ 0 \\ \vdots \\ 0 \end{pmatrix}$$

とかける．仮定 (14) により $\boldsymbol{x}^0$ の近傍で左辺の行列 $\left(\dfrac{\partial g_i}{\partial x_j}\right)$ は正則だから，左辺の2番目の項を右辺に移項してから両辺に行列 $\left(\dfrac{\partial g_i}{\partial x_j}\right)$ の逆行列を左からかければ

$$\begin{pmatrix} \dfrac{\partial h_1}{\partial x_k} \\ \dfrac{\partial h_2}{\partial x_k} \\ \vdots \\ \dfrac{\partial h_m}{\partial x_k} \end{pmatrix} = - \begin{pmatrix} \dfrac{\partial g_1}{\partial x_1} & \dfrac{\partial g_1}{\partial x_2} & \cdots & \dfrac{\partial g_1}{\partial x_m} \\ \dfrac{\partial g_2}{\partial x_1} & \dfrac{\partial g_2}{\partial x_2} & \cdots & \dfrac{\partial g_2}{\partial x_m} \\ \cdots & & \cdots & \\ \dfrac{\partial g_m}{\partial x_1} & \dfrac{\partial g_m}{\partial x_2} & \cdots & \dfrac{\partial g_m}{\partial x_m} \end{pmatrix}^{-1} \begin{pmatrix} \dfrac{\partial g_1}{\partial x_k} \\ \dfrac{\partial g_2}{\partial x_k} \\ \vdots \\ \dfrac{\partial g_m}{\partial x_k} \end{pmatrix} \tag{16}$$

がえられる．この関係式が $\boldsymbol{x}^0$ においても成り立つことはいうまでもない．

ところで $\boldsymbol{x}^0$ の近傍では条件 (13) と (15) は同値であるから，$f(\boldsymbol{x}^0)$ は条件 (15) のもとで $f(\boldsymbol{x})$ の極値になっている．したがって (15) を $f(\boldsymbol{x})$ に代入してえられる $(x_{m+1}, \cdots, x_n)$ の関数

$$f(h_1(x_{m+1}, \cdots, x_n), \cdots, h_m(x_{m+1}, \cdots, x_n), x_{m+1}, \cdots, x_n)$$

は $(x_{m+1}^0, \cdots, x_n^0)$ において極値をとるから，この関数の $x_{m+1}, \cdots, x_n$ による偏導関数は $(x_{m+1}^0, \cdots, x_n^0)$ において 0 になる．すなわち，$\boldsymbol{x}^0$ において

$$\sum_{j=1}^{m}\frac{\partial f}{\partial x_j}\frac{\partial h_j}{\partial x_k}+\frac{\partial f}{\partial x_k}=0, \qquad k=m+1,\cdots,n$$

が成立する．この関係をベクトルの形で

$$\left(\frac{\partial f}{\partial x_1}\ \frac{\partial f}{\partial x_2}\cdots\frac{\partial f}{\partial x_m}\right)\begin{pmatrix}\dfrac{\partial h_1}{\partial x_k}\\ \dfrac{\partial h_2}{\partial x_k}\\ \vdots\\ \dfrac{\partial h_m}{\partial x_k}\end{pmatrix}+\frac{\partial f}{\partial x_k}=0$$

とかいて，この式の左辺に (16) の関係を代入すると

$$-\left(\frac{\partial f}{\partial x_1}\ \frac{\partial f}{\partial x_2}\cdots\frac{\partial f}{\partial x_m}\right)\begin{pmatrix}\dfrac{\partial g_1}{\partial x_1} & \dfrac{\partial g_1}{\partial x_2} & \cdots & \dfrac{\partial g_1}{\partial x_m}\\ \dfrac{\partial g_2}{\partial x_1} & \dfrac{\partial g_2}{\partial x_2} & \cdots & \dfrac{\partial g_2}{\partial x_m}\\ \cdots & & \cdots & \\ \dfrac{\partial g_m}{\partial x_1} & \dfrac{\partial g_m}{\partial x_2} & \cdots & \dfrac{\partial g_m}{\partial x_m}\end{pmatrix}^{-1}\begin{pmatrix}\dfrac{\partial g_1}{\partial x_k}\\ \dfrac{\partial g_2}{\partial x_k}\\ \vdots\\ \dfrac{\partial g_m}{\partial x_k}\end{pmatrix}+\frac{\partial f}{\partial x_k}=0, \tag{17}$$

$$k=m+1,\cdots,n$$

となる．ここで行ベクトル $\boldsymbol{\lambda}^0=(\lambda_1^0,\lambda_2^0,\cdots,\lambda_m^0)$ を

$$(\lambda_1^0,\lambda_2^0,\cdots,\lambda_m^0)=-\left(\frac{\partial f}{\partial x_1}\ \frac{\partial f}{\partial x_2}\cdots\frac{\partial f}{\partial x_m}\right)\begin{pmatrix}\dfrac{\partial g_1}{\partial x_1} & \dfrac{\partial g_1}{\partial x_2} & \cdots & \dfrac{\partial g_1}{\partial x_m}\\ \dfrac{\partial g_2}{\partial x_1} & \dfrac{\partial g_2}{\partial x_2} & \cdots & \dfrac{\partial g_2}{\partial x_m}\\ \cdots & & \cdots & \\ \dfrac{\partial g_m}{\partial x_1} & \dfrac{\partial g_m}{\partial x_2} & \cdots & \dfrac{\partial g_m}{\partial x_m}\end{pmatrix}^{-1} \tag{18}$$

で定義すれば (17) 式は

$$(\lambda_1^0,\lambda_2^0,\cdots,\lambda_m^0)\begin{pmatrix}\dfrac{\partial g_1}{\partial x_k}\\ \dfrac{\partial g_2}{\partial x_k}\\ \vdots\\ \dfrac{\partial g_m}{\partial x_k}\end{pmatrix}+\frac{\partial f}{\partial x_k}=0, \qquad k=m+1,\cdots,n$$

となる．これは

$$\frac{\partial f}{\partial x_k}+\sum_{j=1}^{m}\lambda_j^0\frac{\partial g_j}{\partial x_k}=0, \qquad k=m+1, \cdots, n \tag{19}$$

に他ならない．

また，$\boldsymbol{\lambda}^0$ の定義式 (18) の両辺に正方行列 $\left(\dfrac{\partial g_i}{\partial x_j}\right)$，$i, j=1, 2, \cdots, m$，を右からかければ

$$(\lambda_1^0, \lambda_2^0, \cdots, \lambda_m^0)\begin{pmatrix} \dfrac{\partial g_1}{\partial x_1} & \dfrac{\partial g_1}{\partial x_2} & \cdots & \dfrac{\partial g_1}{\partial x_m} \\ \dfrac{\partial g_2}{\partial x_1} & \dfrac{\partial g_2}{\partial x_2} & \cdots & \dfrac{\partial g_2}{\partial x_m} \\ & \cdots & \cdots & \\ \dfrac{\partial g_m}{\partial x_1} & \dfrac{\partial g_m}{\partial x_2} & \cdots & \dfrac{\partial g_m}{\partial x_m} \end{pmatrix}=-\left(\frac{\partial f}{\partial x_1}\ \frac{\partial f}{\partial x_2}\cdots\frac{\partial f}{\partial x_m}\right)$$

となる．右辺を左辺に移して両辺を成分ごとに記述すれば

$$\frac{\partial f}{\partial x_j}+\sum_{i=1}^{m}\lambda_i^0\frac{\partial g_i}{\partial x_j}=0, \qquad j=1, 2, \cdots, m \tag{20}$$

がえられる．(19) と (20) から，すべての変数 x_j，$j=1, 2, \cdots, n$ について

$$L_{x_j}(\boldsymbol{x}^0, \boldsymbol{\lambda}^0)=\frac{\partial f(\boldsymbol{x}^0)}{\partial x_j}+\sum_{i=1}^{m}\lambda_i^0\frac{\partial g_i(\boldsymbol{x}^0)}{\partial x_j}=0, \qquad j=1, 2, \cdots, n$$

が成り立つことがわかる．これが求める結論である．(終)

ベクトル，行列記号を全面的に使って，上記の推論を簡潔にまとめておく．

$$\boldsymbol{x}_1=(x_1, \cdots, x_m), \qquad \boldsymbol{x}_2=(x_{m+1}, \cdots, x_n)$$

と分割し，$\boldsymbol{x}=(\boldsymbol{x}_1, \boldsymbol{x}_2)$ とかき，$\boldsymbol{g}(\boldsymbol{x})=(g_1(\boldsymbol{x}), \cdots, g_m(\boldsymbol{x}))$ とかく．

条件 $\boldsymbol{g}(\boldsymbol{x})=\boldsymbol{0}$ のもとで $f(\boldsymbol{x})$ の極値を求める問題の解を $\boldsymbol{x}^0$ として，$\boldsymbol{x}^0$ において

$$\left|\frac{\partial \boldsymbol{g}(\boldsymbol{x}^0)}{\partial \boldsymbol{x}_1}\right|\neq \boldsymbol{0}$$

とすれば，陰関数の定理により，$\boldsymbol{x}^0$ の近傍で $\boldsymbol{g}(\boldsymbol{x}_1, \boldsymbol{x}_2)=\boldsymbol{0}$ は $\boldsymbol{x}_1$ について

$$\boldsymbol{x}_1=\boldsymbol{h}(\boldsymbol{x}_2)$$

と解ける．$\boldsymbol{h}(\boldsymbol{x}_2)$ は $\boldsymbol{x}_1^0=\boldsymbol{h}(\boldsymbol{x}_2^0)$ をみたし，さらに $\boldsymbol{x}^0$ の近傍で恒等的に

$$\boldsymbol{g}(\boldsymbol{h}(\boldsymbol{x}_2), \boldsymbol{x}_2)=\boldsymbol{0}$$

をみたす．$\boldsymbol{h}(\boldsymbol{x}_2)$ の偏導関数は

$$\frac{\partial \boldsymbol{h}}{\partial \boldsymbol{x}_2} = -\left(\frac{\partial \boldsymbol{g}}{\partial \boldsymbol{x}_1}\right)^{-1} \frac{\partial \boldsymbol{g}}{\partial \boldsymbol{x}_2} \tag{21}$$

で与えられる．$\boldsymbol{x}^0$ の近傍で $\boldsymbol{g}(\boldsymbol{x})=\boldsymbol{0}$ と $\boldsymbol{x}_1=\boldsymbol{h}(\boldsymbol{x}_2)$ は同じ条件だから，$\boldsymbol{x}_1=\boldsymbol{h}(\boldsymbol{x}_2)$ を $f(\boldsymbol{x}_1, \boldsymbol{x}_2)$ に代入した関数

$$f(\boldsymbol{h}(\boldsymbol{x}_2), \boldsymbol{x}_2)$$

は $\boldsymbol{x}_2^0$ で極値をとる．したがって $f(\boldsymbol{h}(\boldsymbol{x}_2), \boldsymbol{x}_2)$ の $\boldsymbol{x}_2$ による偏導関数は $\boldsymbol{x}_2^0$ において 0 になるから

$$\frac{\partial f(\boldsymbol{h}(\boldsymbol{x}_2{}^0), \boldsymbol{x}_2{}^0)}{\partial \boldsymbol{x}_2} + \frac{\partial f(\boldsymbol{h}(\boldsymbol{x}_2{}^0), \boldsymbol{x}_2{}^0)}{\partial \boldsymbol{x}_1} \frac{\partial \boldsymbol{h}(\boldsymbol{x}_2{}^0)}{\partial \boldsymbol{x}_2} = \boldsymbol{0}$$

が成立する．この関係式は，$\boldsymbol{x}_1{}^0=\boldsymbol{h}(\boldsymbol{x}_2{}^0)$ と (21) を使うと

$$\frac{\partial f(\boldsymbol{x}^0)}{\partial \boldsymbol{x}_2} - \frac{\partial f(\boldsymbol{x}^0)}{\partial \boldsymbol{x}_1}\left(\frac{\partial \boldsymbol{g}(\boldsymbol{x}^0)}{\partial \boldsymbol{x}_1}\right)^{-1} \frac{\partial \boldsymbol{g}(\boldsymbol{x}^0)}{\partial \boldsymbol{x}_2} = \boldsymbol{0} \tag{22}$$

とかくことができる．ここで

$$\boldsymbol{\lambda}^0 = -\frac{\partial f(\boldsymbol{x}^0)}{\partial \boldsymbol{x}_1}\left(\frac{\partial \boldsymbol{g}(\boldsymbol{x}^0)}{\partial \boldsymbol{x}_1}\right)^{-1} \tag{23}$$

とおくと，(22) から

$$\frac{\partial f(\boldsymbol{x}^0)}{\partial \boldsymbol{x}_2} + \boldsymbol{\lambda}^0 \frac{\partial \boldsymbol{g}(\boldsymbol{x}^0)}{\partial \boldsymbol{x}_2} = \boldsymbol{0} \tag{24}$$

がえられ，一方，(23) の両辺に $\dfrac{\partial \boldsymbol{g}(\boldsymbol{x}^0)}{\partial \boldsymbol{x}_1}$ を右からかけると

$$\frac{\partial f(\boldsymbol{x}^0)}{\partial \boldsymbol{x}_1} + \boldsymbol{\lambda}^0 \frac{\partial \boldsymbol{g}(\boldsymbol{x}^0)}{\partial \boldsymbol{x}_1} = \boldsymbol{0} \tag{25}$$

がえられる．(24) と (25) を合わせて

$$\frac{\partial L(\boldsymbol{x}^0, \boldsymbol{\lambda}^0)}{\partial \boldsymbol{x}} = \frac{\partial f(\boldsymbol{x}^0)}{\partial \boldsymbol{x}} + \boldsymbol{\lambda}^0 \frac{\partial \boldsymbol{g}(\boldsymbol{x}^0)}{\partial \boldsymbol{x}} = \boldsymbol{0}$$

がえられる．これが求める結論である．(終)

この定理を用いて条件付き極値問題の解を求めるには次のようにする．まず，Lagrange 関数

$$L(\boldsymbol{x}, \boldsymbol{\lambda}) = f(\boldsymbol{x}) + \sum_{i=1}^{m} \lambda_i g_i(\boldsymbol{x})$$

をつくり，これらを各 x_j で偏微分した式を 0 とおいて連立方程式

$$L_{x_j}(\boldsymbol{x}, \boldsymbol{\lambda}) = 0, \qquad j = 1, 2, \cdots, n$$

をつくり，これらともとの制約式

$$g_i(\boldsymbol{x}) = 0, \qquad i = 1, 2, \cdots, m$$

を連立させて $m+n$ 個の連立方程式をつくる．未知数の個数も $\boldsymbol{x}$ と $\boldsymbol{\lambda}$ で合計 $m+n$ 個ある．この連立方程式の解の中に条件付き極値問題の解が含まれているのである．

この方法が Lagrange 乗数法であり，$\boldsymbol{\lambda}$ が **Lagrange 乗数**である．

[例 1] 表面積が一定である直方体で体積が最大であるものを求めてみる．

直方体の 3 つの稜の長さを x, y, z とすれば，この問題は

$$xy+yz+zx = a, \qquad a>0,\ x>0,\ y>0,\ z>0$$

という制約条件のもとで

$$xyz$$

の最大値を求める問題である．この問題に解があるとすれば，その解は

$$g(x, y, z) = a-xy-yz-zx = 0$$

をみたし，かつ，局所的に

$$f(x, y, z) = xyz$$

の極大値を与えているはずである．そこで Lagrange 関数

$$L(x, y, z) = xyz+\lambda(a-xy-yz-zx)$$

をつくり，これから連立方程式

$$L_x = yz-\lambda(y+z) = 0$$
$$L_y = xz-\lambda(x+z) = 0$$
$$L_z = xy-\lambda(x+y) = 0$$

をつくり，これと，もとの制約条件

$$xy+yz+zx = a$$

とから x, y, z, λ を求める．$x>0, y>0, z>0$ であるから，$L_x=L_y=L_z=0$ から

$$\frac{1}{\lambda} = \frac{y+z}{yz} = \frac{1}{z}+\frac{1}{y}, \text{ 同様にして } \quad \frac{1}{\lambda} = \frac{1}{z}+\frac{1}{x} = \frac{1}{x}+\frac{1}{y}$$

がえられ，これらから $x=y=z$ が導かれる．このとき制約条件式から $3x^2=3y^2=3z^2=a$ がえられ

$$x = y = z = \sqrt{\frac{a}{3}}$$

となって

$$xyz = \left(\frac{a}{3}\right)^{\frac{3}{2}}$$

がえられる．これがこの問題の解になっていることは確認できるが，その確認の方法の詳細は後の十分条件のところで述べる．

[例 2]　3次元空間の1点 $\boldsymbol{p}=(p_1, p_2, p_3)$ から平面

$$a_1x_1+a_2x_2+a_3x_3 = b$$

へ下した垂線の長さを求める．

点 $\boldsymbol{p}$ と平面上の点 $\boldsymbol{x}$ を結ぶ線分のうちで長さが最小の線分が垂線であるから，この問題は，制約条件

$$a_1x_1+a_2x_2+a_3x_3 = b$$

のもとで，$\boldsymbol{p}$ と $\boldsymbol{x}$ を結ぶ線分の長さ

$$\sqrt{(x_1-p_1)^2+(x_2-p_2)^2+(x_3-p_3)^2}$$

の最小値を求める問題になる．計算の簡単化のために最小化する関数を長さの2乗

$$(x_1-p_1)^2+(x_2-p_2)^2+(x_3-p_3)^2$$

としておく．このとき Lagrange 関数は

$$L(\boldsymbol{x}, \lambda) = (x_1-p_1)^2+(x_2-p_2)^2+(x_3-p_3)^2+\lambda(b-a_1x_1-a_2x_2-a_3x_3)$$

となる．そこで

$$L_{x_j} = 2(x_j-p_j)-\lambda a_j = 0, \qquad j = 1, 2, 3$$

とおく．これから

$$x_j-p_j = \frac{\lambda}{2}a_j, \qquad j = 1, 2, 3 \tag{26}$$

となるから

$$(x_1-p_1)^2+(x_2-p_2)^2+(x_3-p_3)^2 = \frac{\lambda^2}{4}(a_1{}^2+a_2{}^2+a_3{}^2) \tag{27}$$

となる．λ の値を求めるために，(26) からえられる

$$x_j = p_j+\frac{\lambda}{2}a_j, \qquad j = 1, 2, 3$$

を平面の方程式に代入すると

$$a_1\left(p_1+\frac{\lambda}{2}a_1\right)+a_2\left(p_2+\frac{\lambda}{2}a_2\right)+a_3\left(p_3+\frac{\lambda}{2}a_3\right)=b$$

整理して

$$\frac{\lambda}{2}(a_1^2+a_2^2+a_3^2)+a_1p_1+a_2p_2+a_3p_3=b \tag{28}$$

これを解いて λ を求め，その λ の値を (27) の右辺に代入すればよいのだが，次のようにする方が簡単である．まず，(28) から

$$\frac{|\lambda|}{2}(a_1^2+a_2^2+a_3^2)=|a_1p_1+a_2p_2+a_3p_3-b|$$

この両辺を $\sqrt{a_1^2+a_2^2+a_3^2}$ で割って

$$\frac{|\lambda|}{2}\sqrt{a_1^2+a_2^2+a_3^2}=\frac{|a_1p_1+a_2p_2+a_3p_3-b|}{\sqrt{a_1^2+a_2^2+a_3^2}}$$

一方 (27) 式の両辺の平方根をとれば

$$\sqrt{(x_1-p_1)^2+(x_2-p_2)^2+(x_3-p_3)^2}=\frac{|\lambda|}{2}\sqrt{a_1^2+a_2^2+a_3^2}$$

この 2 つの式から

$$\sqrt{(x_1-p_1)^2+(x_2-p_2)^2+(x_3-p_3)^2}=\frac{|a_1p_1+a_2p_2+a_3p_3-b|}{\sqrt{a_1^2+a_2^2+a_3^2}}$$

この右辺が求める垂線の長さである．

[例 3]　n 種類の財を $x_1, x_2, \cdots, x_n$ 単位ずつ購入することによってえられる (ある人の) 効用をあらわす効用関数を

$$u(\boldsymbol{x})=u(x_1, x_2, \cdots, x_n)$$

とする．各財の 1 単位当りの価格をあらわす価格ベクトルを $\boldsymbol{p}=(p_1, p_2, \cdots, p_n)$ とし，貨幣保有量を M とする．ここで予算に関する制約条件

$$p_1x_1+p_2x_2+\cdots+p_nx_n=M$$

のもとで効用 $u(\boldsymbol{x})$ を最大にする $\boldsymbol{x}$ を求める問題を考える．

$\boldsymbol{x}^0$ がこの問題の解であるとし，$\boldsymbol{x}^0$ の近傍で $u(\boldsymbol{x})$ は定理 3.21 の仮定をみたすとする．このとき定理 3.21 により，Lagrange 関数

$$L(\boldsymbol{x}, \lambda)=u(\boldsymbol{x})+\lambda\left(M-\sum_{i=1}^{n}p_ix_i\right)$$

をつくれば，点 $\boldsymbol{x}^0$ において

$$L_{x_j}(\boldsymbol{x}^0, \lambda^0) = u_{x_j}(\boldsymbol{x}^0) - \lambda^0 p_j = 0, \qquad j = 1, 2, \cdots, n$$

をみたす λ^0 がある．この関係式から

$$\frac{u_{x_1}(\boldsymbol{x}^0)}{p_1} = \frac{u_{x_2}(\boldsymbol{x}^0)}{p_2} = \cdots = \frac{u_{x_n}(\boldsymbol{x}^0)}{p_n} = \lambda^0$$

が導かれる．$u_{x_j}(\boldsymbol{x}^0)$ は $\boldsymbol{x}^0$ における第 j 財の**限界効用**である．この関係式は**加重限界効用均等の法則**とよばれている．

(コメント) 効用 $u(\boldsymbol{x}^0)$ を最大にする点 $\boldsymbol{x}^0$ で加重限界効用均等の法則が成り立つことは，常識的に考えても理解できる．

なぜなら，もしも $\boldsymbol{x}^0$ でこの法則が成り立たないとすれば，$i \neq j$ で

$$\frac{u_{x_i}(\boldsymbol{x}^0)}{p_i} > \frac{u_{x_j}(\boldsymbol{x}^0)}{p_j}$$

となる i, j の組が少なくとも 1 つある．$u_{x_i}(\boldsymbol{x}^0)$ は購入量が $\boldsymbol{x}^0$ のときの i 財の限界 1 単位の効用であり，i 財の単位価格が p_i であるから，$\dfrac{u_{x_i}(\boldsymbol{x}^0)}{p_i}$ は，購入量が $\boldsymbol{x}^0$ のとき貨幣 1 単位分の i 財がもたらす効用をあらわす．したがって $\dfrac{u_{x_i}(\boldsymbol{x}^0)}{p_i} > \dfrac{u_{x_j}(\boldsymbol{x}^0)}{p_j}$ が成り立つということは，$\boldsymbol{x}^0$ のもとでは貨幣 1 単位分の i 財の方が貨幣 1 単位分の j 財よりも効用が大きいことを意味する．そうであれば，貨幣 1 単位分 の j 財の購入をやめて，その分だけ i 財を買う方が効用が大きくなる．したがって予算制約を損なうことなく $\boldsymbol{x}^0$ よりも効用の大きな財の組合せに移行することができることになる．これは，$\boldsymbol{x}^0$ が効用最大の財ベクトルであるという仮定と矛盾するからである．

(問 1) 条件 $x^2+y^2=1$ のもとで $f(x, y)=ax^2+2bxy+cy^2$ の極値を求めよ．

(問 2) 4 つの辺の長さが a, b, c, d で与えられている四辺形で面積が最大のものを求めよ．

10.3 条件付き極値の十分条件

ここでは条件付き極値問題の解を与える点のみたすべき十分条件について調べてみる．はじめから n 変数の場合について述べる．

制約条件

$$g_i(\boldsymbol{x}) = 0, \qquad i = 1, 2, \cdots, m$$

のもとで

$$f(\boldsymbol{x})$$

の極値を求める問題において，Lagrange の関数

$$L(\boldsymbol{x}, \boldsymbol{\lambda}) = f(\boldsymbol{x}) + \sum_{i=1}^{m} \lambda_i g_i(\boldsymbol{x})$$

をつくる．この条件付き極値問題の解 $\boldsymbol{x}^0$ があれば，この $\boldsymbol{x}^0$ に対して

$$L_{x_j}(\boldsymbol{x}^0, \boldsymbol{\lambda}^0) = 0, \qquad j = 1, 2, \cdots, n$$

をみたす $\boldsymbol{\lambda}^0$ が一意的に定まる(定理 3.21)．しかし，すべての i, j について $g_i(\boldsymbol{x}^0)=0$，$L_{x_j}(\boldsymbol{x}^0, \boldsymbol{\lambda}^0)=0$ をみたす $\boldsymbol{\lambda}^0$ があっても，$\boldsymbol{x}^0$ が問題の解になっているとは限らない．そこで，$\boldsymbol{x}^0$ が定理 3.21 で示された必要条件に加えて，さらにどのような条件をみたせば $\boldsymbol{x}^0$ は $f(\boldsymbol{x})$ の条件付き極値を与えることになるのか，その条件を示すのが次の定理である．

極小値の場合について次の定理が成立する．

定理 3.22　関数 $f(\boldsymbol{x}), g_i(\boldsymbol{x}), i=1, 2, \cdots, m$，は点 $\boldsymbol{x}^0$ の近傍で連続な 2 階までの偏導関数をもつとし，点 $\boldsymbol{x}^0$ は

$$g_i(\boldsymbol{x}^0) = 0, \qquad i = 1, 2, \cdots, m \tag{29}$$

をみたすとする．さらに，適当にえらばれた $\boldsymbol{\lambda}^0$ に対して

$$L_{x_j}(\boldsymbol{x}^0, \boldsymbol{\lambda}^0) = 0, \qquad j = 1, 2, \cdots, n \tag{30}$$

が成り立っているとする．このとき，$\boldsymbol{x}^0, \boldsymbol{\lambda}^0$ において

$$(-1)^m \begin{vmatrix} 0 & \cdots & 0 & \dfrac{\partial g_1}{\partial x_1} & \cdots & \dfrac{\partial g_1}{\partial x_k} \\ & & & & \cdots & \\ 0 & \cdots & 0 & \dfrac{\partial g_m}{\partial x_1} & \cdots & \dfrac{\partial g_m}{\partial x_k} \\ \dfrac{\partial g_1}{\partial x_1} & \cdots & \dfrac{\partial g_m}{\partial x_1} & \dfrac{\partial^2 L}{\partial {x_1}^2} & \cdots & \dfrac{\partial^2 L}{\partial x_1 \partial x_k} \\ & \cdots & & & \cdots & \\ \dfrac{\partial g_1}{\partial x_k} & \cdots & \dfrac{\partial g_m}{\partial x_k} & \dfrac{\partial^2 L}{\partial x_k \partial x_1} & \cdots & \dfrac{\partial^2 L}{\partial {x_k}^2} \end{vmatrix} > 0, \qquad k = m, m+1, \cdots, n \tag{31}$$

が成り立つならば，$f(\boldsymbol{x})$ は制約条件

$$g_i(\boldsymbol{x}) = 0, \qquad i = 1, 2, \cdots, m \tag{32}$$

のもとで，$\boldsymbol{x}^0$ において極小値をとる．

(証明) $\boldsymbol{x}^0$ の近傍の点 $\boldsymbol{x}^0+\boldsymbol{h}(\boldsymbol{h}\neq\boldsymbol{0})$ が $g_i(\boldsymbol{x}^0+\boldsymbol{h})=0$, $i=1,2,\cdots,m$, をみたすとき

$$f(\boldsymbol{x}^0+\boldsymbol{h}) > f(\boldsymbol{x}^0)$$

が成り立つことを示せばよい.

$g_i(\boldsymbol{x}^0)=g_i(\boldsymbol{x}^0+\boldsymbol{h})=0$, $i=1,2,\cdots,m$, をみたす $\boldsymbol{h}\neq\boldsymbol{0}$ をとれば, 平均値の定理により

$$g_i(\boldsymbol{x}^0+\boldsymbol{h})-g_i(\boldsymbol{x}^0) = \sum_{j=1}^{n}\frac{\partial g_i(\boldsymbol{x}^0+\theta_i\boldsymbol{h})}{\partial x_j}h_j = 0, \qquad 0<\theta_i<1 \tag{33}$$

となる θ_i がある. 一方, $L(\boldsymbol{x}^0+\boldsymbol{h},\boldsymbol{\lambda}^0)$ を Taylor 展開して (30) を使うと

$$L(\boldsymbol{x}^0+\boldsymbol{h},\boldsymbol{\lambda}^0) = L(\boldsymbol{x}^0,\boldsymbol{\lambda}^0)+\frac{1}{2}\sum_{i=1}^{n}\sum_{j=1}^{n}\frac{\partial^2 L(\boldsymbol{x}^0+\theta\boldsymbol{h},\boldsymbol{\lambda}^0)}{\partial x_i\partial x_j}h_ih_j, \quad 0<\theta<1 \tag{34}$$

となる θ がある. ところで $g_i(\boldsymbol{x}^0)=g_i(\boldsymbol{x}^0+\boldsymbol{h})=0$ であるから

$$L(\boldsymbol{x}^0,\boldsymbol{\lambda}^0)=f(\boldsymbol{x}^0), \qquad L(\boldsymbol{x}^0+\boldsymbol{h},\boldsymbol{\lambda}^0)=f(\boldsymbol{x}^0+\boldsymbol{h})$$

である. よって (34) は

$$f(\boldsymbol{x}^0+\boldsymbol{h})-f(\boldsymbol{x}^0) = \frac{1}{2}\sum_{i=1}^{n}\sum_{j=1}^{n}\frac{\partial^2 L(\boldsymbol{x}^0+\theta\boldsymbol{h},\boldsymbol{\lambda}^0)}{\partial x_i\partial x_j}h_ih_j \tag{35}$$

となる. 仮定により $\dfrac{\partial g_i}{\partial x_j}$, $\dfrac{\partial^2 L}{\partial x_i\partial x_j}$ は $\boldsymbol{x}^0$ の近傍で連続であり, $\boldsymbol{x}^0,\boldsymbol{\lambda}^0$ において (31) が成り立つから, $\|\boldsymbol{h}\|$ が十分小さい $\boldsymbol{h}\neq\boldsymbol{0}$ に対して

$$(-1)^m\begin{vmatrix} 0 & \cdots & 0 & \dfrac{\partial g_1(\boldsymbol{x}^0+\theta_1\boldsymbol{h})}{\partial x_1} & \cdots & \dfrac{\partial g_1(\boldsymbol{x}^0+\theta_1\boldsymbol{h})}{\partial x_k} \\ & \cdots & & & \cdots & \\ 0 & \cdots & 0 & \dfrac{\partial g_m(\boldsymbol{x}^0+\theta_m\boldsymbol{h})}{\partial x_1} & \cdots & \dfrac{\partial g_m(\boldsymbol{x}^0+\theta_m\boldsymbol{h})}{\partial x_k} \\ \dfrac{\partial g_1(\boldsymbol{x}^0+\theta_1\boldsymbol{h})}{\partial x_1} & \cdots & \dfrac{\partial g_m(\boldsymbol{x}^0+\theta_m\boldsymbol{h})}{\partial x_1} & \dfrac{\partial^2 L(\boldsymbol{x}^0+\theta\boldsymbol{h},\boldsymbol{\lambda}^0)}{\partial {x_1}^2} & \cdots & \dfrac{\partial^2 L(\boldsymbol{x}^0+\theta\boldsymbol{h},\boldsymbol{\lambda}^0)}{\partial x_1\partial x_k} \\ & \cdots & & & \cdots & \\ \dfrac{\partial g_1(\boldsymbol{x}^0+\theta_1\boldsymbol{h})}{\partial x_k} & \cdots & \dfrac{\partial g_m(\boldsymbol{x}^0+\theta_m\boldsymbol{h})}{\partial x_k} & \dfrac{\partial^2 L(\boldsymbol{x}^0+\theta\boldsymbol{h},\boldsymbol{\lambda}^0)}{\partial x_k\partial x_1} & \cdots & \dfrac{\partial^2 L(\boldsymbol{x}^0+\theta\boldsymbol{h},\boldsymbol{\lambda}^0)}{\partial {x_k}^2} \end{vmatrix}$$

$$>0, \qquad k=m,m+1,\cdots,n$$

が成立する. この不等式が成り立つことから, 2 次形式の条件付き符号につい

て述べた第2巻第5章定理5.16系により，変数 $\boldsymbol{u}=(u_1, u_2, \cdots, u_n)$ に関する2次形式

$$\sum_{i=1}^{n}\sum_{j=1}^{n}\frac{\partial^2 L(\boldsymbol{x}^0+\theta\boldsymbol{h}, \boldsymbol{\lambda}^0)}{\partial x_i \partial x_j}u_i u_j \tag{36}$$

は，$\boldsymbol{u}$ に関する1次式の条件

$$\sum_{j=1}^{n}\frac{\partial g_i(\boldsymbol{x}^0+\theta_i\boldsymbol{h})}{\partial x_j}u_j = 0, \qquad i=1, 2, \cdots, m \tag{37}$$

のもとで条件付き正値であることがわかる．ところで (33) が成り立つから，$\boldsymbol{u}=\boldsymbol{h}$ は条件 (37) をみたしている．したがって，$\boldsymbol{u}=\boldsymbol{h}$ に対して2次形式 (36) は正になる．すなわち

$$\sum_{i=1}^{n}\sum_{j=1}^{n}\frac{\partial^2 L(\boldsymbol{x}^0+\theta\boldsymbol{h}, \boldsymbol{\lambda}^0)}{\partial x_i \partial x_j}h_i h_j > 0$$

が成立する．よって，(35) の右辺は正になって

$$f(\boldsymbol{x}^0+\boldsymbol{h}) > f(\boldsymbol{x}^0)$$

が成立する．$g_i(\boldsymbol{x}^0+\boldsymbol{h})=0$, $i=1, 2, \cdots, m$, をみたし，かつ $\|\boldsymbol{h}\|$ が十分小さいすべての $\boldsymbol{h}\neq\boldsymbol{0}$ に対してこの不等式が成り立つのだから，$f(\boldsymbol{x})$ は $\boldsymbol{x}^0$ において条件付き極小値をとる．(終)

条件付き極大値の十分条件は次の系で与えられる．

定理3.22系　定理3.22の (31) を

$$(-1)^k\begin{vmatrix} 0 & \cdots & 0 & \dfrac{\partial g_1}{\partial x_1} & \cdots & \dfrac{\partial g_1}{\partial x_k} \\ & \cdots & & & \cdots & \\ 0 & \cdots & 0 & \dfrac{\partial g_m}{\partial x_1} & \cdots & \dfrac{\partial g_m}{\partial x_k} \\ \dfrac{\partial g_1}{\partial x_1} & \cdots & \dfrac{\partial g_m}{\partial x_1} & \dfrac{\partial^2 L}{\partial {x_1}^2} & \cdots & \dfrac{\partial^2 L}{\partial x_1 \partial x_k} \\ & \cdots & & & \cdots & \\ \dfrac{\partial g_1}{\partial x_k} & \cdots & \dfrac{\partial g_m}{\partial x_k} & \dfrac{\partial^2 L}{\partial x_k \partial x_1} & \cdots & \dfrac{\partial^2 L}{\partial {x_k}^2} \end{vmatrix} > 0, \qquad k=m, m+1, \cdots, n \tag{38}$$

でおきかえる．それ以外は定理3.22と同じ仮定をおく．このとき $\boldsymbol{x}^0$

において (38) が成り立つならば $f(\boldsymbol{x})$ は $\boldsymbol{x}^0$ において条件 $g_i(\boldsymbol{x})=0$, $i=1, 2, \cdots, m$, のもとで条件付き極大値をとる.

(証明) 第2巻第5章の定理5.17系を用いれば定理3.22と同様にして証明できる. (終)

(コメント) 経済学でこの十分条件が使われるのは, ほとんどの場合, 制約条件は1つであるが, ここではより一般の場合について証明を与えておいた.

[例4] 制約条件

$$x^2+y^2+z^2=1$$

のもとで

$$x+y+z$$

の条件付き極値を求めてみる.

$$L(\boldsymbol{x}, \lambda)=x+y+z+\lambda(x^2+y^2+z^2-1)$$

とおく

$$L_x=1+2\lambda x=0, \quad L_y=1+2\lambda y=0, \quad L_z=1+2\lambda z=0$$

を解けば

$$x=y=z=-\frac{1}{2\lambda}$$

がえられるが, これを制約条件に代入して λ を求めると

$$\lambda=\pm\frac{\sqrt{3}}{2}$$

となる. よって

$$x=y=z=\frac{1}{\sqrt{3}}, \quad \lambda=-\frac{\sqrt{3}}{2}$$

と

$$x=y=z=-\frac{1}{\sqrt{3}}, \quad \lambda=\frac{\sqrt{3}}{2}$$

が連立方程式の解となる.

$$L_{xx}=L_{yy}=L_{zz}=2\lambda, \quad L_{xy}=L_{yz}=L_{zx}=0$$

であり, $g(x, y, z)=x^2+y^2+z^2-1$ に対しては

$$g_x=2x, \quad g_y=2y, \quad g_z=2z$$

であるから

$$\begin{pmatrix} 0 & g_x & g_y & g_z \\ g_x & L_{xx} & L_{xy} & L_{xz} \\ g_y & L_{yx} & L_{yy} & L_{yz} \\ g_z & L_{zx} & L_{zy} & L_{zz} \end{pmatrix} = \begin{pmatrix} 0 & 2x & 2y & 2z \\ 2x & 2\lambda & 0 & 0 \\ 2y & 0 & 2\lambda & 0 \\ 2z & 0 & 0 & 2\lambda \end{pmatrix}$$

となる．

したがって，解 $x=y=z=\dfrac{1}{\sqrt{3}}$，$\lambda=-\dfrac{\sqrt{3}}{2}$ に対しては

$$\begin{vmatrix} 0 & 2x \\ 2x & 2\lambda \end{vmatrix} = \begin{vmatrix} 0 & \dfrac{2}{\sqrt{3}} \\ \dfrac{2}{\sqrt{3}} & -\sqrt{3} \end{vmatrix} = -\frac{4}{3} < 0,$$

$$\begin{vmatrix} 0 & 2x & 2y \\ 2x & 2\lambda & 0 \\ 2y & 0 & 2\lambda \end{vmatrix} = \begin{vmatrix} 0 & \dfrac{2}{\sqrt{3}} & \dfrac{2}{\sqrt{3}} \\ \dfrac{2}{\sqrt{3}} & -\sqrt{3} & 0 \\ \dfrac{2}{\sqrt{3}} & 0 & -\sqrt{3} \end{vmatrix} = -\frac{8}{\sqrt{3}} > 0$$

$$\begin{vmatrix} 0 & 2x & 2y & 2z \\ 2x & 2\lambda & 0 & 0 \\ 2y & 0 & 2\lambda & 0 \\ 2z & 0 & 0 & 2\lambda \end{vmatrix} = \begin{vmatrix} 0 & \dfrac{2}{\sqrt{3}} & \dfrac{2}{\sqrt{3}} & \dfrac{2}{\sqrt{3}} \\ \dfrac{2}{\sqrt{3}} & -\sqrt{3} & 0 & 0 \\ \dfrac{2}{\sqrt{3}} & 0 & -\sqrt{3} & 0 \\ \dfrac{2}{\sqrt{3}} & 0 & 0 & -\sqrt{3} \end{vmatrix} = -12 < 0$$

であるから，定理 3.22 系により，$x=y=z=\dfrac{1}{\sqrt{3}}$ のとき $x+y+z=\sqrt{3}$ は極大値になる (実は，最大値である)．

同様にして $x=y=z=-\dfrac{1}{\sqrt{3}}$ は極小値 $-\sqrt{3}$ を与える (実は最小値である)．

(問 3)　[例 1] で求めた解が実際に最大値を与えることを，十分条件を調べることによって確かめよ．

(問 4)　次の条件付き極値を求めて，その極値が与えられた条件のもとで極

大値，あるいは極小値になるかどうか調べよ．

(1) 条件 $x+y+z=6$ のもとで $xy+yz+zx$ の極値

(2) 条件 $x+y-z-w=2$，$x-y+z-w=6$ のもとで

$$x^2+y^2+z^2+w^2+xy+yz+zw+wx$$

の極値

10.4 Lagrange 乗数法の幾何学的説明

ここでは幾何学的視点から Lagrange 乗数法を考える．そのために勾配ベクトル

$$\nabla f(\boldsymbol{x}) = \left(\frac{\partial f(\boldsymbol{x})}{\partial x_1}, \frac{\partial f(\boldsymbol{x})}{\partial x_2}, \cdots, \frac{\partial f(\boldsymbol{x})}{\partial x_n}\right)$$

を使う．

定理 3.21 の主張は次のものであった．

点 $\boldsymbol{x}^0=(x_1^0, x_2^0, \cdots, x_n^0)$ が，制約条件

$$g_i(\boldsymbol{x}) = 0, \quad i = 1, 2, \cdots, m \quad (m<n)$$

のもとで

$$f(\boldsymbol{x})$$

の極値を求める問題の解であり，点 $\boldsymbol{x}^0$ において

$$\operatorname{rank} \frac{\partial \boldsymbol{g}(\boldsymbol{x}^0)}{\partial \boldsymbol{x}} = m$$

であれば

$$L(\boldsymbol{x}, \boldsymbol{\lambda}) = f(\boldsymbol{x}) + \sum_{i=1}^{m} \lambda_i g_i(\boldsymbol{x})$$

とおいたとき，$\boldsymbol{x}^0$ において

$$L_{x_j}(\boldsymbol{x}^0, \boldsymbol{\lambda}^0) = 0, \quad i = 1, 2, \cdots, n$$

をみたす $\boldsymbol{\lambda}^0$ が一意的に定まる．

この定理の中で設けられた仮定と結論を勾配ベクトルを用いて述べれば次のようになる．

$$\nabla g_i(\boldsymbol{x}^0) = \left(\frac{\partial g_i(\boldsymbol{x}^0)}{\partial x_1}, \frac{\partial g_i(\boldsymbol{x}^0)}{\partial x_2}, \cdots, \frac{\partial g_i(\boldsymbol{x}^0)}{\partial x_n}\right)$$

であるから $m\times n$ 行列 $\dfrac{\partial \boldsymbol{g}(\boldsymbol{x}^0)}{\partial \boldsymbol{x}}$ は

$$\frac{\partial \boldsymbol{g}(\boldsymbol{x}^0)}{\partial \boldsymbol{x}} = \begin{pmatrix} \nabla g_1(\boldsymbol{x}^0) \\ \nabla g_2(\boldsymbol{x}^0) \\ \vdots \\ \nabla g_m(\boldsymbol{x}^0) \end{pmatrix}$$

とかける．この行列の階数が m であるということは，m 個の n 次元ベクトル

$$\nabla g_1(\boldsymbol{x}^0),\ \nabla g_2(\boldsymbol{x}^0),\ \cdots,\ \nabla g_m(\boldsymbol{x}^0)$$

が**線型独立**であることを意味している．また

$$L_{x_j}(\boldsymbol{x}^0, \boldsymbol{\lambda}^0) = \frac{\partial f(\boldsymbol{x}^0)}{\partial x_j} + \sum_{i=1}^m \lambda_i^0 \frac{\partial g_i(\boldsymbol{x}^0)}{\partial x_j} = 0, \qquad j = 1, 2, \cdots, n$$

という結論は

$$\nabla f(\boldsymbol{x}^0) + \sum_{i=1}^m \lambda_i^0 \nabla g_i(\boldsymbol{x}^0) = 0$$

とかくことができる．この関係式はベクトル $\nabla f(\boldsymbol{x}^0)$ がベクトル $\nabla g_1(\boldsymbol{x}^0)$, $\nabla g_2(\boldsymbol{x}^0), \cdots, \nabla g_m(\boldsymbol{x}^0)$ の線型結合であることを示している．したがって定理 3.21 で述べていることは，**条件付き極値を与える点 $\boldsymbol{x}^0$ においてベクトル $\nabla g_i(\boldsymbol{x}^0)$, $i=1, 2, \cdots, m$，が線型独立であれば，ベクトル $\nabla f(\boldsymbol{x}^0)$ は，$\nabla g_i(\boldsymbol{x}^0)$，$i=1, 2, \cdots, m$，の線型結合となっている**，ということである．$\nabla g_i(\boldsymbol{x}^0)$ が線型独立であるから，これらの線型結合として $\nabla f(\boldsymbol{x}^0)$ をあらわしたときの係数 λ_i^0 が一意的に定まるのは当然である．

上記の主張は幾何学的視点に立てば，比較的自然に理解することができる．

はじめに，勾配ベクトル $\nabla f(\boldsymbol{x})$ のもつ重要な性質について述べておく．

$\|\boldsymbol{h}\|=1$ であるベクトル $\boldsymbol{h}$ を固定すれば，$\boldsymbol{x}$ が点 $\boldsymbol{x}^0$ から $\boldsymbol{h}$ の示す方向に変化したときの $f(\boldsymbol{x})$ の変化率は

$$\lim_{t\to 0} \frac{f(\boldsymbol{x}^0 + t\boldsymbol{h}) - f(\boldsymbol{x}^0)}{t} = \sum_{j=1}^n \frac{\partial f(\boldsymbol{x}^0)}{\partial x_j} h_j = \boldsymbol{h} \cdot \nabla f(\boldsymbol{x}^0)$$

で与えられる．この値を，$f(\boldsymbol{x})$ の，$\boldsymbol{x}^0$ における $\boldsymbol{h}$ 方向の**方向微分係数**とよぶことはすでに述べた (§3)．Schwarz の不等式*と $\|\boldsymbol{h}\|=1$ とから

$$|\boldsymbol{h} \cdot \nabla f(\boldsymbol{x}^0)| \leqq \|\boldsymbol{h}\| \|\nabla f(\boldsymbol{x}^0)\| = \|\nabla f(\boldsymbol{x}^0)\|$$

が成立する．両辺を $\|\nabla f(\boldsymbol{x}^0)\|$ で割って

$$\left| \boldsymbol{h} \cdot \frac{\nabla f(\boldsymbol{x}^0)}{\|\nabla f(\boldsymbol{x}^0)\|} \right| \leqq 1$$

---

*　ベクトル $\boldsymbol{a}, \boldsymbol{b}$ に対して成り立つ不等式 $|\boldsymbol{a} \cdot \boldsymbol{b}| \leqq \|\boldsymbol{a}\| \|\boldsymbol{b}\|$ が Schwarz の不等式である．

がえられる．ここで $\boldsymbol{h}=\pm\dfrac{\nabla f(\boldsymbol{x}^0)}{\|\nabla f(\boldsymbol{x}^0)\|}$ とおけば，この不等式は等号で成立し

$$\boldsymbol{h}=\frac{\nabla f(\boldsymbol{x}^0)}{\|\nabla f(\boldsymbol{x}^0)\|} \quad \text{のとき} \quad \boldsymbol{h}\cdot\nabla f(\boldsymbol{x}^0)=\|\nabla f(\boldsymbol{x}^0)\|>0$$

$$\boldsymbol{h}=-\frac{\nabla f(\boldsymbol{x}^0)}{\|\nabla f(\boldsymbol{x}^0)\|} \quad \text{のとき} \quad \boldsymbol{h}\cdot\nabla f(\boldsymbol{x}^0)=-\|\nabla f(\boldsymbol{x}^0)\|<0$$

となる．そして $\boldsymbol{h}\cdot\nabla f(\boldsymbol{x}^0)$ のとりうる最大値は $\|\nabla f(\boldsymbol{x}^0)\|$ であり，最小値は $-\|\nabla f(\boldsymbol{x}^0)\|$ であって，$\boldsymbol{h}\cdot\nabla f(\boldsymbol{x}^0)$ が正となる $\boldsymbol{h}$ は $f(\boldsymbol{x})$ が増加する方向を示し，$\boldsymbol{h}\cdot\nabla f(\boldsymbol{x}^0)$ が負となる $\boldsymbol{h}$ は $f(\boldsymbol{x})$ が減少する方向を示す．これらのことを補題としてまとめておく．

補題1 $\|\boldsymbol{h}\|=1$ であるベクトル $\boldsymbol{h}$ をとる．このとき，$\boldsymbol{h}\cdot\nabla f(\boldsymbol{x}^0)$ は $\boldsymbol{x}$ が $\boldsymbol{x}^0$ から $\boldsymbol{h}$ の方向に変化したときの $f(\boldsymbol{x})$ の変化率を示す．$\boldsymbol{h}\cdot\nabla f(\boldsymbol{x}^0)$ が正である $\boldsymbol{h}$ は $f(\boldsymbol{x})$ が増加する方向を示し，$\boldsymbol{h}$ が $\nabla f(\boldsymbol{x}^0)$ と同じ方向のとき $f(\boldsymbol{x})$ の増加率は最大になる．最大の増加率は $\|\nabla f(\boldsymbol{x}^0)\|$ で与えられる．同様に，$\boldsymbol{h}\cdot\nabla f(\boldsymbol{x}^0)$ が負である $\boldsymbol{h}$ は $f(\boldsymbol{x})$ が減少する方向を示し，$\boldsymbol{h}$ が $\nabla f(\boldsymbol{x}^0)$ と反対の方向のとき $f(\boldsymbol{x})$ の減少率は最大になる．最大の減少率は $-\|\nabla f(\boldsymbol{x}^0)\|$ で与えられる．

もう1つ，次のことも指摘しておく．

$$f(\boldsymbol{x})=K \quad (K\text{ は定数})$$

をみたす $\boldsymbol{x}$ の集合は $\boldsymbol{R}^n$ の中の(超)曲面になり，この曲面上の1点 $\boldsymbol{x}^0$ における接平面の方程式は

$$(\boldsymbol{x}-\boldsymbol{x}^0)\cdot\nabla f(\boldsymbol{x}^0)=0$$

で与えられ，$\nabla f(\boldsymbol{x}^0)$ は $\boldsymbol{x}^0$ においてこの接平面に直交する法線ベクトルである．

以上のことを予備知識として，幾何学的視点から Lagrange 乗数法を眺めてみる．

もっとも簡単な場合として，条件

$$g(x, y)=0$$

のもとで

$$f(x, y)$$

の極大値を求める問題を考える．(x^0, y^0) がこの問題の解を与える点とし，この点の近傍で $f(x, y)$，$g(x, y)$ は連続微分可能とする．さらに $g_y(x^0, y^0)\neq 0$ ($g_x(x^0, y^0)\neq 0$ でもよい) とする．

さて，$g(x, y)=0$ をみたす (x, y) は平面上の曲線を描く．K をパラメータとして曲線群 $f(x, y)=K$ を考える．

$g(x, y)=0$ をみたす $(\tilde{x}, \tilde{y})$ を1つえらび，その $(\tilde{x}, \tilde{y})$ に対して $f(\tilde{x}, \tilde{y})=K$ とおけば，この K に対して $g(x, y)=0$ と $f(x, y)=K$ は交点 $(\tilde{x}, \tilde{y})$ をもつ．この K からスタートして K の値を大きくしてゆけば，やがて $g(x, y)=0$ と $f(x, y)=K$ は共有点をもたなくなる．したがって，$g(x, y)=0$ と $f(x, y)=K$ について

$$\begin{cases} K>K^0 \text{ ならば共有点がない} \\ K\leqq K^0 \text{ ならば共有点がある} \end{cases}$$

という性質をもつ K^0 がある．このとき $f(x, y)=K^0$ と $g(x, y)=0$ は点 (x^0, y^0) で接し，両曲線は (x^0, y^0) を通る共通の接線 l をもつ (図 10.1)．この (x^0, y^0) は条件付き極値問題の解を与える点であって，その点における $f(x, y)=K^0$ の勾配ベクトル $\nabla f(x^0, y^0)$ と $g(x, y)=0$ の勾配ベクトル $\nabla g(x^0, y^0)$ はどちらも共通接線 l と直交する．したがってこれら2つのベクトルは同じ方向をもつか，または反対の方向をもつ．いずれにしても一方は他方の定数倍になるから

$$\nabla f(x^0, y^0) = -\lambda^0 \nabla g(x^0, y^0)$$

となる定数 λ^0 は一意的に定まる．この λ^0 が Lagrange 乗数の値である．

この考え方の線に沿って，一般の場合を考える．

$$S_i = \{\boldsymbol{x} | g_i(\boldsymbol{x})=0,\ \ \boldsymbol{x}\in \boldsymbol{R}^n\}, \qquad i = 1, 2, \cdots, m$$

とおく．S_i は $\boldsymbol{R}^n$ の中の曲面である．

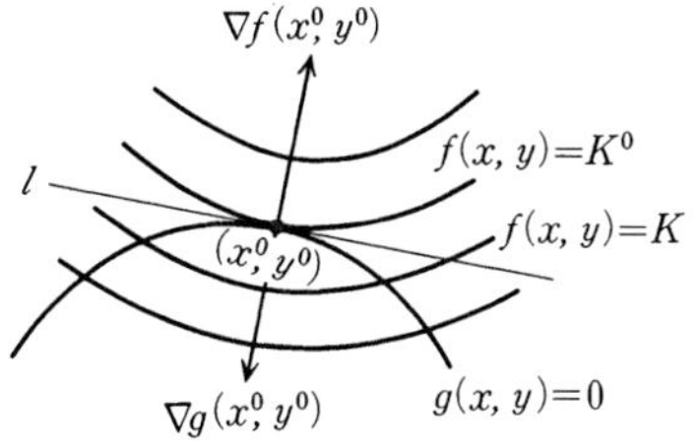

図 10.1

$$S = S_1 \cap S_2 \cap \cdots \cap S_m$$

とおく．S はすべての制約条件をみたす $\boldsymbol{x}$ の全体である．

S に属する点 $\boldsymbol{x}^0$ で $f(\boldsymbol{x})$ は極値をとるとし，$\boldsymbol{x}^0$ において

$$\nabla g_1(\boldsymbol{x}^0), \nabla g_2(\boldsymbol{x}^0), \cdots, \nabla g_m(\boldsymbol{x}^0)$$

は線型独立とする．このとき，次の補題が成立する．

補題 2 $\boldsymbol{h}\cdot\nabla g_i(\boldsymbol{x}^0)=0$，$i=1, 2, \cdots, m$，をみたすベクトル $\boldsymbol{h}$ を任意にとる．このとき，ある $\alpha>0$ に対して，$-\alpha<t<\alpha$ で定義された連続な導関数をもつベクトル $\boldsymbol{x}(t)$ で

$$\boldsymbol{x}(0) = \boldsymbol{x}^0, \qquad \boldsymbol{x}(t) \in S, \qquad \frac{d\boldsymbol{x}(0)}{dt} = \boldsymbol{h}$$

をみたすものが存在する．

(証明) $\boldsymbol{x}(t)$ は S 内の連続微分可能な曲線で，点 $\boldsymbol{x}^0$ を通り，$\boldsymbol{x}^0$ における曲線 $\boldsymbol{x}(t)$ への接線の方向が $\boldsymbol{h}$ である．

証明は次のようにする．m 次元ベクトル $\boldsymbol{y}=(y_1, y_2, \cdots, y_m)$ を導入し，$m+1$ 個の変数 $\boldsymbol{y}$ と t の m 個の方程式

$$g_i\left(\boldsymbol{x}^0 + t\boldsymbol{h} + \sum_{k=1}^{m} y_k \nabla g_k(\boldsymbol{x}^0)\right) = 0, \qquad i = 1, 2, \cdots, m \tag{39}$$

をつくる．$g_i(\boldsymbol{x}^0)=0$，$i=1, 2, \cdots, m$，であるから $\boldsymbol{y}=\boldsymbol{0}$，$t=0$ はこの連立方程式をみたしている．$\boldsymbol{x}=\boldsymbol{x}^0+t\boldsymbol{h}+\sum_{k=1}^{m} y_k\nabla g_k(\boldsymbol{x}^0)$ とおいて左辺の各関数を y_k で偏微分すると

$$\sum_{j=1}^{n}\frac{\partial g_i(\boldsymbol{x})}{\partial x_j}\frac{\partial x_j}{\partial y_k} = \sum_{j=1}^{n}\frac{\partial g_i(\boldsymbol{x})}{\partial x_j}\frac{\partial g_k(\boldsymbol{x}^0)}{\partial x_j}$$

となる．($\boldsymbol{x}$ の第 j 成分は $x_j=x_j^0+th_j+\sum_{k=1}^{m} y_k\frac{\partial g_k(\boldsymbol{x}^0)}{\partial x_j}$ であるから $\frac{\partial x_j}{\partial y_k}=\frac{\partial g_k}{\partial x_j}$ である)．ここで $\boldsymbol{y}=\boldsymbol{0}$，$t=0$ とおくと $\boldsymbol{x}=\boldsymbol{x}^0$ となって，右辺は

$$\left(\frac{\partial g_i(\boldsymbol{x}^0)}{\partial x_1} \cdots \frac{\partial g_i(\boldsymbol{x}^0)}{\partial x_n}\right)\begin{pmatrix}\dfrac{\partial g_k(\boldsymbol{x}^0)}{\partial x_1} \\ \vdots \\ \dfrac{\partial g_k(\boldsymbol{x}^0)}{\partial x_n}\end{pmatrix} = \nabla g_i(\boldsymbol{x}^0)\cdot\nabla g_k(\boldsymbol{x}^0)$$

となる．これらを i, k についてまとめて $m\times m$ 型の行列形でかくと

$$\frac{\partial \boldsymbol{g}(\boldsymbol{x}^0)}{\partial \boldsymbol{x}}\left(\frac{\partial \boldsymbol{x}}{\partial \boldsymbol{y}}\right)_{\substack{\boldsymbol{y}=0\\ t=0}} = \frac{\partial \boldsymbol{g}(\boldsymbol{x}^0)}{\partial \boldsymbol{x}}\left(\frac{\partial \boldsymbol{g}(\boldsymbol{x}^0)}{\partial \boldsymbol{x}}\right)^T$$

ここで右辺の $\dfrac{\partial \boldsymbol{g}(\boldsymbol{x}^0)}{\partial \boldsymbol{x}}$ の右肩の T は転置を意味する記号である．この右辺の $m\times m$ 行列は，$\nabla g_i(\boldsymbol{x}^0)$，$i=1,2,\cdots,m$，が線型独立であるから正則である．よって左辺も正則になる．このとき陰関数の定理により，連立方程式 (39) から，$\boldsymbol{y}=\boldsymbol{0}$，$t=0$ の近傍で $\boldsymbol{y}$ が t の関数として一意的に確定する．その関数を $\boldsymbol{y}(t)$ とかけば，$\boldsymbol{y}(t)$ は連続な導関数をもち，$\boldsymbol{y}(0)=\boldsymbol{0}$ である．$\boldsymbol{y}(t)$ の定義される区間は $t=0$ の近傍であるから，十分小さく $\alpha>0$ をとれば，この区間が $-\alpha<t<\alpha$ を含むようにすることができる．そこで

$$\boldsymbol{x}(t) = \boldsymbol{x}^0 + t\boldsymbol{h} + \sum_{k=1}^{m} y_k(t)\nabla g_k(\boldsymbol{x}^0), \qquad -\alpha < t < \alpha$$

とおけば，この $\boldsymbol{x}(t)$ は (39) をみたすから

$$g_i(\boldsymbol{x}(t)) = 0, \qquad i = 1,2,\cdots,m, \qquad \boldsymbol{x}(0) = \boldsymbol{x}^0$$

が成立する．よって $\boldsymbol{x}(t)\in S$ である．t に関する恒等的な関係式 $g_i(\boldsymbol{x}(t))=0$，$i=1,2,\cdots,m$，を $t=0$ において微分すると

$$\begin{aligned}
0 &= \frac{dg_i(\boldsymbol{x}(0))}{dt} = \sum_{j=1}^{n}\frac{\partial g_i(\boldsymbol{x}(0))}{\partial x_j}\frac{dx_j}{dt} \\
&= \sum_{j=1}^{n}\frac{\partial g_i(\boldsymbol{x}^0)}{\partial x_j}\left(h_j + \sum_{k=1}^{m}\frac{dy_k(0)}{dt}\frac{\partial g_k(\boldsymbol{x}^0)}{\partial x_j}\right) \\
&= \sum_{j=1}^{n}\frac{\partial g_i(\boldsymbol{x}^0)}{\partial x_j}h_j + \sum_{j=1}^{n}\sum_{k=1}^{m}\frac{\partial g_i(\boldsymbol{x}^0)}{\partial x_j}\frac{\partial g_k(\boldsymbol{x}^0)}{\partial x_j}\frac{dy_k(0)}{dt}
\end{aligned}$$

となる．ところで仮定により

$$\sum_{j=1}^{n}\frac{\partial g_i(\boldsymbol{x}^0)}{\partial x_j}h_j = \boldsymbol{h}\cdot\nabla g_i(\boldsymbol{x}^0) = 0$$

であるから，結局

$$\sum_{j=1}^{n}\sum_{k=1}^{m}\frac{\partial g_i(\boldsymbol{x}^0)}{\partial x_j}\frac{\partial g_k(\boldsymbol{x}^0)}{\partial x_j}\frac{dy_k(0)}{dt} = 0, \qquad i = 1,2,\cdots,m$$

が成り立つことがわかる．$i = 1,2,\cdots,m$ についてまとめると

$$\frac{\partial \boldsymbol{g}(\boldsymbol{x}^0)}{\partial \boldsymbol{x}}\left(\frac{\partial \boldsymbol{g}(\boldsymbol{x}^0)}{\partial \boldsymbol{x}}\right)^T\frac{d\boldsymbol{y}(0)}{dt} = \boldsymbol{0}$$

となるが，すでに述べたように $\dfrac{\partial \boldsymbol{g}(\boldsymbol{x}^0)}{\partial \boldsymbol{x}}\left(\dfrac{\partial \boldsymbol{g}(\boldsymbol{x}^0)}{\partial \boldsymbol{x}}\right)^T$ は正則だから

$$\frac{d\boldsymbol{y}(0)}{dt} = \boldsymbol{0}$$

でなくてはならない．このことと $\boldsymbol{x}(t)$ の定義式から

$$\frac{d\boldsymbol{x}(0)}{dt} = \boldsymbol{h} + \sum_{k=1}^{m} \nabla g_k(\boldsymbol{x}^0)\frac{dy_k(0)}{dt} = \boldsymbol{h}$$

が成立する．こうして補題のすべての条件をみたす $\boldsymbol{x}(t)$ が存在することが示された．(終)

この補題から次の補題がえられる．

補題 3　$\boldsymbol{h}\cdot\nabla g_i(\boldsymbol{x}^0)=0$，$i=1,2,\cdots,m$，をみたす任意の $\boldsymbol{h}$ に対して

$$\boldsymbol{h}\cdot\nabla f(\boldsymbol{x}^0) = 0$$

が成立する．

(証明)　補題 2 により，仮定の条件をみたす $\boldsymbol{h}$ に対して，$\boldsymbol{x}(t) \in S$ で

$$\boldsymbol{x}(0) = \boldsymbol{x}^0, \qquad \frac{d\boldsymbol{x}(0)}{dt} = \boldsymbol{h}$$

をみたすものがある．点 $\boldsymbol{x}^0$ は条件 $\boldsymbol{x} \in S$ のもとで $f(\boldsymbol{x})$ の極値を与える点だから，$f(\boldsymbol{x}(t))$ は $t=0$ において極値をとる．したがって $f(\boldsymbol{x}(t))$ の t についての導関数は $t=0$ で 0 になる．よって

$$\frac{df(\boldsymbol{x}(0))}{dt} = \sum_{j=1}^{n} \frac{\partial f(\boldsymbol{x}^0)}{\partial x_j}\frac{dx_j(0)}{dt} = \sum_{j=1}^{n} \frac{\partial f(\boldsymbol{x}^0)}{\partial x_j} h_j = 0$$

すなわち $\boldsymbol{h}\cdot\nabla f(\boldsymbol{x}^0)=0$ が成立する．(終)

ベクトル $\nabla g_1(\boldsymbol{x}^0)$，$\nabla g_2(\boldsymbol{x}^0)$，$\cdots$，$\nabla g_m(\boldsymbol{x}^0)$ は線型独立だから，これらは $\boldsymbol{R}^n$ の中で m 次元の部分空間を張る．この部分空間を V とすれば，$\boldsymbol{h}\cdot\nabla g_i(\boldsymbol{x}^0)=0$，$i=1,2,\cdots,m$，をみたす $\boldsymbol{h}$ の全体は V の直交補空間 $V^{\perp}$ を形成する．補題 3 により，ベクトル $\nabla f(\boldsymbol{x}^0)$ は $V^{\perp}$ に属するすべてのベクトルと直交するから

$$\nabla f(\boldsymbol{x}^0) \in V$$

であり，V の基底が $\nabla g_i(\boldsymbol{x}^0)$，$i=1,2,\cdots,m$，であるから，

$$\nabla f(\boldsymbol{x}^0) = \sum_{i=1}^{m} \alpha_i \nabla g_i(\boldsymbol{x}^0)$$

となる α_i，$i=1, 2, \cdots, m$，が一意的に決まる．そこで $\alpha_i=-\lambda_i^0$，$i=1, 2, \cdots, m$，とおけば

$$\nabla f(\boldsymbol{x}^0)+\sum_{i=1}^{m}\lambda_i^0\nabla g_i(\boldsymbol{x}^0) = 0$$

がえられる．これが定理 3.21 の結論であった．

以上述べたことは，定理 3.21 の別証になっている．

10.5　Lagrange 乗数の経済学的意味

経済学の問題を数学的モデルとして考察するときは，数学的方法でえられた結果について，あるいは数学的手法自体についてもその経済学的意味を考えることは重要である．条件付き極値問題として定式化される経済学上の問題は数多くあり，その際，多くの場合に Lagrange 乗数法が用いられることを思えば，そこで導入される Lagrange 乗数がどのような経済学的意味をもつかを知ることは重要なことである．

Lagrange 乗数の経済学的意味を考えるために問題を次のように定式化しておく．

> **問題**　制約条件
>
> $$g_i(\boldsymbol{x}) = b_i, \quad i = 1, 2, \cdots, m \tag{40}$$
>
> のもとで
>
> $$f(\boldsymbol{x})$$
>
> の極値を求める．

この形の問題は例題としてすでにいくつも扱ってきているし，数学的にも制約条件を $g_i(\boldsymbol{x})-b_i=0$ とかきかえれば，定理 3.21 と何ら異なるところはない．ただ，b_i，$i=1, 2, \cdots, m$ を導入し，この b_i をパラメータと考えて，制約条件を弾力的なものと考える，という視点に立つことが重要なのである．

$f(\boldsymbol{x}), g_i(\boldsymbol{x})$ に関する仮定は定理 3.21 と同じである．このとき定理 3.21 により，$\boldsymbol{x}^0$ をこの問題の解とすれば，Lagrange 関数

$$L(\boldsymbol{x}, \boldsymbol{\lambda}) = f(\boldsymbol{x})+\sum_{i=1}^{m}\lambda_i(b_i-g_i(\boldsymbol{x}))$$

に対して，点 $\boldsymbol{x}^0$ において

$$L_{x_j}(\boldsymbol{x}^0, \boldsymbol{\lambda}^0) = \frac{\partial f(\boldsymbol{x}^0)}{\partial x_j} - \sum_{i=1}^{m} \lambda_i^0 \frac{\partial g_i(\boldsymbol{x}^0)}{\partial x_j} = 0, \qquad j = 1, 2, \cdots, n \tag{41}$$

をみたす $\boldsymbol{\lambda}^0=(\lambda_1{}^0, \lambda_2{}^0, \cdots, \lambda_m{}^0)$ が存在する．この $\boldsymbol{\lambda}^0$ の意味を問うのである．

さて，問題の解 $\boldsymbol{x}^0$ は制約式の右辺の b_i，$i=1, 2, \cdots, m$，に依存する．$\boldsymbol{b}=(b_1, b_2, \cdots, b_m)$ を決めれば $\boldsymbol{x}^0$ が決まり，$\boldsymbol{b}$ を変化させれば，それに応じて $\boldsymbol{x}^0$ も変わる．したがって $\boldsymbol{x}^0$ は $\boldsymbol{b}$ の関数として定まる*．そこで

$$\boldsymbol{x}^0 = \boldsymbol{x}^0(\boldsymbol{b}) = (x_1^0(\boldsymbol{b}), x_2^0(\boldsymbol{b}), \cdots, x_n^0(\boldsymbol{b}))$$

とおく．このとき $f(\boldsymbol{x})$ の極値 $f(\boldsymbol{x}^0)$ も $\boldsymbol{b}$ の関数になるから，その関数を $z^0(\boldsymbol{b})$ とおく．すなわち

$$z^0(\boldsymbol{b}) = f(\boldsymbol{x}^0(\boldsymbol{b}))$$

である．$z^0(\boldsymbol{b})$ を $\boldsymbol{b}$ で微分すれば，合成関数の微分公式により

$$\frac{\partial z^0(\boldsymbol{b})}{\partial b_k} = \sum_{j=1}^{n} \frac{\partial f(\boldsymbol{x}^0)}{\partial x_j} \frac{\partial x_j{}^0(\boldsymbol{b})}{\partial b_k}, \qquad k=1, 2, \cdots, m$$

となり，これらをまとめてベクトル，行列形でかくと

$$\frac{\partial z^0(\boldsymbol{b})}{\partial \boldsymbol{b}} = \frac{\partial f(\boldsymbol{x}^0)}{\partial \boldsymbol{x}} \frac{\partial \boldsymbol{x}^0(\boldsymbol{b})}{\partial \boldsymbol{b}} \tag{42}$$

となる．一方，$g_i(\boldsymbol{x}^0)=b_i$，$i=1, 2, \cdots, m$，であり，$g_i(\boldsymbol{x}^0)=g_i(\boldsymbol{x}^0(\boldsymbol{b}))$ も $\boldsymbol{b}$ の関数と考えれば

$$g_i(\boldsymbol{x}^0(\boldsymbol{b})) = b_i, \qquad i = 1, 2, \cdots, m$$

は $\boldsymbol{b}$ について恒等的に成立する．この式の両辺を b_k で偏微分すれば

$$\sum_{j=1}^{n} \frac{\partial g_i(\boldsymbol{x}^0)}{\partial x_j} \frac{\partial x_j^0(\boldsymbol{b})}{\partial b_k} = \frac{\partial b_i}{\partial b_k} = \delta_{ik} = \begin{cases} 1, & i=k \text{ のとき} \\ 0, & i \neq k \text{ のとき} \end{cases}$$

となるから，これを $i, k=1, 2, \cdots, m$，についてまとめて

$$\frac{\partial \boldsymbol{g}(\boldsymbol{x}^0)}{\partial \boldsymbol{x}} \frac{\partial \boldsymbol{x}^0(\boldsymbol{b})}{\partial \boldsymbol{b}} = I \quad (I \text{ は } m \times m \text{ 単位行列}) \tag{43}$$

がえられる．(43) 式の両辺に，左から行ベクトル $\boldsymbol{\lambda}^0=(\lambda_1^0, \lambda_2^0, \cdots, \lambda_m^0)$ をかけると

$$\boldsymbol{\lambda}^0 \frac{\partial \boldsymbol{g}(\boldsymbol{x}^0)}{\partial \boldsymbol{x}} \frac{\partial \boldsymbol{x}^0(\boldsymbol{b})}{\partial \boldsymbol{b}} = \boldsymbol{\lambda}^0 \tag{44}$$

---

* この点に関しては，286 ページのコメントを参照されたい．

となる．ところで，(41) により，$(\boldsymbol{x}^0, \boldsymbol{\lambda}^0)$ において

$$\frac{\partial f(\boldsymbol{x}^0)}{\partial \boldsymbol{x}} = \boldsymbol{\lambda}^0 \frac{\partial \boldsymbol{g}(\boldsymbol{x}^0)}{\partial \boldsymbol{x}}$$

が成り立っているから，この式の両辺に右から $\dfrac{\partial \boldsymbol{x}^0(\boldsymbol{b})}{\partial \boldsymbol{b}}$ をかけると

$$\frac{\partial f(\boldsymbol{x}^0)}{\partial \boldsymbol{x}} \frac{\partial \boldsymbol{x}^0(\boldsymbol{b})}{\partial \boldsymbol{b}} = \boldsymbol{\lambda}^0 \frac{\partial \boldsymbol{g}(\boldsymbol{x}^0)}{\partial \boldsymbol{x}} \frac{\partial \boldsymbol{x}^0(\boldsymbol{b})}{\partial \boldsymbol{b}} \tag{45}$$

がえられる．左辺は (42) により $\dfrac{\partial z^0(\boldsymbol{b})}{\partial \boldsymbol{b}}$ であり，右辺は (44) により $\boldsymbol{\lambda}^0$ である．こうして

$$\frac{\partial z^0(\boldsymbol{b})}{\partial \boldsymbol{b}} = \boldsymbol{\lambda}^0 \tag{46}$$

が成り立つことがわかった．

この (46) 式は $\boldsymbol{\lambda}^0$ のもつ意味を明白に示している．(46) を成分ごとに示せば

$$\frac{\partial z^0(\boldsymbol{b})}{\partial b_k} = \lambda_k^0, \qquad k = 1, 2, \cdots, m \tag{47}$$

であるが，この式は，b_k の変化が $z^0(\boldsymbol{b})=f(\boldsymbol{x}^0(\boldsymbol{b}))$ に及ぼす限界効果が λ_k^0 で与えられることを示している．

与えられた問題を次のような経済学上の問題として考えてみる．

ある企業が，m 種類の資源を使って n 種類の財を生産しているとする．現在の手持ち資源量が $\boldsymbol{b}=(b_1, b_2, \cdots, b_m)$ であるとし，$\boldsymbol{x}=(x_1, x_2, \cdots, x_n)$ は n 種類の財の生産量をあらわすとする．まず技術的条件として，$\boldsymbol{x}$ を生産するために必要とされる第 i 資源の量が $g_i(\boldsymbol{x})$，$i=1, 2, \cdots, m$，で与えられるものとし，$\boldsymbol{x}$ だけの生産によって企業が獲得する利益が $f(\boldsymbol{x})$ で与えられるものとする．このとき，手持ち資源 $\boldsymbol{b}$ のすべてを使って (余してはいけない！) 利益を最大にするような生産量 $\boldsymbol{x}$ を求めたい．

この問題を数学的に定式化すれば，資源の制約条件

$$g_i(\boldsymbol{x}) = b_i, \qquad i = 1, 2, \cdots, m$$

のもとで利益 $f(\boldsymbol{x})$ を最大にする生産量 $\boldsymbol{x}$ を求める，という形になる．この問題の最適な (利益を最大にする) 生産量が $\boldsymbol{x}^0$ であるとする．使用する資源量 $\boldsymbol{b}$ が変われば最適な生産量 $\boldsymbol{x}^0$ は変わり，当然，最大利益額 $z^0=f(\boldsymbol{x}^0)$ も変わる．この問題は形式的には最初に与えた問題と同じ形である．このとき，$\boldsymbol{x}^0$ に対して決まる $\boldsymbol{\lambda}^0$ は (47) をみたすが，(47) の左辺の $\dfrac{\partial z^0}{\partial b_k}$ は，第 k 資源の量が変

化したときに，その変化が最大利益 $z^0=f(\boldsymbol{x}^0)$ に及ぼす限界効果をあらわしている．その限界効果が λ_k^0 で測られるのである．$\dfrac{\partial z^0}{\partial b_k}$ は経済学の用語では資源 b_k の（価値に関する）**限界生産性**とよばれている．第 k 資源量を b_k から $b_k+\Delta b_k$ に変化させれば，それによって利益は $\lambda_k{}^0\Delta b_k$ だけ変化することを(47)式は示しているのである．

制約条件を不等式 $g_i(\boldsymbol{x})\leqq b_i$，$i=1,2,\cdots,m$，の形にした場合は，非線型計画問題を扱う第6章で詳しく説明する．

［例5］ さきに加重限界効用均等の法則を導いたときの例をもう一度ここでとりあげる．問題は，予算制約

$$p_1x_1+p_2x_2+\cdots+p_nx_n = M$$

のもとで効用関数

$$u(x_1, x_2, \cdots, x_n)$$

を最大にする財ベクトル $\boldsymbol{x}^0=(x_1^0, x_2^0, \cdots, x_n^0)$ のもつ性質を調べることである．所得（保有金額）M をパラメータと考えれば $\boldsymbol{x}^0$ は M の関数になり $u(\boldsymbol{x}^0)$ もまた M の関数になる．このとき(47)により

$$\frac{\partial u(\boldsymbol{x}^0(M))}{\partial M} = \lambda^0$$

が成立する．すなわち所得 M の変化が効用に与える限界効果が λ^0 なのであり，所得が M から $M+\Delta M$ に変化したときの効用の変化分が $\lambda^0\Delta M$ で与えられるのである．この意味で，λ^0 は**所得の限界効用**とよばれている．

（コメント） 条件 $g_i(\boldsymbol{x})=b_i$，$i=1,2,\cdots,m$，のもとで $f(\boldsymbol{x})$ の極値を与える $\boldsymbol{x}^0$ が $\boldsymbol{b}$ の関数として定まる，と述べた点について説明を補足しておく．$\boldsymbol{b}$ を変数とすれば $g_i(\boldsymbol{x})-b_i=0$，$i=1,2,\cdots,m$，は $m+n$ 個の変数 $\boldsymbol{x}, \boldsymbol{b}$ に関する m 個の関係式であるから $\mathrm{rank}\,\dfrac{\partial \boldsymbol{g}(\boldsymbol{x}^0)}{\partial \boldsymbol{x}}=m$ という仮定から m 個の x_i をその他の x_j と $\boldsymbol{b}$ であらわすことができる．その関係式を

$$x_i = \varphi_i(x_{m+1}, \cdots, x_n, \boldsymbol{b}), \qquad i = 1, 2, \cdots, m$$

とし，この関係を $f(\boldsymbol{x})$ に代入した関数を

$$\psi(x_{m+1}, \cdots, x_n, \boldsymbol{b}) = f(\varphi_1, \cdots, \varphi_m, x_{m+1}, \cdots, x_n)$$

とすれば，この関数は $x_{m+1}^0, \cdots, x_n^0$ で極値をとる．したがってここで

$$\psi_{x_k} = \frac{\partial \psi}{\partial x_k} = \sum \frac{\partial f}{\partial x_j}\frac{\partial \varphi_j}{\partial x_k}+\frac{\partial f}{\partial x_k} = 0, \qquad k = m+1, \cdots, n$$

が成立する．

$n-m$ 個の関数 ψ_{x_k}，$k=m+1,\cdots,n$，は $x_{m+1},\cdots,x_n$，$\boldsymbol{b}$ の関数であり，$x_{m+1}^0,\cdots,x_n^0$, $\boldsymbol{b}$ において 0 になるから，行列 $(\psi_{x_k x_l})$，$k,l=m+1,\cdots,n$，がここで正則と仮定すれば，この点の近傍で $x_{m+1},\cdots,x_n$ は $\boldsymbol{b}$ の関数として定まる．この関数を

$$x_{m+1}=\theta_{m+1}(\boldsymbol{b}),\cdots,x_n=\theta_n(\boldsymbol{b})$$

として $\varphi_1,\varphi_2,\cdots,\varphi_m$ に代入すれば

$$x_i=\varphi_i(\theta_{m+1}(\boldsymbol{b}),\cdots,\theta_n(\boldsymbol{b}),\boldsymbol{b}),\qquad i=1,2,\cdots,m$$

となって $x_1,x_2,\cdots,x_m$ もまた $\boldsymbol{b}$ の関数となる．そこで，$f(\boldsymbol{x})$，$g_i(\boldsymbol{x})$ に 2 階までの偏導関数の存在と連続性を仮定すれば，$\boldsymbol{x}^0(\boldsymbol{b})$ は $\boldsymbol{b}$ について偏微分可能になる．

§11　凸関数，凹関数

ここでは，凸(凹)関数の定義とその主要な性質をまとめておく．

11.1　凸(凹)関数の性質——一般の場合

Ω を $\boldsymbol{R}^n$ に含まれる凸集合とする．

定義　Ω を定義域とする関数 $f(\boldsymbol{x})$ が，任意の $\boldsymbol{x}_1,\boldsymbol{x}_2\in\Omega$ と $0\leqq\alpha\leqq1$ に対して

$$f(\alpha\boldsymbol{x}_2+(1-\alpha)\boldsymbol{x}_1)\leqq\alpha f(\boldsymbol{x}_2)+(1-\alpha)f(\boldsymbol{x}_1)\qquad(1)$$

をみたすとき，$f(\boldsymbol{x})$ を Ω における**凸関数**という．あるいは $f(\boldsymbol{x})$ は Ω において**凸**であるともいう．

条件を少し強くして，$0<\alpha<1$ である α に対して

$$f(\alpha\boldsymbol{x}_2+(1-\alpha)\boldsymbol{x}_1)<\alpha f(\boldsymbol{x}_2)+(1-\alpha)f(\boldsymbol{x}_1)\qquad(2)$$

が成り立つとき，$f(\boldsymbol{x})$ は**狭義の凸関数**であるという．

(1) の不等号が逆向きのとき $f(\boldsymbol{x})$ は Ω における**凹関数**であるといい，(2) の不等号が逆向きのとき $f(\boldsymbol{x})$ は**狭義の凹関数**であるという．

$f(\boldsymbol{x})$ が凸関数ならば $-f(\boldsymbol{x})$ は凹関数であるから，凹関数の性質は凸関数

の性質から直ちにえられる．したがって原則として凸関数の性質をしらべ，凹関数の性質は，その系として述べることにする．

定理 3.23 $f(\boldsymbol{x})$ が Ω における凸関数であるための必要十分条件は，任意に $\boldsymbol{x}, \boldsymbol{x}+\boldsymbol{h}\in\Omega$, $\boldsymbol{h}\neq\boldsymbol{0}$, を固定したとき，関数

$$g(t)=\frac{f(\boldsymbol{x}+t\boldsymbol{h})-f(\boldsymbol{x})}{t}$$

が区間 $0<t\leqq 1$ で非減少関数になることである．

また，$f(\boldsymbol{x})$ が Ω 上で狭義の凸であるための必要十分条件は，$g(t)$ が区間 $0<t\leqq 1$ で増加関数になることである．

(証明) 必要性：$f(\boldsymbol{x})$ は Ω 上で凸とする．$g(t)$ が区間 $0<t\leqq 1$ で非減少であることを示すためには，$0<s<t\leqq 1$ をみたす任意の s, t に対して $g(s)\leqq g(t)$ が成り立つことを示せばよい．簡単な計算により

$$\begin{aligned}g(t)-g(s)&=\frac{f(\boldsymbol{x}+t\boldsymbol{h})-f(\boldsymbol{x})}{t}-\frac{f(\boldsymbol{x}+s\boldsymbol{h})-f(\boldsymbol{x})}{s}\\&=\frac{1}{s}\left[\frac{s}{t}f(\boldsymbol{x}+t\boldsymbol{h})+\left(1-\frac{s}{t}\right)f(\boldsymbol{x})-f(\boldsymbol{x}+s\boldsymbol{h})\right]\end{aligned}$$

となるが，[ ] 内の最初の 2 つの項の和は，$f(\boldsymbol{x})$ が凸だから

$$\begin{aligned}\frac{s}{t}f(\boldsymbol{x}+t\boldsymbol{h})+\left(1-\frac{s}{t}\right)f(\boldsymbol{x})&\geqq f\left(\frac{s}{t}(\boldsymbol{x}+t\boldsymbol{h})+\left(1-\frac{s}{t}\right)\boldsymbol{x}\right)\\&=f(\boldsymbol{x}+s\boldsymbol{h})\end{aligned}$$

をみたす．よって [ ] 内の最初の 2 つを $f(\boldsymbol{x}+s\boldsymbol{h})$ でおきかえると

$$g(t)-g(s)\geqq\frac{1}{s}(f(\boldsymbol{x}+s\boldsymbol{h})-f(\boldsymbol{x}+s\boldsymbol{h}))=0$$

がえられる．よって

$$0<s<t\leqq 1 \quad ならば \quad g(s)\leqq g(t)$$

が成り立つから $g(t)$ は非減少関数である．

十分性：$g(t)$ が区間 $(0,1]$ で非減少関数とする．このとき $0<\alpha<1$ である α に対して $g(\alpha)\leqq g(1)$ が成り立つから

$$0 \leqq g(1)-g(\alpha) = f(\boldsymbol{x}+\boldsymbol{h})-f(\boldsymbol{x})-\frac{f(\boldsymbol{x}+\alpha\boldsymbol{h})-f(\boldsymbol{x})}{\alpha}$$
$$= \frac{1}{\alpha}[\alpha f(\boldsymbol{x}+\boldsymbol{h})+(1-\alpha)f(\boldsymbol{x})-f(\boldsymbol{x}+\alpha\boldsymbol{h})]$$

したがって

$$f(\boldsymbol{x}+\alpha\boldsymbol{h}) \leqq \alpha f(\boldsymbol{x}+\boldsymbol{h})+(1-\alpha)f(\boldsymbol{x})$$

がえられるが，左辺の $\boldsymbol{x}+\alpha\boldsymbol{h}$ は

$$\boldsymbol{x}+\alpha\boldsymbol{h} = \alpha(\boldsymbol{x}+\boldsymbol{h})+(1-\alpha)\boldsymbol{x}$$

とかけるから

$$f(\alpha(\boldsymbol{x}+\boldsymbol{h})+(1-\alpha)\boldsymbol{x}) \leqq \alpha f(\boldsymbol{x}+\boldsymbol{h})+(1-\alpha)f(\boldsymbol{x})$$

が成立する．ここで $\boldsymbol{x}_1=\boldsymbol{x}$, $\boldsymbol{x}_2=\boldsymbol{x}+\boldsymbol{h}$ とおけば，この不等式は

$$f(\alpha\boldsymbol{x}_2+(1-\alpha)\boldsymbol{x}_1) \leqq \alpha f(\boldsymbol{x}_2)+(1-\alpha)f(\boldsymbol{x}_1)$$

となる．$\boldsymbol{x}$, $\boldsymbol{x}+\boldsymbol{h}$ が Ω の任意の 2 点だから $\boldsymbol{x}_1$, $\boldsymbol{x}_2$ は Ω の任意の 2 点でよい．そしてこの不等式は $\alpha=0$，$\alpha=1$ の場合には等号で成り立つから，すべての $0 \leqq \alpha \leqq 1$ に対して成立する．よって $f(\boldsymbol{x})$ は Ω における凸関数である．

狭義凸関数のときの証明は，証明の途中の ≦ を < でおきかえ“非減少”を“増加”でおきかえればよい．(終)

定理 3.23 系　$f(\boldsymbol{x})$ が Ω における凹関数であるための必要十分条件は，定理 3.23 で定義した $g(t)$ が非増加関数となることである．

$f(\boldsymbol{x})$ が Ω 上で狭義の凹であるための必要十分条件は $g(t)$ が減少関数となることである．

(証明)　$-f(\boldsymbol{x})$ に対して定理 3.23 を適用すればよい．(終)

定理 3.24　Ω の異なる 3 点 $\boldsymbol{x}_1$, $\boldsymbol{x}_2$, $\boldsymbol{x}_3$ を，これらが一直線上にこの順序で並ぶようにとる．このとき，$f(\boldsymbol{x})$ が Ω 上の凸関数であるための必要十分条件は，任意にえらばれた上記のような $\boldsymbol{x}_1$, $\boldsymbol{x}_2$, $\boldsymbol{x}_3$ に対して

$$\frac{f(\boldsymbol{x}_2)-f(\boldsymbol{x}_1)}{\|\boldsymbol{x}_2-\boldsymbol{x}_1\|} \leqq \frac{f(\boldsymbol{x}_3)-f(\boldsymbol{x}_1)}{\|\boldsymbol{x}_3-\boldsymbol{x}_1\|} \leqq \frac{f(\boldsymbol{x}_3)-f(\boldsymbol{x}_2)}{\|\boldsymbol{x}_3-\boldsymbol{x}_2\|} \tag{3}$$

が成り立つことである．

$f(\boldsymbol{x})$ が Ω 上の狭義の凸関数であるための必要十分条件は，(3) の $\leqq$ を $<$ でおきかえた不等式が成り立つことである．

(証明) 必要性：$f(\boldsymbol{x})$ は凸関数とする．$\boldsymbol{x}_1$ と $\boldsymbol{x}_3$ を結ぶ線分上に $\boldsymbol{x}_2$ があるから (図 11.1)

$$\boldsymbol{x}_2 = \alpha\boldsymbol{x}_3+(1-\alpha)\boldsymbol{x}_1, \qquad 0 < \alpha < 1 \tag{4}$$

とかくことができる．$f(\boldsymbol{x})$ は凸関数だから

$$f(\boldsymbol{x}_2) \leqq \alpha f(\boldsymbol{x}_3)+(1-\alpha)f(\boldsymbol{x}_1) \tag{5}$$

が成立する．(4) から

$$\boldsymbol{x}_2-\boldsymbol{x}_1 = \alpha(\boldsymbol{x}_3-\boldsymbol{x}_1)$$

両辺のノルムをとって

$$\|\boldsymbol{x}_2-\boldsymbol{x}_1\| = \alpha\|\boldsymbol{x}_3-\boldsymbol{x}_1\| \tag{6}$$

一方 (5) から

$$f(\boldsymbol{x}_2)-f(\boldsymbol{x}_1) \leqq \alpha(f(\boldsymbol{x}_3)-f(\boldsymbol{x}_1))$$

この両辺を (6) の両辺で割って

$$\frac{f(\boldsymbol{x}_2)-f(\boldsymbol{x}_1)}{\|\boldsymbol{x}_2-\boldsymbol{x}_1\|} \leqq \frac{f(\boldsymbol{x}_3)-f(\boldsymbol{x}_1)}{\|\boldsymbol{x}_3-\boldsymbol{x}_1\|}$$

これが (3) の前半である．後半を求めるために (4) を

$$(1-\alpha)(\boldsymbol{x}_3-\boldsymbol{x}_1) = \boldsymbol{x}_3-\boldsymbol{x}_2$$

と変形してノルムをとると

$$(1-\alpha)\|\boldsymbol{x}_3-\boldsymbol{x}_1\| = \|\boldsymbol{x}_3-\boldsymbol{x}_2\|$$

(5) を変形すると

$$(1-\alpha)(f(\boldsymbol{x}_3)-f(\boldsymbol{x}_1)) \leqq f(\boldsymbol{x}_3)-f(\boldsymbol{x}_2)$$

これらを辺々割ると

$$\frac{f(\boldsymbol{x}_3)-f(\boldsymbol{x}_1)}{\|\boldsymbol{x}_3-\boldsymbol{x}_1\|} \leqq \frac{f(\boldsymbol{x}_3)-f(\boldsymbol{x}_2)}{\|\boldsymbol{x}_3-\boldsymbol{x}_2\|}$$

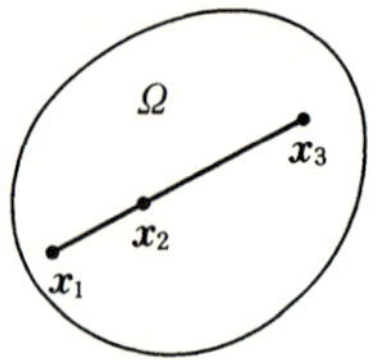

図 11.1

これが (3) の後半である．

十分性：上記の証明を逆にたどればよい．

狭義の凸関数の場合の証明は，上記の証明の中の不等号 ≦ を ＜ でおきかえればよい．（終）

（コメント）　この定理は定理 3.23 のいいかえにすぎない．したがって上記の証明を定理 3.23 を用いておこなうこともできる．$f(\boldsymbol{x})$ が凸関数のとき

$$g(t)=\frac{f(\boldsymbol{x}_1+t(\boldsymbol{x}_3-\boldsymbol{x}_1))-f(\boldsymbol{x}_1)}{t}$$

は t の非減少関数だから，$0<\alpha<1$ のとき $g(\alpha)\leqq g(1)$ すなわち

$$\frac{f(\boldsymbol{x}_1+\alpha(\boldsymbol{x}_3-\boldsymbol{x}_1))-f(\boldsymbol{x}_1)}{\alpha}\leqq f(\boldsymbol{x}_3)-f(\boldsymbol{x}_1)$$

が成立する．ここで α を $\boldsymbol{x}_2=\alpha\boldsymbol{x}_3+(1-\alpha)\boldsymbol{x}_1$ をみたす α にすれば

$$\frac{f(\boldsymbol{x}_2)-f(\boldsymbol{x}_1)}{\alpha}\leqq f(\boldsymbol{x}_3)-f(\boldsymbol{x}_1)$$

となる．両辺を $\|\boldsymbol{x}_3-\boldsymbol{x}_1\|$ で割り，$\alpha\|\boldsymbol{x}_3-\boldsymbol{x}_1\|=\|\boldsymbol{x}_2-\boldsymbol{x}_1\|$ であることを使うと (3) の前半になる．(3) の後半も同様にできる．

定理 3.24 系　$f(\boldsymbol{x})$ が Ω 上の凹関数であるための必要十分条件は，不等式 (3) の不等号の向きを逆にした不等式が成り立つことである．

狭義の凹関数であるための条件は ≧ を ＞ でおきかえた不等式が成り立つことである．

（証明）　$-f(\boldsymbol{x})$ に対して定理 3.24 を適用すればよい．（終）

もう 1 つ凸関数を特徴づける定理を述べておく．そのために次の概念を導入する．

定義　$\boldsymbol{R}^n$ の部分集合 Ω で定義された関数 $f(\boldsymbol{x})$ に対して，$\boldsymbol{R}^{n+1}$ の部分集合

$$\Omega(f)=\{(\boldsymbol{x},y)\mid f(\boldsymbol{x})\leqq y,\ \ \boldsymbol{x}\in\Omega\}$$

を $f(\boldsymbol{x})$ の**エピグラフ** (epigraph) という*.

＊　$f(\boldsymbol{x})$ のエピグラフは普通は epi (f) という記号であらわされている．

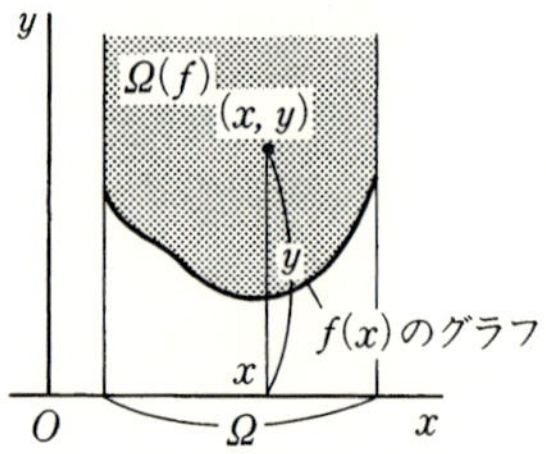

図 11.2 エピグラフ

Ω が $\boldsymbol{R}$ の区間のときの $f(x)$ のエピグラフが図 11.2 に示してある.

定理 3.25 Ω を $\boldsymbol{R}^n$ の凸集合とする. $f(\boldsymbol{x})$ が Ω における凸関数であるための必要十分条件は, エピグラフ $\Omega(f)$ が $\boldsymbol{R}^{n+1}$ の凸集合となることである.

(証明) 必要性 : $f(\boldsymbol{x})$ は Ω 上で凸とする. 任意の $(\boldsymbol{x}, y)$, $(\tilde{\boldsymbol{x}}, \tilde{y}) \in \Omega(f)$ に対して

$$f(\boldsymbol{x}) \leqq y, \quad f(\tilde{\boldsymbol{x}}) \leqq \tilde{y}, \quad \boldsymbol{x}, \tilde{\boldsymbol{x}} \in \Omega$$

が成り立っているから, $0 \leqq \alpha \leqq 1$ のとき

$$f(\alpha\boldsymbol{x}+(1-\alpha)\tilde{\boldsymbol{x}}) \leqq \alpha f(\boldsymbol{x})+(1-\alpha)f(\tilde{\boldsymbol{x}}) \leqq \alpha y+(1-\alpha)\tilde{y}$$

が成立する. よって

$$(\alpha\boldsymbol{x}+(1-\alpha)\tilde{\boldsymbol{x}}, \alpha y+(1-\alpha)\tilde{y}) \in \Omega(f)$$

が成り立つから $\Omega(f)$ は凸集合である.

十分性 : $\Omega(f)$ は凸集合とする. 任意の $\boldsymbol{x}, \tilde{\boldsymbol{x}} \in \Omega$ に対して $\boldsymbol{R}^{n+1}$ の点 $(\boldsymbol{x}, f(\boldsymbol{x}))$, $(\tilde{\boldsymbol{x}}, f(\tilde{\boldsymbol{x}})) \in \Omega(f)$ であるから, $0 \leqq \alpha \leqq 1$ のとき

$$\begin{aligned}&\alpha(\boldsymbol{x}, f(\boldsymbol{x}))+(1-\alpha)(\tilde{\boldsymbol{x}}, f(\tilde{\boldsymbol{x}}))\\&\quad = (\alpha\boldsymbol{x}+(1-\alpha)\tilde{\boldsymbol{x}}, \alpha f(\boldsymbol{x})+(1-\alpha)f(\tilde{\boldsymbol{x}})) \in \Omega(f)\end{aligned}$$

が成立する. よって $\Omega(f)$ の定義により

$$f(\alpha\boldsymbol{x}+(1-\alpha)\tilde{\boldsymbol{x}}) \leqq \alpha f(\boldsymbol{x})+(1-\alpha)f(\tilde{\boldsymbol{x}})$$

が成り立つから, $f(\boldsymbol{x})$ は凸関数である. (終)

この定理は一般の凸解析の理論において重要な役割を果たす.

定理 3.26 $f_1(\boldsymbol{x}), f_2(\boldsymbol{x}), \cdots, f_m(\boldsymbol{x})$ がいずれも凸集合 Ω 上の凸(凹)

関数であれば，任意の $a_1 \geqq 0,\ a_2 \geqq 0, \cdots, a_m \geqq 0$ に対して

$$f(\boldsymbol{x}) = \sum_{i=1}^{m} a_i f_i(\boldsymbol{x})$$

もまた Ω 上の凸（凹）関数である．

（証明）　$f_i(\boldsymbol{x})$，$i=1, 2, \cdots, m$ が凸関数のとき，$\boldsymbol{x}_1, \boldsymbol{x}_2 \in \Omega$，$0 \leqq \alpha \leqq 1$ に対して

$$\begin{aligned} f(\alpha\boldsymbol{x}_2+(1-\alpha)\boldsymbol{x}_1) &= \sum_{i=1}^{m} a_i f_i(\alpha\boldsymbol{x}_2+(1-\alpha)\boldsymbol{x}_1) \\ &\leqq \sum_{i=1}^{m} a_i(\alpha f_i(\boldsymbol{x}_2)+(1-\alpha)f_i(\boldsymbol{x}_1)) \\ &= \alpha\sum_{i=1}^{m} a_i f_i(\boldsymbol{x}_2)+(1-\alpha)\sum_{i=1}^{m} a_i f_i(\boldsymbol{x}_1) \\ &= \alpha f(\boldsymbol{x}_2)+(1-\alpha)f(\boldsymbol{x}_1) \end{aligned}$$

よって $f(\boldsymbol{x})$ は凸関数である．凹関数の場合も同様である．（終）

定理 3.27　$f(\boldsymbol{x})$ が凸集合 Ω 上の凸関数のとき，任意の実数 b に対して

$$S(b) = \{\boldsymbol{x} \mid f(\boldsymbol{x}) \leqq b,\ \ \boldsymbol{x} \in \Omega\}$$

は凸集合である．

（証明）　$\boldsymbol{x}_1, \boldsymbol{x}_2 \in S(b)$ とする．$f(\boldsymbol{x}_1) \leqq b$，$f(\boldsymbol{x}_2) \leqq b$ であるから $0 \leqq \alpha \leqq 1$ に対して

$$\alpha f(\boldsymbol{x}_2)+(1-\alpha)f(\boldsymbol{x}_1) \leqq \alpha b+(1-\alpha)b = b$$

また $f(\boldsymbol{x})$ は凸関数だから

$$f(\alpha\boldsymbol{x}_2+(1-\alpha)\boldsymbol{x}_1) \leqq \alpha f(\boldsymbol{x}_2)+(1-\alpha)f(\boldsymbol{x}_1) \leqq b, \qquad \alpha\boldsymbol{x}_2+(1-\alpha)\boldsymbol{x}_1 \in \Omega$$

よって $\alpha\boldsymbol{x}_2+(1-\alpha)\boldsymbol{x}_1 \in S(b)$ である．（終）

定理 3.27 系 1　$f(\boldsymbol{x})$ が凸集合 Ω 上の凹関数であれば，任意の b に対して，集合

$$\{\boldsymbol{x} \mid f(\boldsymbol{x}) \geqq b,\ \ \boldsymbol{x} \in \Omega\}$$

は凸集合である.

(証明) 同様にしてできる.(終)

定理 3.27 系 2 $f(\boldsymbol{x})$ が凸集合 Ω 上の凸関数のとき，任意の b に対して

$$f(\boldsymbol{x}) \leqq b, \qquad \boldsymbol{x} \geqq \boldsymbol{0}$$

をみたす $\boldsymbol{x} \in \Omega$ の集合は凸集合である. 同様に，$f(\boldsymbol{x})$ が凹関数のときは

$$f(\boldsymbol{x}) \geqq b, \qquad \boldsymbol{x} \geqq \boldsymbol{0}$$

をみたす $\boldsymbol{x}$ の集合は凸集合である.

(証明) $f(x)$ が凸関数のとき，$S_+(b)=\{\boldsymbol{x} \mid f(\boldsymbol{x}) \leqq b,\ \boldsymbol{x} \geqq \boldsymbol{0}\}$ とおけば，$S(b)=\{\boldsymbol{x} \mid f(\boldsymbol{x}) \leqq b\}$ は凸集合であり，$\boldsymbol{R}_+{}^n$ も凸集合であるから

$$S_+(b) = S(b) \cap \boldsymbol{R}_+{}^n$$

も凸集合である. 凹関数のときも同様にしてできる.(終)

凸関数，凹関数が非線型計画法において重要な意味をもつのは，次の定理が成り立つことによる.

定理 3.28 $f(\boldsymbol{x})$ は凸集合 Ω 上の凸関数であって $\boldsymbol{x}^0 \in \Omega$ において極小値をとるとする. このとき任意の $\boldsymbol{x} \in \Omega$ に対して

$$f(\boldsymbol{x}^0) \leqq f(\boldsymbol{x})$$

が成立する. すなわち，$f(\boldsymbol{x}^0)$ は Ω 全域の中での $f(\boldsymbol{x})$ の最小値である.

(証明) $f(\boldsymbol{x}^0) > f(\boldsymbol{x}^*)$ となる $\boldsymbol{x}^* \in \Omega$ があると仮定して矛盾を導く. $\boldsymbol{x}^0$ で $f(\boldsymbol{x})$ は極小値をとるから，$\varepsilon > 0$ を十分小さくとって，$\|\boldsymbol{x}-\boldsymbol{x}^0\| < \varepsilon$ をみたすすべての $\boldsymbol{x} \in \Omega$ に対して $f(\boldsymbol{x}^0) \leqq f(\boldsymbol{x})$ が成り立つようにできる.

仮定により $f(\boldsymbol{x}^0) > f(\boldsymbol{x}^*)$ であるから，$\boldsymbol{x}^*$ は

$$\|\boldsymbol{x}^* - \boldsymbol{x}^0\| \geqq \varepsilon > 0$$

をみたしている. そこで α を

$$0 < \alpha < \frac{\varepsilon}{\|\boldsymbol{x}^* - \boldsymbol{x}^0\|} \quad \text{すなわち} \quad \alpha\|\boldsymbol{x}^* - \boldsymbol{x}^0\| < \varepsilon$$

となるようにえらぶ．$0<\alpha\leqq 1$ であるから

$$\tilde{\boldsymbol{x}} = \alpha\boldsymbol{x}^* + (1-\alpha)\boldsymbol{x}^0$$

とおけば

$$\|\tilde{\boldsymbol{x}} - \boldsymbol{x}^0\| = \alpha\|\boldsymbol{x}^* - \boldsymbol{x}^0\| < \varepsilon$$

が成立する．したがって，$\tilde{\boldsymbol{x}}$ に対して

$$f(\boldsymbol{x}^0) \leqq f(\tilde{\boldsymbol{x}})$$

が成立する．一方，仮定 $f(\boldsymbol{x}^0)>f(\boldsymbol{x}^*)$ と $f(\boldsymbol{x})$ が凸関数であることから

$$\begin{aligned} f(\tilde{\boldsymbol{x}}) &= f(\alpha\boldsymbol{x}^* + (1-\alpha)\boldsymbol{x}^0) \leqq \alpha f(\boldsymbol{x}^*) + (1-\alpha) f(\boldsymbol{x}^0) \\ &= f(\boldsymbol{x}^0) - \alpha(f(\boldsymbol{x}^0) - f(\boldsymbol{x}^*)) < f(\boldsymbol{x}^0) \end{aligned}$$

すなわち

$$f(\boldsymbol{x}^0) > f(\tilde{\boldsymbol{x}})$$

が成立する．これは矛盾である．$f(\boldsymbol{x}^0)>f(\boldsymbol{x}^*)$ となる $\boldsymbol{x}^*\in\Omega$ があるという仮定から矛盾が導かれたから，すべての $\boldsymbol{x}\in\Omega$ に対して $f(\boldsymbol{x}^0)\leqq f(\boldsymbol{x})$ でなくてはならない．よって $f(\boldsymbol{x}^0)$ は Ω における $f(\boldsymbol{x})$ の最小値である．(終)

定理 3.28 系　凸集合 Ω における $f(\boldsymbol{x})$ が凹関数であれば，$\boldsymbol{x}^0\in\Omega$ で $f(\boldsymbol{x})$ が極大値をとるとき，$f(\boldsymbol{x}^0)$ は Ω 全域の中での $f(\boldsymbol{x})$ の最大値である．

(証明)　上の証明と同様にしてできる．(終)

定理 3.29　凸集合 Ω 上の凸関数 $f(\boldsymbol{x})$ が Ω 上で最小値をとるとする．このとき，$f(\boldsymbol{x})$ が最小値をとる $\boldsymbol{x}\in\Omega$ の集合は凸集合である．

(証明)　$f(\boldsymbol{x})$ が Ω 上でとる最小値を M とし，2 点 $\boldsymbol{x}_1, \boldsymbol{x}_2\in\Omega$ で $f(\boldsymbol{x}_1)=f(\boldsymbol{x}_2)=M$ となったとする．このとき $0\leqq\alpha\leqq 1$ に対して $\alpha\boldsymbol{x}_2+(1-\alpha)\boldsymbol{x}_1\in\Omega$ であって

$$\begin{aligned} f(\alpha\boldsymbol{x}_2 + (1-\alpha)\boldsymbol{x}_1) &\leqq \alpha f(\boldsymbol{x}_2) + (1-\alpha) f(\boldsymbol{x}_1) \\ &= \alpha M + (1-\alpha) M = M \end{aligned}$$

が成立する．ところで M は $f(\boldsymbol{x})$ の最小値であるから，$f(\boldsymbol{x})<M$ となる $\boldsymbol{x}\in\Omega$ は存在しない．よって

$$f(\alpha \boldsymbol{x}_2+(1-\alpha)\boldsymbol{x}_1) = M$$

でなくてはならない．(終)

定理 3.29 系 凸集合 Ω 上で凹関数 $f(\boldsymbol{x})$ が最大値をとるとき，$f(\boldsymbol{x})$ が最大値をとる $\boldsymbol{x} \in \Omega$ の集合は凸集合である．

(証明) 定理 3.29 と同様である．(終)

定理 3.30 $f(\boldsymbol{x})$が凸集合 Ω で狭義の凸(凹)関数であれば，$f(\boldsymbol{x})$ が最小(大)値をとる点は，あるとしても，ただ1つである．

(証明) 凸関数の場合を考える．$f(\boldsymbol{x})$ が異なる2点 $\boldsymbol{x}_1, \boldsymbol{x}_2 \in \Omega$ で最小値 M をとったとすれば，$0<\alpha<1$ のとき

$$f(\alpha \boldsymbol{x}_2+(1-\alpha)\boldsymbol{x}_1) < \alpha f(\boldsymbol{x}_2)+(1-\alpha)f(\boldsymbol{x}_1) = \alpha M+(1-\alpha)M = M$$

となる．$\alpha \boldsymbol{x}_2+(1-\alpha)\boldsymbol{x}_1 \in \Omega$ であるから，Ω 上で $f(\boldsymbol{x})$ が M より小さい値をとることになる．これは矛盾である．よって $f(\boldsymbol{x})$ が最小値をとる点はただ1つである．

凹関数の場合も同様にして証明できる．(終)

最後に凸関数の連続性に関する定理を証明する．1変数関数の場合の証明は簡単であったが(第1章§7 定理 1.20)，多変数関数になると話は少々面倒になる．

定理 3.31 Ω は $\boldsymbol{R}^n$ の凸集合であり，Ω の内点の集合は空集合ではないとする．$f(\boldsymbol{x})$ を Ω を定義域とする凸関数とすれば，$f(\boldsymbol{x})$ は Ω の内点で連続である．

(証明) $\boldsymbol{a}$ を Ω の内点とする．$f(\boldsymbol{x})$ が $\boldsymbol{a}$ で連続であることを示すためには，任意の $\varepsilon>0$ に対して $\delta>0$ を

$$\|\boldsymbol{x}-\boldsymbol{a}\| < \delta \quad \text{ならば} \quad |f(\boldsymbol{x})-f(\boldsymbol{a})| < \varepsilon$$

となるようにえらぶことができればよい．$\boldsymbol{a}$ は Ω の内点だから，$\eta>0$ を

$$\|\boldsymbol{x}-\boldsymbol{a}\| < \eta \quad \text{ならば} \quad \boldsymbol{x} \in \Omega$$

となるようにえらぶことができる．そこで，$\boldsymbol{e}_i$ を第 i 成分が 1 でその他の成分がすべて 0 であるベクトルとして

$$\theta = \max_{1 \leqq i \leqq n} \{\max(f(\boldsymbol{a}+\eta\boldsymbol{e}_i)-f(\boldsymbol{a}),\ f(\boldsymbol{a}-\eta\boldsymbol{e}_i)-f(\boldsymbol{a}))\} \tag{7}$$

とおく．θ は，各 i について $\boldsymbol{a}$ の第 i 成分だけを $a_i+\eta$ または $a_i-\eta$ に変えたときの関数の $(2n$ 個の$)$ 変化分

$$f(\boldsymbol{a}+\eta\boldsymbol{e}_i)-f(\boldsymbol{a}), \quad f(\boldsymbol{a}-\eta\boldsymbol{e}_i)-f(\boldsymbol{a}), \quad i=1,2,\cdots,n$$

の中の最大値である．このとき

$$0 \leqq \theta < \infty$$

が成立する．なぜなら，$\theta<0$ とすればすべての i に対して $f(\boldsymbol{a}+\eta\boldsymbol{e}_i)-f(\boldsymbol{a})<0$，$f(\boldsymbol{a}-\eta\boldsymbol{e}_i)-f(\boldsymbol{a})<0$ が共に成立し，$f(\boldsymbol{x})$ が凸関数であるから

$$f(\boldsymbol{a}) = f\left(\frac{1}{2}(\boldsymbol{a}+\eta\boldsymbol{e}_i)+\frac{1}{2}(\boldsymbol{a}-\eta\boldsymbol{e}_i)\right) \leqq \frac{1}{2}f(\boldsymbol{a}+\eta\boldsymbol{e}_i)+\frac{1}{2}f(\boldsymbol{a}-\eta\boldsymbol{e}_i)$$
$$< \frac{1}{2}f(\boldsymbol{a})+\frac{1}{2}f(\boldsymbol{a}) = f(\boldsymbol{a}) \quad \therefore\ f(\boldsymbol{a}) < f(\boldsymbol{a})$$

という矛盾が生ずるからである．

そこで $\delta>0$ を

$$\delta = \min\left(\frac{\eta}{n},\ \frac{\eta\varepsilon}{n\theta}\right) \tag{8}$$

によって定義する．$\|\boldsymbol{x}-\boldsymbol{a}\|<\delta$ をみたす $\boldsymbol{x}$ をえらび

$$x_i-a_i \geqq 0 \quad \text{である}\ i\ \text{に対して} \quad \boldsymbol{h}_i = \eta\boldsymbol{e}_i$$
$$x_i-a_i < 0 \quad \text{である}\ i\ \text{に対して} \quad \boldsymbol{h}_i = -\eta\boldsymbol{e}_i$$

によって $\boldsymbol{h}_i$，$i=1,2,\cdots,n$，を定義する．このとき $x_i-a_i\geqq 0$ であれば $x_i-a_i=\alpha_i\eta$ となる $\alpha_i\geqq 0$ をえらぶことができ，$x_i-a_i<0$ であれば $x_i-a_i=-\alpha_i\eta$ となる $\alpha_i>0$ をえらぶことができる．したがって

$$x_i-a_i \geqq 0 \quad \text{のとき} \quad (x_i-a_i)\boldsymbol{e}_i = \alpha_i\eta\boldsymbol{e}_i = \alpha_i\boldsymbol{h}_i$$
$$x_i-a_i < 0 \quad \text{のとき} \quad (x_i-a_i)\boldsymbol{e}_i = -\alpha_i\eta\boldsymbol{e}_i = \alpha_i(-\eta\boldsymbol{e}_i) = \alpha_i\boldsymbol{h}_i$$

となるから，すべての i に対して

$$(x_i-a_i)\boldsymbol{e}_i = \alpha_i\boldsymbol{h}_i$$

とかくことができる．よって

$$\boldsymbol{x}-\boldsymbol{a} = \sum_{i=1}^{n}(x_i-a_i)\boldsymbol{e}_i = \sum_{i=1}^{n}\alpha_i\boldsymbol{h}_i, \quad \alpha_i \geqq 0, \quad i=1,2,\cdots,n$$

となる．

$\boldsymbol{h}_i$ の定義から $\alpha_i\boldsymbol{h}_i$ は第 i 成分が $\alpha_i\eta$ か $-\alpha_i\eta$ のどちらかであり，その他の成分はすべて 0 である．よって $\boldsymbol{x}-\boldsymbol{a}=\sum_i \alpha_i\boldsymbol{h}_i$ の各成分は $\alpha_i\eta$ か $-\alpha_i\eta$ のどちらかである．このことから

$$\|\boldsymbol{x}-\boldsymbol{a}\| = \eta\left(\sum_{i=1}^n \alpha_i^2\right)^{\frac{1}{2}} \tag{9}$$

がえられる．δ の定義式 (8) と $\|\boldsymbol{x}-\boldsymbol{a}\|<\delta$ とから，(9) により

$$\eta\left(\sum_{i=1}^n \alpha_i^2\right)^{\frac{1}{2}} < \delta \leqq \frac{\eta}{n} \qquad \therefore\ \ \alpha_i \leqq \left(\sum_{i=1}^n \alpha_i^2\right)^{\frac{1}{2}} < \frac{1}{n}, \qquad i=1,2,\cdots,n$$

がえられる．$f(\boldsymbol{x})$ が凸関数であることと $n\alpha_i<1$ とから

$$\begin{aligned} f(\boldsymbol{x}) &= f\left(\boldsymbol{a}+\sum_{i=1}^n \alpha_i\boldsymbol{h}_i\right) = f\left(\frac{1}{n}\sum_{i=1}^n(\boldsymbol{a}+n\alpha_i\boldsymbol{h}_i)\right) \\ &\leqq \frac{1}{n}\sum_{i=1}^n f(\boldsymbol{a}+n\alpha_i\boldsymbol{h}_i) \\ &= \frac{1}{n}\sum_{i=1}^n f((1-n\alpha_i)\boldsymbol{a}+n\alpha_i(\boldsymbol{a}+\boldsymbol{h}_i)) \\ &\leqq \frac{1}{n}\sum_{i=1}^n((1-n\alpha_i)f(\boldsymbol{a})+n\alpha_i f(\boldsymbol{a}+\boldsymbol{h}_i)) \end{aligned}$$

がえられ，両辺から $f(\boldsymbol{a})$ を引いて

$$f(\boldsymbol{x})-f(\boldsymbol{a}) \leqq \sum_{i=1}^n \alpha_i(f(\boldsymbol{a}+\boldsymbol{h}_i)-f(\boldsymbol{a}))$$

がえられる．θ の定義式 (7) から，どの i についても $f(\boldsymbol{a}+\boldsymbol{h}_i)-f(\boldsymbol{a})\leqq\theta$ であり，かつ $\alpha_i\geqq 0$ であるから

$$f(\boldsymbol{x})-f(\boldsymbol{a}) \leqq \theta\sum_{i=1}^n \alpha_i \tag{10}$$

が成立する．(8) と (9) から

$$\left(\sum_{i=1}^n \alpha_i^2\right)^{\frac{1}{2}}\eta = \|\boldsymbol{x}-\boldsymbol{a}\| < \delta \leqq \frac{\varepsilon\eta}{n\theta} \qquad \therefore\ \ \left(\sum_{i=1}^n \alpha_i^2\right)^{\frac{1}{2}} < \frac{\varepsilon}{n\theta}$$

がえられるから，$i=1,2,\cdots,n$ に対して

$$\alpha_i \leqq \left(\sum_{i=1}^n \alpha_i^2\right)^{\frac{1}{2}} < \frac{\varepsilon}{n\theta} \qquad \therefore\ \ \theta\alpha_i < \frac{\varepsilon}{n} \qquad \therefore\ \ \theta\sum_{i=1}^n \alpha_i < \varepsilon$$

となる．よって (10) から

$$f(\boldsymbol{x})-f(\boldsymbol{a}) \leqq \theta\sum_{i=1}^{n}\alpha_i < \varepsilon$$

がえられる．こうして

$$\|\boldsymbol{x}-\boldsymbol{a}\| < \delta \quad \text{であれば} \quad f(\boldsymbol{x})-f(\boldsymbol{a}) < \varepsilon \tag{11}$$

となることが示された．

次に $\|\boldsymbol{x}-\boldsymbol{a}\|<\delta$ のとき $f(\boldsymbol{a})-f(\boldsymbol{x})<\varepsilon$ となることを示す．そのために

$$\boldsymbol{y} = 2\boldsymbol{a}-\boldsymbol{x}$$

とおけば，$\boldsymbol{y}-\boldsymbol{a}=\boldsymbol{a}-\boldsymbol{x}$，したがって $\|\boldsymbol{y}-\boldsymbol{a}\|=\|\boldsymbol{a}-\boldsymbol{x}\|<\delta$ であるから，(11) で示したことにより

$$f(\boldsymbol{y})-f(\boldsymbol{a}) < \varepsilon \tag{12}$$

が成立する．ところで $\boldsymbol{a}=\frac{1}{2}\boldsymbol{x}+\frac{1}{2}\boldsymbol{y}$ であり，$f(\boldsymbol{x})$ が凸関数であるから

$$f(\boldsymbol{a}) = f\left(\frac{1}{2}\boldsymbol{x}+\frac{1}{2}\boldsymbol{y}\right) \leqq \frac{1}{2}f(\boldsymbol{x})+\frac{1}{2}f(\boldsymbol{y})$$

したがって $2f(\boldsymbol{a})\leqq f(\boldsymbol{x})+f(\boldsymbol{y})$ が成り立つから，(12) により

$$f(\boldsymbol{a})-f(\boldsymbol{x}) \leqq f(\boldsymbol{y})-f(\boldsymbol{a}) < \varepsilon$$

が成立する．

以上で $\|\boldsymbol{x}-\boldsymbol{a}\|<\delta$ のとき $f(\boldsymbol{x})-f(\boldsymbol{a})<\varepsilon$ と $f(\boldsymbol{a})-f(\boldsymbol{x})<\varepsilon$ が共に成り立つから $|f(\boldsymbol{x})-f(\boldsymbol{a})|<\varepsilon$ が成立する．よって $f(\boldsymbol{x})$ は $\boldsymbol{a}$ で連続である．$\boldsymbol{a}$ は Ω の任意の内点であったから，$f(\boldsymbol{x})$ は Ω の内点で連続である．(終)

定理 3.31 系 Ω を $\boldsymbol{R}^n$ の凸集合とし Ω は内点をもつとする．$f(\boldsymbol{x})$ を Ω における凹関数とすれば，$f(\boldsymbol{x})$ は Ω の内点で連続である．

(証明) $-f(\boldsymbol{x})$ は凸関数だから Ω の内点で連続である．したがって $f(\boldsymbol{x})$ も Ω の内点で連続である．(終)

(問 1) Ω を $\boldsymbol{R}^n$ の凸集合とし，$f_1(\boldsymbol{x}), f_2(\boldsymbol{x}), \cdots, f_m(\boldsymbol{x})$ はいずれも Ω における凸関数とすれば

$$f(\boldsymbol{x}) = \max\{f_1(\boldsymbol{x}), f_2(\boldsymbol{x}), \cdots, f_m(\boldsymbol{x})\}$$

も Ω における凸関数であることを示せ．

(問 2) Ω を $\boldsymbol{R}^n$ の凸集合とし，$\{f_\lambda(\boldsymbol{x})\}$，$\lambda\in\Lambda$ はいずれも Ω における凸関数とすれば

$$f(\boldsymbol{x}) = \sup_{\lambda \in \Lambda} f_\lambda(\boldsymbol{x})$$

も Ω における凸関数であることを示せ.

11.2 凸(凹)関数の性質——微分可能な場合

ここまでは $f(\boldsymbol{x})$ の微分可能性は仮定しなかったが，微分可能性を仮定すれば，凸(凹)関数を特徴づける次の定理がえられる.

> **定理 3.32** Ω を $\boldsymbol{R}^n$ の開凸集合とし，$f(\boldsymbol{x})$ は Ω 上の各点で連続微分可能とする．このとき，$f(\boldsymbol{x})$ が Ω 上の凸関数であるための必要十分条件は，任意の 2 点 $\boldsymbol{x}_1, \boldsymbol{x}_2 \in \Omega$ に対して
>
> $$(\boldsymbol{x}_2 - \boldsymbol{x}_1)\cdot\nabla f(\boldsymbol{x}_1) \leqq f(\boldsymbol{x}_2) - f(\boldsymbol{x}_1) \tag{13}$$
>
> が成り立つことである.
>
> $f(\boldsymbol{x})$ が Ω 上の凹関数であるための必要十分条件は，任意の $\boldsymbol{x}_1, \boldsymbol{x}_2 \in \Omega$ に対して逆向きの不等式
>
> $$(\boldsymbol{x}_2 - \boldsymbol{x}_1)\cdot\nabla f(\boldsymbol{x}_1) \geqq f(\boldsymbol{x}_2) - f(\boldsymbol{x}_1) \tag{14}$$
>
> が成り立つことである.

(証明) 凸関数の場合を証明する.

必要性：$f(\boldsymbol{x})$ が Ω において凸関数であれば，$0 < \alpha \leqq 1$ をみたす α に対して

$$f(\alpha\boldsymbol{x}_2 + (1-\alpha)\boldsymbol{x}_1) \leqq \alpha f(\boldsymbol{x}_2) + (1-\alpha) f(\boldsymbol{x}_1)$$

が成立する．この関係式を次のように変形する.

$$\frac{f(\boldsymbol{x}_1 + \alpha(\boldsymbol{x}_2 - \boldsymbol{x}_1)) - f(\boldsymbol{x}_1)}{\alpha} \leqq f(\boldsymbol{x}_2) - f(\boldsymbol{x}_1)$$

左辺の分子に平均値の定理を適用すれば，この不等式は

$$(\boldsymbol{x}_2 - \boldsymbol{x}_1)\cdot\nabla f(\boldsymbol{x}_1 + \theta\alpha(\boldsymbol{x}_2 - \boldsymbol{x}_1)) \leqq f(\boldsymbol{x}_2) - f(\boldsymbol{x}_1), \qquad 0 < \theta < 1$$

となるから，ここで $\alpha \to 0$ とすれば (13) がえられる.

十分性：任意の $\boldsymbol{x}_1, \boldsymbol{x}_2$ に対して

$$(\boldsymbol{x}_2 - \boldsymbol{x}_1)\cdot\nabla f(\boldsymbol{x}_1) \leqq f(\boldsymbol{x}_2) - f(\boldsymbol{x}_1)$$

が成り立つとする．ここで，$\boldsymbol{y}_1, \boldsymbol{y}_2 \in \Omega$ を任意にとり

$$\boldsymbol{x}_1 = \alpha\boldsymbol{y}_2 + (1-\alpha)\boldsymbol{y}_1, \qquad \boldsymbol{x}_2 = \boldsymbol{y}_1$$

とおけば

$$\boldsymbol{x}_2-\boldsymbol{x}_1=\boldsymbol{y}_1-(\alpha\boldsymbol{y}_2+(1-\alpha)\boldsymbol{y}_1)=-\alpha(\boldsymbol{y}_2-\boldsymbol{y}_1)$$

であるから，不等式 (13) から

$$-\alpha(\boldsymbol{y}_2-\boldsymbol{y}_1)\cdot\nabla f(\alpha\boldsymbol{y}_2+(1-\alpha)\boldsymbol{y}_1)\leqq f(\boldsymbol{y}_1)-f(\alpha\boldsymbol{y}_2+(1-\alpha)\boldsymbol{y}_1)$$

移項して

$$f(\alpha\boldsymbol{y}_2+(1-\alpha)\boldsymbol{y}_1)\leqq f(\boldsymbol{y}_1)+\alpha(\boldsymbol{y}_2-\boldsymbol{y}_1)\cdot\nabla f(\alpha\boldsymbol{y}_2+(1-\alpha)\boldsymbol{y}_1) \tag{15}$$

となる．次に

$$\boldsymbol{x}_1=\alpha\boldsymbol{y}_2+(1-\alpha)\boldsymbol{y}_1,\qquad \boldsymbol{x}_2=\boldsymbol{y}_2$$

とすれば

$$\boldsymbol{x}_2-\boldsymbol{x}_1=\boldsymbol{y}_2-(\alpha\boldsymbol{y}_2+(1-\alpha)\boldsymbol{y}_1)=(1-\alpha)(\boldsymbol{y}_2-\boldsymbol{y}_1)$$

であるから不等式 (13) から

$$(1-\alpha)(\boldsymbol{y}_2-\boldsymbol{y}_1)\cdot\nabla f(\alpha\boldsymbol{y}_2+(1-\alpha)\boldsymbol{y}_1)\leqq f(\boldsymbol{y}_2)-f(\alpha\boldsymbol{y}_2+(1-\alpha)\boldsymbol{y}_1)$$

がえられ，移項して

$$f(\alpha\boldsymbol{y}_2+(1-\alpha)\boldsymbol{y}_1)\leqq f(\boldsymbol{y}_2)-(1-\alpha)(\boldsymbol{y}_2-\boldsymbol{y}_1)\cdot\nabla f(\alpha\boldsymbol{y}_2+(1-\alpha)\boldsymbol{y}_1) \tag{16}$$

がえられる．$0\leqq\alpha$，$0\leqq1-\alpha$ であるから，(15) の両辺に $1-\alpha$ をかけ，(16) の両辺に α をかけてえられる 2 つの不等式を辺々加えると

$$f(\alpha\boldsymbol{y}_2+(1-\alpha)\boldsymbol{y}_1)\leqq \alpha f(\boldsymbol{y}_2)+(1-\alpha)f(\boldsymbol{y}_1)$$

がえられる．$\boldsymbol{y}_1, \boldsymbol{y}_2\in\Omega$，$0\leqq\alpha\leqq1$ は任意であったから，この不等式は，$f(\boldsymbol{x})$ が Ω において凸関数であることを示している．以上で凸関数の場合の証明は終った．

凹関数の場合も同様にして証明できる．(終)

この定理により，$f(\boldsymbol{x})$ が連続な偏導関数をもつときは，(13) と (14) は，それぞれ，$f(\boldsymbol{x})$ が凸関数，凹関数を定義する関係式と考えることができる．

この定理から次の定理は容易に導かれる．

> **定理 3. 33**　$f(\boldsymbol{x})$ は開凸集合 Ω 上で連続微分可能な凸 (凹) 関数とする．このとき $\boldsymbol{x}^0\in\Omega$ において
>
> $$\nabla f(\boldsymbol{x}^0)=\boldsymbol{0}$$
>
> が成り立つならば，$f(\boldsymbol{x}^0)$ は大域最小 (大) 値である．

(証明)　凸関数の場合を考える．定理 3. 32 により任意の $\boldsymbol{x}\in\Omega$ に対して

$$(\boldsymbol{x}-\boldsymbol{x}^0)\cdot\nabla f(\boldsymbol{x}^0) \leqq f(\boldsymbol{x})-f(\boldsymbol{x}^0)$$

が成り立つが，仮定により $\nabla f(\boldsymbol{x}^0)=\boldsymbol{0}$ であるから左辺は0になる．よって $f(\boldsymbol{x}^0)\leqq f(\boldsymbol{x})$ が成立するから，$f(\boldsymbol{x}^0)$ は最小値である．凹関数のときは，同様にして $f(\boldsymbol{x}^0)$ が最大値であることが示される．(終)

2次形式の定符号性に関する定理(第2巻第5章)をHesse行列に適用すれば次の定理がえられる．

定理 3.34 開凸集合 Ω の各点で $f(\boldsymbol{x})$ は連続な2階までの偏導関数をもつとする．このとき，$f(\boldsymbol{x})$ が Ω において凸関数であるための必要十分条件は，任意の $\boldsymbol{x}\in\Omega$ において，$f(\boldsymbol{x})$ の Hesse 行列 $f_{\boldsymbol{xx}}(\boldsymbol{x})$ が非負値になることである．ここで $f_{\boldsymbol{xx}}(\boldsymbol{x})$ は

$$f_{\boldsymbol{xx}}(\boldsymbol{x})=\begin{pmatrix} f_{x_1x_1}(\boldsymbol{x}) & f_{x_1x_2}(\boldsymbol{x}) & \cdots & f_{x_1x_n}(\boldsymbol{x}) \\ f_{x_2x_1}(\boldsymbol{x}) & f_{x_2x_2}(\boldsymbol{x}) & \cdots & f_{x_2x_n}(\boldsymbol{x}) \\ \cdots & & \cdots & \\ f_{x_nx_1}(\boldsymbol{x}) & f_{x_nx_2}(\boldsymbol{x}) & \cdots & f_{x_nx_n}(\boldsymbol{x}) \end{pmatrix}, \qquad f_{x_ix_j}(\boldsymbol{x})=\frac{\partial^2 f(\boldsymbol{x})}{\partial x_i\partial x_j}$$

で定義される．

$f(\boldsymbol{x})$ が Ω において凹関数であるための必要十分条件は，Ω 上の各点で $f_{\boldsymbol{xx}}(\boldsymbol{x})$ が非正値になることである．

(証明) 凸関数の場合について証明する．

任意に $\boldsymbol{x}_1, \boldsymbol{x}_2\in\Omega$，$\boldsymbol{x}_1\neq\boldsymbol{x}_2$ をとる．$\boldsymbol{h}=\boldsymbol{x}_2-\boldsymbol{x}_1$ とおけば $\boldsymbol{h}\neq\boldsymbol{0}$ であって，Taylor の定理により

$$f(\boldsymbol{x}_1+\boldsymbol{h})=f(\boldsymbol{x}_1)+\boldsymbol{h}\cdot\nabla f(\boldsymbol{x}_1)+\frac{1}{2}\boldsymbol{h}^T f_{\boldsymbol{xx}}(\boldsymbol{x}_1+\theta\boldsymbol{h})\boldsymbol{h}, \qquad 0<\theta<1$$

が成立する．$\boldsymbol{x}_1+\boldsymbol{h}=\boldsymbol{x}_2$ であるから，移項して

$$f(\boldsymbol{x}_2)-f(\boldsymbol{x}_1)-(\boldsymbol{x}_2-\boldsymbol{x}_1)\cdot\nabla f(\boldsymbol{x}_1)=\frac{1}{2}\boldsymbol{h}^T f_{\boldsymbol{xx}}(\boldsymbol{x}_1+\theta\boldsymbol{h})\boldsymbol{h} \tag{17}$$

となる．はじめに十分性の証明をする．

十分性：任意の $\boldsymbol{x}\in\Omega$ に対して $f_{\boldsymbol{xx}}(\boldsymbol{x})$ が非負値であるとする．このとき $f_{\boldsymbol{xx}}(\boldsymbol{x}_1+\theta\boldsymbol{h})$ は非負値であり，$\boldsymbol{h}\neq\boldsymbol{0}$ であるから

$$\boldsymbol{h}^T f_{\boldsymbol{xx}}(\boldsymbol{x}_1+\theta\boldsymbol{h})\boldsymbol{h}\geqq 0$$

が成立する．よって (17) の左辺も非負になるから

$$(\boldsymbol{x}_2-\boldsymbol{x}_1)\cdot\nabla f(\boldsymbol{x}_1) \leqq f(\boldsymbol{x}_2)-f(\boldsymbol{x}_1)$$

が成立して，定理 3.32 により $f(\boldsymbol{x})$ は凸関数になる．

必要性：$f(\boldsymbol{x})$ は凸関数とし，ある $\boldsymbol{x}_1\in\Omega$ において $f_{\boldsymbol{xx}}(\boldsymbol{x}_1)$ が非負値にならなかったと仮定してみよう．このときは，ある $\boldsymbol{h}\neq\boldsymbol{0}$ に対して

$$\boldsymbol{h}^T f_{\boldsymbol{xx}}(\boldsymbol{x}_1)\boldsymbol{h} < 0 \tag{18}$$

が成立する．$\boldsymbol{h}^T f_{\boldsymbol{xx}}(\boldsymbol{x})\boldsymbol{h}$ は $\boldsymbol{x}$ の連続関数だから，十分小さな $\varepsilon>0$ をとって，$\boldsymbol{x}_1$ の ε-近傍 $U(\boldsymbol{x}_1,\varepsilon)$ に属するすべての $\boldsymbol{x}$ に対して $\boldsymbol{h}^T f_{\boldsymbol{xx}}(\boldsymbol{x})\boldsymbol{h}<0$ が成り立つようにできる．$\delta>0$ を $\boldsymbol{x}_1+\delta\boldsymbol{h}\in U(\boldsymbol{x}_1,\varepsilon)$ となるようにえらんで

$$\tilde{\boldsymbol{h}} = \delta\boldsymbol{h}$$

とおけば，(18) により

$$\tilde{\boldsymbol{h}}^T f_{\boldsymbol{xx}}(\boldsymbol{x}_1)\tilde{\boldsymbol{h}} = \delta^2\boldsymbol{h}^T f_{\boldsymbol{xx}}(\boldsymbol{x}_1)\boldsymbol{h} < 0$$

であって，$\boldsymbol{x}_1+\tilde{\boldsymbol{h}}\in U(\boldsymbol{x}_1,\varepsilon)$ であるから，すべての $0<\theta<1$ に対して $\boldsymbol{x}_1+\theta\tilde{\boldsymbol{h}}\in U(\boldsymbol{x}_1,\varepsilon)$ となる．こうして

$$\text{すべての } 0<\theta<1 \quad \text{に対して} \quad \tilde{\boldsymbol{h}}^T f_{\boldsymbol{xx}}(\boldsymbol{x}_1+\theta\tilde{\boldsymbol{h}})\tilde{\boldsymbol{h}} < 0 \tag{19}$$

が成り立つ $\tilde{\boldsymbol{h}}\neq\boldsymbol{0}$ が存在することになる．

この $\tilde{\boldsymbol{h}}$ を使って $\boldsymbol{x}_2=\boldsymbol{x}_1+\tilde{\boldsymbol{h}}$ とおき，この $\boldsymbol{x}_1, \boldsymbol{x}_2$ に対して (18) の関係式

$$f(\boldsymbol{x}_2)-f(\boldsymbol{x}_1)-(\boldsymbol{x}_2-\boldsymbol{x}_1)\cdot\nabla f(\boldsymbol{x}_1) = \frac{1}{2}\tilde{\boldsymbol{h}}^T f_{\boldsymbol{xx}}(\boldsymbol{x}_1+\theta\tilde{\boldsymbol{h}})\tilde{\boldsymbol{h}}$$

を導けば，右辺は (19) により負であるから左辺も負になって

$$f(\boldsymbol{x}_2)-f(\boldsymbol{x}_1)-(\boldsymbol{x}_2-\boldsymbol{x}_1)\cdot\nabla f(\boldsymbol{x}_1) < 0$$

が成立する．したがって

$$(\boldsymbol{x}_2-\boldsymbol{x}_1)\cdot\nabla f(\boldsymbol{x}_1) > f(\boldsymbol{x}_2)-f(\boldsymbol{x}_1)$$

が成り立つことになるが，これは $f(\boldsymbol{x})$ が凸関数であるという仮定と矛盾する．よって $f_{\boldsymbol{xx}}(\boldsymbol{x})$ はすべての $\boldsymbol{x}\in\Omega$ に対して非負値である．

$f(\boldsymbol{x})$ が凹関数の場合は $-f(\boldsymbol{x})$ が凸関数であることを使えばよい．(終)

定理 3.34 系　開凸集合 Ω の各点において $f_{\boldsymbol{xx}}(\boldsymbol{x})$ が正値であれば $f(\boldsymbol{x})$ は Ω において狭義の凸関数である．$f_{\boldsymbol{xx}}(\boldsymbol{x})$ が負値であれば狭義の凹関数である．

(証明) $f_{xx}(\boldsymbol{x})$ が正値であれば $\boldsymbol{x}+\boldsymbol{h}\in\Omega$ をみたす任意の $\boldsymbol{h}\neq\boldsymbol{0}$ に対して

$$\boldsymbol{h}^T f_{xx}(\boldsymbol{x}+\theta\boldsymbol{h})\boldsymbol{h} > 0$$

となる．ここで $\boldsymbol{x}_1=\boldsymbol{x}$, $\boldsymbol{x}_2=\boldsymbol{x}+\boldsymbol{h}$ とおけば (17) の右辺は正になるから左辺も正になって

$$(\boldsymbol{x}_2-\boldsymbol{x}_1)\cdot\nabla f(\boldsymbol{x}_1) < f(\boldsymbol{x}_2)-f(\boldsymbol{x}_1)$$

が成立し，定理 3.34 の証明と同じ手続きで，任意の $\boldsymbol{y}_1, \boldsymbol{y}_2\in\Omega$, $\boldsymbol{y}_1\neq\boldsymbol{y}_2$ と $0<\alpha<1$ に対して，(15), (16) に対応する不等式

$$f(\alpha\boldsymbol{y}_2+(1-\alpha)\boldsymbol{y}_1) < f(\boldsymbol{y}_1)+\alpha(\boldsymbol{y}_2-\boldsymbol{y}_1)\cdot\nabla f(\alpha\boldsymbol{y}_2+(1-\alpha)\boldsymbol{y}_1)$$

$$f(\alpha\boldsymbol{y}_2+(1-\alpha)\boldsymbol{y}_1) < f(\boldsymbol{y}_2)-(1-\alpha)(\boldsymbol{y}_2-\boldsymbol{y}_1)\cdot\nabla f(\alpha\boldsymbol{y}_2+(1-\alpha)\boldsymbol{y}_1)$$

がえられる．最初の不等式に $1-\alpha$ をかけ，後の不等式に α をかけて加えると

$$f(\alpha\boldsymbol{y}_2+(1-\alpha)\boldsymbol{y}_1) < \alpha f(\boldsymbol{y}_2)+(1-\alpha)f(\boldsymbol{y}_1)$$

がえられるから，$f(\boldsymbol{x})$ は狭義の凸関数である．

f_{xx} が負値のときは $-f_{xx}$ が正値であることを使えばよい．(終)

§12 準凸(凹)関数と擬凸(凹)関数

凸(凹)関数が極値問題あるいは条件付き極値問題において重要視されるのは，関数の定義域が凸集合のとき，そこでの局所最適解がそのまま大域最適解になるという性質をもつことによる．しかし，関数が凸(凹)であるという条件はかなり強い条件である．そこで凸(凹)関数より条件は緩いけれども凸(凹)関数と類似の性質をもつ関数に関心が寄せられるようになった．凸(凹)関数のもつ性質の中で，ここでは次の 2 つの性質に着目する．$f(\boldsymbol{x})$ を $\boldsymbol{R}^n$ における凸(凹)関数とすれば

(i) $f(\boldsymbol{x})\leqq b(\geqq b)$ をみたす $\boldsymbol{x}$ の集合は凸集合である (定理 3.27).

(ii) $\nabla f(\boldsymbol{x}^0)=0$ をみたす $\boldsymbol{x}^0$ は大域最小(大)値である (定理 3.33).

以下，これらの性質をもつ関数を調べてみる．

12.1 準凸(凹)関数 (quasi convex (concave) function)

定義 $\boldsymbol{R}^n$ の凸集合 Ω で定義された関数 $f(\boldsymbol{x})$ が，任意の $\boldsymbol{x}_1, \boldsymbol{x}_2\in\Omega$ と $0\leqq\alpha\leqq1$ に対して

$$f(\alpha \boldsymbol{x}_2+(1-\alpha)\boldsymbol{x}_1) \leqq \max\{f(\boldsymbol{x}_1), f(\boldsymbol{x}_2)\}$$

をみたすとき，$f(\boldsymbol{x})$ を**準凸関数**という．また

$$f(\alpha \boldsymbol{x}_2+(1-\alpha)\boldsymbol{x}_1) \geqq \min\{f(\boldsymbol{x}_1), f(\boldsymbol{x}_2)\}$$

をみたすとき，$f(\boldsymbol{x})$ を**準凹関数**という．

この定義から，$f(\boldsymbol{x})$ が準凸であれば $-f(\boldsymbol{x})$ が準凹であることがわかる．準凸(凹)関数はさきに述べた(i)の性質によって特徴づけられる．

定理 3.35 凸集合 Ω で定義された関数 $f(\boldsymbol{x})$ が準凸関数であるための必要十分条件は，任意の実数 b に対して，集合

$$S(b)=\{\boldsymbol{x}\mid f(\boldsymbol{x})\leqq b,\ \ \boldsymbol{x}\in\Omega\}$$

が凸集合になることである．

$f(\boldsymbol{x})$が準凹関数であるための必要十分条件は

$$S(b)=\{\boldsymbol{x}\mid f(\boldsymbol{x})\geqq b,\ \ \boldsymbol{x}\in\Omega\}$$

が凸集合になることである．

(証明) 準凸の場合を証明する．

必要性：$f(\boldsymbol{x})$は準凸であるとする．任意に $\boldsymbol{x}_1, \boldsymbol{x}_2\in S(b)$ をとる．このとき

$$f(\boldsymbol{x}_1)\leqq b, \qquad f(\boldsymbol{x}_2)\leqq b$$

と $f(\boldsymbol{x})$ の準凸性から，任意の $0\leqq\alpha\leqq 1$ に対して

$$f(\alpha \boldsymbol{x}_2+(1-\alpha)\boldsymbol{x}_1) \leqq \max\{f(\boldsymbol{x}_1), f(\boldsymbol{x}_2)\}\leqq b$$

が成立する．よって $\alpha\boldsymbol{x}_2+(1-\alpha)\boldsymbol{x}_1\in S(b)$ となるから $S(b)$ は凸集合である．

十分性：任意の b に対して $S(b)$ は凸集合であるとする．任意に $\boldsymbol{x}_1, \boldsymbol{x}_2\in\Omega$ をとり，実数 b を

$$b=\max\{f(\boldsymbol{x}_1), f(\boldsymbol{x}_2)\}$$

ととる．この b に対して $f(\boldsymbol{x}_1)\leqq b$，$f(\boldsymbol{x}_2)\leqq b$ であるから

$$\boldsymbol{x}_1, \boldsymbol{x}_2 \in S(b)$$

である．仮定により $S(b)$ は凸集合であるから，任意の $0\leqq\alpha\leqq 1$ に対して

$$\alpha\boldsymbol{x}_2+(1-\alpha)\boldsymbol{x}_1 \in S(b)$$

となる．よって

$$f(\alpha \boldsymbol{x}_2+(1-\alpha)\boldsymbol{x}_1) \leqq b=\max\{f(\boldsymbol{x}_1), f(\boldsymbol{x}_2)\}$$

が成り立つから $f(\boldsymbol{x})$ は準凸である．

$f(\boldsymbol{x})$ が準凹の場合は $-f(\boldsymbol{x})$ が準凸となるから，$-f(\boldsymbol{x})$ に対して上記の結論を適用すればよい．(終)

[例] 1変数関数の場合のグラフを図で示す (図 12.1).

図 (a) は単調関数であり，単調関数は準凸であり，同時に準凹である．図 (b) は不連続点を含む準凸関数である．(c) は連続な準凹関数である．

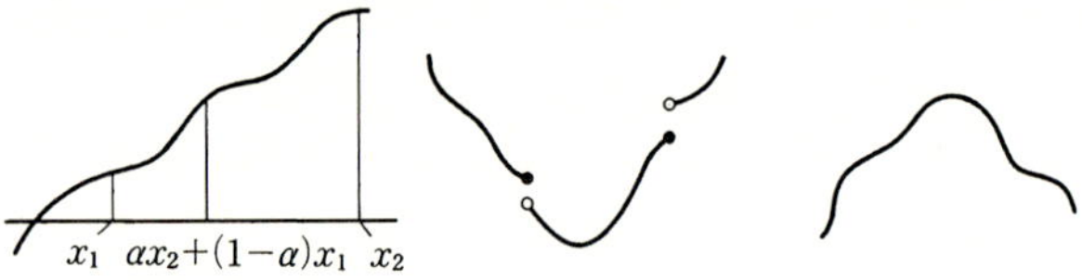

図 12.1

以下，準凸，準凹関数の性質のいくつかを定理として列挙しておく．

> **定理 3.36** Ω を閉凸多面体とし，Ω の頂点を $\boldsymbol{a}_1, \boldsymbol{a}_2, \cdots, \boldsymbol{a}_m$ とする．すなわち
>
> $$\Omega = \left\{\boldsymbol{x} \mid \boldsymbol{x}=\sum_{i=1}^{m}\alpha_i\boldsymbol{a}_i,\ \ \sum_{i=1}^{m}\alpha_i=1,\ \ \alpha_i\geqq 0,\ \ i=1,2,\cdots,m\right\}$$
>
> とする．$f(\boldsymbol{x})$ を Ω で定義された連続な準凸 (凹) 関数とすれば，$f(\boldsymbol{x})$ は端点 $\boldsymbol{a}_1, \boldsymbol{a}_2, \cdots, \boldsymbol{a}_m$ のうちのどこかで最大 (小) 値をとる．

(証明) 準凸の場合を考える．Ω はコンパクト集合であり，$f(\boldsymbol{x})$ は Ω 上で連続だから，$f(\boldsymbol{x})$ は Ω 上で最大値をとる．その点を $\boldsymbol{x}^0$ とする．$f(\boldsymbol{x}^0)=f(\boldsymbol{a}_i)$ となる端点 $\boldsymbol{a}_i$ があれば定理は証明されたことになる．そこで $\boldsymbol{x}^0$ がどの端点とも一致しないと仮定してみる．このときはすべての i に対して $f(\boldsymbol{a}_i)<f(\boldsymbol{x}^0)$ であるから

$$\max_{1\leqq i\leqq n} f(\boldsymbol{a}_i) = b$$

とおけば

$$f(\boldsymbol{x}^0) > b$$

が成立する．そこで

$$S(b) = \{\boldsymbol{x} \mid f(\boldsymbol{x}) \leqq b,\ \ \boldsymbol{x} \in \Omega\}$$

とおく．すべての $i=1, 2, \cdots, m$ に対して

$$f(\boldsymbol{a}_i) \leqq \max_i f(\boldsymbol{a}_i) = b$$

であるから

$$\boldsymbol{a}_i \in S(b), \qquad i = 1, 2, \cdots, m$$

であり，$f(\boldsymbol{x})$ が準凸だから $S(b)$ は凸集合である．したがって，$\sum_{i=1}^{m} \alpha_i = 1$，$\alpha_i \geqq 0$，$i=1, 2, \cdots, m$，をみたす任意の $\{\alpha_i\}$ に対して

$$\sum_{i=1}^{m} \alpha_i \boldsymbol{a}_i \in S(b)$$

となる．このことと Ω の定義から $\Omega \subset S(b)$ がえられるが，$S(b) \subset \Omega$ は当然だから $S(b) = \Omega$ となる．そして $\boldsymbol{x}^0 \in \Omega$ であるから $\boldsymbol{x}^0 \in S(b)$ が成立し，$S(b)$ の定義から

$$f(\boldsymbol{x}^0) \leqq b$$

でなくてはならない．この不等式は前記の不等式 $f(\boldsymbol{x}^0) > b$ と矛盾する．したがって $\boldsymbol{x}^0$ は端点 $\boldsymbol{a}_1, \boldsymbol{a}_2, \cdots, \boldsymbol{a}_m$ のどれかと一致しなくてはならない．

$f(\boldsymbol{x})$ が準凹のときは $-f(\boldsymbol{x})$ に対して上記の推論を適用すればよい．(終)

連続微分可能な準凸(凹)関数は次の定理によって特徴づけられる．

定理 3.37 Ω を空でない開凸集合とし，$f(\boldsymbol{x})$は Ω 上で連続微分可能とする．このとき，$f(\boldsymbol{x})$ が Ω 上で準凸であるための必要十分条件は，$\boldsymbol{x}_1, \boldsymbol{x}_2 \in \Omega$ に対して

$$f(\boldsymbol{x}_2) \leqq f(\boldsymbol{x}_1) \Longrightarrow (\boldsymbol{x}_2 - \boldsymbol{x}_1) \cdot \nabla f(\boldsymbol{x}_1) \leqq 0$$

が成り立つことである．

同様に，$f(\boldsymbol{x})$ が Ω 上で準凹であるための必要十分条件は，$\boldsymbol{x}_1, \boldsymbol{x}_2 \in \Omega$ に対して

$$f(\boldsymbol{x}_2) \geqq f(\boldsymbol{x}_1) \Longrightarrow (\boldsymbol{x}_2 - \boldsymbol{x}_1) \cdot \nabla f(\boldsymbol{x}_1) \geqq 0$$

が成り立つことである．

(証明) 準凸の場合を証明する．

必要性：$f(\boldsymbol{x})$ は Ω 上で準凸とする．$f(\boldsymbol{x}_2)\leqq f(\boldsymbol{x}_1)$ をみたす $\boldsymbol{x}_1, \boldsymbol{x}_2\in\Omega$ を任意にとって

$$\boldsymbol{x}(\alpha) = \alpha\boldsymbol{x}_2+(1-\alpha)\boldsymbol{x}_1, \qquad 0<\alpha<1$$

とおく．$f(\boldsymbol{x})$ が準凸であることと $f(\boldsymbol{x}_2)\leqq f(\boldsymbol{x}_1)$ から

$$f(\boldsymbol{x}(\alpha)) \leqq \max\{f(\boldsymbol{x}_1),\ f(\boldsymbol{x}_2)\} = f(\boldsymbol{x}_1)$$

となる．平均値の定理により

$$\begin{aligned} f(\boldsymbol{x}(\alpha)) &= f(\boldsymbol{x}_1+\alpha(\boldsymbol{x}_2-\boldsymbol{x}_1)) \\ &= f(\boldsymbol{x}_1)+\alpha(\boldsymbol{x}_2-\boldsymbol{x}_1)\cdot\nabla f(\boldsymbol{x}_1+\theta\alpha(\boldsymbol{x}_2-\boldsymbol{x}_1)), \qquad 0<\theta<1 \end{aligned}$$

が成立し，$f(\boldsymbol{x}(\alpha))\leqq f(\boldsymbol{x}_1)$ であるから

$$f(\boldsymbol{x}(\alpha))-f(\boldsymbol{x}_1) = \alpha(\boldsymbol{x}_2-\boldsymbol{x}_1)\cdot\nabla f(\boldsymbol{x}_1+\theta\alpha(\boldsymbol{x}_2-\boldsymbol{x}_1)) \leqq 0$$

がえられる．ここで $\alpha>0$ であるから

$$(\boldsymbol{x}_2-\boldsymbol{x}_1)\cdot\nabla f(\boldsymbol{x}_1+\theta\alpha(\boldsymbol{x}_2-\boldsymbol{x}_1)) \leqq 0$$

がえられ，$\alpha\to0$ とすると

$$(\boldsymbol{x}_2-\boldsymbol{x}_1)\cdot\nabla f(\boldsymbol{x}_1) \leqq 0$$

がえられる．

十分性：$f(\boldsymbol{x}_2)\leqq f(\boldsymbol{x}_1)$ をみたす任意の $\boldsymbol{x}_1, \boldsymbol{x}_2\in\Omega$ に対して

$$(\boldsymbol{x}_2-\boldsymbol{x}_1)\cdot\nabla f(\boldsymbol{x}_1) \leqq 0$$

であるとする．このとき $f(\boldsymbol{x})$ が準凸ではなかったと仮定すれば，少なくとも1組の $\tilde{\boldsymbol{x}}_1, \tilde{\boldsymbol{x}}_2\in\Omega$ と，$0<\tilde{\alpha}<1$ をみたす $\tilde{\alpha}$ で，$\boldsymbol{x}(\tilde{\alpha})=\tilde{\alpha}\boldsymbol{x}_2+(1-\tilde{\alpha})\boldsymbol{x}_1$ とおいたとき

$$f(\boldsymbol{x}(\tilde{\alpha})) > \max\{f(\tilde{\boldsymbol{x}}_1), f(\tilde{\boldsymbol{x}}_2)\}$$

となるものが存在する．ここで

$$f(\tilde{\boldsymbol{x}}_2) \leqq f(\tilde{\boldsymbol{x}}_1)$$

と仮定してよい．なぜなら，$f(\tilde{\boldsymbol{x}}_2)>f(\tilde{\boldsymbol{x}}_1)$ であったとすれば $\tilde{\boldsymbol{x}}_1$ を $\tilde{\boldsymbol{x}}_2$ の添字の番号をつけかえ，$1-\tilde{\alpha}$ と $\tilde{\alpha}$ を入れかえればよいからである．このとき

$$f(\boldsymbol{x}(\tilde{\alpha})) > f(\tilde{\boldsymbol{x}}_1) \geqq f(\tilde{\boldsymbol{x}}_2)$$

が成立する．ここで $\varphi(\alpha)$，$0\leqq\alpha\leqq1$，を

$$\varphi(\alpha) = f(\boldsymbol{x}(\alpha)) = f(\alpha\tilde{\boldsymbol{x}}_2+(1-\alpha)\tilde{\boldsymbol{x}}_1)$$

によって定義する．$\varphi(0)=f(\tilde{\boldsymbol{x}}_1)$，$\varphi(1)=f(\tilde{\boldsymbol{x}}_2)$ であるから

$$\varphi(\tilde{\alpha}) > \varphi(0) \geqq \varphi(1)$$

が成立する．この不等式は，$\varphi(\alpha)$ が区間 $[0, 1]$ の中間の点で両端点における

値 $\varphi(0), \varphi(1)$ よりも大きい値をとることを示している．$\varphi(\alpha)$ は $[0,1]$ で連続であるから $[0,1]$ の中間のどこかで最大値をとる．$\varphi(\alpha)$ が最大値をとるような α のなかでの最大の α を α^* とすれば

$$\varphi(\alpha^*) \geqq \varphi(\tilde{\alpha}) > \varphi(0) \geqq \varphi(1)$$

である．$\varphi(\alpha^*)$ は最大値だから $\varphi'(\alpha^*)=0$ は当然だが，α が α^* を超えるとすぐ $\varphi(\alpha)$ は減少に転ずるから，$\varphi'(\alpha)<0$ となる．しかし $\varphi(\alpha^*)>\varphi(0)$ であるから α が α^* に近い間は不等式 $\varphi(\alpha)>\varphi(0)$ は成立し続ける．それゆえ $\alpha^*<\alpha_0$ をみたす α_0 を α^* の十分近くにとって，α_0 では 2 つの不等式

$$\varphi'(\alpha_0) < 0 \quad と \quad \varphi(\alpha_0) > \varphi(0)$$

が共に成り立つようにできるはずである．ところが，この 2 つの不等式は両立しない．その理由を以下に示す．

まず

$$\varphi(\alpha) = f(\boldsymbol{x}(\alpha)) = f(\alpha\tilde{\boldsymbol{x}}_2+(1-\alpha)\tilde{\boldsymbol{x}}_1)$$

であるから

$$\varphi'(\alpha) = (\tilde{\boldsymbol{x}}_2-\tilde{\boldsymbol{x}}_1)\cdot\nabla f(\boldsymbol{x}(\alpha))$$

である．したがって $\varphi'(\alpha_0)<0$ から

$$(\tilde{\boldsymbol{x}}_2-\tilde{\boldsymbol{x}}_1)\cdot\nabla f(\boldsymbol{x}(\alpha_0)) < 0 \tag{1}$$

がえられる．一方，$\varphi(\alpha_0)=f(\boldsymbol{x}(\alpha_0))$，$\varphi(0)=f(\tilde{\boldsymbol{x}}_1)$ であるから，$\varphi(\alpha_0)>\varphi(0)$ から

$$f(\tilde{\boldsymbol{x}}_1) < f(\boldsymbol{x}(\alpha_0))$$

となるが，このとき最初においた仮定から

$$(\tilde{\boldsymbol{x}}_1-\boldsymbol{x}(\alpha_0))\cdot\nabla f(\boldsymbol{x}(\alpha_0)) \leqq 0 \tag{2}$$

でなくてはならない．ところで

$$\boldsymbol{x}(\alpha_0) = \tilde{\boldsymbol{x}}_1+\alpha_0(\tilde{\boldsymbol{x}}_2-\tilde{\boldsymbol{x}}_1)$$

であるから

$$\tilde{\boldsymbol{x}}_1-\boldsymbol{x}(\alpha_0) = -\alpha_0(\tilde{\boldsymbol{x}}_2-\tilde{\boldsymbol{x}}_1)$$

となり，これと (2) から

$$-\alpha_0(\tilde{\boldsymbol{x}}_2-\tilde{\boldsymbol{x}}_1)\cdot\nabla f(\boldsymbol{x}(\alpha_0)) \leqq 0$$

$0<\alpha_0<1$ であるから

$$(\tilde{\boldsymbol{x}}_2-\tilde{\boldsymbol{x}}_1)\cdot\nabla f(\boldsymbol{x}(\alpha_0)) \geqq 0$$

が成立する．この不等式は (1) の不等式と矛盾する．この矛盾は $f(\boldsymbol{x})$ が準凸

ではないと仮定したことから生じた．よって $f(\boldsymbol{x})$ は準凸である．

準凹の場合は $-f(\boldsymbol{x})$ に対して上記の結論を適用すればよい．(終)

この定理から次の定理が導かれる．

定理 3.38 Ω を $\boldsymbol{R}^n$ の開凸集合とし，$f(\boldsymbol{x})$ は Ω において連続微分可能とする．$\nabla f(\boldsymbol{x}_0)\neq\boldsymbol{0}$ である $\boldsymbol{x}_0\in\Omega$ を任意にとる．このとき

$f(\boldsymbol{x})$ が準凸であれば

$$(\boldsymbol{x}-\boldsymbol{x}_0)\cdot\nabla f(\boldsymbol{x}_0)=0 \Longrightarrow f(\boldsymbol{x})\geqq f(\boldsymbol{x}_0)$$

$f(\boldsymbol{x})$ が準凹であれば

$$(\boldsymbol{x}-\boldsymbol{x}_0)\cdot\nabla f(\boldsymbol{x}_0)=0 \Longrightarrow f(\boldsymbol{x})\leqq f(\boldsymbol{x}_0)$$

が成立する．

(証明) $f(\boldsymbol{x})$ は準凸とし，$\nabla f(\boldsymbol{x}_0)\neq\boldsymbol{0}$ である $\boldsymbol{x}_0$ をとる．$f(\boldsymbol{x})$ が準凸だから集合

$$S(\boldsymbol{x}_0)=\{\boldsymbol{x}\mid f(\boldsymbol{x})\leqq f(\boldsymbol{x}_0),\ \ \boldsymbol{x}\in\Omega\}$$

は凸集合であり，$\boldsymbol{x}_0$ は $S(\boldsymbol{x}_0)$ の境界点である．$\boldsymbol{x}_0$ は境界曲面 $f(\boldsymbol{x})=f(\boldsymbol{x}_0)$ 上にあり，$\boldsymbol{x}_0$ を通るこの曲面の接平面の方程式は

$$(\boldsymbol{x}-\boldsymbol{x}_0)\cdot\nabla f(\boldsymbol{x}_0)=0 \tag{3}$$

で与えられる (§8の[例5]を見よ)．そして，$\boldsymbol{x}\in S(\boldsymbol{x}_0)$ ならば $f(\boldsymbol{x})\leqq f(\boldsymbol{x}_0)$ であるから，定理 3.37 により

$$(\boldsymbol{x}-\boldsymbol{x}_0)\cdot\nabla f(\boldsymbol{x}_0)\leqq 0$$

が成立する．このことは，$S(\boldsymbol{x}_0)$ が超平面 (3) によって区切られる $\boldsymbol{R}^n$ の2つの半空間の一方に含まれることを意味するから，接平面 (3) は $S(\boldsymbol{x}_0)$ の支持超平面になっている．凸集合 $S(\boldsymbol{x}_0)$ の支持超平面が $S(\boldsymbol{x}_0)$ の内点を含むことはありえないから，(3) をみたす $\boldsymbol{x}$ は $S(\boldsymbol{x}_0)$ の境界点か外点である．境界点であれば $f(\boldsymbol{x})=f(\boldsymbol{x}_0)$ をみたし，外点であれば $f(\boldsymbol{x})>f(\boldsymbol{x}_0)$ をみたす．こうして，$\nabla f(\boldsymbol{x}_0)\neq\boldsymbol{0}$ のとき

$$(\boldsymbol{x}-\boldsymbol{x}_0)\cdot\nabla f(\boldsymbol{x}_0)=0 \quad \text{ならば} \quad f(\boldsymbol{x}_0)\leqq f(\boldsymbol{x})$$

が成立する．

準凹のときは $-f(\boldsymbol{x})$ を考えればよい．(終)

次に，$f(\boldsymbol{x})$ の準凸(凹)性と $f(\boldsymbol{x})$ に関する特殊な形の縁つき Hesse 行列式

(bordered Hessian) の符号の間の関連を示す定理について述べる．そのために 2 次形式の定符号性に関して第 2 巻の第 5 章で述べたことの復習と若干の説明の補足をしておく．証明の詳細は第 2 巻第 5 章を見てほしい．

A を n 次対称行列とする．このとき

$$\boldsymbol{x}^T A \boldsymbol{x} \text{ が非負値} \Longleftrightarrow A \text{ の主座小行列式がすべて非負} \tag{4}$$

$$\boldsymbol{x}^T A \boldsymbol{x} \text{ が非正値} \Longleftrightarrow \begin{cases} A \text{ の主座小行列の中で，奇数次の} \\ \text{ものは非正，偶数次のものは非負} \end{cases} \tag{5}$$

が成立する．ここで非負値を正値に，非正値を負値に強めたとき

$$\boldsymbol{x}^T A \boldsymbol{x} \text{ が正値} \Longleftrightarrow A \text{ の狭義の主座小行列式がすべて正} \tag{6}$$

$$\boldsymbol{x}^T A \boldsymbol{x} \text{ が負値} \Longleftrightarrow \begin{cases} A \text{ の狭義主座小行列式の中で，奇数} \\ \text{次のものは負，偶数次のものは正} \end{cases} \tag{7}$$

が成立する．

次に条件付き定符号性に関する復習をする．ここでは制約条件は 1 つだけの場合を考える．

$$\boldsymbol{p}^T = (p_1, p_2, \cdots, p_n), \qquad p_1 \neq 0, \qquad \boldsymbol{p}_2{}^T = (p_2, p_3, \cdots, p_n)$$
$$\boldsymbol{x}^T = (x_1, x_2, \cdots, x_n), \qquad \boldsymbol{x}_2{}^T = (x_2, x_3, \cdots, x_n)$$

とおいて，条件 $\boldsymbol{p}^T\boldsymbol{x}=0$ のもとでの $\boldsymbol{x}^T A \boldsymbol{x}$ の符号を調べるのである．このことについて第 2 巻第 5 章で述べたことを再記すると次のようになる．

$\boldsymbol{p}^T\boldsymbol{x} = p_1x_1 + \boldsymbol{p}_2{}^T\boldsymbol{x}_2 = 0$ を x_1 について解けば

$$x_1 = -p_1{}^{-1}\boldsymbol{p}_2{}^T\boldsymbol{x}_2$$

となる．この x_1 の式を $\boldsymbol{x}^T A \boldsymbol{x}$ の x_1 のところへ代入すれば，$\boldsymbol{x}^T A \boldsymbol{x}$ の中に条件 $\boldsymbol{p}^T\boldsymbol{x}=0$ を織り込んだ $\boldsymbol{x}_2$ に関する 2 次形式 $\boldsymbol{x}_2{}^T Q \boldsymbol{x}_2$ がえられ，条件 $\boldsymbol{p}^T\boldsymbol{x}=0$ のもとで $\boldsymbol{x}^T A \boldsymbol{x}$ の符号を調べる問題は $\boldsymbol{x}_2{}^T Q \boldsymbol{x}_2$ の条件なしの符号問題に転化される．そして $\boldsymbol{x}_2{}^T Q \boldsymbol{x}_2$ の符号に関しては上記の (4), (5), (6), (7) の形の必要十分条件がそのまま成立する．非負値の (4)，正値の (6) の場合について述べれば

$$\boldsymbol{x}_2{}^T Q \boldsymbol{x}_2 \text{ が非負値} \Longleftrightarrow Q \text{ の主座小行列式がすべて非負} \tag{8}$$

$$\boldsymbol{x}_2{}^T Q \boldsymbol{x}_2 \text{ が正値} \Longleftrightarrow Q \text{ の狭義の主座小行列式がすべて正} \tag{9}$$

となる．ところで狭義主座小行列式は主座小行列式の特殊な場合だから，非負値の場合であっても

$$\boldsymbol{x}_2{}^T Q \boldsymbol{x}_2 \text{ が非負値} \Longrightarrow Q \text{ の狭義主座小行列式がすべて非負} \tag{10}$$

は当然成立する．ただし，この場合 $\Longleftarrow$ は一般には成立しない．

Q の主座小行列式を**狭義**の主座小行列式に限定すれば，第2巻第5章で述べたように，Q の r 次の狭義主座小行列式を $\det Q_r$ とかいたとき，$\det Q_r$ の符号は，制約式が1つであることを考慮すると，$r=1,2,\cdots,n-1$ に対して

$$(-1)\det\begin{pmatrix} 0 & p_1 & p_2 & \cdots & p_{r+1} \\ p_1 & a_{11} & a_{12} & \cdots & a_{1,r+1} \\ p_2 & a_{21} & a_{22} & \cdots & a_{2,r+1} \\ & \cdots & & \cdots & \\ p_{r+1} & a_{r+1,1} & a_{r+1,2} & \cdots & a_{r+1,r+1} \end{pmatrix} = (-1)\det\begin{pmatrix} 0 & p_1 & \boldsymbol{p}_2^{(r)} \\ p_1 & a_{11} & A_{12}^{(r)} \\ \boldsymbol{p}_2^{(r)T} & A_{21}^{(r)} & A_{22}^{(r)} \end{pmatrix} \tag{11}$$

の符号とまったく同じになる．(11)の右辺の記号は左辺を第2巻第5章の記号を用いてかいただけである．

以上述べたことは次の定理の証明の中で使われる．

連続な2階の偏導関数をもつ関数 $f(\boldsymbol{x})$ の縁つき Hesse 行列

$$D(\boldsymbol{x}) = \begin{pmatrix} 0 & \nabla f(\boldsymbol{x}) \\ \nabla f(\boldsymbol{x})^T & f_{xx}(\boldsymbol{x}) \end{pmatrix}$$

の r 次の狭義主座小行列を $D_r(\boldsymbol{x})$ とかく．$D_r(\boldsymbol{x})$ を成分表示すると

$$D_r(\boldsymbol{x}) = \begin{pmatrix} 0 & f_{x_1} & f_{x_2} & \cdots & f_{x_r} \\ f_{x_1} & f_{x_1x_1} & f_{x_1x_2} & \cdots & f_{x_1x_r} \\ f_{x_2} & f_{x_2x_1} & f_{x_2x_2} & \cdots & f_{x_2x_r} \\ & \cdots & & \cdots & \\ f_{x_r} & f_{x_rx_1} & f_{x_rx_2} & \cdots & f_{x_rx_r} \end{pmatrix}, \quad r = 1, 2, \cdots, n$$

である．$D_r(\boldsymbol{x})$ の行列式を $\det D_r(\boldsymbol{x})$ とかく．

定理 3.39 $\Omega \neq \emptyset$ を $\boldsymbol{R}^n$ の開凸集合とし，$f(\boldsymbol{x})$ は Ω 上で連続な2階の偏導関数をもつとする．このとき

(i) すべての $\boldsymbol{x} \in \Omega$ において

$$\det D_r(\boldsymbol{x}) < 0, \quad r = 1, 2, \cdots, n \tag{12}$$

であれば $f(\boldsymbol{x})$ は準凸関数であり

$$(-1)^r \det D_r(\boldsymbol{x}) > 0, \quad r = 1, 2, \cdots, n \tag{13}$$

であれば $f(\boldsymbol{x})$ は準凹関数である．

(ii) $f(\boldsymbol{x})$ が準凸関数であれば，すべての $\boldsymbol{x} \in \Omega$ において

$$\det D_r(\boldsymbol{x}) \leqq 0, \qquad r = 1, 2, \cdots, n \tag{14}$$

が成立し，$f(\boldsymbol{x})$ が準凹関数であれば，すべての $\boldsymbol{x} \in \Omega$ において

$$(-1)^r \det D_r(\boldsymbol{x}) \geqq 0, \qquad r = 1, 2, \cdots, n \tag{15}$$

が成立する．

(証明)　(i) の証明：すべての $\boldsymbol{x} \in \Omega$ で (12) が成り立つとし，このとき $f(\boldsymbol{x})$ が準凸ではないと仮定する．準凸ではないから，

$$\boldsymbol{x}(\alpha) = \alpha \boldsymbol{x}_2 + (1-\alpha)\boldsymbol{x}_1, \qquad 0 \leqq \alpha \leqq 1$$

とおいたとき $f(\boldsymbol{x}_1) \geqq f(\boldsymbol{x}_2)$ をみたす $\boldsymbol{x}_1 \neq \boldsymbol{x}_2$ と $0 < \tilde{\alpha} < 1$ をみたす $\tilde{\alpha}$ で

$$f(\boldsymbol{x}(\tilde{\alpha})) > \max\{f(\boldsymbol{x}_1), f(\boldsymbol{x}_2)\} = f(\boldsymbol{x}_1) \geqq f(\boldsymbol{x}_2)$$

をみたすものが存在する．ここで

$$\varphi(\alpha) = f(\boldsymbol{x}(\alpha))$$

とおけば，$f(\boldsymbol{x}(\tilde{\alpha})) > f(\boldsymbol{x}_1) \geqq f(\boldsymbol{x}_2)$ であるから

$$\varphi(\tilde{\alpha}) > \varphi(0) \geqq \varphi(1)$$

が成立する．このことは $\varphi(\alpha)$ が区間 $[0, 1]$ で最大値をとる点を α^* とすれば $0 < \alpha^* < 1$ であることを意味する．そして，α^* で $\varphi(\alpha)$ が最大値をとるから

$$\varphi'(\alpha^*) = 0, \qquad \varphi''(\alpha^*) \leqq 0 \tag{16}$$

が成立する．ところで

$$\varphi'(\alpha) = (\boldsymbol{x}_2 - \boldsymbol{x}_1) \cdot \nabla f(\boldsymbol{x}(\alpha)) \tag{17}$$

であるから α^* では

$$(\boldsymbol{x}_2 - \boldsymbol{x}_1) \cdot \nabla f(\boldsymbol{x}(\alpha^*)) = 0 \tag{18}$$

が成立する．(17) を α で微分すると

$$\varphi''(\alpha) = (\boldsymbol{x}_2 - \boldsymbol{x}_1)^T f_{\boldsymbol{xx}}(\boldsymbol{x}(\alpha))(\boldsymbol{x}_2 - \boldsymbol{x}_1)$$

となり，(16) から $\varphi''(\alpha^*) \leqq 0$ であるから

$$(\boldsymbol{x}_2 - \boldsymbol{x}_1)^T f_{\boldsymbol{xx}}(\boldsymbol{x}(\alpha^*))(\boldsymbol{x}_2 - \boldsymbol{x}_1) \leqq 0 \tag{19}$$

が成立する．

さて，すべての $\boldsymbol{x} \in \Omega$ で (12) が成り立つと仮定したから $\boldsymbol{x}(\alpha^*)$ において

$$\det D_r(\boldsymbol{x}(\alpha^*)) < 0, \qquad r = 1, 2, \cdots, n$$

が成り立つが，これが成り立つということは，$\boldsymbol{h}$ を変数ベクトルとしたときに，制約条件

$$\boldsymbol{h} \cdot \nabla f(\boldsymbol{x}(\alpha^*)) = 0 \tag{20}$$

のもとで2次形式 $\boldsymbol{h}^T f_{\boldsymbol{xx}}(\boldsymbol{x}(\alpha^*))\boldsymbol{h}$ が正値になること，すなわち(20)をみたすすべての $\boldsymbol{h} \neq \boldsymbol{0}$ に対して

$$\boldsymbol{h}^T f_{\boldsymbol{xx}}(\boldsymbol{x}(\alpha^*))\boldsymbol{h} > 0 \tag{21}$$

が成り立つことを意味している．(ここで(9)と(11)を使っている．(11)の -1 を除いた行列式の部分が $\det D_r$ に対応するのである．)

ここで $\boldsymbol{h}=\boldsymbol{x}_2-\boldsymbol{x}_1$ とおけば，この $\boldsymbol{h}$ は $\boldsymbol{h} \neq \boldsymbol{0}$ であって(18)が成り立つから(20)をみたす．したがって(21)により

$$(\boldsymbol{x}_2-\boldsymbol{x}_1)^T \nabla f(\boldsymbol{x}(\alpha^*))(\boldsymbol{x}_2-\boldsymbol{x}_1) > 0$$

でなくてはならないが，この結果は(19)と矛盾する．この矛盾は $f(\boldsymbol{x})$ が準凸ではないと仮定したことから生じたのだから，$f(\boldsymbol{x})$ は準凸でなくてはならない．

準凹の場合の証明も同様にしてできる．

(ii)の証明：$f(\boldsymbol{x})$ は準凸とする．$\boldsymbol{x}_0 \in \Omega$ を任意にえらぶ．$f(\boldsymbol{x})$ は準凸だから，$\nabla f(\boldsymbol{x}_0) \neq \boldsymbol{0}$ であれば定理3.38により

$$(\boldsymbol{x}-\boldsymbol{x}_0)\cdot\nabla f(\boldsymbol{x}_0) = 0 \Longrightarrow f(\boldsymbol{x}_0) \leqq f(\boldsymbol{x}) \tag{22}$$

が成立する．$(\boldsymbol{x}-\boldsymbol{x}_0)\cdot\nabla f(\boldsymbol{x}_0)=0$ をみたす $\boldsymbol{x} \neq \boldsymbol{x}_0$，$\boldsymbol{x} \in \Omega$，を任意にえらび，$\boldsymbol{x}-\boldsymbol{x}_0$ と成分比が同じであるベクトルの1つを $\boldsymbol{h}$ とすれば，$\boldsymbol{h} \neq \boldsymbol{0}$ であって

$$\boldsymbol{x}-\boldsymbol{x}_0 = t\boldsymbol{h}, \qquad t \neq 0$$

とかくことができる．このとき $\boldsymbol{x}=\boldsymbol{x}_0+t\boldsymbol{h}$ であって(22)から

$$t\boldsymbol{h}\cdot\nabla f(\boldsymbol{x}_0) = 0 \Longrightarrow f(\boldsymbol{x}_0) \leqq f(\boldsymbol{x}_0+t\boldsymbol{h}) \tag{23}$$

が成立する．$t \neq 0$ であるから $t\boldsymbol{h}\cdot\nabla f(\boldsymbol{x}_0)=0$ と $\boldsymbol{h}\cdot\nabla f(\boldsymbol{x}_0)=0$ は同じことである．したがって(23)から

$$\boldsymbol{h}\cdot\nabla f(\boldsymbol{x}_0) = 0 \Longrightarrow f(\boldsymbol{x}_0) \leqq f(\boldsymbol{x}_0+t\boldsymbol{h}) \tag{24}$$

が成立する．ここで $t \neq 0$ は $\boldsymbol{x}_0+t\boldsymbol{h} \in \Omega$ であれば任意でよい．

$f(\boldsymbol{x}_0+t\boldsymbol{h})$ を Taylor 展開すると

$$f(\boldsymbol{x}_0+t\boldsymbol{h}) = f(\boldsymbol{x}_0)+t\boldsymbol{h}\cdot\nabla f(\boldsymbol{x}_0)+\frac{t^2}{2}\boldsymbol{h}^T f_{\boldsymbol{xx}}(\boldsymbol{x}_0+\theta t\boldsymbol{h})\boldsymbol{h}, \qquad 0<\theta<1$$

となるから，$\boldsymbol{h}\cdot\nabla f(\boldsymbol{x}_0)=0$ をみたす $\boldsymbol{h}$ に対して

$$f(\boldsymbol{x}_0+t\boldsymbol{h})-f(\boldsymbol{x}_0) = \frac{t^2}{2}\boldsymbol{h}^T f_{\boldsymbol{xx}}(\boldsymbol{x}_0+\theta t\boldsymbol{h})\boldsymbol{h}$$

となる．(24)により左辺は非負だから右辺も非負になり $t \neq 0$ だから

$$\boldsymbol{h}^T f_{\boldsymbol{xx}}(\boldsymbol{x}_0+\theta t\boldsymbol{h})\boldsymbol{h} \geqq 0$$

となる．この不等式はすべての $t \neq 0$ に対して成立し，仮定により $f_{\boldsymbol{xx}}$ の各成分は連続だから，$t \to 0$ とすることにより

$$\boldsymbol{h}^T f_{\boldsymbol{xx}}(\boldsymbol{x}_0)\boldsymbol{h} \geqq 0$$

がえられる．以上により，$f(\boldsymbol{x})$ が準凸であり，$\nabla f(\boldsymbol{x}_0) \neq \boldsymbol{0}$ であれば，$\boldsymbol{h}\cdot\nabla f(\boldsymbol{x}_0)=0$ をみたすすべての $\boldsymbol{h} \neq \boldsymbol{0}$ に対して $\boldsymbol{h}^T f_{\boldsymbol{xx}}(\boldsymbol{x}_0)\boldsymbol{h} \geqq 0$ となることがわかった．すなわち，$f(\boldsymbol{x})$ が準凸のときは，$\nabla f(\boldsymbol{x}_0) \neq \boldsymbol{0}$ である $\boldsymbol{x}_0$ において，Hesse 行列 $f_{\boldsymbol{xx}}(\boldsymbol{x}_0)$ は条件 $\boldsymbol{h}\cdot\nabla f(\boldsymbol{x}_0)=0$ のもとで非負値になるのである．したがって，2 次形式の条件付き定符号性の理論(ここでは上記の (11) と (10))により，$\boldsymbol{x}_0$ において

$$\det D_r(\boldsymbol{x}_0) \leqq 0, \qquad r = 1, 2, \cdots, n$$

が成り立たなくてはならない．

$\nabla f(\boldsymbol{x}_0)=\boldsymbol{0}$ である $\boldsymbol{x}_0$ に対しては $\det D_r(\boldsymbol{x}_0)=0$ は自明であるから，$\det D_r(\boldsymbol{x}_0) \leqq 0$ は当然成り立っている．これで，$f(\boldsymbol{x})$ が準凸の場合の (ii) の証明は完了した．

準凹の場合の証明も同様にしてできる．(終)

(問 1)　凸(凹)関数は準凸(凹)であることを示せ．

(問 2)　単調関数は準凸であり，かつ準凹であることを示せ．

12. 2　擬凸(凹)関数 (pseudo convex (concave) function)

定義　$\Omega \subset \boldsymbol{R}^n$ を開凸集合とし，$f(\boldsymbol{x})$ は Ω において連続微分可能とする．このとき $\boldsymbol{x}_1, \boldsymbol{x}_2 \in \Omega$ において

$$(\boldsymbol{x}_2-\boldsymbol{x}_1)\cdot\nabla f(\boldsymbol{x}_1) \geqq 0 \Longrightarrow f(\boldsymbol{x}_2) \geqq f(\boldsymbol{x}_1) \qquad (25)$$

が成り立つならば，$f(\boldsymbol{x})$ は**擬凸関数**であるという．また

$$(\boldsymbol{x}_2-\boldsymbol{x}_1)\cdot\nabla f(\boldsymbol{x}_1) \leqq 0 \Longrightarrow f(\boldsymbol{x}_2) \leqq f(\boldsymbol{x}_1) \qquad (26)$$

が成り立つならば，$f(\boldsymbol{x})$ は**擬凹関数**であるという．

(25), (26) の対偶命題をとって，次のように定義することもできる．

定義　$\boldsymbol{x}_1, \boldsymbol{x}_2 \in \Omega$ において

$$f(\boldsymbol{x}_2) < f(\boldsymbol{x}_1) \Longrightarrow (\boldsymbol{x}_2 - \boldsymbol{x}_1)\cdot\nabla f(\boldsymbol{x}_1) < 0 \tag{27}$$

が成り立つならば，$f(\boldsymbol{x})$は擬凸関数であるという．また

$$f(\boldsymbol{x}_2) > f(\boldsymbol{x}_1) \Longrightarrow (\boldsymbol{x}_2 - \boldsymbol{x}_1)\cdot\nabla f(\boldsymbol{x}_1) > 0 \tag{28}$$

が成り立つならば，$f(\boldsymbol{x})$ は擬凹関数であるという．

この定義から，$f(\boldsymbol{x})$ が擬凸であれば $-f(\boldsymbol{x})$ は擬凹であることがわかる．擬凸 (凹) 関数について次の定理が成立する．

定理 3. 40 $\Omega\subset\boldsymbol{R}^n$ は開凸集合とし，Ω において $f(\boldsymbol{x})$ は擬凸 (凹) とする．このとき $\boldsymbol{x}^0\in\Omega$ において $f(\boldsymbol{x})$ が大域最小 (大) 値をとるための必要かつ十分な条件は

$$\nabla f(\boldsymbol{x}^0) = \boldsymbol{0}$$

が成り立つことである．

(証明) 必要性：Ω は開集合だからすべての $\boldsymbol{x}\in\Omega$ は内点である．したがって，$\boldsymbol{x}^0\in\Omega$ で $f(\boldsymbol{x})$ が最小値あるいは最大値をとれば，当然，$\boldsymbol{x}^0$ において $\nabla f(\boldsymbol{x}^0)=\boldsymbol{0}$ は成立する．

十分性：$\boldsymbol{x}^0\in\Omega$ で $\nabla f(\boldsymbol{x}^0)=\boldsymbol{0}$ とする．このときは任意の $\boldsymbol{x}\in\Omega$ に対して

$$(\boldsymbol{x}-\boldsymbol{x}^0)\cdot\nabla f(\boldsymbol{x}^0) = (\boldsymbol{x}-\boldsymbol{x}^0)\cdot\boldsymbol{0} = 0$$

が成り立つから，$f(\boldsymbol{x})$ が擬凸であれば (25) により $f(\boldsymbol{x})\geqq f(\boldsymbol{x}^0)$ が成立する．したがって $f(\boldsymbol{x}^0)$ は大域最小値である．また，$f(\boldsymbol{x})$ が擬凹であれば (26) により $f(\boldsymbol{x})\leqq f(\boldsymbol{x}^0)$ が成り立つから $f(\boldsymbol{x}^0)$ は大域最大値になる．(終)

関数の凸 (凹)，準凸 (凹)，擬凸 (凹) の間に次の関係が成立する．

定理 3. 41 $\Omega\subset\boldsymbol{R}^n$ は開凸集合とし，$f(\boldsymbol{x})$ は Ω において連続微分可能とする．このとき次の (i), (ii) が成立する．

(i) $f(\boldsymbol{x})$ が凸 (凹) であれば擬凸 (凹) である．

(ii) $f(\boldsymbol{x})$ が擬凸 (凹) であれば準凸 (凹) である．

(証明) 凸の場合を証明する．

(i) の証明：$f(\boldsymbol{x})$ は Ω において凸関数であるとする．このとき定理 3. 32 に

より，任意の $\boldsymbol{x}_1, \boldsymbol{x}_2 \in \Omega$ に対して

$$(\boldsymbol{x}_2-\boldsymbol{x}_1)\cdot\nabla f(\boldsymbol{x}_1) \leqq f(\boldsymbol{x}_2)-f(\boldsymbol{x}_1)$$

が成立する．したがって

$$(\boldsymbol{x}_2-\boldsymbol{x}_1)\cdot\nabla f(\boldsymbol{x}_1) \geqq 0$$

であれば $f(\boldsymbol{x}_2)-f(\boldsymbol{x}_1)\geqq 0$ すなわち $f(\boldsymbol{x}_2)\geqq f(\boldsymbol{x}_1)$ は当然成立するから，$f(\boldsymbol{x})$ は擬凸である．

(ii) の証明：$f(\boldsymbol{x})$ は Ω において擬凸とする．このとき $f(\boldsymbol{x})$ が準凸ではないと仮定して矛盾を導く．

$f(\boldsymbol{x})$ が Ω において準凸ではないのだから，ある $\boldsymbol{x}_1, \boldsymbol{x}_2 \in \Omega$ と $0<\alpha<1$ に対して

$$f(\alpha\boldsymbol{x}_2+(1-\alpha)\boldsymbol{x}_1) > \max\{f(\boldsymbol{x}_1), f(\boldsymbol{x}_2)\} \tag{29}$$

が成立する．このことは 2 点 $\boldsymbol{x}_1$ と $\boldsymbol{x}_2$ を端点とする線分を $[\boldsymbol{x}_1, \boldsymbol{x}_2]$ とかいたとき，$f(\boldsymbol{x})$ は線分 $[\boldsymbol{x}_1, \boldsymbol{x}_2]$ の内点で端点における値よりも大きな値をとることを意味する．そこで

$$f(\boldsymbol{x}^0) = \max_{x\in[x_1,x_2]} f(\boldsymbol{x}) \tag{30}$$

とおけば，$\boldsymbol{x}^0$ は $[\boldsymbol{x}_1, \boldsymbol{x}_2]$ の内点であって，(29), (30) により

$$f(\boldsymbol{x}_1) < f(\boldsymbol{x}^0), \qquad f(\boldsymbol{x}_2) < f(\boldsymbol{x}^0) \tag{31}$$

が成立する．$\boldsymbol{x}^0$ は $[\boldsymbol{x}_1, \boldsymbol{x}_2]$ の内点であるから

$$\boldsymbol{x}^0 = \lambda\boldsymbol{x}_2+(1-\lambda)\boldsymbol{x}_1, \qquad 0<\lambda<1 \tag{32}$$

とかくことができる．

ここで $\boldsymbol{x}_1$ と $\boldsymbol{x}^0$ を端点とする線分 $[\boldsymbol{x}_1, \boldsymbol{x}^0]$ の内点

$$\mu\boldsymbol{x}_1+(1-\mu)\boldsymbol{x}^0, \qquad 0<\mu<1$$

をとる (図 12.2)．この点は線分 $[\boldsymbol{x}_1, \boldsymbol{x}_2]$ 上にあるから，(30) から当然

$$f(\mu\boldsymbol{x}_1+(1-\mu)\boldsymbol{x}^0)-f(\boldsymbol{x}^0) \leqq 0 \tag{33}$$

が成立する．この不等式の左辺は，平均値の定理により

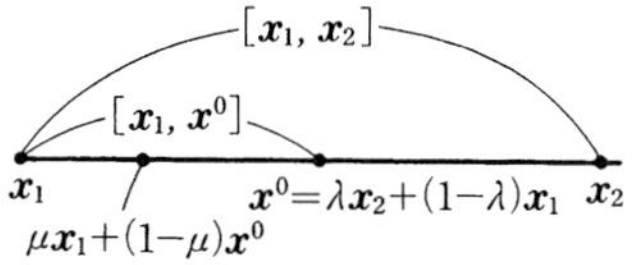

図 12.2

$$f(\mu \boldsymbol{x}_1+(1-\mu)\boldsymbol{x}^0)-f(\boldsymbol{x}^0)$$
$$=f(\boldsymbol{x}^0+\mu(\boldsymbol{x}_1-\boldsymbol{x}^0))-f(\boldsymbol{x}^0)$$
$$=\mu(\boldsymbol{x}_1-\boldsymbol{x}^0)\cdot\nabla f(\boldsymbol{x}^0+\theta\mu(\boldsymbol{x}_1-\boldsymbol{x}^0)), \quad 0<\theta<1$$

とかくことができる．よって (33) から

$$\mu(\boldsymbol{x}_1-\boldsymbol{x}^0)\cdot\nabla f(\boldsymbol{x}^0+\theta\mu(\boldsymbol{x}_1-\boldsymbol{x}^0)) \leqq 0$$

がえられるが，$\mu>0$ だから μ で割って

$$(\boldsymbol{x}_1-\boldsymbol{x}^0)\cdot\nabla f(\boldsymbol{x}^0+\theta\mu(\boldsymbol{x}_1-\boldsymbol{x}^0)) \leqq 0$$

がえられ，ここで $\mu\to 0$ とすることにより

$$(\boldsymbol{x}_1-\boldsymbol{x}^0)\cdot\nabla f(\boldsymbol{x}^0) \leqq 0 \tag{34}$$

がえられる．$\boldsymbol{x}_1$ の代わりに $\boldsymbol{x}_2$ をとって同様な推論をすれば

$$(\boldsymbol{x}_2-\boldsymbol{x}^0)\cdot\nabla f(\boldsymbol{x}^0) \leqq 0 \tag{35}$$

を導くことができる．ところで (32) から

$$\boldsymbol{x}_1-\boldsymbol{x}^0 = \boldsymbol{x}_1-(\lambda\boldsymbol{x}_2+(1-\lambda)\boldsymbol{x}_1) = \lambda(\boldsymbol{x}_1-\boldsymbol{x}_2) \tag{36}$$
$$\boldsymbol{x}_2-\boldsymbol{x}^0 = \boldsymbol{x}_2-(\lambda\boldsymbol{x}_2+(1-\lambda)\boldsymbol{x}_1) = -(1-\lambda)(\boldsymbol{x}_1-\boldsymbol{x}_2) \tag{37}$$

となるから，これらを (34) と (35) の左辺に代入すると

$$\lambda(\boldsymbol{x}_1-\boldsymbol{x}_2)\cdot\nabla f(\boldsymbol{x}^0) \leqq 0 \qquad \therefore\ (\boldsymbol{x}_1-\boldsymbol{x}_2)\cdot\nabla f(\boldsymbol{x}^0) \leqq 0$$
$$-(1-\lambda)(\boldsymbol{x}_1-\boldsymbol{x}_2)\cdot\nabla f(\boldsymbol{x}^0) \leqq 0 \qquad \therefore\ (\boldsymbol{x}_1-\boldsymbol{x}_2)\cdot\nabla f(\boldsymbol{x}^0) \geqq 0$$

が共に成り立つことになって，結局は

$$(\boldsymbol{x}_1-\boldsymbol{x}_2)\cdot\nabla f(\boldsymbol{x}^0)=0$$

が成り立つことになる．よって，(36), (37) を使うと

$$(\boldsymbol{x}_1-\boldsymbol{x}^0)\cdot\nabla f(\boldsymbol{x}^0) = \lambda(\boldsymbol{x}_1-\boldsymbol{x}_2)\cdot\nabla f(\boldsymbol{x}^0)=0$$
$$(\boldsymbol{x}_2-\boldsymbol{x}^0)\cdot\nabla f(\boldsymbol{x}^0) = -(1-\lambda)(\boldsymbol{x}_1-\boldsymbol{x}_2)\cdot\nabla f(\boldsymbol{x}^0)=0$$

がえられる．こうして

$$(\boldsymbol{x}_1-\boldsymbol{x}^0)\cdot\nabla f(\boldsymbol{x}^0)=0, \quad (\boldsymbol{x}_2-\boldsymbol{x}^0)\cdot\nabla f(\boldsymbol{x}^0)=0 \tag{38}$$

が共に成り立つことになる．

(38) が成り立つのだから，(38) より緩い条件

$$(\boldsymbol{x}_1-\boldsymbol{x}^0)\cdot\nabla f(\boldsymbol{x}^0) \geqq 0, \quad (\boldsymbol{x}_2-\boldsymbol{x}^0)\cdot\nabla f(\boldsymbol{x}^0) \geqq 0$$

は当然成立している．そして $f(\boldsymbol{x})$ は擬凸であるから，擬凸の定義式 (25) により，このとき

$$(\boldsymbol{x}_1-\boldsymbol{x}^0)\cdot\nabla f(\boldsymbol{x}^0) \geqq 0 \Longrightarrow f(\boldsymbol{x}_1) \geqq f(\boldsymbol{x}^0)$$
$$(\boldsymbol{x}_2-\boldsymbol{x}^0)\cdot\nabla f(\boldsymbol{x}^0) \geqq 0 \Longrightarrow f(\boldsymbol{x}_2) \geqq f(\boldsymbol{x}^0)$$

が成立する．すなわち，(38) が成り立つことから

$$f(\boldsymbol{x}_1) \geqq f(\boldsymbol{x}^0), \qquad f(\boldsymbol{x}_2) \geqq f(\boldsymbol{x}^0)$$

が導かれることになる．この結果は (31) の不等式と矛盾する．この矛盾は $f(\boldsymbol{x})$ が準凸ではないと仮定したことから導かれた．よって $f(\boldsymbol{x})$ は準凸でなくてはならない．

以上で凸の場合の証明は完了した．凹の場合は $-f(\boldsymbol{x})$ に対して上述の結論を適用すればよい．(終)

(コメント)　定理 3.41 の (i), (ii) の逆は一般には成立しない．(i) の逆が成り立たない例として 1 変数の 3 次関数

$$f(x) = x + x^3, \qquad -\infty < x < \infty$$

を考えてみる．この関数は $x<0$ のときは $f''(x)=6x<0$ であるから区間 $(-\infty, 0)$ では凸関数ではない．しかし，$(-\infty, \infty)$ で $\nabla f(x)=f'(x)=1+3x^2>0$ だから

$$(x_2-x_1)f'(x_1) \geqq 0 \Longrightarrow (x_2-x_1)(1+3{x_1}^2) \geqq 0 \Longrightarrow x_2-x_1 \geqq 0$$
$$\Longrightarrow (x_2+{x_2}^3)-(x_1+{x_1}^3) \geqq 0 \Longrightarrow f(x_2) \geqq f(x_1)$$

が成立する．よって $f(x)=x+x^3$ は $(-\infty, \infty)$ 全域で擬凸である．

(ii) の逆が成り立たない例としては 3 次関数

$$f(x) = x^3, \qquad -\infty < x < \infty$$

がある．この関数は単調増加関数だから全区間で準凸である．しかし $\nabla f(x) = f'(x)=3x^2$ だから $\nabla f(0)=0$ である．したがって，すべての $x \in (-\infty, \infty)$ に対して

$$(x-0)\cdot\nabla f(0) = 0$$

となるが，$x<0$ に対しては $f(x)=x^3<0=f(0)$ が成り立つから，$x<0$ のときは

$$(x-0)\cdot\nabla f(0) = 0 \Longrightarrow f(x) \geqq f(0)$$

が成立しない．よって $f(x)=x^3$ は擬凸関数ではない．

§13　非負領域における関数の極値

経済学を含む応用面で登場する関数については，変数に対して非負性が要求される場合が多い．ここでは，変数が非負である関数の極値について，基本的

な事項をまとめておく．

定理 3.42 関数 $f(\boldsymbol{x})$ は非負領域 $\boldsymbol{x} \geqq \boldsymbol{0}$ で定義され，そこで連続微分可能とし，さらに，点 $\boldsymbol{x}^0 \geqq \boldsymbol{0}$ において $f(\boldsymbol{x})$ は極値をとるものとする．このとき

（i） $f(\boldsymbol{x}^0)$ が極大値であれば，$\boldsymbol{x}^0$ において

$$\nabla f(\boldsymbol{x}^0) \leqq \boldsymbol{0} \qquad \left(\frac{\partial f(\boldsymbol{x}^0)}{\partial x_j} \leqq 0,\ \ j=1, 2, \cdots, n\right)$$

$$\boldsymbol{x}^0 \cdot \nabla f(\boldsymbol{x}^0) = 0 \qquad \left(\sum_{j=1}^{n} x_j{}^0 \frac{\partial f(\boldsymbol{x}^0)}{\partial x_j} = 0\right)$$

が成立する．

（ii） $f(\boldsymbol{x}^0)$ が極小値であれば，$\boldsymbol{x}^0$ において

$$\nabla f(\boldsymbol{x}^0) \geqq \boldsymbol{0} \qquad \left(\frac{\partial f(\boldsymbol{x}^0)}{\partial x_j} \geqq 0,\ \ j=1, 2, \cdots, n\right)$$

$$\boldsymbol{x}^0 \cdot \nabla f(\boldsymbol{x}^0) = 0 \qquad \left(\sum_{j=1}^{n} x_j{}^0 \frac{\partial f(\boldsymbol{x}^0)}{\partial x_j} = 0\right)$$

が成立する．

（証明） $\boldsymbol{x}^0$ が非負領域 $\boldsymbol{R}_+{}^n$ の内点，すなわち $\boldsymbol{x}^0 > \boldsymbol{0}$ であれば $\nabla f(\boldsymbol{x}^0) = \boldsymbol{0}$ が成り立つから，(i), (ii) は明らかに成立する．そこで，$\boldsymbol{x}^0$ が $\boldsymbol{R}_+{}^n$ の境界点である場合，すなわち $x_j{}^0 = 0$ となる成分がある場合を調べる．

（i） $f(\boldsymbol{x}^0)$ が極大値である場合を調べる．

$x_j{}^0 > 0$ である j については，$|h|$ が十分小さいすべての h に対して，h の正負に関係なく $x_j{}^0 + h \geqq 0$ となるから，$\boldsymbol{x}^0 + h\boldsymbol{e}_j \geqq \boldsymbol{0}$ であり，これに対して

$$f(\boldsymbol{x}^0 + h\boldsymbol{e}_j) \leqq f(\boldsymbol{x}^0) \tag{1}$$

が成立する．したがって

$$\frac{f(\boldsymbol{x}^0 + h\boldsymbol{e}_j) - f(\boldsymbol{x}^0)}{h} \begin{array}{ll} \leqq 0, & h > 0 \text{ のとき} \\ \geqq 0, & h < 0 \text{ のとき} \end{array} \tag{2}$$

が成立し，$h \to 0$ とすれば $\dfrac{\partial f(\boldsymbol{x}^0)}{\partial x_j} = 0$ がえられる．よって

$$x_j{}^0 > 0 \quad \text{である } j \text{ について} \quad \frac{\partial f(\boldsymbol{x}^0)}{\partial x_j} = 0 \tag{3}$$

となる．$x_j{}^0 = 0$ のときは，$h \geqq 0$ の場合に限って $\boldsymbol{x}^0 + h\boldsymbol{e}_j \geqq \boldsymbol{0}$ であるから，$h \geqq 0$

の場合に限って(1)の不等式が成立する．したがって

$$h>0 \quad \text{のとき} \quad \frac{f(\boldsymbol{x}^0+he_j)-f(\boldsymbol{x}^0)}{h} \leqq 0$$

であって，$h \to 0$ とすると $\dfrac{\partial f(\boldsymbol{x}^0)}{\partial x_j} \leqq 0$ がえられるから

$$x_j{}^0=0 \quad \text{である } j \text{ について} \quad \frac{\partial f(\boldsymbol{x}^0)}{\partial x_j} \leqq 0 \tag{4}$$

である．(3)と(4)から(i)の主張がえられれる．

$f(\boldsymbol{x}^0)$ が極小値の場合も同様であって，$x_j{}^0>0$ である j については(3)が成立し，$x_j{}^0=0$ のときは

$$x_j{}^0=0 \quad \text{である } j \text{ について} \quad \frac{\partial f(\boldsymbol{x}^0)}{\partial x_j} \geqq 0 \tag{5}$$

が成立する．これらは(ii)の主張と同値である．(終)

この定理は非負領域における極値の必要条件を与えるものであるが，1つの十分条件は次の定理で与えられる．

定理 3.43 $f(\boldsymbol{x})$ は非負領域で連続微分可能とする．このとき，点 $\boldsymbol{x}^0 \geqq \boldsymbol{0}$ において

(i) $\nabla f(\boldsymbol{x}^0) \leqq \boldsymbol{0}$, $\boldsymbol{x}^0 \cdot \nabla f(\boldsymbol{x}^0)=0$ が成立し，さらに，$\boldsymbol{x}^0$ の近傍に属するすべての $\boldsymbol{x} \geqq \boldsymbol{0}$ に対して

$$f(\boldsymbol{x})-f(\boldsymbol{x}^0) \leqq (\boldsymbol{x}-\boldsymbol{x}^0) \cdot \nabla f(\boldsymbol{x}^0) \tag{6}$$

が成り立つならば，$f(\boldsymbol{x})$ は $\boldsymbol{x}^0$ で極大値をとる．

(ii) $\nabla f(\boldsymbol{x}^0) \geqq \boldsymbol{0}$, $\boldsymbol{x}^0 \cdot \nabla f(\boldsymbol{x}^0)=0$ が成立し，さらに，$\boldsymbol{x}^0$ の近傍に属するすべての $\boldsymbol{x} \geqq \boldsymbol{0}$ に対して

$$f(\boldsymbol{x})-f(\boldsymbol{x}^0) \geqq (\boldsymbol{x}-\boldsymbol{x}^0) \cdot \nabla f(\boldsymbol{x}^0) \tag{7}$$

が成り立つならば，$f(\boldsymbol{x})$ は $\boldsymbol{x}^0$ で極小値をとる．

(証明) (i)を証明する．(6)が成り立つことと $\boldsymbol{x}^0 \cdot \nabla f(\boldsymbol{x}^0)=0$ とから

$$f(\boldsymbol{x}) \leqq f(\boldsymbol{x}^0)+(\boldsymbol{x}-\boldsymbol{x}^0) \cdot \nabla f(\boldsymbol{x}^0) = f(\boldsymbol{x}^0)+\boldsymbol{x} \cdot \nabla f(\boldsymbol{x}^0)$$

であるが，$\boldsymbol{x} \geqq \boldsymbol{0}$, $\nabla f(\boldsymbol{x}^0) \leqq \boldsymbol{0}$ から $\boldsymbol{x} \cdot \nabla f(\boldsymbol{x}^0) \leqq 0$. よって

$$f(\boldsymbol{x}) \leqq f(\boldsymbol{x}^0)+\boldsymbol{x} \cdot \nabla f(\boldsymbol{x}^0) \leqq f(\boldsymbol{x}^0)$$

となる．これは $f(\boldsymbol{x}^0)$ が極大値であることを示している．

(ii) も同様にして証明できる．(終)

定理 3.43 系 定理 3.43 の (i) における $\boldsymbol{x}^0$ が，すべての $\boldsymbol{x} \geqq \boldsymbol{0}$ に対して (6) をみたすならば，$f(\boldsymbol{x}^0)$ は非負領域上の $f(\boldsymbol{x})$ の最大値である．また，(ii) における $\boldsymbol{x}^0$ が，すべての $\boldsymbol{x} \geqq \boldsymbol{0}$ に対して (7) をみたすならば，$f(\boldsymbol{x}^0)$ は非負領域上の最小値である．

(証明) すべての $\boldsymbol{x} \geqq \boldsymbol{0}$ に対して定理 3.43 の証明が適用できるからである．(終)

定理 3.44 $f(\boldsymbol{x})$ は非負領域で連続微分可能とする．

(i) $f(\boldsymbol{x})$ が非負領域において擬凹のとき

$$\nabla f(\boldsymbol{x}^0) \leqq \boldsymbol{0}, \quad \boldsymbol{x}^0 \cdot \nabla f(\boldsymbol{x}^0) = 0$$

をみたす点 $\boldsymbol{x}^0 \geqq \boldsymbol{0}$ があれば，$f(\boldsymbol{x}^0)$ は，この領域における $f(\boldsymbol{x})$ の最大値になっている．

(ii) $f(\boldsymbol{x})$ が非負領域において擬凸のとき

$$\nabla f(\boldsymbol{x}^0) \geqq \boldsymbol{0}, \quad \boldsymbol{x}^0 \cdot \nabla f(\boldsymbol{x}^0) = 0$$

をみたす点 $\boldsymbol{x}^0 \geqq \boldsymbol{0}$ があれば，$f(\boldsymbol{x}^0)$ は，この領域における $f(\boldsymbol{x})$の最小値になっている．

(証明) (i) を証明する．任意に $\boldsymbol{x} \geqq \boldsymbol{0}$ をとる．仮定により $\boldsymbol{x}^0 \cdot \nabla f(\boldsymbol{x}^0) = 0$ であるから

$$(\boldsymbol{x} - \boldsymbol{x}^0) \cdot \nabla f(\boldsymbol{x}^0) = \boldsymbol{x} \cdot \nabla f(\boldsymbol{x}^0)$$

が成立する．$\boldsymbol{x} \geqq \boldsymbol{0}$，$\nabla f(\boldsymbol{x}^0) \leqq 0$ であるから $\boldsymbol{x} \cdot \nabla f(\boldsymbol{x}^0) \leqq 0$．よって

$$(\boldsymbol{x} - \boldsymbol{x}^0) \cdot \nabla f(\boldsymbol{x}^0) \leqq 0$$

が成立する．ところで $f(\boldsymbol{x})$ は擬凹であったから，定義により，このとき

$$f(\boldsymbol{x}) \leqq f(\boldsymbol{x}^0)$$

が成立する．$\boldsymbol{x} \geqq \boldsymbol{0}$ は任意であったから，$f(\boldsymbol{x}^0)$ は最大値である．(ii) も同様にして証明できる．(終)

定理 3.44 系 定理 3.44 は擬凹を凹でおきかえ，擬凸を凸でおきか

えても成立する．

(証明)　凹関数は擬凹であり，凸関数は擬凸であるから当然である．(終)

問題解答

第1章 微分法

§2

(問1)

$$(f_1f_2\cdots f_n)' = [(f_1f_2\cdots f_{n-1})f_n]' = (f_1f_2\cdots f_{n-1})'f_n + (f_1f_2\cdots f_{n-1})f_n'$$

この関係式と数学的帰納法を用いればできる.

(問2)

(1) $(1+x)^2(2-x)(4-5x)$ (2) $x^2(3+x)e^x$ (3) $\cos 2x$

(4) $1+\log x$ (5) $\dfrac{x\cos x-\sin x}{x^2}$ (6) $\left(\dfrac{1}{x}+\log x\right)e^x$

(7) $-\operatorname{cosec}^2 x$ (8) $\tan x\sec x$ (9) $-\cot x\operatorname{cosec} x$

(問3) 省 略

(問4)

(1) $\dfrac{2x-3x^3}{\sqrt{1-x^2}}$ (2) $e^{ax}[(a-b)\sin bx+(a+b)\cos bx]$

(3) $-\dfrac{1}{x^2}(1+x^4)^{-\frac{3}{4}}$ (4) $\dfrac{1}{3}(1-x^2+x^3)^{-\frac{2}{3}}(-2x+3x^2)$

(5) $\dfrac{e^{\sqrt{x}}}{2\sqrt{x}}$ (6) $x^{\frac{1}{x}-2}(1-\log x)$

(7) $x^{x^x}x^x\left[(1+\log x)\log x+\dfrac{1}{x}\right]$ (8) $\dfrac{1}{x\log a}$

(問5)

(1) $-\dfrac{1}{\sqrt{1-x^2}}$ (2) $-\dfrac{1}{1+x^2}$ (3) $\sqrt{a^2-x^2}$ (4) 0 (5) 1

$\Bigg($ヒント：$\sin x+\cos x=\sqrt{2}\sin\left(x+\dfrac{\pi}{4}\right)$, $\cos x-\sin x=\sqrt{2}\cos\left(x+\dfrac{\pi}{4}\right)$を使うと$\dfrac{\sin x+\cos x}{\cos x-\sin x}=\tan\left(x+\dfrac{\pi}{4}\right)$となるから$\tan^{-1}\left(\dfrac{\sin x+\cos x}{\cos x-\sin x}\right)=\tan^{-1}\left(\tan\left(x+\dfrac{\pi}{4}\right)\right)$ $=x+\dfrac{\pi}{4}$となる.$\Bigg)$

§4

(問1)

(1) e^x (2) $\dfrac{(-1)^{n-1}(n-1)!}{x^n}$ (3) $\dfrac{(-1)^{n-1}(n-1)!}{(1+x)^n}$

(4) $\cos^2 x=\dfrac{1+\cos 2x}{2}$ を使えば

$$\begin{cases}(\cos^2 x)^{(2m)}=(-1)^m 2^{2m-1}\cos 2x\\(\cos^2 x)^{(2m+1)}=(-1)^{m+1}2^{2m}\sin 2x\end{cases}$$

となる．

(5) $\sin^2 x+\cos^2 x=1$ と (4) の結果を使うと

$$(\sin^2 x)^{(n)}=-(\cos^2 x)^n=\begin{cases}(-1)^{m+1}2^{2m-1}\cos 2x,\ n=2m\text{ のとき}\\(-1)^m 2^{2m}\sin 2x,\ n=2m+1\text{ のとき}\end{cases}$$

(6) $\dfrac{(-1)^n n!}{(1+x)^{n+1}}\left(\text{ヒント：}\dfrac{x+2}{x+1}=1+\dfrac{1}{x+1}\right)$

(7) $(-1)^n n!\left[\dfrac{1}{(x+1)^{n+1}}-\dfrac{1}{(x+2)^{n+1}}\right]\left(\text{ヒント：}\dfrac{1}{x^2+3x+2}=\dfrac{1}{x+1}-\dfrac{1}{x+2}\right)$

(問2)

(1) $(x^2-12)\sin x-8x\cos x$　(2) $-\dfrac{2}{x^2}$

§6

(問)

(1) $x=0$ で極大．極大値は 3．$x=4$ で極小．極小値は -253

(2) $x=1,2$ のとき極小．極小値は 0．$x=\dfrac{3}{2}$ で極大．極大値は $\dfrac{1}{16}$

(3) $x=-1-\sqrt{2}$ で極小．極小値は $-\dfrac{1}{2}(\sqrt{2}+1)$

$x=-1+\sqrt{2}$ で極大．極大値は $\dfrac{1}{2}(\sqrt{2}+1)$

(4) $0\leqq x\leqq 1$ の間だけを考える．

$x=0,1$ のとき極小，極小値は 0．$x=\dfrac{3}{4}$ のとき極大，極大値は $\dfrac{3\sqrt{3}}{16}$

(5) $x=1$ で極大，極大値は e^{-1}

(6) $x=e^{-1}$ で極小．極小値は $-e^{-1}$

§7

(問1), (問2), (問3), (問4) 第6巻の付録を見よ．

§8

(問)

(1) $\dfrac{1}{6}$　(2) 0　(3) $\dfrac{1}{2}$　(4) $\dfrac{1}{3}$

第2章　積分法

§2

(問1)

(1) $\dfrac{(x+1)^4}{4}$　(2) $\dfrac{x^3}{3}-\dfrac{1}{x}+2x$　(3) $\dfrac{x}{2}-\dfrac{\sin 2x}{4}$　(4) $\dfrac{e^{2x}}{2}-\dfrac{e^{-2x}}{2}+2x$

(5) $x-\dfrac{\cos 2x}{2}$　(6) $\dfrac{2}{5}x^{\frac{5}{2}}+2x^{\frac{3}{2}}+6x^{\frac{1}{2}}-2x^{-\frac{1}{2}}$

(問 2)

(1) $(x^2-2x+2)e^x$　(2) $-x\cos x+\sin x$　(3) $x\tan^{-1}x-\dfrac{1}{2}\log(1+x^2)$

(4) $\dfrac{x^2}{2}\tan^{-1}x+\dfrac{1}{2}\tan^{-1}x-\dfrac{x}{2}$　(5) $x(\log x)^2-2x\log x+2x$

(6) $\dfrac{1}{2}(x\sqrt{x^2+a}+a\log|x+\sqrt{x^2+a}|)$

(問 3)

(1) $\dfrac{1}{3}(2x+3)^{\frac{3}{2}}$　(2) $\dfrac{1}{1-x}$　(3) $-\dfrac{e^{-x^2}}{2}$　(4) $\dfrac{(\log x)^2}{2}$　(5) $\log|\log x|$

(6) $2\sqrt{2}\left(-\cos\left(x+\dfrac{\pi}{4}\right)+\dfrac{1}{3}\cos^3\left(x+\dfrac{\pi}{4}\right)\right)$

$\left(\text{ヒント：}\sin x+\cos x=\sqrt{2}\sin\left(x+\dfrac{\pi}{4}\right)\right)$

§ 3

(問)

(1) $\log\left|\dfrac{x-2}{x-1}\right|$　(2) $\dfrac{1}{3}\log|x-1|-\dfrac{1}{6}\log(x^2+x+1)-\dfrac{1}{\sqrt{3}}\tan^{-1}\left(\dfrac{2}{\sqrt{3}}x+\dfrac{1}{\sqrt{3}}\right)$

(3) $\dfrac{1}{6}\log\left|\dfrac{x^2-1}{x^2+2}\right|$　(4) $\dfrac{1}{4}\log\left|\dfrac{x-1}{x+1}\right|-\dfrac{1}{2}\tan^{-1}x$

§ 4

(問)

(1) $\log\left|\dfrac{x-2+2\sqrt{1-x}}{x}\right|$　(2) $-\dfrac{1}{x^2+1+x\sqrt{x^2+1}}$　(3) $x+\dfrac{1}{1+\tan\dfrac{x}{2}}$

(4) $\dfrac{1}{2}\log(1+e^{2x})$.

§ 6

(問 1)

(1) $\dfrac{1}{2}\log\dfrac{7}{3}+\sqrt{3}\left(\tan^{-1}\dfrac{5\sqrt{3}}{4}-\tan^{-1}\dfrac{3\sqrt{3}}{4}\right)$　(2) $\dfrac{1}{3}\left(\log\dfrac{3}{4}-\dfrac{1}{2}\right)$

(3) $\dfrac{1}{8}\left(6\sqrt{3}-2+3\log\left(1+\dfrac{2\sqrt{3}}{3}\right)\right)$　(4) $\dfrac{1}{2}(e-1)$　(5) $2\log 2-\dfrac{3}{4}$

(6) $\dfrac{\pi}{4}$　(7) $\dfrac{\pi}{2}+\dfrac{1}{3}$　(8) $\dfrac{\pi}{32}$

(問 2)

(1) $m\neq n$ のとき 0，$m=n\neq 0$ のとき π，$m=n=0$ のとき 0

(2) $m\neq n$ のとき 0，$m=n\neq 0$ のとき π，$m=n=0$ のとき 0

(3) $m \neq n$ のとき 0，$m = n \neq 0$ のとき π，$m = n = 0$ のとき 2π

(問3)

(1) $\log 2$　(2) $\dfrac{\pi}{2}$　(3) $\dfrac{1}{e}$　(ヒント：対数をとれ)

§9

(問1)　$\dfrac{4}{3}\pi ab^2$

(問2)　体積 $5\pi^2 a^3$，側面積 $\dfrac{64}{3}\pi a^2$

第3章　偏 微 分

§1

(問1)

(1) $2xy+3y^3$，x^2+9xy^2　(2) $y\cos xy$，$x\cos xy$

(3) $-a\sin(ax+by)$，$-b\sin(ax+by)$

(4) $e^{x^2+y^2}[2x\sin(ax+by)+a\cos(ax+by)]$

$e^{x^2+y^2}[2y\sin(ax+by)+b\cos(ax+by)]$

(5) $x^y y^x\left(\dfrac{y}{x}+\log y\right)$，$x^y y^x\left(\dfrac{x}{y}+\log x\right)$

(6) $-\dfrac{\log y}{x(\log x)^2}$，$\dfrac{1}{y\log x}$

(問2)

$$\frac{\partial f}{\partial x} = \frac{2y}{(x+y)^2}\log\frac{y}{x} - \frac{x-y}{x(x+y)}, \qquad \frac{\partial f}{\partial y} = \frac{-2x}{(x+y)^2}\log\frac{y}{x} + \frac{x-y}{y(x+y)}$$

$$\therefore \quad x\frac{\partial f}{\partial x} + y\frac{\partial f}{\partial y} = 0$$

となる．

§2

(問1)

(1) $\dfrac{1}{1+x^2+y^2}(x\,dx+y\,dy)$

(2) $[y\sin(x+y)+xy\cos(x+y)]dx+[x\sin(x+y)+xy\cos(x+y)]dy$

(問2)

$$dx = \cos\theta\,dr - r\sin\theta\,d\theta, \qquad dy = \sin\theta\,dr + r\cos\theta\,d\theta$$

これを使うと

(1) $x\,dy - y\,dx = r^2(\cos^2\theta+\sin^2\theta)d\theta = r^2 d\theta$

(2) $x\,dx + y\,dy = r(\cos^2\theta+\sin^2\theta)dr = r\,dr$

§4

(問1)

$$\frac{\partial g}{\partial r}=\frac{\partial f}{\partial x}\cos\theta+\frac{\partial f}{\partial y}\sin\theta,\qquad \frac{\partial g}{\partial \theta}=\frac{\partial f}{\partial x}(-r\sin\theta)+\frac{\partial f}{\partial y}(r\cos\theta)$$

$$\therefore\quad \left(\frac{\partial g}{\partial r}\right)^2+\frac{1}{r^2}\left(\frac{\partial g}{\partial \theta}\right)^2=\left[\left(\frac{\partial f}{\partial x}\right)^2+\left(\frac{\partial f}{\partial y}\right)^2\right](\cos^2\theta+\sin^2\theta)$$

$$=\left(\frac{\partial f}{\partial x}\right)^2+\left(\frac{\partial f}{\partial y}\right)^2$$

(問 2) $2x\sin x-\sin\sqrt{x}$

(問 3) $x\dfrac{\partial f}{\partial x}+y\dfrac{\partial f}{\partial y}=mf$ の両辺を x で偏微分すると

$$\frac{\partial f}{\partial x}+x\frac{\partial^2 f}{\partial x^2}+y\frac{\partial^2 f}{\partial y\partial x}=m\frac{\partial f}{\partial x}\qquad \therefore\quad x\frac{\partial}{\partial x}\left(\frac{\partial f}{\partial x}\right)+y\frac{\partial}{\partial y}\left(\frac{\partial f}{\partial x}\right)=(m-1)\frac{\partial f}{\partial x}$$

$\therefore$ $\dfrac{\partial f}{\partial x}$ は $m-1$ 次同次である．$\dfrac{\partial f}{\partial y}$ の場合も同様である．

§ 5

(問 1)

$g_{rr}=f_{xx}\cos^2\theta+2f_{xy}\sin\theta\cos\theta+f_{yy}\sin^2\theta$

$g_{r\theta}=(-f_{xx}+f_{yy})r\sin\theta\cos\theta+f_{xy}r(\cos^2\theta-\sin^2\theta)-f_x\sin\theta+f_y\cos\theta$

$g_{\theta\theta}=r^2(f_{xx}\sin^2\theta-2f_{xy}\sin\theta\cos\theta+f_{yy}\cos^2\theta)-rf_x\cos\theta-rf_y\sin\theta$

(問 2) (問 1) の結果を使って計算すればよい．

§ 7

(問)

(1) $\begin{cases}x_1=1\\x_2=1\end{cases}$ または $\begin{cases}x_1=-1\\x_2=-1\end{cases}$ のとき極小．極小値は -2

$\begin{cases}x_1=1\\x_2=-1\end{cases}$ または $\begin{cases}x_1=-1\\x_2=1\end{cases}$ のとき極大．極大値は 2

(2) $x_1=x_2=0$ のとき極小．極小値は 0

(3) $x_1=-4$，$x_2=-2$，$x_3=-1$ のとき極小．極小値は -13

(4) $x_1=x_2=x_3=\dfrac{1}{3}$ のとき極小．極小値は $-\dfrac{2}{3}e$

§ 8

(問 1)

$x^y=y^x$ の対数をとると $y\log x=x\log y$.

$$\therefore\quad \frac{\log y}{y}=\frac{\log x}{x}\qquad \therefore\quad \left(\frac{1-\log y}{y^2}\right)y'=\frac{1-\log x}{x^2}\qquad \therefore\quad y'=\frac{y^2(1-\log x)}{x^2(1-\log y)}$$

(問 2)

(1) $x=2$ で極小値 1 をとり，$x=-2$ で極大値 -1 をとる．

(2) $x=\dfrac{1}{\sqrt{3}}$ で極小値 $-\dfrac{2}{\sqrt{3}}$ をとり，$x=-\dfrac{1}{\sqrt{3}}$ で極大値 $\dfrac{2}{\sqrt{3}}$ をとる．

(問 3)

$$\begin{vmatrix} \dfrac{\partial x}{\partial u} & \dfrac{\partial x}{\partial v} \\ \dfrac{\partial y}{\partial u} & \dfrac{\partial y}{\partial v} \end{vmatrix} = \begin{vmatrix} \cos\alpha & -\sin\alpha \\ \sin\alpha & \cos\alpha \end{vmatrix} = \cos^2\alpha+\sin^2\alpha = 1$$

§9

(問1) $y=\pm 2\sqrt{x}$

(問2)

(1) $\dfrac{x^2}{a^2}+\dfrac{y^2}{b^2}=1$ (2) $y=-x^2+\dfrac{1}{4}$

(問3) $x_2{}^2+x_3{}^2=1$

§10

(問1) $L(x,y,\lambda)=ax^2+2bxy+cy^2+\lambda(1-x^2-y^2)$ とすれば，x_0, y_0, λ_0 は

$$L_x(x_0, y_0, \lambda_0) = 2(ax_0+by_0-\lambda_0 x_0) = 0 \qquad \therefore\ ax_0+by_0 = \lambda_0 x_0$$

$$L_y(x_0, y_0, \lambda_0) = 2(ax_0+by_0-\lambda_0 y_0) = 0 \qquad \therefore\ ax_0+by_0 = \lambda_0 y_0$$

をみたす．この関係を

$$\begin{pmatrix} a & b \\ b & c \end{pmatrix}\begin{pmatrix} x_0 \\ y_0 \end{pmatrix} = \lambda_0\begin{pmatrix} x_0 \\ y_0 \end{pmatrix}$$

とかけば，λ_0 が固有値であり，$\begin{pmatrix} x_0 \\ y_0 \end{pmatrix}$ が対応する固有ベクトルであることがわかる．

(問2) 求める四辺形の面積の最大値を S とすれば

$$S=\frac{1}{4}\sqrt{(a+b+c-d)(a+b-c+d)(a-b+c+d)(-a+b+c+d)}$$

となる．

(解) a, b, c, d で四辺形ができるのだから，3つの辺の和が他の1つの辺より大きいことは当然成り立っていると仮定する．図のように四辺形 $ABCD$ の4辺の長さが与えられているとする．$\angle ABC=\theta$，$\angle CDA=\omega$ とおけば，対角線 AC の長さは第2余弦法則により

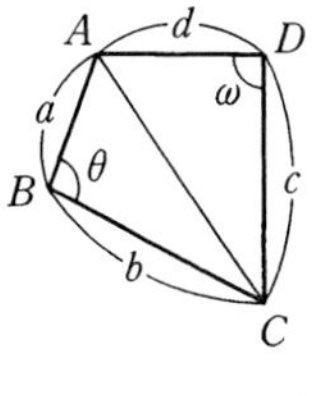

$$\overline{AC}^2 = a^2+b^2-2ab\cos\theta = c^2+d^2-2cd\cos\omega$$

と2通りにあらわすことができる．四辺形 $ABCD$ の面積を S とすれば

$$\triangle ABC = \frac{1}{2}ab\sin\theta, \qquad \triangle ACD = \frac{1}{2}cd\sin\omega$$

であるから

$$S = \triangle ABC + \triangle ACD = \frac{1}{2}(ab \sin\theta + cd \sin\omega)$$

とかける．したがって θ, ω を変数と考えたとき，この問題は，制約条件

$$a^2+b^2-2ab\cos\theta = c^2+d^2-2cd\cos\omega, \quad 0 \leqq \theta \leqq \pi, \quad 0 \leqq \omega \leqq \pi$$

のもとで

$$S = \frac{1}{2}(ab\sin\theta + cd\sin\omega)$$

を最大にする θ と ω を求める問題に転化される．そこで Lagrange 関数

$$L(\theta, \omega, \lambda) = S + \lambda(a^2+b^2-2ab\cos\theta - c^2 - d^2 + 2cd\cos\omega)$$

をつくれば

$$\frac{\partial L}{\partial\theta} = \frac{1}{2}ab\cos\theta + 2ab\lambda\sin\theta = 0 \qquad \therefore\ \frac{1}{2}\cos\theta + 2\lambda\sin\theta = 0$$

$$\frac{\partial L}{\partial\omega} = \frac{1}{2}cd\cos\omega - 2cd\lambda\sin\omega = 0 \qquad \therefore\ \frac{1}{2}\cos\omega - 2\lambda\sin\omega = 0$$

から

$$\tan\theta = \frac{\sin\theta}{\cos\theta} = -\frac{1}{4\lambda}, \quad \tan\omega = \frac{\sin\omega}{\cos\omega} = \frac{1}{4\lambda}$$

したがって $\tan\theta + \tan\omega = 0$ がえられるが，この関係は tangent の加法定理により $\tan(\theta+\omega)=0$ と同じであり $0 \leqq \theta \leqq \pi$，$0 < \omega < \pi$ の範囲で $\tan(\theta+\omega)=0$ となるのは

$$\theta + \omega = \pi$$

の場合に限られる．($\theta=\omega=0$, $\theta=\omega=\pi$ のときは四辺形にならない)．このとき $\cos\omega = -\cos\theta$ となるから，制約条件式から

$$\cos\theta = \frac{a^2+b^2-c^2-d^2}{2(ab+cd)}$$

となって

$$\sin^2\theta = 1-\cos^2\theta = \frac{((a+b)^2-(c-d)^2)((c+d)^2-(a-b)^2)}{4(ab+cd)^2}$$

となる．また $\theta+\omega=\pi$ のときは $\sin\theta = \sin\omega$ であるから

$$\begin{aligned} S &= \frac{1}{2}(ab\sin\theta + cd\sin\omega) = \frac{1}{2}(ab+cd)\sin\theta \\ &= \frac{1}{2}(ab+cd)\sqrt{\frac{((a+b)^2-(c-d)^2)((c+d)^2-(a-b)^2)}{4(ab+cd)^2}} \\ &= \frac{1}{4}\sqrt{(a+b+c-d)(a+b-c+d)(a-b+c+d)(-a+b+c+d)} \end{aligned}$$

となる．この値が S の最大値であることは次のようにしてわかる．$0 \leqq \theta \leqq \pi$，$0 \leqq \omega \leqq \pi$ をみたす (θ, ω) の集合は $\boldsymbol{R}^2$ の中の有界閉集合であり，ここで S は連続だから，S はこの集合の中で最大値をとる．最大値をとる点では $\dfrac{\partial L}{\partial\theta}=0$，$\dfrac{\partial L}{\partial\omega}=0$ が成立し，このとき $\theta+\omega=\pi$ がえられるから S は上記の値になる．この S の値が最小値ではないこ

とは，四辺形の2つの辺が一直線になった場合，たとえば $\theta=\pi$ のような場合には，四辺形の面積が上記の S より小さくなることが示されるから，上記の S は最小値ではない．なお，$\theta+\omega=\pi$ は四辺形 $ABCD$ が円に内接する四辺形であることを示している．

(問3)

$x=y=z=\sqrt{\dfrac{a}{3}}$ が［例1］の xyz の極値を与える点であった．

$L(x,y,z,\lambda)=xyz+\lambda(a-xy-yz-zx)$ であったから $\sqrt{\dfrac{a}{3}}=\alpha$ とおけば $x=y=z=\alpha$，対応する λ は $\lambda=\dfrac{\alpha}{2}$ であり，$g(x,y,z)=a-xy-yz-zx$ とおけば

$$\begin{pmatrix} 0 & g_x & g_y & g_z \\ g_x & L_{xx} & L_{xy} & L_{xz} \\ g_y & L_{yx} & L_{yy} & L_{yz} \\ g_z & L_{zx} & L_{zy} & L_{zz} \end{pmatrix} = \begin{pmatrix} 0 & -2\alpha & -2\alpha & -2\alpha \\ -2\alpha & 0 & \dfrac{\alpha}{2} & \dfrac{\alpha}{2} \\ -2\alpha & \dfrac{\alpha}{2} & 0 & \dfrac{\alpha}{2} \\ -2\alpha & \dfrac{\alpha}{2} & \dfrac{\alpha}{2} & 0 \end{pmatrix}$$

であって

$$\begin{vmatrix} 0 & -2\alpha \\ -2\alpha & 0 \end{vmatrix} = -4\alpha^2, \quad \begin{vmatrix} 0 & -2\alpha & -2\alpha \\ -2\alpha & 0 & \dfrac{\alpha}{2} \\ -2\alpha & \dfrac{\alpha}{2} & 0 \end{vmatrix} = 4\alpha^3,$$

$$\begin{vmatrix} 0 & -2\alpha & -2\alpha & -2\alpha \\ -2\alpha & 0 & \dfrac{\alpha}{2} & \dfrac{\alpha}{2} \\ -2\alpha & \dfrac{\alpha}{2} & 0 & \dfrac{\alpha}{2} \\ -2\alpha & \dfrac{\alpha}{2} & \dfrac{\alpha}{2} & 0 \end{vmatrix} = -3\alpha^4$$

$\therefore \quad x=y=z=\alpha=\sqrt{\dfrac{a}{3}}$ は xyz の極大値を与える．

(問4)

(1) $x=y=z=2$ で条件付き極大値をとる．

(2) $x=2,\ y=-1,\ z=1,\ w=-2$ で条件付き極小値をとる．

§11

(問1) $\boldsymbol{x}_1,\boldsymbol{x}_2\in\Omega$，$0\leqq\alpha\leqq 1$ とすれば，$f_i(\boldsymbol{x})$ は凸であることと $f(\boldsymbol{x})$ の定義から，すべての $i=1,2,\cdots,m$ に対して

$$f_i(\alpha\boldsymbol{x}_2+(1-\alpha)\boldsymbol{x}_1) \leqq \alpha f_i(\boldsymbol{x}_2)+(1-\alpha)f_i(\boldsymbol{x}_1) \leqq \alpha f(\boldsymbol{x}_2)+(1-\alpha)f(\boldsymbol{x}_1)$$

が成立する．よって

$$\begin{aligned} f(\alpha\boldsymbol{x}_2+(1-\alpha)\boldsymbol{x}_1) &= \max\,[f_1(\alpha\boldsymbol{x}_2+(1-\alpha)\boldsymbol{x}_1),\cdots,f_m(\alpha\boldsymbol{x}_2+(1-\alpha)\boldsymbol{x}_1)] \\ &\leqq \max\,[\alpha f_1(\boldsymbol{x}_2)+(1-\alpha)f(\boldsymbol{x}_1),\cdots,\alpha f_m(\boldsymbol{x}_2)+(1-\alpha)f(\boldsymbol{x}_1)] \\ &= \alpha f(\boldsymbol{x}_2)+(1-\alpha)f(\boldsymbol{x}_1) \end{aligned}$$

が成り立つから $f(\boldsymbol{x})$ は凸関数である．

(問 2) (問 1) と同様にしてできる (問 1) の max を sup でおきかえればよい．

§ 12

(問 1) $f(\boldsymbol{x})$ が Ω で凸とする．このとき，$\boldsymbol{x}_1, \boldsymbol{x}_2 \in \Omega$，$0 \leqq \alpha \leqq 1$ に対して

$$\begin{aligned} f(\alpha\boldsymbol{x}_2+(1-\alpha)\boldsymbol{x}_1) &\leqq \alpha f(\boldsymbol{x}_2)+(1-\alpha)f(\boldsymbol{x}_1) \\ &\leqq \alpha[\max(f(\boldsymbol{x}_1), f(\boldsymbol{x}_2))]+(1-\alpha)[\max(f(\boldsymbol{x}_1), f(\boldsymbol{x}_2)] \\ &= \max(f(\boldsymbol{x}_1), f(\boldsymbol{x}_2)) \end{aligned}$$

よって $f(\boldsymbol{x})$ は準凸である．

$f(\boldsymbol{x})$ が凹のとき準凹であることも同様にして示される．

(問 2) $f(x)$ は単調増加とする．このとき $x_1 < x_2$ ならば，$0 < \alpha < 1$ に対して $x_1 < \alpha x_2 + (1-\alpha)x_1 < x_2$ であるから

$$\min(f(x_1), f(x_2)) = f(x_1) < f(\alpha x_2+(1-\alpha)x_1) < f(x_2) = \max(f(x_1), f(x_2))$$

が成立する．よって $f(x)$ は準凸かつ準凹である．

■岩波オンデマンドブックス■

新装版 経済数学教室 5
微分積分の基礎 上

2010年12月7日 第1刷発行
2012年5月15日 第3刷発行
2018年6月12日 オンデマンド版発行

著 者 小山昭雄（こやまあきお）

発行者 岡本 厚

発行所 株式会社 岩波書店
〒101-8002 東京都千代田区一ツ橋 2-5-5
電話案内 03-5210-4000
http://www.iwanami.co.jp/

印刷／製本・法令印刷

ISBN 978-4-00-730765-2 Printed in Japan